KB236891

다시보는 한국 민주화운동 : 기원, 과정, 그리고 제도

다시보는 한국 민주화운동 : 기원, 과정, 그리고 제도

초판 1쇄 발행 2010년 12월 22일

편 자 | 한국정치연구회
발행인 | 윤관백
발행처 | 

편 집 | 이경남·김민희·하초롱·소성순·주명규
표 지 | 김현진
제 작 | 김지학
영 업 | 이주하

인 쇄 | 한성인쇄
제 본 | 광신제책

등록 | 제5-77호(1998.11.4)
주소 | 서울시 마포구 마포동 324-1 곳마루 B/D 1층
전화 | 02)718-6252 / 6257   팩스 | 02)718-6253
E-mail | sunin72@chol.com
Homepage | www.suninbook.com

정가 24,000원
ISBN 978-89-5933-400-1(세트)
ISBN 978-89-5933-406-3 94300

·잘못된 책은 바꿔 드립니다.

민주화운동기념사업회 4월혁명 50주년 기념 연구총서 6

다시보는 한국 민주화운동 : 기원, 과정, 그리고 제도

한국정치연구회 편

선인

발간사

　50년 전 무너진 이 땅의 민주주의를 지키기 위해 싸웠던 수많은 젊은이가 있었습니다. 그 해의 4월, 180여 위의 희생자와 6천여 명의 부상자라는 크나큰 희생을 치른 끝에 한국사회는 부정과 부조리에 물든 이승만 권위주의체제를 무너뜨리고 민주주의를 시대적 가치로 각인시킬 수 있었습니다.

　부정선거에 대한 학생들의 항의시위로 시작되어 시민혁명으로 발전한 4월혁명은 형식과 제도로서의 민주주의를 만들어냈을 뿐 아니라, 진정으로 국민을 주인으로 나서게 하는 민주화운동의 시원이자 거대한 분수령이라는 의의를 지니고 있습니다. 4월혁명은 국내적으로는 모든 지역에서 전개된 전국적 수준의 혁명이었으며, 국제적으로도 아시아는 물론 세계의 민주화운동에 있어 선도적인 모범을 보인 혁명입니다.

이 극적인 사건은 한국적 상황에서뿐만 아니라 국제적 상황에서도 참으로 유일무이한 독특한 사건입니다. 우리는 현대역사에서 4월혁명과 비교 가능한 권력과 사건 사이의 상호작용 형태를 알지 못합니다.

4월혁명 50주년을 맞아 열렸던 국제학술대회에서 고트프리드 킨더만 뮌헨대 명예교수가 했던 이 말은, 4월혁명의 특징과 함께 세계사에서 지니는 위상을 잘 보여주고 있습니다.

반세기의 시간 동안 질곡의 역사를 헤쳐오면서, 4월혁명은 대부분의 사람들에게 '미완의 혁명'으로 인식되고 있습니다. 하지만 '현재진행형'인 4월혁명의 의미는 50년이라는 시간의 흐름 속에서 기억이 흐려지는 과정을 겪고 있기도 합니다.

때문에 민주화운동기념사업회는 4월혁명 50주년을 맞이하여 4월혁명의 정신을 재조명하고 계승함으로써 민주화운동의 역사성을 규명하고 민주주의의 성숙을 함께 고민하고 모색하기 위해 일련의 작업들을 진행해왔습니다. 4월혁명 관련 사료를 집대성한 사료총집을 만드는 작업이 그 한 축이라면, 지역별로 진행된 4월혁명의 구체적 역사를 복원하고, 오늘의 시각에서 4월혁명을 재조명하는 다양한 연구들을 수행하는 것이 다른 한 축이었습니다. 모두 6권으로 발행되는 4월혁명 50주년 연구총서는 이 같은 연구 결과들을 모은 것입니다.

우선 다양한 연구자들과 함께 반세기가 지난 현시점에서 4월혁명을 재조명하는 종합적인 연구서 『4월혁명과 한국민주주의』를 발간하였습니다. 둘째, 제주를 포함한 전국 10개 지역에서 "지역에서의 4월혁명과 한국민주주의의 지역적 과제"라는 주제하에 학술토론회를 개최하여 4월혁명이 각 지역에서 어떻게 전개되었는지, 민주주의와 관련해서 각 지역이 안고 있는 문제점이 무엇인지를 고찰하고, 그 결과물을 바탕으로 『지역에서의 4월혁명』을 발간하였습니다. 셋째, 한국여성문학학회·여성사학회·한국여성철학회, 한국사회경제학회, 한국역사연구회, 한국정치연구회, 현대매체연구회, 비판사회학회 등 여러 진보적 학술단체들과 함께 4월혁명 50주년을 기념하는 학술토론회를 공동으로 개최하고, 그 결과물을 4권의 책으로 발간하였습니다.

어려운 과제를 맡아 훌륭한 연구를 수행해 주신 많은 연구자들, 각 지역에서 4월 정신을 되살려 민주주의 발전을 위해 애쓰고 계신 벗들에게 감사의 인사를 전합니다. 민주주의와 정의를 향한 1960년 4월의 웅장한 기념비 위에, 5월과 6월의 찬연한 역사를 새겨온 모든 분들께도 진심으로 감사드립니다.

4월혁명 50주년의 의미를 다시 한 번 깊이 성찰하면서 이 연구 성과들이 민주화운동의 역사와 의미에 대한 연구를 더욱 풍부하게 하고, 한국 민주주의의 지속적인 발전에 이바지하는 단단한 주춧돌이 되기를 기대합니다.

2010년 11월
민주화운동기념사업회 이사장　함세웅

책머리에

올 해는 광주항쟁 30주년이 되는 해이자, 4월 민주혁명 50주년이 되는 해이기도 하다. 4·19는 이승만 정권의 독재와 부정에 항거한 한국 민주화운동의 '기원'이 되는 사건이었다. 4월 민주혁명은 이승만 권위주의 정권을 물러가게 하고 제2공화국의 길을 열었으나 뒤이은 군사 쿠데타에 의해 무참하게 짓밟힌 "성공한 실패"의 역사였다. 그렇지만 4월혁명은 이후 권위주의와 부정부패에 항거하는 민주화운동의 정신적인 상징이자 소중한 경험으로 자리잡아 왔다. 이후 지속된 군사권위주의 정권 하에서도 민주주의를 향한 정당인, 재야, 학생운동, 노동운동 등의 저항은 권위주의를 역사적 뒤안길로 퇴출시켰다. 그러나 민주화운동의 역사는 그렇게 간단치 않았다. 5월 광주의 비극은 민주주의가 피를 먹고 자란다는 말을 뼈저리게 느끼게 한 경험이었다. 그러나 5월 광주항쟁은 잔인한 국가폭력에 의해 무참하게 좌절되고 군사독재를 연장시킨 제5공화국을 탄생시켰지만, 지속적인 민주화투쟁으로 마침내 6월민주항쟁을 일으켜 민주주의의 길을 연 "실패한 성공"의 소중한 경험으로 기억되고 있다. 6월민주항쟁은 한국사회에 민주적 이행을 가져다준 역사적 사건이었지만, 한국 민주화의 한계를 동시에 잉태시킨 경험이었다. 6월항쟁 이후 진행된 민주화는 군사독재세력과 민주화운동세력과의 타협에 의해 이루어졌다. 4·19혁명과는 달리 6월항쟁은 권위주의 세력을 축출하는 데에는 실패하고, 그들과 타협을 통해서 민주화로의 이행을 이끌었다. 그런데 이러한 타협에 의한 민주화는 결국 한국 민주화가 보수적으로 귀결되는데 결정적인 계기가 되었다.

반독재 투쟁으로 힘을 모았던 민주화운동 세력은 민주화 이후에는 정치사회의 정당정치와 시민사회의 사회운동으로 분화되었다. 민주화 이후 정당정치는 자유주의적 정치세력이 중심이 되어 3당합당 반대, 김대중 정권, 노무현 정권의 탄생으로 이어졌다. 1987년 민주화 이후 보수일변도로 편성된 정치사회의 기형성은 지역주의와 다른 정치제도의 장벽으로 극복되지 못하였다. 민주화 이후 지역주의는 민주－반민주 균열에 의존하여 있던 여야간 차별성이 약화됨으로써 주요 정치적 균열로 등장하게 되었다. 급진적 정치세력에 의한 진보적 정당운동은 자유주의 정치세력과 지역주의의 벽에 부딪혀 많은 좌절을 겪어야 했다. 진보정당운동은 2004년에야 민주노동당의 의회진출로 이어졌으며, 현재 민주노동당과 진보신당으로 대표되는 진보정당정치를 낳았다. 민주화 이후의 사회운동은 다양한 분화를 겪었다. 1987년 민주화 이후 합법적 공간이 넓어지면서 그동안 억눌려왔던 다양한 부문에서의 목소리가 분출되었다. 사회운동은 학생운동, 시민운동, 노동운동으로 분화되면서 다양한 부침을 보였다. 노동자, 농민, 학생과 지식인 등 사회경제적 민주주의, 자주와 통일의 문제가 제기되었다. 그러면서 학생운동의 약화, 노동운동을 비롯한 기층 민중운동의 정착, 그리고 시민운동의 성장 등으로 시민사회 내 분화가 진전되었다.

4월혁명 이후 50년은 권위주의에 저항한 민주화운동의 역사이자 민주주의를 심화시키기 위한 민주적 제도의 정착과정이었다고 할 수 있다. 더욱이 1987년 민주적 이행을 시작한 한국 민주주의는 어느덧 20여 년을 넘어섰지만 아직도 진전과 퇴보가 혼재된 불안정한 모습을 보여주고 있다. 그동안 보수정권 10년, 중도정권 10년을 거치면서 민주주의가 절차적인 수준에서는 정착되었다고 보았다. 1987년 6월항쟁은 보수정권을 탄생시켰으며, 1997년 IMF 경제위기는 정권교체를 가능하게 만들어 중도개혁세력의 집권을 가능케 하였다. 지난 보수정권에서는 탈군사화하고, 선거와 정당정치를 정상화하는데 성공하였지만, 정치적 민주주의의 확대로까지 나아가지 못했다. 과거 재벌위주의 성장주의는 사회경제적 민주주의의 크나큰 장애물이었고 성급한 개방화와 도덕적 해이는 한국경제를 침몰시켰다. IMF 위기 속에 집권한 중도 세력은 시장주의를 가속화시키는 신자유주의적 개혁에 매달리는 한편으로 민주주의의 확대를 도모하였다. 그 결과 한국 민주주의는 정치적 수준의 발전에만 국한되고, 사회경제적으로는 오히려 더 많은 문제점들에 직면하는 "불구의 발전"을 보였다. 참여정부의 경제적 성과에 실망한 유권자들은 정권교체를 외치는 보수세력에게 표를 몰아주어 이명박 정부를 탄생시켰다. 그러나 이명박 정부에서 진행된 민주주의의 훼손은 과거 중도정부의 성과를 부정하면서 오히려 민주화 이전 수준으로 되돌아가는 인상까지 주었다. 이명박 정부에 들어와서 민주주의의 위기론이 나오는 것도 아직까지 한국 민주주의가 공고화되지 못했고 그리고 언제라도 퇴행할 수 있는 수준이라는 것을 보여준 것이었다.

한국정치연구회는 1987년 민주화와 더불어 시작되었다. 창립 당시에는 정치학을 공부하는 대학원생들의 연구모임에 불과하였지만, 이제는 학계와 전문분야에서 활발히 활동하는 정치학자들의 학회모임으로 성장하였다. 한국정치연구회는 4월혁명 50주년이 되는 올해, 민주화운동기념사업회의 지원으로 한국민주화 50년을 회고하고 재평가하는 학술회의를 개최하였다. 그리고 학술회의의 토론과 필자들의 세미나를 통해서 발표문을 다듬고 보완하여 단행본으로 출간하게 되었다. 이 책에서는 4월혁명을 시발로 하여, 광주민주화운동, 그리고 6월민주항쟁이란 소중한 계기가 민주주의로의 이행과 공고화에 매우 중요한 역할을 수행하였다는 것을 보여주고자 하였다. 그리고 이러한 민주화의 이행과정에서, 정당과 사회시민단체의 역할이 매우 중요하였고, 그러한 정치과정이 민주화의 특징과 한계를 낳았다고 지적하였다. 향후 더욱 발전된 민주주의 국가로의 도약을 위해서는 정치제도의 개혁이 중요한 과제임을 밝히고자 하였다. 이 책은 한국민주화의 기원, 과정, 제도개혁 등 3부로 구성되어 있으며, 각각 3편의 압축적인 논문으로 이루어졌다. 그리고 긴 안목에서 한국 민주화의 역사와 쟁점을 정리한 두 편의 글을 책의 모두에 실어서 독자들의 이해를 돕고자 하였다. 바쁜 일정에도 불구하고 기꺼이 참여하여 옥고를 만들어준 필자들과 한국정치연구회 모든 회원들에게 감사드린다. 이 책이 한국 민주화운동을 이해하고, 민주주의의 심화를 위해 필요한 과제를 고민하는데 조그마한 도움이 되기를 바라면서, 한국정치연구회를 대표하여 민주화운동기념사업회와 출판사 관계자들에게 심심한 감사의 말씀을 드린다.

2010년 11월
필자들을 대신하여
한국정치연구회 회장 김용복

차례

제1부 한국 민주화 50년의 역사와 쟁점

제2부 한국 민주화운동의 기원

제3부 한국민주화와 정치과정

제4부 한국민주주의 발전을 위한 제도적 과제

제1부

제1장 한국민주주의의 전개와 그 특징

정해구

한국민주주의의 역사는 그리 길지 않다. 1945년 일제로부터의 해방을 그 시점으로 잡는다면 그 역사는 65년에 이르지만, 1960년 4월혁명을 그 시점으로 잡는다면 그 역사는 50년에, 그리고 1987년의 권위주의체제의 민주화를 그 시점으로 잡는다면 그 역사는 불과 23년에 그칠 뿐이다. 이 같은 짧은 역사에도 불구하고 한국민주주의는 급속한 발전을 이루었고, 그 결과 한국민주주의의 발전은 제3세계의 여러 나라 중에서 가장 성공적인 사례에 속한다고 할 수 있다. 물론 아직도 한국민주주의는 많은 문제점들을 지니고 있다. 그러나 한국민주주의는 적어도 제3세계에서 혹은 아시아에서는 민주주의 선진국이라 지칭해도 과언이 아니다.

그렇다면 한국민주주의가 짧은 기간 내에 이와 같이 장족의 발전을 이룩할 수 있었던 원인은 무엇인가? 그것은 한국이 직면했던 역사적 상황 속에서 한국민주주의가 걸어왔던 궤적을 탐색함으로써, 즉 한국민주주의의 역사적 경로를 탐색함으로써 가능할 것이다. 또한 현재 한국민주주의가 당면하고 있는 제반 문제들 역시 그동안 전개되었던 한국민주주의 특징적 모습 속에서 확인될 필요가 있을 것이다. 이와 관련하여 한국민주주의의 전개와 그 특징을 살펴보고자 이 글은 1987년 권위주의체제의 민주화를 기준으로 그 이전과 그 이후의 한국민주주의의 전개과정을 살펴보고, 이를 통해 위의 문제들에 대한 해답을 모색해보고자 한다.

1. 예비적 논의 : 한국민주주의 출범의 역사적 조건

베링턴 무어(Barrington Moore Jr.)에 따르면, 세계 주요 각국의 근대 이행은 다음과 같은 경로를 통해 이루어졌다. 첫째 경로는 영국과 프랑스 그리고 미국이 보여주었던 경로로, 부르주아지의 주도에 의해 자본주의 발전과 민주주의 발전이 함께 이루어졌던 부르주아 민주주의 경로이다. 둘째 경로는 독일과 일본이 보여주었던 경로로, 국가와 결탁한 토지소유 계급의 주도에 의해 반동적 자본주의화가 추진되었고, 그 결과 결국 파시즘으로 귀착되었던 경로이다. 셋째 경로는 러시아와 중국이 겪었던 경로로, 자본주의 발전의 지체 속에서 농민혁명을 통해 국가사회주의의 길로 나아갔던 경로이다.(베링턴 무어, 1985)[1]

그러나 베링턴 무어가 언급했던 근대 이행의 이 같은 경로 이외에 다른 경로는 없었던 것일까? 무어가 그 연구 대상으로 삼았던 나라들은 자생적으로 근대 이행을 거친 중심부 국가들이다. 그러나 스스로의 힘에 의해 근대 이행을 할 수 없었던 대부분의 주변부 나라들은 무어가 말한 경로와는 다른 근대 이행의 경로를 거친 것으로 보인다. 즉, 뒤늦게까지 지속되었던 전근대적 상황 속에서 자생적인 힘에 의해 근대로 이행할 수 없었던 주변부의 많은 나라들은 중심부 국가들의 제국주의적 팽창 속에서 그 식민 지배를 받지 않을 수 없었다. 뿐

---

[1] 물론 이 세 경로는 현재 첫째 경로로 통합되었다. 둘째의 파시즘 경로는 파시즘 국가들이 제2차 대전에서 패배함으로써, 셋째의 국가사회주의 경로 역시 그들이 1980년대 말과 1990년대 초에 붕괴함으로써 중단되었기 때문이다. 그리고 이 양 경로는 첫째 경로에 흡수되었다.

만 아니라 그들 대부분은 식민 지배로부터의 독립 후에도 권위주의체
제의 경험을 겪지 않을 수 없었던 것이다.

그런 점에서 우리는 제국주의의 중심부 국가들에 의한 식민 지배를
거쳐 독립 후에도 권위주의체제의 경험 속에서 어렵사리 국민국가의
건설, 산업화, 민주화 등 근대적 과제들을 추구하고자 했던 주변부의
많은 나라들의 근대 이행의 경로를 생각해볼 수 있다. 물론 이 같은
주변부 각국의 근대 이행의 경로는 그들이 처했던 역사적 환경에 따
라 많은 차이를 보일 수밖에 없었을 것이다. 아무튼, 그들이 밟아왔던
근대 이행의 경로는 무어가 언급한 위의 세 경로 이외의 또 다른 근대
이행의 경로라 할 수 있을 것이다. 그 범주가 포괄적이기는 하지만,
그것은 이를테면 근대 이행의 '제4의 경로'라고도 할 수 있을 것이다.[2]

큰 틀에서 볼 때, 한국의 근대 이행도 이 같은 근대 이행의 '제4의
경로'를 밟았다고 할 수 있다. 즉, 한국은 스스로 근대 이행의 자생적
인 동력을 만들어내지 못한 가운데 제국주의 열강의 침탈 속에서 일
제의 식민지가 되었다. 뿐만 아니라 한국은 일제로부터의 해방 후에
도 권위주의체제의 지배 하에서 산업화 민주화 등 근대화의 과제들을
추구하지 않으면 안 되었다. 그러나 한국의 근대의 역경은 여기에 그
치지 않았다. 일제로부터 해방 후 국제적 냉전과 더불어 전개되었던
남북 분단과 한국전쟁 그리고 이로 인한 남북 분단의 상황이 근대 이
행의 한국적 특수성을 더욱 강화시켰기 때문이다.(이상 한국의 근대
이행에 대한 간단한 논의는 정해구, 2006, 119~120쪽 참조)

근대 이행의 이상과 같은 한국적 경로가 한국민주주의 출범에 영향
을 미쳤음은 물론이다. 우선 일제의 식민 통치가 한국민주주의 출범

---

[2] 이 같은 근대 이행의 '제4의 경로'에는 독립 후 친사회주의적인 길을 걸었던 '혁
명적 민족주의의 경로'와 친자본주의적인 길을 걸었던 '우파 군부독재의 경로'도
포함될 수 있을 것이다.

에 영향을 미쳤는데 그 영향은 매우 부정적이었다. 그것은 일제의 파시즘적 식민 통치 자체가 한국민주주의가 출범할 수 있는 공간을 허용하지 않았고, 그 통치가 남긴 강한 국가의 전통, 특히 그 억압성이 유달리 강했던 국가의 전통이 이후 한국민주주의의 발전에 부정적인 영향을 미쳤기 때문이다. 뿐만 아니라 일제로부터의 해방 이후 냉전의 최전선에 위치한 한국은 그로 인해 남북 분단과 한국전쟁의 경험을 겪지 않을 수 없었다. 그리고 그것은 결국 한국에 강력한 반공체제의 구축의 결과로 이어졌는데, 이 역시 한국민주주의의 출범에 부정적인 영향을 미쳤다.

그러나 근대 이행의 이 같은 한국적 경로가 한국민주주의 출범에 부정적인 영향만을 끼쳤던 것은 아니다. 부정적인 영향이 압도적이었지만, 그럼에도 다음과 같은 요소들은 한국민주주의의 출범에 긍정적인 조건을 제공해주었기 때문이다. 첫째는 해방 후 남한에서 미군정이 실시된 결과 자유민주주의의 제도와 형식이 위로부터 한꺼번에 주어지게 되었다는 점이다. 물론 그것은 냉전 반공주의에 의해 매우 왜곡되지 않을 수 없었다. 그럼에도 그것은 이후 한국에서 자유민주주의가 발전할 수 있는 기본적인 틀을 제공했다.[3] 둘째는 해방정국의 갈등과 한국전쟁의 과정을 통해 지주를 비롯하여 전통적 지배층이 몰락했고, 이로 인해 형성된 비교적 평등한 사회적 조건이 만들어졌다는 점이다. 이 역시 이후 민주주의 발전에 긍정적인 여건으로 작용했다고 할 수 있다.

---

[3] 이를 '조숙한 민주주의'(premature democracy)로 표현했던 최장집은 당시 민주주의를 제대로 실천할 수 없는 조건 속에서 주어진 그 한계와 더불어, 민주주의에 대한 이상과 규범 그리고 제도 등에 대하 기대 수준을 높여줌으로써 한국민주주의 발전에 기여했던 긍정적 효과도 지적하고 있다.(최장집, 1996, 20~23쪽)

2. 민주화 이전 한국민주주의의 전개와 그 특징

일제로부터 해방된 이후 비로소 출범할 수 있었던 한국민주주의의 발전은 다음과 같은 두 단계를 거쳐 이루어졌다. 첫 단계는 1987년 권위주의체제의 민주화 이전의 단계로, 이 시기의 민주주의 발전은 주로 민주화운동에 의해 이루어졌다. 독재정권의 권위주의적 통치에 저항하여 전개되었던 민주화운동이 이 시기 한국민주주의의 발전을 주도적으로 이끌었기 때문이다. 두 번째 단계는 1987년 권위주의체제의 민주화가 이루어진 이후 2010년 현재까지의 단계로, 이 시기에 한국민주주의 발전은 주로 정당정치에 의존했다. 그것은 민주화로 인해 정당정치가 정상화되었기 때문이다. 물론 1987년 권위주의체제의 민주화 이후에도 운동은 지속되었지만, 그것은 민주화운동의 형태를 지니기보다는 다양한 형태의 사회운동으로 변화되었다.

1) 민주화 이전 한국 민주화운동의 전개

앞에서 살펴본 바와 같이, 한국민주주의는 그것이 제대로 출범하기 어려운 부정적인 여건 속에서 출발하지 않으면 안 되었다. 특히 일제의 식민 지배의 영향과 해방 후 남북 분단과 한국전쟁을 거치면서 구축된 반공체제는 강력한 억압적 국가의 등장을 초래했다. 그 결과 해방 이후 남한에서는 이 같은 국가권력에 편승하여 냉전 반공주의의 독재정권이 들어섰고, 이들에 의한 권위주의 통치가 시행되었다. 이승만 정권에 의한 권위주의 통치가 바로 그것이었다. 그리고 그것은 1961년에는 5·16군사쿠데타를 통해 박정희 정권의 권위주의 통치로, 1980년에는 신군부세력에 의한 12·12군사반란과 5·17쿠데타를 통해 전두환 정권의 권위주의 통치로 이어졌다.

이 같은 독재정권의 권위주의 통치 속에서도 정당정치는 전개되었다. 독재정권의 정당으로 여당이 존재했고, 비록 제한적이기는 했지만 이와 경쟁했던 야당이 존재했기 때문이다. 그러나 독재정권의 권위주의 통치에 대한 민주화의 저항에는 야당이 그 중심이 되지 못했다. 오히려 그 역할은 정당정치의 제도권 밖에서 독재정권에 정면으로 저항했던 민주화운동에 의해 수행되었다. 4월혁명 이후 1960년대에는 단속(斷續)적으로, 유신체제의 1970년대와 광주민중항쟁 이후의 1980년대에는 지속적으로 전개되었던 민주화운동이 바로 그것이었다. 그런 점에서 적어도 1987년의 민주화 이전까지 한국민주주의의 발전은 주로 민주화운동에 의해 이루어졌다고 할 수 있다.

1987년 민주화 이전까지 민주화운동의 전개과정은 다음과 같이 세 시기로 구분할 수 있다. 첫 시기는 대한민국 수립 이후 1960년 4월혁명까지의 기간으로, 이승만 정권의 반공독재 하에서 이에 대항하여 4월혁명의 형태로 민주화운동이 그 모습을 드러냈던 시기이다. 두 번째 시기는 1961년 5·16군사쿠데타 이후부터 1980년 '서울의 봄'에 이르기까지의 기간으로, 박정희 정권의 개발독재와 유신독재에 대해 민주화운동이 끈질기게 저항했던 시기이다. 마지막으로 세 번째 시기는 신군부세력에 의한 12·12군사반란 및 5·17군사쿠데타를 통해 전두환 정권이 들어선 이후 1987년 6월민주항쟁까지의 기간으로, 민주화운동의 성장 속에서 6월민주화운동이 발생하고, 이를 통해 권위주의체제의 민주화가 이루어질 수 있었던 시기이다.

각 시기 민주화운동의 전개과정을 간략하게 살펴보면 그것은 다음과 같다. 우선 남북 분단과 한국전쟁을 거치면서 등장했던 1950년대 전반의 한국사회는 한편으로 강력한 억압력을 갖춘 반공국가가 구축되고, 다른 한편으로 그러한 국가에 의해 파편화되고 관변화된 사회가 존재하는 그러한 사회였다. 또한 그것은 한국사회의 모든 영역에서 반공주의가 하나의 '의사(疑似)합의' 상태에까지 이르렀던 일종의 '반공규율사회'(조희연, 1998, 87~95쪽)였다. 이승만 정권의 반공독재가 가능했던 것은 한국전쟁을 전후하여 형성되었던 바로 이 같은 배경 때문이었다.

그러나 이승만 정권의 반공독재는 그들이 1952년의 발췌개헌에 이어 1954년의 사사오입개헌을 통해 장기집권을 추구하면서 점차 흔들리기 시작했다. 이승만 정권의 독재와 장기집권에 대한 비판과 저항의 흐름이 점차 등장했기 때문이다. 우선 그것은 1950년대 중반 무렵 제도정치권에서 이승만 독재정권에 정면으로 대항하는 민주 야당들의 등장으로 나타났다. 1955년 보수 야당으로 조직된 민주당의 등장과, 이에 뒤이어 혁신세력을 중심으로 조직된 진보당의 등장이 그것이었다. 물론 진보당은 이내 소멸되었다. 당수인 조봉암이 간첩 혐의로 사형을 당했고, 이에 따라 진보당 역시 해체되지 않을 수 없었기 때문이다. 다음으로 이승만 정권에 대한 지지의 동요는 유권자 차원에서도 나타났다. 1956년 5월에 치러진 제3대 정·부통령선거 결과는 조봉암 후보가 216만 표에 달하는 예상외의 높은 득표력을 보여줌으로써 국민들 사이에서도 반 이승만 정권의 정서가 널리 확산되고 있음을 보여주고 있었기 때문이다.

이승만 정권에 대한 불만과 저항이 이처럼 광범위하게 확산되는 가운데 정작 이승만 독재정권을 붕괴시킨 것은 선거 결과가 아니었다. 오히려 그것은 선거 과정에서 야기되었던 4월혁명에 의한 것이었다. 1960년 3월 15일에 치러진 제4대 정·부통령선거를 전후하여 이승만 정권에 의해 자행된 대대적인 부정선거는 고등학생과 대학생을 중심으로 이에 대한 항의사태를 야기시켰고, 급기야 그것은 시민들의 대대적인 항쟁으로 확산됨으로써 결국 이승만 대통령이 하야하는 결과로 이어졌기 때문이다. 그런 점에서 본다면 4월혁명 발생의 도화선은 부정선거였지만, 4월혁명 분출의 동력을 제공한 것은 그동안 누적되어왔던 이승만 정권에 대한 불만과 비판이라 할 수 있었다. 그렇다면 4월혁명을 폭발시킨 아래로부터의 잠재력은 어떻게 누적되었고 형성되었나?

이를 확인하기 위해서는 다음과 같은 사실을 살펴볼 필요가 있다. 전후 1950년대를 거치면서 한국사회에 일정한 변화가 있었다는 점이 바로 그것이었다. 우선 한국전쟁 이후 급격한 도시화의 사회변동이 있었다. 전쟁을 통해 삶의 기반을 잃은 많은 사람들이 도시로, 특히 서울로 몰려들었기 때문이다. 그 결과 해방 직후 347만 명에 그쳤던 도시인구는 1955년 시점에서 528만 명으로 증가했다. 뿐만 아니라 전후의 1950년대에 급격한 변화가 야기되었던 또 하나의 영역은 교육영역이었다. 해방 직후 186만 명에 그쳤던 국민학생 수는 1958년 362만 명으로 약 2배 증가했으며(서중석, 2005, 132~133쪽), 특히 대학생 규모는 해방 직후 7,800명 수준에서 1961년 14만 명 수준으로 약 15배 증가했다.(권태준, 2006, 72쪽)

그러나 1950년대 한국사회의 변화는 여기에 그치지 않았다. 1950년대에는 대중매체의 보급과 그 영향력이 크게 증대했는데, 이들은 자유민주주의 기준과 가치에 준거하여 이승만 독재정권에 대한 비판의 분위기를 확산시켰기 때문이다. 따라서 1950년대 후반 서울을 비롯한 도시지역에서는 자유민주주의의 지적 분위기 속에서 새로운 시민사회가 등장하고 있었다. 그리고 이에 따라 언론과 지식인 그리고 대학생들이 주축이 된 '비판적 공중(公衆)'(권태준, 2006, 87쪽)이 등장하고 있었던 것으로 보인다. 물론 이는 과거 농촌 중심의 사회와는 다른, 그리고 남북 분단과 한국전쟁을 통해 구축되었던 관변화된 사회와도 일정한 차이가 있는, 도시를 중심으로 자유민주주의적 성격의 새로운 계몽적 시민사회의 대두를 알리는 것이라 할 수 있었다.

그러나 새로운 시민사회의 대두만으로 4월혁명이 가능했던 것은 아니다. 그것을 배경으로 이승만 정권의 부정선거에 대해 누구보다도 먼저 항의를 직접 감행할 주체가 필요했기 때문이다. 그 항의의 주체로 나선 것은 고등학생들이었고, 이에 뒤따랐던 것은 대학생들이었다. 그리고 그로 인해 촉발된 항의시위는 결국 시민들의 대대적인 시위로 이어졌다. 따라서 4월혁명을 선도했던 것은 학생들이라 할 수 있다. 그렇다면 4월혁명을 선도했던 주체가 노동자나 일반 시민이 아니라 학생일 수밖에 없었던 이유는 무엇인가? 그것은 우선 당시에 그들만이 집단적으로 시위를 감행할 수 있는 거의 유일한 사회집단이었기 때문이다. 또한 그들은 교육과 언론을 통해 누구보다도 먼저 민주주의를 새롭게 접할 수 있었던 집단이었다.

그럼에도 그들이 4월혁명의 주체로 나설 수 있었던 데에는 또 다른 원인을 지적할 수 있다. 그것은 그들이 자신들을 기성세대와는 다른 세대로 인식했고, 그러한 입장에서 4월혁명에 나섰다는 점이다. 즉, 그들은 기성세대가 친일과 좌우 갈등 그리고 부정부패 등 역사의 부정적 유산에 의해 오염되었으며, 따라서 그러한 오염으로부터 자유로운 그들만이 타락된 역사를 구할 수 있다는 자부심을 가지고 나섰던 것이다. 그들의 이 같은 의식과 용기는 어쩌면 낭만적인 것이었는지도 모른다. 그렇지만 그러한 자부심과 열정은 실제로 4월혁명의 동력으로 작용했다. 4월혁명 당시 학생들에 의해 제기되었던 각종 요구 중 기성세대에 대한 비판이 상당한 부분을 차지했던 것은 바로 이 때문이었다. 그런 점에서 4월혁명은 학생들에 의해 기성세대의 교체가 요구되었던 일종의 세대교체 혁명이라고도 할 수 있었다.

아무튼, 이상과 같은 4월혁명의 발생은 위로부터 제도와 형식만으로 부과되었고 그것마저 이승만 정권의 반공독재에 의해 형해화되었던 한국민주주의를 아래로부터의 민주주의로 전환시킨 일대 전기(轉

機)가 되었다. 또한 그것은 외부로부터 주어진 민주주의를 우리 자신의 민주주의로 전환시키는 중요한 계기가 되었다. 그렇지만 4월혁명의 주체인 학생들이 권력 장악을 목적으로 하는 정치세력이 아닌 한, 4월혁명으로 등장한 민주정부의 운영은 제도정치권의 기성 정치세력에게 위임되지 않을 수 없었다. 민주당의 장면 정부가 바로 그들이었다. 그러나 장면 정부는 이내 붕괴되었다. 강력한 물리력을 보유하고 있던 군부세력, 특히 그 중에서 정치개입에 많은 관심을 지니고 있었던 소장그룹의 장교들이 1961년 5·16군사쿠데타를 일으킴으로써 박정희 군사정권이 등장했기 때문이다.

전후 1950년대의 한국사회에서 군은 막강한 물리력을 가진 국가기구였다. 그것은 군이 해방정국의 갈등과 한국전쟁을 거치면서 강력한 국가기구로 등장했기 때문이다. 따라서 4월혁명 직후의 과도기적 상황에서 기성 정치집단의 무능과 사회적 혼란을 이유로 군부세력이 쿠데타에 나섰을 때, 민간정부가 그것을 저지하기란 현실적으로 쉽지 않았다. 물론 장면 정부는 시민사회의 지지를 바탕으로 이에 저항할 수도 있었겠지만, 당시 장면 정부는 그러한 의지도 없었고, 또한 시민사회로부터 그럴만한 지지도 확보하지 못하고 있었다. 5·16군사쿠데타가 민간 차원의 강력한 저지 없이 비교적 손쉽게 성공할 수 있었던 것은 바로 이 때문이었다.

쿠데타를 통해 등장한 박정희 정권은 정권의 가장 일차적인 목표를 경제성장에 두었고, 이를 위해 국가주도의 강력한 경제발전계획을 추진하였다. 그리고 경제발전의 성과를 바탕으로 개발독재를 강화하는 한편 장기집권을 도모했다. 물론 이 같은 상황에서도 정당정치는 작동했다. 그러나 박정희 정권이 점차 독재화함에 따라 정당정치는 현저히 약화되었다. 4월혁명을 통해 등장했던 민주화운동이 다시 그 모습을 드러냈던 것은 장기집권의 추진 속에서 점차 그 독재의 정도를 강화해나갔던 박정희 정권 때문이었다. 그러나 다시 등장한 민주화운동은 학생운동을 넘어 점차 재야세력의 운동으로 발전했고, 1970년대에 들어서는 노동운동을 비롯한 사회운동까지 포괄하게 되었다. 결국 박정희 정권 하에서 정당정치는 왜소화되지 않을 수 없었고, 이에 따라 박정희 정권과 민주화운동의 직접적인 충돌은 점차 그 정도를 더해가지 않을 수 없었다.

구체적으로, 1960년대의 민주화운동은 다음과 같이 전개되었다. 우선 1960년대 전반의 민주화운동은 한일회담 반대투쟁으로 나타났다. 그러나 그 투쟁으로 인해 박정희 정권이 크게 동요되었던 것은 아니다. 그것은 박정희 정권이 제1차 경제개발계획(1962~1966년)을 성공리에 마침으로써 그 정당성을 강화할 수 있었기 때문이다. 그리고 그것은 1967년 제6대 대통령선거에서 신민당의 윤보선 후보에 대한 공화당 박정희 후보의 일방적인 승리로 나타났다. 이어 1960년대 후반의 민주화운동은 3선개헌 반대투쟁으로 이어졌고, 나아가 그것은 1970년대 초 교련반대투쟁으로 이어졌다. 이 같은 상황에서 박정희 정권은 1971년 제7대 대통령선거에서 또 다시 승리할 수 있었다. 그러나 그 승리에도 불구하고 신민당의 김대중 후보에게 고전을 면치 못했던 선거 결과는 장기집권의 박정희 정권의 정당성이 크게 약화되고 있음을 보여주고 있었다.

박정희 정권이 1972년 10월 유신체제를 등장시켰던 것은 더 이상 선거를 통해 그 집권을 연장시키기 어렵게 되었던 바로 이 같은 상황에서였다. 그러나 새롭게 등장한 유신체제는 대통령 1인에게 모든 권력을 집중시킨 공개적인 독재체제로, 박정희 정권의 장기집권을 제도적으로 보장한 강력한 억압체제였다. 또한 그것은 제한적이나마 그동안 작동했던 정당정치를 무력화시킨 독재체제였다. 따라서 이 같은 유신체제의 등장으로 1970년대 민주화운동은 한동안 침체를 면치 못했다. 그러나 그 침체는 그리 오래가지 않았다. 1973년 후반부터 다시 분출하기 시작했던 민주화운동은 긴급조치를 통해 이를 억압하고자 했던 박정희 정권의 시도에 대해 더욱 강력하게 저항해나갔기 때문이다. 결국 이 같은 상황에서 박정희 정권은 1975년 5월 긴급조치 9호를 발령했는데, 이는 인도차이나 공산화의 분위기를 이용하여 유신체제를 반대하는 일체의 민주화운동을 원천적으로 봉쇄하고자 했던 극단적인 조치였다.

긴급조치 9호 이후 민주화운동은 다시 침체되었다. 그러나 1977년 가을 이후 민주화운동은 다시 부상했다. 그리고 다시 부상한 1970년대 후반의 민주화운동은 과거와는 다른 모습을 보여주었는데, 그것은 1970년 전태일의 분신 이후 종교계 등 외부의 지원 하에 점차 성장했던 사회운동이 민주화운동의 일환으로 그 모습을 드러내고 있었기 때문이다. 동일방직 노동자투쟁과 함평고구마사건 등이 그 대표적인 사례였다. 이처럼 유신체제 등장 이후 억압과 저항을 반복하며 그 대립의 도를 더해갔던 박정희 정권과 민주화운동의 충돌은 1970년대 말의 시점에서 더 이상 그 파국적 충돌을 피하기 어렵게 되었다. 1979년 YH 여성노동자들의 신민당사 농성에서부터 시작되어 부마항쟁으로까지 이어졌던 일련의 과정은 바로 그 충돌의 과정이었다. 그리고 그것은 최종적으로 박정희 대통령 사망으로 이어졌다. 부마항쟁에 대한 대책을 둘러싸고 권력 내부에서 발생했던 갈등은 마침내 김재규 중앙정보부장의 총격에 의해 박정희가 사망하는 10·26사건으로 나타났기 때문이다.

10·26사건으로 박정희가 사망하자 민주화에 대한 기대와 희망은 이제 현실적인 것이 되었다. 1980년 '서울의 봄'은 그러한 기대와 희망 속에서 시작되었다. 그러나 '서울의 봄' 시기 민주화 이행의 과정은 순조롭게 진행되지 못했다. 1979년 12·12군사반란을 통해 군 내부의 권

력을 장악했던 신군부세력이 1980년 5·17군사쿠데타를 감행하고 나섰기 때문이다. 그러나 사태는 이에 그치지 않았다. 5·17군사쿠데타에 저항했던 광주시민들에 대한 신군부세력의 과잉 진압은 이에 항거하는 광주시민들의 민중항쟁으로 이어졌기 때문이다. 그러나 그것은 계엄군의 유혈적인 진압에 의해 커다란 희생을 남기며 좌절되었다. 결국 박정희 개발독재의 오랜 장기집권을 마감하고 민주화의 기대와 꿈이 실현될 찰나에, '서울의 봄'은 광주민중항쟁의 뼈아픈 상처만을 남긴 채 유산된 민주화로 끝났다.

광주민중항쟁 진압 이후 신군부세력은 국가보위비상대책위원회(국보위)를 통해 정권 장악에 나섰다. 우선 그들은 '정화'와 '숙정'의 이름으로 정치와 사회 각 부문에서 그들에게 비판적인 사람들을 제거했다. 특히 그 과정에서 자행되었던 삼청교육은 다수의 사람들이 희생되는 심각한 인권침해의 결과를 남겼다. 다음으로 그들은 야당 결성에까지 개입함으로써 '관제적' 정당체제를 만들어냈다. 그리고 이와 같은 체제 정비와 '관제적' 정당체제의 구축을 기반으로 신군부세력은 전두환 정권을 출범시켰다. 신군부세력이 이처럼 억압력을 통해 체제 정비에 나서고 이를 바탕으로 전두환 정권을 등장시켰던 이 기간 동안 민주화운동이 제대로 전개될 수 없었음은 물론이다.

그러나 1983년 말 전두환 정권은 제적학생의 복적과 해직교수의 복직을 허용하는 등 그 억압의 정도를 완화시켰다. 이른바 유화조치였다. 이후 1985년 중반에 이르도록 유화국면이 전개되었는데, 이 기간 동안 학생운동을 비롯하여 노동운동과 농민 및 도시빈민들의 생존권 투쟁 등 사회 각 부문의 민주화운동은 폭발적으로 성장했다. 또한 민주화운동의 중심적인 기구로 1985년 9월에 민주통일민중운동연합(민통련)이 결성되었다. 뿐만 아니라 전두환 정권에 의해 제도정치권에서 배제되었던 정치인들 역시 1984년 5월 민주화추진협의회(민추협)를 결성했고, 이후 이들을 중심으로 만들어진 신민당은 1985년 2·12총선에서 제1야당으로 부상했다. 한편 광주민중항쟁 진압에 대한 미국의 지원에 대한 항거로서 반미운동도 등장했는데, 1985년 5월 미 문화원 점거농성사건은 이를 상징적으로 보여주었다.

따라서 유화국면 동안 폭발적으로 성장한 민주화운동은 1985년 중반 무렵 전두환 정권과 전면 대치하기에 이르렀다. 이후 민주화운동은 그 초점을 대통령 직선제 쟁취에 맞추었고, 그것은 '민주헌법쟁취 1,000만인 서명운동'으로 이어졌다. 그 결과, 개헌국면이 전개되었던 이 기간 동안 직선제 개헌을 요구하는 민주화운동과, 이를 저지하고자 했던 전두환 정권 사이에는 첨예한 갈등이 전개되었다. 특히 이 과정에서 전두환 정권은 내각제 개헌을 내세워 국회 내 개헌협상을 시도하는 한편, 재야운동권에 대해서는 그 탄압의 강도를 높였다. 그러나 전두환 정권의 후자의 시도는 결국 1987년 1월 박종철군 고문치사사건으로 이어졌다. 한편 전두환 정권은 이 같은 상황에서 대통령 직선제 개헌 요구를 전면 부인하는 4·13호헌조치를 발표했다.

박종철 고문치사사건의 발생에 더해 개헌 불가의 4·13호헌조치까지 발표되자, 전두환 정권에 대한 대중적 반감과 분노가 급속히 높아졌다. 이 같은 상황에서 1987년 5월 천주교정의구현사제단은 박종철군 고문치사사건에 대한 은폐 시도를 폭로했고, 이에 '호헌반대민주헌법쟁취 국민운동본부'(국민운동본부)는 그 항의를 위해 6월 10일 '박종철군 고문살인은폐조작 규탄 및 민주헌법쟁취범국민대회' 개최를 결정했다. 그리하여 1987년 6월 10일 국민운동본부의 주도로 범국민대회가 개최되었는데, 이는 그로부터 6월 29일에 이르도록 20일간에 걸쳐 수백만 명의 시민들이 거리에 쏟아져 나와 호헌철폐와 독재타도를 외쳤던 6월민주항쟁의 막을 열었다.

구체적으로, 6월민주항쟁은 다음과 같이 3단계를 거쳐 전개되었다.

첫 단계는 6·10대회로부터 6월 18일 '최루탄 추방 결의대회'까지의 기간이다. 전국 22개 지역에서 24만여 명이 참여했던 6·10대회는 항쟁의 성공 가능성을 보여주었을 뿐만 아니라, 특히 서울에서의 그것은 이후 항쟁 확대의 도화선이 되었던 명동성당 농성으로 이어졌다. 두 번째 단계는 18일의 '최루탄 추방 결의대회'로부터 26일 '국민평화대행진'까지의 기간이다. 30~40여만 명이 참여한 부산을 비롯, 전국 16개 지역에서 50여만 명이 참여한 18일 대회는 사실상 경찰 진압을 무력화시켰다. 항쟁의 세 번째 단계는 26일의 '국민평화대행진'으로부터 29일의 6·29선언까지이다. 전국 34개 시와 4개 군에서 140여만 명이 참여한 가운데 전개되었던 26일의 대회는 전두환 정권을 막다른 골목으로 내몰았다.(이상 6월민주항쟁에 대해서는 정해구·김혜진·정상호, 2004, 109~113쪽 참조)

1987년 6월 29일 전두환 정권은 대통령 직선제 수용을 비롯하여 '대통령선거법' 개정, 김대중 씨 사면·복권 및 시국관련 사범 석방, 국민기본권 신장, 언론자유 창달, 지방자치제의 실시와 대학의 자율화, 정당의 자유로운 활동 보장, 과감한 사회정화 조치 등 8개항의 민주화 조치를 담은 6·29선언을 발표했다. 이로써 민주화운동이 그동안 요구해왔던 민주화의 핵심 요구들은 전두환 정권에 의해 수용되기에 이르렀다. 따라서 수십년 간에 걸친 독재정권의 권위주의 통치 끝에 마침내 민주화 이행의 길은 열릴 수 있게 되었다. 한편 6·29선언으로 인한 정치적 개방은 그동안 억눌렸던 노동자들의 요구를 한꺼번에 분출시켰는데, 7·8·9월 노동자대투쟁이 그것이었다. 7월 초 울산에서부터 시작되어 수도권에 이르기까지 노동자가 밀집된 전국의 거의 대부분의 지역에서 분출했던 노동자대투쟁은 3,255건의 파업과 122만 명의 파업 참가자 수를 보여주었다.(김금수, 2004, 120~125쪽)

2) 한국 민주화운동의 특징과 그 의미

이상에서 살펴본 바와 같이, 1960년 4월혁명 이후 본격적으로 형성되고 전개되었던 한국의 민주화운동은 그로부터 27년 후인 1987년 전국에 걸친 범국민적 항쟁이었던 6월민주항쟁으로 이어졌다. 그리고 그것은 전두환 정권으로 하여금 대통령 직선제 개헌 요구를 수용케 함으로써 마침내 민주화 이행의 길을 열었다. 그렇다면 민주주의 출범의 역사적 조건이 매우 부정적일 수밖에 없었던 현실에서, 한국의 민주화운동이 지속적이고 끈질긴 저항을 통해 마침내 권위주의체제의 민주화를 가능케 만들었던 원인은 무엇인가? 그것은 다음과 같은 두 측면에서 확인할 수 있다. 하나는 민주화운동에 영향을 미쳤던 구조적인 측면이며, 다른 하나는 민주화운동 자체의 주체적인 측면이다.

우선 구조적인 측면에서 독재정권, 특히 군사정권은 다음과 같은 두 수단을 내세워 자신의 정당성을 주장했다. 하나는 분단 상황의 한국적 현실에서 안보 또는 사회혼란 방지를 내세워 자신의 정당성을 주장했다는 점이다. 이를테면, 박정희 정권은 4월혁명 직후의 사회혼란을 내세워 5·16군사쿠데타를 정당화했고, 1970년대 초 급변하는 주변 정세 변화라는 안보적 이유를 들어 유신체제의 등장을 정당화했다. 또한 신군부세력은 '서울의 봄' 시기의 사회혼란 방지와 안보를 내세워 5·17군사쿠데타의 정당성을 주장했다. 독재정권이 자신의 정당성을 유지하고 강화할 수 있었던 또 하나의 수단은 경제성장의 성과였다. 쿠데타를 통해 집권한 그들에게는 이로 인한 정당성의 부족을 보충할 필요가 있었는데, 그 주요한 수단이 경제발전의 성과였던 것이다.

그러나 안보 및 사회혼란 방지나 경제성장의 성과를 내세웠던 독재정권의 이 같은 정당성은 오래가지 못했다. 장기집권의 추구에 의해 독재정권의 억압성이 증대함에 따라 그들의 정당성이 점차 약화되었기 때문이다. 특히 광주민중항쟁에 대한 신군부세력의 유혈적인 진압은 전두환 정권의 정당성을 처음부터 약화시켰다. 다음으로 급속한 경제발전에 의한 생활수준의 향상과 압축적 산업화에 따른 사회계층의 분화 역시 독재정권의 정당성을 약화시켰다. 즉, 절대적인 빈곤 상태에서 벗어나 생활수준이 일정 수준 이상 향상되었을 때 민주화에 대한 시민들의 요구는 더욱 커졌고, 산업화에 따른 사회계층의 분화는 노동자층과 중산층을 증대시킴으로써 그들에 의한 민주화 요구를 더욱 강화시켰던 것이다.

이상과 같이 독재정권을 둘러싼 구조적 상황의 변화는 독재정권의 정당성을 점차적으로 약화시켰다. 그러나 이 같은 구조적 상황의 변화 이상으로 한국 민주화운동을 성장시켰던 것은 오히려 민주화운동 자체의 주체적 노력이었다. 독재정권의 권위주의 통치에 대한 저항을 통해 민주화운동은 그 스스로가 성장해나갈 수 있었기 때문이다. 그렇다면 한국 민주화운동이 그 스스로 이처럼 성장하고 이를 통해 마침내 권위주의체제의 민주화를 가능하게 만들었던 원인은 무엇인가? 또한 이를 통해 드러났던 한국 민주화운동의 특징은 무엇인가?

무엇보다도 먼저 한국 민주화운동을 특징지었던 것은 그 출발이 매우 빠른 시점에서 이루어졌다는 점이다. 사실 우리는 무의식적으로 4월혁명이 당시의 시점에서 당연히 일어났어야 할 사건으로 간주한다. 그러나 일제로부터 해방된 지 겨우 15년이 지난 시점에서, 그리고 1953년 한국전쟁의 종전으로부터 겨우 7년의 시간이 지난 시점에서 4월혁명이 발생했고, 그로 인해 이승만 정권이 붕괴되었다는 것은 매우 놀랄 만한 일이다. 더구나 4월혁명은 해방정국과 한국전쟁의 갈등으로 국가에 저항할 수 있는 사회세력이 거의 완전하게 파괴되었던 상황에서, 이에도 불구하고 아래로부터 발생한 혁명이었다. 또한 그것은 본격적인 산업화가 이루어지기 이전에 이루어졌던 민주화 혁명이었다.

그런 점에서 제3세계의 다른 나라들의 경험과 비교해볼 때 한국의 민주화운동은 매우 빨리 시작되었다고 할 수 있다.

다음으로 한국 민주화운동을 특징지었던 또 하나의 요소는 민주화운동의 주체 측면에서 확인할 수 있다. 이와 관련하여 민주화운동 주체는 동심원적이었다. 그 동심원의 가장 중심에는 학생운동이 있었고, 그 다음에는 지식인과 종교인 등 재야세력이 있었다. 그리고 그 다음 동심원에는 시간의 흐름에 따라 점차 민주화운동에 동참했던 사회운동과, 상황에 따라 민주화운동과 협조하고 연대했던 정치권의 야권이 있었다. 그리고 이 같은 동심원들의 외곽에는 특정한 계기가 주어졌을 때 민주화운동에 대거 참여했던 일반 대중들이 있었다. 따라서 민주화운동은 평소 학생과 재야세력을 중심으로 전개되었고, 여기에 사회운동과 정치권의 야당이 점차 동참하는 형태로 이루어졌다. 그리고 그것은 특정한 계기를 통해 일반 대중들이 대거 참여함으로써 민중항쟁 또는 민주화 항쟁으로 발전했다.

한국의 민주화운동은 바로 이 같은 동심원적 주체들에 의해 수행되었다고 할 수 있다. 여기에서 우리가 주목할 것은 학생과 지식인들[4] 이 한국 민주화운동의 주축을 이루었다는 점이다. 그러나 민주주의 주체에 대한 주요 연구들은 민주주의 발전을 주도했던 주체가 부르주아지이거나 노동자를 비롯한 기층민중 또는 중산층이었다는 점을 보여주고 있다.(베링턴 무어, 1985 ; 뤼시마이어 외, 1997) 그렇다면 한국의 민주화운동에서 학생과 지식인들이 부르주아지나 노동자 또는 중산층과 같은 사회세력을 대체했던 이유는 무엇인가?

그것은 우선 한국에서 해방정국과 한국전쟁의 갈등을 통해 국가에 저항할 수 있는 사회세력이 이미 분쇄되었고, 따라서 학생과 지식인

---

[4] 민주화운동에 참여했던 종교인들 역시 크게 보면 지식인 범주에 포함될 수 있을 것이다.

들이 그들을 대신하지 않을 수 없었던 사정에 기인했던 것으로 보인다.[5] 그러나 학생과 지식인들이 민주화운동에 직접 나섰던 보다 근본적인 이유는 그들이 한국 역사와 사회 발전에 대해 강력한 책임의식을 지니고 있었다는 점에서 찾을 수 있다. 즉, 그들은 왜곡되고 뒤틀린 한국 근·현대의 역사를 정상화시킴으로써 사회 발전을 이룩할 수 있고, 이를 위한 그들의 노력과 희생을 당연한 것으로 받아들이고 있었던 것이다. 그런 점에서 그들의 민주화운동 참여는 역사와 사회 발전에 대한 일종의 도덕적 책임과 이에 기반을 둔 열정에 기반하고 있었다. 민주화운동 과정에서 그들이 자주 내세웠던 민족, 민주, 민중 등의 슬로건은 바로 그 점을 잘 보여주고 있었다.[6]

다른 한편, 한국 민주화운동의 성공을 가능하게 만들었던 또 하나의 요소는 그것이 최소강령적인 목표를 내걸고 평화적인 수단을 통해 전개됨으로써 보다 많은 사람들의 동참을 이끌어낼 수 있었다는 점이다. 한국의 민주화운동이 이와 같이 점진적이고 온건한 전략을 선택한 것은 그들을 둘러싼 구조적인 상황 때문이었다. 즉, 외적으로는 국제적인 냉전과 남북 분단이 상존하고 내적으로는 강력한 억압력을 가진 반공국가가 존재하는 상황에서 급진적이고 폭력적인 방식의 민주화운동은 오히려 운동의 고립과 파괴를 가져올 가능성이 컸다. 따라서 한국의 민주화운동은 점진적이고 평화적인 방식을 통해 자신들의 정당성을 확대시키고자 했다. 한국 민주화운동이 소수 엘리트에 의한 권력 장악의 혁명적 방식이 아니라, 다수 대중의 동참하에 권력의 부

---

[5] 학생과 지식인 중심의 민주화운동은 자신들이 농민과 노동자를 비롯한 민중을 대변한다고 주장했는데, 이는 민주화운동을 주도할 사회세력의 부재와 관련이 있었다.

[6] 이와 관련하여 브루스 커밍스는 자신의 한 책에서 한국의 민주화운동을 설명하는 장의 제목을 '미덕 2 : 1960~현재의 민주주의운동'이라 지칭했다. 이는 한국 민주화운동에 있어 학생들과 지식인들이 사회에 대해 갖는 도덕적 소명감을 잘 드러내주고 있다.(브루스 커밍스, 2001, 484~570쪽)

당성을 비판하고 이에 항의하는 대중운동의 방식을 추구했던 것은 바로 이 때문이었다.

물론 광주민중항쟁에 대한 신군부세력의 유혈적인 진압은 일정 정도 한국 민주화운동을 급진화시켰다. 그럼에도 불구하고 1980년대 민주화운동을 지배했던 것은 대통령 직선제 개헌을 요구했던 온건한 흐름이었다. 그리고 그것은 민주화운동에 대한 보다 많은 사람들의 지지와 참여를 가능하게 만들었다. 더구나 전두환 정권의 억압적인 정책에 따른 심각한 인권탄압의 결과와 4·13호헌조치를 통한 민주화 개헌의 거부는 이에 분노한 다수 시민들의 민주화운동 동참을 자극했다. 1987년에 들어 전국에 걸친 대규모 대중 참여의 6월민주항쟁이 가능했던 것은 야권과의 협조 속에서 학생운동과 재야운동 그리고 사회운동에 더해 일반 국민에 이르기까지 그 모두가 동참했던 최대 민주화연합의 구축이 가능했기 때문이다. 결국 이 같은 상황에서 전두환 정권은 6월민주항쟁에 대한 군 동원을 통한 진압을 포기하고 대통령 직선제 개헌을 수용하지 않을 수 없었다. 6·29선언이 바로 그것이었다.

3. 1987년 민주화 이행과 그 성격

민주화 이행(democratic transition)은 권위주의체제가 종료되고 새로운 민주주의체제가 등장하는 과정이라 할 수 있다. 이와 관련하여 남부 유럽과 중남미의 민주화 이행을 연구한 일군의 학자들은 민주화 이행의 일반론으로서 '민주화 이행론'을 제시한 바 있다. 이에 따르면, 민주화 이행은 권위주의체제의 온건파가 주도하는 '자유화' 조치에 의해 시작되며, 이는 권위주의체제의 온건파와 민주화운동세력의 온건파 사이에 이루어지는 '민주화'에 대한 타협, 즉 '협약'(pact/pacts)을 통해 진전된다. 그리고 이 협약에 의거하여 민주화 이후 정치의 기본적인 틀이 구축되는 '정초(定礎)선거'(founding election)가 치러지며, 이 '정초선거'를 통해 새로운 민주정부가 등장하게 되었을 때, 비로소 민주화 이행은 완료된다는 것이다.(오도넬 외, 1987)

민주화 이행의 이 같은 일반론에 비추어볼 때, 1987년 한국의 민주화 이행은 그것과는 좀 다른 특징을 보여주었다. 한국의 민주화 이행이 권위주의체제의 온건파에 의한 '자유화' 조치에서 시작되었다기보다는 6월민주항쟁의 민주화 압력에 의해 시작되었기 때문이다. 즉, 1980년대 민주화운동은 일련의 계기를 통해 1987년 전국에 걸친 대규모 대중 참여의 6월민주항쟁으로 이어졌는데, 그 압력을 더 이상 거부하기 어려웠던 전두환 정권은 마침내 대통령 직선제 요구를 수용하기에 이르렀던 것이다. 그런 점에서 한국의 민주화 이행은 독재정권의 온건파에 의해 주도되었다기보다는 6월민주항쟁의 민주화 압력에 의해 시작되었다고 할 수 있다.(정해구·김혜진·정상호, 2004, 14~18쪽)

그렇다면 구체적으로 1987년의 민주화 이행은 어떻게 진행되었나? 우선 대통령 직선제 개헌 요구를 수용한 6·29선언에 의해 헌법개정의 절차가 진행되었다. 이와 관련하여 헌법개정의 협상은 별다른 이견 없이 제도정치권의 정당들에게 맡겨졌는데, 민주정의당과 통일민주당에 의해 구성된 '8인 정치회담'이 그 협상의 구체적인 작업을 맡았다. 그리고 그들은 5년 단임의 대통령 직선제를 골격으로 하는 개헌안을 마련했는데, 국회를 통과한 이 개헌안은 국민투표를 거쳐 10월 29일 최종적으로 공포되었다. 이로써 대통령 직선제를 비롯하여 각종 민주화의 요구가 반영된 1987년 개정 헌법이 등장하기에 이르렀다. 그러나 이 같은 헌법개정의 과정에서 정국의 주도권은 민주화운동의 손에서 벗어나 제도정치권의 정당들에게 넘어갔다.

한편 헌법개정에 따른 제13대 대통령선거 과정도 진행되었다. 일반적인 예상대로라면 국민 직선의 대통령선거에서 민주화운동진영의 승리는 당연했다. 6월민주항쟁의 성공적인 결과에 비추어보았을 때 그것은 너무나 자명한 일이었기 때문이다. 그러나 사태는 그렇게 전개되지 않았다. 민주화운동진영의 두 유력 후보였던 김영삼과 김대중이 후보 단일화에 합의하지 못하고 결국 분열되기에 이르렀기 때문이다. 그뿐 아니라 양 김 분열은 민주화운동진영의 분열로도 이어졌다. 그 결과 12월에 치러진 대통령선거에서 민정당의 노태우 후보는 36.6%의 득표율로 당선되었다. 반면 28.1%를 얻은 통일민주당의 김영삼 후보와 27.0%를 얻은 평화민주당의 김대중 후보는 패배했다.

대통령선거 패배의 이 같은 결과와 관련하여 민주화운동진영의 입장에서 민주화란 단순히 대통령 직선제의 수용만을 의미했던 것은 아니다. 그것은 대통령 직선제의 수용과 더불어 민주화운동진영이 대통령선거에서 승리하고, 그 승리를 통해 수립된 민주정부가 과거의 독재 잔재를 청산하는 한편 각종 민주개혁을 추진하는 것을 의미했다. 그런 점에서 민주화운동진영이 의미했던 민주화란 대통령 직선제 수용의 절차적 의미를 넘어, 민주화운동진영에 의한 민주정부 수립과 이를 통한 독재 청산 및 민주개혁의 실질적 의미를 지니고 있었다. 그러나 민주화운동진영이 의도했던 이 같은 민주화는 이루어지지 못했다. 민주화운동진영이 대통령선거에서 패배함으로써 1987년의 민주화는 대통령 직선제 수용의 최소한의 민주화에 그치고 말았기 때문이다. 대신 과거의 독재세력은 정초선거의 대통령선거에서 승리함으로써 합법적인 재집권에 성공했다.

그러나 사태는 민주화운동진영의 대통령선거 패배에 그치지 않았다. 대통령선거를 계기로 지역주의가 전면 동원되었기 때문이다. 이와 관련하여 지역주의 균열의 잠재적인 가능성은 박정희 정권 시기부터 존재해왔다. 박정희 정권 시기 영호남 간에 불균등 개발이 이루어지고, 5·17쿠데타 당시 영남 출신 중심의 신군부세력이 광주민중항쟁을 유혈적으로 진압하면서 영호남 간에 잠재적인 갈등 구조가 만들어진 바 있었기 때문이다. 그럼에도 그것은 민주화 이전에 정치적인 차원에서 본격적으로 동원되지는 않았다. 지역주의가 정치적으로 전면적으로 호명(interpellation)된 것은 바로 1987년 민주화 이행 과정의 대통령선거에서였다. 따라서 1987년 민주화 이행은 민주화운동진영의 대통령선거 패배뿐만 아니라 정치적인 차원에서 지역주의가 전면적으로 동원되는 결과까지 초래했다.

1987년 민주화 이행의 이상과 같은 결과와 관련하여, 만일 김영삼과 김대중의 양 김이 분열하지 않고 따라서 민주화운동진영이 대통령선거에서 승리했더라면, 그것은 이후 한국민주주의 발전에 어떠한 결과를 가져왔을까? 아마도 민주화 이후 한국민주주의의 발전에 많은 기여를 했을 것이다. 우선 독재세력의 영향력을 크게 약화시킴으로써 과거 청산과 민주개혁이 보다 수월하게 이루어질 수 있는 여건을 제공했을 것이다. 또한 그것은 민주화 이후의 정치가 지역주의 정치로 구조화되는 결과를 막았을 것이다.

결국 1987년 민주화 이행 당시 양 김의 분열이 없었더라면 민주화 이후 한국민주주의의 발전은 보다 순조롭게 이루어졌을 것으로 보인다. 그러나 현실은 그 반대로 전개되었다. 1987년의 민주화 이행은 민주화운동진영이 주도했던 6월민주항쟁에 의해 시작되었지만, 그 결과는 과거의 독재세력이 합법적으로 재집권하는 보수적 민주화의 결과로 끝나지 않을 수 없었기 때문이다. 그러나 민주화 이행의 결과가 이처럼 보수적 민주화로 끝났다 할지라도, 1987년 민주화 이행이 한국민주주의 발전에 결정적인 전기를 마련했음은 물론이다. 그것은, 비록 지역주의에 의해 동원된 것이기는 하지만, 대의민주주의 정당정치가 정상화될 수 있었기 때문이다. 따라서 민주화 이후 한국민주주의 발전은 이제 민주화운동이 아니라 제도정치권의 정당정치에 의해 더욱 좌우되지 않을 수 없게 되었다.

4. 민주화 이후 한국민주주의의 전개와 그 특징

1) 민주화 이후 한국민주주의의 전개

1987년 권위주의체제의 민주화 이후 한국민주주의의 환경은 크게 변화되었다. 그런 점에서 그 이전과 비교하여 1987년 이후의 민주화 환경은 매우 달랐다고 할 수 있다. 그렇다면 민주화 이후 한국민주주의의 환경은 어떻게 변화되었나? 그것은 다음과 같은 두 차원에서 살펴볼 수 있다. 하나는 국내적인 차원의 환경 변화로, 그것은 주로 권위주의체제의 민주화에 따라 야기되었던 민주주의 환경의 변화였다. 또한 1990년대 이후 한국에서 급속히 진전된 정보화에 따른 인터넷의 확산도 민주주의의 환경을 변화시켰다. 다른 하나는 국제적인 차원의 환경 변화로, 탈냉전과 신자유주의적 세계화의 영향에서 비롯되었던 민주주의 환경의 변화였다.

구체적으로, 국내적인 차원에서 1987년 권위주의체제의 민주화는 여러 측면에서 한국민주주의의 환경을 변화시켰다. 우선 1987년 헌법에 의해 헌정체제가 정상적으로 작동하기 시작했고, 이에 따라 국가권력의 자의적 행사는 점차 감소되었다. 그뿐 아니라 민주화 이전 독재정권의 권위주의적 통치에 의해 억눌렸던 정치사회와 시민사회도 이제 그 자율성을 회복했다. 따라서 민주화 이전과는 달리 정상화된 정당정치의 영향력은 매우 커졌고, 민주화 이후의 시민사회 역시 급속히 확대되고 분화되었다.

그러나 이 같은 민주주의의 국내적 환경 변화 중 다음과 같은 변화는 더욱 두드러졌다. 첫째는 민주화 이행의 대통령선거 과정에서 전면 동원되었던 지역주의가 민주화 이후의 정당체제와 결합하여 지역주의 정치가 구조화되었다는 점이다. 특히 1990년 민주정의당과 통일민주당, 그리고 신민주공화당 간에 이루어졌던 3당합당은 영남지역주의를 기반으로 하는 민주자유당을 등장시켰다. 그리고 이는 당시의 평화민주당과 이후 그 후신 정당들이 소수세력의 위치에서 벗어나기 어렵게 만들었다. 둘째는 민주화 이후 시민사회가 확대되고 분화되면서 과거 민주화운동은 각종 시민운동과 노동운동 등으로 분화되었고, 동시에 민주화 이후 보수언론의 영향력 확대에 따라 보수적 시민사회도 등장하게 되었다는 점이다. 셋째는 정보화의 진전으로 인터넷이 광범위하게 보급됨으로써 오프라인을 넘어 온라인 공론장이 새롭게 부상하게 되었다는 점이다.

국내적 차원에서 민주화 이후 이상과 같은 민주주의의 환경 변화가 있었다면, 국제적 차원에서는 다음과 같은 민주주의의 환경 변화가 발생하였다. 우선 1980년대 말과 1990년대 초에 걸쳐 소련을 위시한 사회주의권의 붕괴로 야기되었던 탈냉전이 한반도에도 영향을 미치게 되었다는 점이다. 그 결과 탈냉전 이후 남북 간에도 상호 대화와 교류협력을 위한 시도가 이루어졌다. 노태우 정부의 북방정책과 김대중 정부의 햇볕정책이 그것이었다. 그러나 탈냉전 이후 남북관계의 이러한 변화는 다른 한편으로 한국사회 내부에서 보·혁 대결의 남남갈등을 증대시키는 결과를 수반하기도 했다.

다음으로 1997년 IMF 경제위기를 계기로 한국에도 신자유주의적 세계화의 흐름이 급속히 유입되었는데, 이는 민주화 이후 한국경제와 사회에 강력한 영향을 미쳤다. 우선 그것은 발전국가 중심의 경제발전 전략을 추구해왔던 한국경제의 방향 전환을 요구했다. 보다 개방화된 시장경제체제의 요구와 압력이 그것이었다. 그리고 이 같은 상황에서 추진되었던 한미 FTA는 심각한 정치적 갈등으로 이어졌다. 한편 신자유주의적 세계화의 효과는 한국사회의 양극화를 심화시켰는데, 이는 그동안 절차적, 정치적 민주화에 머물렀던 민주화의 요구를 사회경제적 민주화의 요구로 확대시켰다.

민주화 이후 한국민주주의의 전개에 대한 검토는 이를 둘러싼 이상과 같은 국내외적인 환경 변화를 종합적으로 고려하면서 이루어질 필요가 있을 것이다. 그렇다면 이 같은 환경 변화 속에서 민주화 이후 한국민주주의는 구체적으로 어떻게 전개되었나? 그것은 다음과 같이 세 시기로 나누어 살펴볼 수 있다. 첫 번째 시기는 노태우 정부와 김영삼 정부가 집권했던 보수정부의 시기이다. 두 번째 시기는 김대중 정부와 노무현 정부가 집권했던 민주정부의 시기이다. 세 번째 시기는 이명박 정부가 집권함으로써 다시 보수정부가 등장했던 시기이다.

우선 노태우 정부가 직면했던 상황은 이중적이었다. 한편으로 그들은 독재정권의 후계 정권으로서 자신들의 기득권과 이해를 지켜야 했다. 그러나 동시에 그들은 민주화로 인해 한층 증대된 민주개혁의 요구를 불가피하게 수용하지 않으면 안 되었다. 더구나 1988년 제13대 총선 결과 등장한 여소야대 국회는 노태우 정부의 민주개혁 추진을 압박했다. 노태우 정부가 그 초기에 광주 진상규명과 5공비리 조사 등 일정 정도 5공청산 작업을 수용하지 않을 수 없었던 것은 바로 그 때문이었다. 그러나 그 성과는 미미했다. 여소야대 국회의 압력에 의해 마지못해 추진되었던 5공청산 작업은 그 외양만 갖추었을 뿐, 실제적인 성과는 별로 그리 크지 않았기 때문이다. 결국 노태우 정부 초기의 민주개혁은 '의사(疑似) 민주화'에 그칠 수밖에 없었다. 뿐만 아니라 집권여당인 민주정의당 주도의 3당합당은 야대여소 국회를 여대야소 국회로 바꾸어놓음으로써 이후 더 이상의 민주개혁을 어렵게 만들었다.

다음으로 김영삼 정부의 집권 초기는 군에서 신군부 인맥을 전격적으로 제거했던 군 개혁, 고위공직자 재산공개제의 시행, 금융실명제의 시행, 그리고 정치개혁 입법 등 주요한 개혁 조치들이 취해졌다. 그러나 그 조치들은 1994년 이후 지속되지 못했다. 김영삼 정부가 '국제경쟁력 강화'와 '세계화'를 내세워 경제개혁을 거부하고 김일성 사망으로 야기된 '조문파동'을 계기로 신공안정국을 조성하는 등, 반개혁적인 태도로 돌아섰기 때문이다. 물론 김영삼 정부는 1995년 말 12 · 12군사반란과 5 · 17쿠데타에 대한 책임, 그리고 거액의 비자금 수뢰 혐의를 물어 전두환과 노태우 두 전직 대통령을 전격적으로 법정에 세운 '역사바로세우기'의 조치를 취했다. 그러나 임기 말에 들어 김영삼 정부의 입장은 다시 반개혁적인 태도로 돌아섰다.(이상 노태우 정부 시기와 김영삼 정부 시기의 민주개혁 추진과 반개혁적 조치에 대해서는 정해구, 1997 참조)

이상과 같이 민주화 이후 보수정부 시기에 이루어졌던 한국민주주의 발전의 성과를 살펴보면 민주개혁은 지속적으로 이루어지지 못했다. 그것은 민주개혁의 각종 조치들이 부분적이거나 임의적으로 추진되었고, 그것도 지속적으로 이루어지지 못하고 중단되는 경우가 많았기 때문이다. 이 같은 상황에서 1997년 12월 대통령선거를 계기로 보수정부의 시기는 일단 그 막을 내렸다. 그리고 이에 뒤이어 김대중 정부가 집권했고 노무현 정부가 그 뒤를 이었다. 물론 영남지역주의가 여전히 지속되었던 당시의 상황에서 민주정부의 집권이 용이했던 것은 아니다. 그러나 김대중 정부의 경우 DJP연대에 의한 호남과 충청 간의 지역연합을 통해, 노무현 정부의 경우 국민승리 21의 정몽준 후보와의 후보 단일화를 통해 대통령선거에서 승리할 수 있었다.

우선 IMF경제위기 속에서 출범했던 김대중 정부는 단기간 내에 경제위기를 극복하는 성과를 보여주었다. 뿐만 아니라 김대중 정부는 국가인권위원회의 수립 등 시민들의 인권 개선에 상당한 진전을 보여주었고, 햇볕정책을 통해 적대와 갈등의 남북관계를 화해와 협력의 그것으로 변화시켰다. 한편 김대중 정부는 IT산업의 발전을 적극적으로 지원함으로써 한국사회의 정보화 수준을 크게 진전시켰다. 그리고 광범위한 인터넷의 보급으로 이어졌던 김대중 정부의 이 같은 정책은 오프라인을 넘어 온라인(on-line)의 새로운 공론장을 등장시키는 바탕을 제공했다. 나아가, 이상과 같은 김대중 정부의 민주개혁의 연장선에서 추진되었던 노무현 정부의 민주개혁은 특히 반부패와 탈권위주의의 개혁에서 큰 성과를 이룩했다

이처럼 김대중 대통령과 노무현 대통령의 민주정부 시기 한국의 민주주의는 적어도 정치와 시민사회 수준에서 상당한 발전을 이룩할 수 있었다. 그러나 민주정부는 그 발전을 경제적, 사회적 민주주의로까지 확대시키지 못하였다. 그것은 IMF경제위기 이후 한국사회에 급속히 유입된 신자유주의적 세계화의 흐름 속에서 점차 확대되었던 사회적 양극화에 대해 민주정부가 제대로 대처하지 못했기 때문이다. 물론 민주정부는 이에 대해 사회 안전망의 확충과 복지정책의 강화 등을 통해 대처하고자 했다. 그럼에도 불구하고 그러한 대책들은 급속히 악화되었던 사회적 양극화를 저지하기에는 역부족이었다.

민주화 이후 한국민주주의의 세 번째 시기는 2007년 12월 제17대 대통령선거를 통해 등장한 이명박 정부의 시기이다. 그러나 이 시기 한국민주주의의 상황은 다시 역전되었다. 우선 이명박 정부의 '법치주의' 아래 시민들의 자유는 위축되고 그들의 인권 역시 충분히 보호받지 못하였다. 2008년 촛불시위 이후 시위 관련자들에 대한 이명박 정부의 탄압이 그 상징적인 경우였다. 또한 이명박 정부 시기에 들어 2008년 미국의 금융위기로부터 시작되었던 세계적인 경제침체로 인해, 그리고 이명박 정부의 기득권층 편향의 국정운영으로 인해 사회적

양극화 역시 개선되지 않고 있다. 뿐만 아니라 이명박 정부의 대북 강경정책은 남북관계마저 크게 악화시키고 있다. 그런 점에서 이명박 정부 시기 한국민주주의는 모든 측면에서 '역진'되고 있다고 할 수 있다.

2) 민주화 이후 한국민주주의의 성과와 한계

이상에서 살펴본 바와 같이 1987년 권위주의체제의 민주화 이후 한국민주주의는 변화된 환경 속에서 전개되었다. 그렇다면 그 성과와 한계는 무엇인가? 우선 1987년 민주화 이후의 한국민주주의는 대의민주주의를 상당 정도 제도화시켰다. 그것은 1987년의 헌정체제 하에서 과거 독재세력의 후신인 보수세력과 과거 민주화운동의 연장선상에 있는 민주세력이 정당 경쟁에 의한 정권교체를 수용함으로써 대의민주주의를 정상화시켰기 때문이다. 그러나 이 같은 대의민주주의의 안착에도 불구하고, 민주화 이후의 한국정치는 여전히 지역주의 정치의 모습에서 벗어나지 못하고 있다. 그리고 이 같은 지역주의 정치는 한편으로는 영남지역주의에 기반을 둔 보수세력의 상대적 우위를 보장해줌으로써, 다른 한편으로서는 이념과 계층에 기반을 둔 비지역적 정치세력의 진입을 거부함으로써 한국정치의 민주적 발전을 제약하고 있다.

그러나 이 같은 현실에서도 1987년 민주화 이후 한국민주주의는 어렵사리 민주개혁을 진전시켰다. 우선 노태우 정부와 김영삼 정부의 보수정부 시기에, 비록 그 성과는 크지 않았지만, 일정 정도의 민주개혁이 추진되었다. 또한 김대중 정부와 노무현 정부의 민주정부 시기 민주개혁이 적극적으로 추진되었기 때문이다. 따라서 절차적, 정치적 민주주의의 차원에서 민주화 이후 한국민주주의는 상당한 성과를 이룩했다고 할 수 있다. 시민 자유의 확대, 인권 보호의 신장, 반부패와 탈권위주의의 개혁, 지방자치의 실시 등이 바로 그 성과들이다. 다른 한편, 비록 남남갈등의 이념적 대결을 수반했지만, 민주정부 시기 남북관계의 개선도 상당 정도 이루어졌다. 물론 민주화 이후에 이루어졌던 이 모든 성과들은 이명박 정부에 들어 다소 후퇴하고 있다. 그렇지만 그것이 한국민주주의를 과거로 되돌릴 수 있는 것은 아니다.

1987년 민주화 이후의 한국민주주의가 이처럼 상당한 성과를 보여주었다 할지라도, 그것은 변화된 환경에서 새로운 도전에 직면하고 있다. 특히 그 도전은 사회경제적인 차원에서 야기되었는데, 1997년 IMF경제위기 이후 본격화된 신자유주의적 세계화의 추세 속에서 급속히 진행된 사회 양극화의 도전이 그것이다. 물론 그동안 한국사회에서 경제사회적 격차가 없었던 것은 아니다. 특히 압축적 경제발전 과정에서 서울 및 수도권과 지방간의 발전 격차는 매우 커졌고, 그것은 한국사회에 심각한 불평등을 남겼다. 그러나 이에 더해, 신자유주의적 세계화로 인한 사회 양극화의 심화는 현재 한국사회의 불평등을 더욱 심화시키고 있다.

5. 맺음말

한국민주주의의 발전은 앞에서 살펴본 바와 같이 크게 두 단계를 거쳐 이루어졌다. 1987년 권위주의체제의 민주화 이전의 첫 단계는 독재정권에 저항했던 민주화운동에 의해 한국민주주의의 발전이 추동되었던 단계였다. 1987년 권위주의체제의 민주화 이후의 두 번째 단계는 대의민주주의가 안착된 가운데 민주개혁이 도모되었던 단계라 할 수 있다. 한국민주주의가 비교적 짧은 역사에도 불구하고 급속한 발전을 이룩할 수 있었던 것은 이 두 단계의 민주주의가 단절되지 않고 단계적으로 발전할 수 있었기 때문이다. 특히 민주화 이전에 전개되었던 민주화운동은 그 출범의 열악한 역사적 조건에도 불구하고 그것을 극복하고 결국 권위주의체제의 민주화를 이루어냄으로써 한국민주주의가 급속히 발전할 수 있는 초석(礎石)을 마련해주었다고 할 수 있다.

그러나 1987년 권위주의체제의 민주화 이후 20년이 넘는 시간이 흐른 지금의 시점에서 한국의 민주주의는 더 이상 그 발전이 쉽지 않은 일종의 한계 상황에 직면해 있는 것으로 보인다. 그것은 우선 한국민주주의가 지금까지 해결하지 못하고 있는 다음과 같은 문제들에 봉착해 있기 때문이다. 그 하나는 1987년 민주화 이후 지금까지 지속되고 있는 지역주의 정치의 문제이다. 그것은 변화된 환경에서 제기되는 새로운 문제들을 해결하는데 무능했을 뿐더러, 젊은층의 정치 혐오 또는 정치적 무관심을 조장해왔다. 다른 하나는 민주화 이후의 한국민주주의가 서울 및 수도권과 지방 간의 발전 격차의 문제에 더해, 신자유주의적 세계화의 추세 속에서 더욱 심화되고 있는 사회적 양극화의 문제를 해결하는데 한계를 보이고 있다는 점이다.

그렇다면 이 같이 한계 상황에 빠진 한국민주주의의 새로운 발전을 도모하기 위해 우리는 어디에서 그 돌파구를 찾아야 할 것인가? 그것은 무엇보다도 다음과 같은 과제들을 수행함으로써 이루어질 수 있을 것이다. 첫째는 한국민주주의 발전의 새로운 동력을 찾아내야 하는 과제이다. 둘째는 이 같은 동력에 바탕하여 지역주의 정치를 극복하는 한편, 이와 더불어 서울 및 수도권과 지방의 발전 격차를 극복하고 사회적 양극화로 인한 한국사회의 불평등을 줄여야 하는 과제이다. 전자가 한국민주주의 발전의 새로운 주체를 만들어내야 하는 문제라 한다면, 후자는 그 새로운 주체들이 해결해야 할 시대적 과제라 할 수 있을 것이다.

우선 한국민주주의 발전의 새로운 주체를 만들어내야 하는 문제는 다음과 같은 두 측면에서의 노력이 필요하지 않을까 한다. 하나의 측면은 '민주화 이후 세대'를 '깨어있는 시민'으로 육성하는 일이다. 사실 민주화운동의 경험이 없었던 그들은 그동안 사회문제와 정치 참여에 소극적이었다. 개인주의화의 진전과 생존 경쟁의 격화 속에서 정치 혐오와 정치적 무관심이 매우 컸기 때문이다. 그러나 이 같은 상태에 있는 '민주화 이후 세대'를 '깨어 있는 시민'으로 육성하고 변화시킴으로써 한국민주주의는 그 발전의 새로운 동력을 마련할 수 있을 것이다. 기성세대와 달리 인터넷 문화에 익숙한 그들은 온라인 공론장을 통해 민주시민으로 다시 태어날 잠재성을 지닌 세대라 할 수 있을 것이다.[7]

한국민주주의 발전의 새로운 주체를 만들어낼 수 있는 또 다른 측면은 현재 그 삶을 위협받고 있는 중산층과 사회적 약자층을 정치적으로 동원하고 이를 결집시키는 일이다. 이와 관련하여 서울 및 수도권과 지방 간의 발전 격차와 사회적 양극화의 심화로 인해 한국사회의 불평등은 급속히 커지고 있다. 그 결과 한국사회에서는 중산층이 약화되고 사회적 약자층이 급속히 증대하고 있는 것이 지금의 현실이다. 따라서 향후 한국민주주의 발전의 새로운 동력은 그 삶을 위협받고 있는 그들로부터 적극 개발될 필요가 있다. 즉, 그들의 요구와 이해를 정치적으로 동원하고, 그 압력을 통해 한국민주주의를 한 단계 더 발전시킬 필요가 있는 것이다.

한편 '민주화 이후 세대'의 민주시민화와 이를 통한 그들의 적극적인 사회 참여 및 정치 참여가 가능해진다면, 또한 현재 그 삶을 위협받고 있는 중산층과 그 규모가 점차 증대하고 있는 사회적 약자층이

---

[7] 이와 관련하여 민주화 이전의 한국 민주화운동은 학생과 지식인 등 이를 추동할 수 있는 거대한 인적자원을 지니고 있었다. 그러나 현재 한국민주주의의 발전을 추동할 새로운 인적자원은 개발되지 않는 가운데 과거의 이 같은 인적자원은 거의 고갈되고 있다.

정치적으로 동원될 수 있다면, 그것은 사회운동의 새로운 발전과 지역주의 정치의 극복에 중요한 계기를 제공해줄 수 있을 것이다. 근래에 들어 이미 그러한 조짐들은 조금씩 그 모습을 드러내고 있다. 즉, 2008년에 발생했던 대규모 촛불시위는 젊은층을 중심으로 한 사회 참여의 가능성을 보여줄 뿐만 아니라, 온라인 공론장을 통한 정치 참여의 가능성을 보여주었다. 또한 최근에 들어 중산층과 사회적 약자층 역시 그동안 부동산이나 아파트 가격에 의존했던 '개발정치'나 '욕망의 정치'에서 벗어나, 그들의 구체적인 삶의 향상과 긴밀한 연관이 있는 '생활정치'나 '복지정치'에 보다 많은 관심을 보여주고 있다. 무상급식이 최대 화두가 되었던 지난 6·2지방선거는 바로 그 점을 보여주었다.

문제는 이 같은 조짐들을 거대한 시대의 흐름으로 만들어야 한다는 점이다. 그리고 그러한 거대한 흐름이 시대의 대세로서 안착되었을 때, 한국민주주의의 발전은 지금까지의 두 번에 걸친 단계를 넘어 새로운 세 번째 단계로 진입할 수 있을 것이다.

▣ 참고문헌

6월민주항쟁계승사업회·민주화운동기념사업회, 2007 『6월항쟁을 기록하다』 1~4권.
광주광역시5·18사료편찬위원회, 2001 『5·18민중항쟁사』, 고령.
구자호 편, 1988 『민추사』, 민주화추진협의회.
구해근(신광영 옮김), 2002 『한국 노동계급의 형성』, 창작과 비평사.(Koo Hagen, 2001 *Korean Workers : The Culture and Politics of Class Formation*, Ithaca : Cornell University Press)
권태준, 2006 『한국의 세기 뛰어넘기 : 산업화, 민주화, 시민사회』, 나남출판.
김금수, 2004 『한국노동운동사 6 : 민주화 이행기의 노동운동/1987~1997』, 지식마당.
김정남, 2005 『진실, 광장에 서다』, 창비.
뤼시마이어 외(박명림·조찬수·권혁용 역), 1997 『자본주의 발전과 민주주의』.

(Dietrich Rueschemeyer, Evelyne Huber Stephens & John D. Stephens, 1992 *Capitalist Development & Democracy*, Cambridge : Polity)

박찬표, 1997 『한국의 국가형성과 민주주의』, 후마니타스.

박현채 엮음, 1992 『청년을 위한 한국현대사』, 소나무.

베링턴 무어(진덕규 옮김), 1985 『독재와 민주주의의 사회적 기원』, 까치.(Moore Jr., Barrington. 1969 *Social Origins of Dictatorship and Democracy : Lord and Peasant in the Making of the Modern World*, Harmondsworth : penguin)

브루스 커밍스(김동노 외 옮김), 2001 『브루스 커밍스의 한국현대사』, 창작과 비평사.(Cumings, Bruce, 1997 *Korea's Place in the Sun : A modern History*, New York : W. W. Norton & Company)

서중석, 1996 『한국현대민족운동연구』 2, 역사비평사.

______, 2005 『사진과 그림으로 보는 한국현대사』, 웅진 지식하우스.

안병욱 외, 2005 『유신과 반유신』, 민주화운동기념사업회.

오도넬 외(염홍철 역), 1987 『권위주의정권의 해체와 민주화』, 한울.(O'Donnell G., Philippe C. Schmitter, 1986 *Transitions from Authoritarian Rule : Tentative Conclusion about Uncertain Democracies*, Baltimore and London : Johns Hopkins University Press)

정해구, 1997 「6월민주항쟁의 기념과 계승」『6월민주항쟁과 한국사회 10년』(학술단체협의회 편), 당대.

______, 2002 「한국의 민주주의와 재야운동」『국가폭력, 민주주의 투쟁, 그리고 희생』(조희연 편), 함께 읽는 책.

______, 2006 「6월민주항쟁의 기념과 계승」『기억과 전망』 가을호 통권 15호, 민주화운동기념사업회.

정해구 외, 2007 『한국정치와 비제도적 운동정치』, 한울.

정해구·김혜진·정상호, 2004 『6월항쟁과 한국의 민주주의』, 민주화운동기념사업회.

조희연, 1998 『한국의 국가·민주주의·정치변동』, 당대.

최장집, 1993 『한국민주주의의 이론』, 한길사.

______, 1996 『한국민주주의의 조건과 전망』, 나남출판.

______, 2002 『민주화 이후의 민주주의』, 후마니타스.

최정운, 1999 『오월의 사회과학』, 풀빛.

제2장 한국정치의 발전궤적?

강명세

이 글의 목표는 지난 70년 동안 있었던 한국정치의 변화를 가상역사(counterfactual history)의 관점에서 재조명하는 것이다. 그동안 한국정치는 냉전과 분단의 빌미로 어쩔 수 없이 결정론적으로 이해되어왔다. 세계에서 유일하게 냉전지역으로 남아 있는 한국에서 결정론적 해석이 주류를 이루는 것은 이해할 만하다. 그러나 이제는 결정론에 대해 도전할 때가 왔다. 결정론은 패배주의를 낳아 새로운 해석 자체를 불가능하게 만들기 때문에 도전받아야 한다. 역사에 불가피했던 것은 없다. 가상역사는 결정적 국면(historical conjunctures)에서 구조와 행위 간의 변증법적 역동성을 다시 살펴보는 계기를 제공한다. 이런 점에서 가상역사의 관점은 한국정치사에 잠재되었던 새로운 공간을 발견하게 한다. 기존의 한국정치는 본질적으로 지역주의와 양대 보수정당구도에 기반한다. 가상역사의 이러한 기본구도는 결정론을 거부하고 새로운 모습의 가능성을 말한다. 한국정치가 어느 시점에서 다른 길 혹은 다른 제도를 채택했더라면 지역주의는 생겨나지 않았을 것이고 현재와 같이 보수 일변의 정치는 적어도 아니었을 가능성이 높다. 나는 가상역사적 렌즈를 통해 보수—진보의 대립을 새로운 각도에서 살펴보고 이를 기초로 하여 한국정치가 경험하지 못했으나 잠재적으로 가능했었던 선택지를 곱씹어 보고자 한다. 이 같은 되새김

질은 다양한 가능성의 영역을 활짝 열어 미래의 변화를 모색하는 기초를 제공할 것이다. 모든 수정주의(revisionism)는 결정론적 해석에 대한 도전이며 따라서 수정주의는 또 다른 수정주의를 낳는다. (Ferguson, 1995, 18쪽) 이 글 또한 한국정치사에 대한 새로운 수정주의를 위한 준비이다. 글 순서는 약간의 이론적 필요성에서 시작한다. 그리고 토지개혁과 한국민주주의에 대해 접근할 것이다. 그 다음으로 정치제도의 관점에서 제2공화국을 논의하고자 한다. 마지막으로 1987년 민주화 과정에서의 분열문제를 재논의하려 한다. 결론은 향후 과제를 제시하는 것으로 대신했다.

1. What‒if 시각

역사의 교훈은 역사에는 결정적인 혹은 미리 내정된 것은 없다는 것이다. 사실 가상역사는 새삼스러운 것이 아니다.[1] 역사는 오랫동안 가상역사의 영역에 있어 왔다. 역사학은 물론 사회과학에서도 활발하게 논의되었다.[2] 가상역사는 논쟁적이다. 일부는 쓸모 없는 것으로 기각된 반면 가상역사를 지지하는 편은 모든 역사가 인과성을 중시한다면 가상역사를 할 수 밖에 없다고 주장한다.[3] 역사는 결정론적이기보다 우연적(contingent) 상황의 연속이다. 결정적이라면 역사는 그 의미를 상실했을 것이다. 인과적으로 설명하지 못한다면 '학자와 정책입안자가 경제발전을 높이고 평화를 보전하고 그리고 민주주의를 함양

---

[1] 가상역사적 관점에서 통시적으로 재해석한 대중적 시도는 다음 문헌을 참고하라 : Robert Cowley, ed., 2000.

[2] 노벨 경제학상을 수상한 Robert W. Fogel(1964)은 미국의 철도건설과 미국의 경제발전 간의 관계를 가상역사적 관점에서 해석했다.

[3] 비판적 시각은 Fisher(1970)와 Taylor(1954)에 의해 제기되었다.

하는 최상의 방법과 같은 주제를 정규적으로 도출하는 역사의 교훈 같은 것은 이끌어 낼 수 없다'(Tetlock and Belkin, 1996, 4쪽) 역사는 '발생 가능했던 것들 가운데서 실제로 일어났던 것'이다. 이미 일어난 역사에 대한 재성찰은 우연적 상황이 결정적 힘을 발휘했음을 알려준다. 박정희가 한강철교를 넘지 못했다면 한국의 미래는 어떻게 되었을까? 가상역사의 논리는 실제로 일어나지는 않았으나 발생할 가능성이 높았던 역사를 재조명함으로써 비교역사의 지평을 열어준다.[4] 역사가 증명하는 바처럼 역사적 결정론은 역사적 경험과 부합하지 않는다. 이 점은 한국전쟁 동안 실시된 토지개혁에서 잘 드러난다. 토지개혁은 필연적으로 실시될 이유가 없었다. 역사는 결정적 계기에 우연과 행위자의 의지가 결합하여 진행한다. 제2차 대전의 발발과 관련 과연 영국의 챔벌린(Neville Chamberlain) 총리는 왜 독일의 히틀러에게 유화정책을 쓸 수밖에 없었던 것인가? 일찍부터 처칠(Winston Churchill)이 대독 강경정책을 주도했더라면 제2차 대전은 훨씬 적은 희생으로 마감할 수 있었던 것인가?

> 과거는 실생활의 체스게임처럼 다르다. 그것은 결정론적 목표를 갖지 않는다. 역사는 성스러운 또는 어떠한 종류라고 닻을 갖고 있지 않다. 오직 배우 특히 게임과는 달리 대단히 많은 등장인물이 있을 뿐이다. 거기에는 플롯이 없고 불가피한 '완벽한 질서'도 없다. 그저 결말이 있을 뿐이다. 다양한 사건들이 동시적으로 펼쳐지고 곧 사라지며 어떤 부분은 개인의 인생을 넘어서서 영향을 준다.(Ferguson, 1995, 68쪽)

유럽통합은 결국 제1, 2차 대전이라는 희생을 치루면서 독일이 달성하고자 했던 것이 협상에 의해 달성되었음을 보여준다. 젊은 역사

---

4) 가상역사의 시각에 대한 최근 문헌은 다음과 같다 : Niall Ferguson, ed., 1997 ; Philip E. Tetlock and Aaron Belkin, eds., 1996.

가 퍼거슨이 말한 것처럼, 역사는 신의 나라에서와는 달리 미리 결정된 것은 없다. 이는 특히 한국정치에서 그렇다. 한국전쟁도 불가피하지 않았던 아직 논의되지 않았던 면들도 풍부할 것이다. 지난 30년 한국민주주의 궤적도 한때 우리가 결정론적으로 생각한 것과는 전혀 다른 우연적 요소가 많았을 것이다. 이 같은 우연을 찾아내야 미래의 가능성을 발견할 수 있을 것이다. 한국문제에 관한 제1세대 학자인 그레고리 헨더슨(Gregory Henderson)은 한국정치를 미답의 영역으로 기술했던 것이 1968년이었으나 그의 말은 여전히 유효하다.(1968, 1쪽) 커밍스 등 소수 외에 한국정치에 관한 연구는 여전히 미답의 상태에 있다. 이제 늦었으나 미답의 상황을 개척할 때이다.

2. 토지개혁이 없었다면 과연 '한강의 기적'은 가능했을까?[5]

〈표 1〉에서 보는 것처럼, 한국의 경제성장은 '기적'이다. 국민총생산의 증가를 보면 1950~1998년 기간 동안 남미는 6배 증가한 반면 한국의 경제는 무려 38배 늘어났다. 아르헨티나는 1950년 한국경제의 5배 이상이었으나 1998년 '한강의 기적'은 여러 가지 요인으로 설명되며 토지개혁은 경제성장에 기여한 주요 요인으로 지적된다.

비교사적 시각에서 보면 한국의 토지개혁은 성공적 사례로 손꼽힌다. 남미를 위시한 개도국이 후진성을 극복하지 못하는 가장 주요 원인의 하나는 토지개혁의 실패 혹은 미비이다. 대농이 경제를 장악했을 경우 제조업이 발달하지 못하고 농산품 수출에 주력하는 농업국가가 된다. 미국 내전에서 남부가 승리하거나 북부가 패배했더라면 미국은 남미처럼 플란테이션 중심의 농업국가로 남았을 것이다.[6] 그럴

---

[5] 이에 대한 보다 상세한 것은 다음 글 참고. Kang Miongsei, 2011 Spring.

경우 미국은 오늘날처럼 세계의 패권국가로 '등극'하지 못했을 것이다. 이는 다시 20세기 양차 대전의 결과에도 영향을 주어 현재와 같은 국제질서로 진화하지 않았을 것을 시사한다.

<표 1> 국민총생산(1950~1998)

(단위 : 백만 달러)

Year	남미	한국	브라질	아르헨티나
1950	355,334	16,045	89,342	85,324
1960	591,792	42,114	167,397	114,614
1970	990,990	62,988	292,480	174,972
1980	1,722,570	156,846	639,093	232,802
1998	2,594,017	624,582	926,918	334,314
1950~1998 평균	6	38	9	3

자료 : Maddison, 2001.

한국의 농지개혁은 북한과는 달리 지주에게 일정한 보상을 해주었지만 계급으로서의 지주세력을 보장해주지 않았다. 1960년대 산업화 이전 아직 산업이 발달하지 못한 상황에서 한국의 지주는 유일하게 경제력을 갖춘 집단으로서 사회경제적 및 정치적으로 막강한 세력을 발휘하였다. 건국 초기 이승만과 경쟁하면서 협력했던 한민당은 지주의 집단적 이해를 대변하는 정치집단이었다[7]. 토지개혁을 실시한 것은 한국전쟁이다. 당시 집권세력이었던 지주가 스스로 자신의 경제적 이해에 거역하는 정책을 실시하려 하지 않았다.(Eckert, 1990) 1949년 입법되었으나 실시되지 않고 있었다가 한국전쟁 동안에 이루어졌다. 미군정 산하에서 치안을 맡아 미국과 협력하던 조병옥과 장택상 등은 대지주 출신으로서 지주이해를 대변하여 토지개혁의 실시를 지연시

---

[6] 이는 Barrington Moore(1965)가 제시한 가설이다.

[7] 이승만은 지주세력을 견제하기 위해 전략적으로 조봉암을 농림부 장관으로 기용했다.

키는데 일조했다.(Eckert 1990, 339쪽) 지주계급의 반대로 미군정은 1948년 3월에야 토지개혁을 하게 되었다. 그러나 북한이 먼저 '무상분배' 토지개혁을 실시했다.[8] 북한과 군사적 경쟁을 치뤄야 하는 국면에서 농민의 자발적 희생을 필요로 하는 전쟁의 상황에서 전쟁을 수행하기 위해서는 소수의 지주 이익을 더 이상 옹호할 수 없었다.

이후 한국의 전통적 지배세력이었던 지주계급은 에커트(Eckert)가 설명하는 바처럼 한국역사에서 완전히 사라졌으며 다시 돌아오지 못했다.

양반귀족은 그들의 국가와 사회에 대단한 영향력을 행사했다. 그들은 자신들의 부의 주요 형태로서 상당한 정도의 토지를 소유했다. 그들은 국가의 관료시험의 통제 및 조작, 전략적 혼인관계(외척관계를 포함하여), 그리고 지방수준에서의 능동적 양반연대의 형성을 통해 통제하고 조선왕권과 경쟁하거나 능가하는 정도의 정치권력을 세습했다. 그러한 부와 권력은 더구나 간헐적으로 분배체계의 부분적 상향식 조정과 양반 스스로가 만들어 전파하는 유교적 문화와 이념적 규범을 통해 사회 속에서 유지되었다. 이와 같이 대단한 경제적, 정치적 및 규범적 자원의 배열은 양반을 사실상 국가나 사회의 다른 계층이 범할 수 없는 하나의 계급으로 만들었다.(Eckert, 1993, 95~96쪽)

이승만이 한국전쟁 후 장기집권을 할 수 있었던 것은 이승만 독재정부에 저항할 조직화된 집단이 존재하지 않았던 탓이다. 지주계급의 해체는 이승만의 전횡을 허용했다. 전쟁은 국가형성의 지름길이다.(Tilly, 1992) 이승만은 한국전쟁을 거치면서 구축한 경찰과 군대 등 관료집단을 기반으로 개헌 등 종신제를 마련하고 의회정치를 유린했다. 관료와 경찰은 일제협력의 '전과' 때문에 이승만 독재정부에 협력함으

---

8) 북한은 1946년 3월 전면적 토지개혁을 실시하여 식민지 유산을 청산하는 것과 함께 북한의 지주계급을 몰락시켰다. 이후 북한의 지주는 한국전쟁을 계기로 남쪽으로 이주했다. 한편 인민공화국은 급진적 토지개혁안을 수립했으나 실시할 기회를 갖지 못했다.

로써 생존을 모색했다. 독립투사 이승만은 독재자로 변하면서 일제에 협력했던 집단을 이용했던 것이다. 한국전쟁 후 한국 내 좌파세력이 송두리째 사라지게 되면서 이승만은 국가를 사유화했다. 1955년 민주당이 야당으로서 만들어졌지만 자유당과 마찬가지로 그 지지기반은 지주, 관료, 기업가 및 전문직 등 소수에 머물러 사회적 기반이 극히 취약했다.

더구나, 야당인 민주당은 신구파 내분으로 이승만을 견제하기에는 역부족이었다. 이승만은 경찰을 이용하여 지지기반이 약한 야당을 무력화시켰다. 이기붕 등 수하에 권력을 위임하는 등 국가가 극도로 문란해지는 와중에서 민심이 이반했다. 민심이 떠나면서 1956년 선거에서 조봉암 후보는 선전했으며 장면 부통령 후보가 높은 지지를 받았다. 이로 인해 선거에 패배했던 것이다. 1960년 3월 15일 선거 결과를 부정하려던 자유당의 부정은 결국 4·19항쟁으로 폭발되었다. 토지개혁 후 보수화된 소농은 이승만을 지지하였지만 도시는 독재를 거부했다. 결국 4월 26일 이승만은 하야를 결정했고 외무장관 허정이 과도정부의 임시수반이 되었다. 이로써, 제1공화국은 끝났다.

이렇듯, 토지개혁이 없었더라면 지주계급의 사회적 장악은 해체되지 않고 국가권력에 중대한 영향력을 발휘할 수 있었을 것이다. 만약 지주가 집단으로서 온존하게 될 경우 한국전쟁을 거치면서 등장했던 강력한 국가의 탄생은 거의 불가능했을 것이다. 남미 일반에서 보는 것처럼, 지주가 하나의 특수한 세력(special interests)으로서 사회적 이익을 추구할 경우 국가는 지주의 이해를 돌보는 도구가 되기 쉽다. 농촌사회에서 토지개혁은 'who gets what'을 결정하며 따라서 소득재분배에 막대한 결과를 낳는다. 이 때문에 이승만 정부는 가능한 한 토지개혁을 미루었었다.

지주가 건재했더라면 강력한 국가는 생겨나지 않았을 것이지만 한국전쟁으로 인해 지주가 몰락하고 강력한 국가가 생겨날 수 있는 근거가 마련되었다.[9] 한국전쟁을 경험하면서 한국군은 한국사회에서 어느 집단보다도 근대화를 경험할 수 있었다.[10] 한국군의 근대화는 5·16쿠데타의 기원이다. 한국군대는 미국의 제도적 원조와 훈육을 받으면서 한국 내 어느 사회세력보다도 근대화된 제도로서 자리잡았다. 이집트의 낫세르가 그랬던 것처럼, 기회가 닿으면 국가권력을 접수하려는 유혹을 느꼈을 것이다. 군부 가운데 누구라도 박정희가 될 수 있었던 조건이었다.

3. 제2공화국이 의회중심제와 비례대표제 제도를 채택했더라면 이후 한국의 민주주의는 전혀 달랐을 것이다.

한국은 1960년 4월혁명 직후 제2공화국은 양원제와 의회중심제를 채택했다. 대통령은 의회에서 간선으로 선출되며 총리를 지명할 뿐 실질적으로 의전에 불과했다. 한편 정부형태는 의회중심제를 채택했으나 선거제도는 민의원의 경우 233개 지역구에서 각각 1인을 뽑는 소선거구제였다.

1960년 7월 29일 실시된 제5대 총선에서 최대승자는 당연히 최대보수정당으로 가장 많은 후보를 입후보시킨 민주당이었다. 민주당은

---

[9] 한국에서 강력한 국가가 생겨난 데에는 다양한 원인이 있다. 흔히 박정희의 경제발전체제와 강력한 국가를 연상하는 데 오히려 박정희 발전모델을 가능하게 했던 것은 식민지국가의 유산, 한국전쟁, 지주의 몰락 등이다. 이에 대해서는 다음 글 참조 : Miongsei Kang, 2010.

[10] 군대는 경찰과 관료와 더불어 대표적 국가공권력기구이다. 한국군은 해방 이듬해인 1946년 1월 창설되었으나 그 병력은 5천 명에 불과했다. 그러나 한국전쟁이후 한국군 규모는 60만으로 늘었는데 이는 남미 어느 국가 군대보다도 많은 수이다. 현재 한국군은 인구 1만 명 당 145명 이상인 반면 브라질의 경우는 불과 16명이다.

41.7%의 득표로 175석을 얻었다. 선거제도가 소선거구제와 다수제가 아니라 비례대표제였다면 제1당인 민주당 의석은 97석에 불과했을 것이고 78석은 다수제 덕분에 더 얻은 것이다. 한편 최대피해자는 사회대중당이었다. 6%의 지지를 얻어 제2당의 위치를 차지했으나 확보한 의석은 4석에 불과했다. 만일 비례대표제였다면 14석을 받았을 것이며 10석을 잃은 셈이다. 진보정당은 두베르제가 말한 심리적 효과와 기계적 효과로 인해 소수정당에 불과했지만 비례대표제의 다음 선거에서는 사표심리가 사라지기 때문에 더욱 많은 지지를 얻을 것으로 추론가능하다.

〈표 2〉 제5대 총선 결과(1960년 7월 29일 실시)

정당	의석수	득표수	득표율	비례의석	왜곡효과
민주당	175	3,786,401	41.70%	97	78
사회대중당	4	541,021	6.00%	14	-10
자유당	2	249,960	2.80%	7	-5
한국사회당	1	57,965	0.60%	1	0
통일당	1	17,293	0.20%	0	1
헌정동지회	1				
무소속	49	4,249,180	46.80%		
합계	233석	9,077,835	100%		

　　제2공화국은 5·16군사쿠데타로 곧 붕괴되었고 이후 의회중심제는 한국정치에서 사라졌다. 그러나 박정희의 계획이 반드시 성공할 수 있었던 것은 아니었다. 쿠데타가 실패하고 제2공화국이 존속했더라면 한국정치는 현재와 같지 않았을 것이다. 한국정치의 현재는 지역구도에 기반하고 있으며 정부형태와 선거제도는 각각 대통령제와 다수제이다. 각각의 제도는 나름의 특성을 갖는다. 제도에 내재한 특성과 차이를 통해 쿠데타가 발생하지 않았거나 성공하지 못한 경우 한국정치의 궤적을 살펴보자. 역으로 1956년 대선에서 216만 표를 획득했던 조봉

암이 다당제와 비례대표제에서 활동했더라면 죽임을 당하기 보다 더 큰 비중을 차지했을 것이다. 1956년 대선은 다수제 선거에서 진보후보에게 얼마나 '혹독한 제도'인가를 보여준다. 비례대표제였다면 극도의 부정에도 불구하고 자유당에 이어 제2당의 위치를 차지했을 것이다.

선거제도는 오랫동안 논쟁거리였다.[11] 제도는 허공이 아니라 역사 속에서 형성되기 때문에 역사적 맥락을 무시하고 어느 제도가 우수하다고 하는 것은 비역사적일 뿐이다. 제도를 둘러싼 첫 번째 논쟁점은 다수제와 비례대표제의 장단점이다. 비례대표제 하에서 정당은 이념적 성향을 강화한다. 한편 다수제(plurality)에서는 후보중심적 투표를 선호하기 때문에 이념정당은 생겨나기 어렵다. 여기서 투표자는 가장 선호하는 후보보다 덜 선호하더라도 당선 가능성이 높은 후보에게 표를 던지는 전략을 구사한다.(Cox, 1997) 기계적 효과는 득표와 의석의 전환을 뜻한다. 기계적 효과는 원내에 진입하는 정당의 수와 정부형성을 결정한다. 다수제는 두베르제가 오래전 말한 것처럼 양당제와 친화적이다. 또한 선거제도는 정당정부의 안정성에 영향을 미친다. 다수제는 승자독식을 허용하는 제도로서 한 정당이 과반 이상의 의석을 차지할 가능성이 높고 따라서 안정적 정부가 등장하기 쉽다[12].

둘째, 선거제도의 두 번째 논쟁은 선거구 규모와 관련된다. 선거구 규모를 지시하는 소선거구제(Single-member districts, SMD) 혹은 중대선거구제(Multimember districts, MMD)의 차이는 다수제와 비례대표제 차이의 연장이다. SMD를 찬성하는 시각은 책임성과 대표성의 장점을 거론한다. 소선거구제에서는 일인이 당선되어 선거구민에 책임을 진

---

[11] 선거제도의 세 가지 핵심요소는 선거구 크기, 선출방식(electoral formula), 그리고 투표방식(ballot structure)이다. 이 세 가지 차원에서 한국은 각각 소선거구제, 다수제, 그리고 후보투표의 형식을 취한다.

[12] 한 연구(Blais and Carty, 1987)가 조사한 20개국에서 실시된 510차례의 결과에 따르면 비례대표제에서는 10%만이 단일정당으로 정부구성이 이루어졌다.

다는 뜻이다. 한편 MMD 입장은 다양한 사회 이해를 반영한다는 점을 강조한다.

제2공화국이 살아남아서 의회제와 비례대표제를 실시했다면 몇 가지 현재와는 다른 결과를 예측할 수 있다. 무엇보다도 소수정당의 존립이 가능하다는 점에서 한국전쟁 이후 거의 소멸되었던 진보정당이 지금보다는 크게 성장했을 것이다. 비례대표제는 다당제를 낳고 이는 다시 연합정부의 구성을 뜻하기 때문에 소수정당이 정부에 참여하여 정책 형성에 영향을 주었을 것이다. 독일처럼 소수정당이 진보적 연정에 참여하면 진보적 정책이 반영되었을 것이고 역으로 자민당(FDP) 같은 시장주의 정당이 소수정당으로 보수연정에 참여하여 시장친화적 정책이 추진되었을 것이다. 어느 경우든 소수이해가 반영되기 쉽다는 점에서 '진보신당'이나 '민주노동당'의 집권경험이 빈번했을 것이다.

〈표 3〉 정치제도와 정책(%)

정책	다수제	혼합제	비례대표제	대통령제	의회제
중앙정부예산	25.6	27.1	31.4	22.2	33.3
사회복지예산	4.7	7.1	10.7	4.8	9.9
잉여재정	-1.1	-3.0	-2.8	-2.0	-2.3

자료 : Persson and Tabelini, 2003, 표 4.5 104쪽.

다른 나라의 역사적 경험에서 다수제에서보다 비례대표제에서 사회복지와 같은 정책이 많이 도입된 까닭은 연정참여에 있다. 〈표 3〉은 정치제도와 정책 간의 관련성을 보여준다. 각 정책은 GDP에서 차지하는 몫에 따른 경중을 의미한다. 정부예산이 국민총생산에서 차지하는 것으로 측정하는 정부의 규모는 비례대표제(31.4%)와 의회제(33.3%)에서 다수제(25.6%)나 대통령제(22.2%)에서 보다 훨씬 크다. 제도적 차이는 사회복지예산에서도 마찬가지이다. 그리고 재정 적자의 반대 뜻인 재정 잉여를 보면 다수제와 대통령제에서 재정 적자의 폭이 적음을 알 수 있다. 결국 〈표 3〉이 말해주는 점은 비례대표제와 의회제 정부가 보편적 전국적 성격의 정책에 더 많은 예산을 지출함을 뜻한다. 한국은 건국 이후 사실상 대통령제와 소선거구제를 유지해왔기 때문에 정치제도의 차별성을 느낄 수 없으며 따라서 〈표 3〉과 같은 해외 경험에 의존해야 한다.

해외의 경험과 이론적 차별성을 살펴본 결과 한국에서 1961년 쿠데타 이전의 상황이 지속되었더라면 다시 말해서 비례대표제와 의회중심제가 실시되었더라면 다당제의 정당체제가 생겨났을 것이다. 다당제 하에서는 연합정부가 상시적이었을 것이고 이에는 소수정당의 참여가 양당제에서보다 훨씬 용이하다. 따라서 진보적 소수정당이 참여할 기회가 상대적으로 더 많았을 것이기 때문에 정부정책도 상대적으로 진보적이었을 것이다. 한편 극우의 소수정당이 보수연정에 참여할 경우도 발생하기 때문에 한국정치는 과거 50년 동안의 행태보다 타협적이었을 것으로 추론된다. 비례대표제와 의회제에서 진보당이 건재했다면 제1공화국은 그렇게 몰락하지 않았고 이승만도 비참한 최후를 맞지 않았을 것이다. 그리고 박정희 등 군부의 도전은 예상하기 어렵다.

4. 1987년 양김이 단일화에 성공했다면
구체제(ancient regime)는 완전히 몰락하였을 것이고
지역주의는 지금처럼 제도화되지 않았을 것이다.

1979년 박정희의 철권정치가 붕괴된 후 서울의 봄이 찾아왔을 때 전두환의 권력 장악은 불가피한 것이 아니었다. 1987년 민주화 국면에서 노태우의 등장으로 이어지는 군부의 권력 연장은 전혀 불가피한 것이 아니었다. 역으로 군부가 계속하여 국가권력을 장악할 수 있었던 것은 양김으로 대표되는 민주화 세력이 분열한 탓에 있다.[13] 민주화 세력은 국면에서 결집하여 국민운동본부를 결성하여 전두환 정부를 향해 직선제 개헌을 요구했다. 사실 직선제 개헌은 1985년 2·12총선 이후 야당과 재야세력이 주장해온 핵심 요구조건이다. 양김 세력은 자신만이 '대권'의 자격이 있다고 고집하여 타협하지 못했고 사실상 3파전으로 대선을 맞게 되어 노태우 후보가 당선되었다. 김영삼과 김대중은 한국 보수정치의 오랜 라이벌로서 시민세력이 확보하여 개방해준 민주화 국면에서 이기심으로 대립하여 각자 독자 후보로 출마함으로써 군사정부를 연장시켜준 최대 공헌자가 되었다. 6월항쟁은 시위에 참가했던 이한열 군의 죽음으로 촉발되었다. 민주화 세력은 명동성당에 집결하여 반독재 타도를 요구했다. 6월 29일 노태우 민정당 후보는 12월 대선에서 직선제를 수용할 것을 밝혔다.

1987년은 한국정치사에 지역주의라는 긴 구조적 영향을 주었다. 1987년 민주화 국면에서 양김의 후보단일화 실패는 지역주의의 전국화에 기여했다. 그동안 지역주의의 시원에는 두 가지 가설이 대립하고 있다. 첫째는 1971년 대선을 기점으로 보았다.(1994 ; 마인섭, 1996 ; 김문조, 1990 ; 조기숙, 1996)[14] 김만흠은 지역주의가 역사적으로 고려시대에서 시작되었으며 정치적 차원의 지역주의의 출발시점을 1971년 대선에서 찾았다.[15] 1987년의 민주화에 이은 1988년의 제 13대 대선을

---

13) 이갑윤·문용직(1995)은 후보단일화가 성공했더라도 민주화운동의 성격상 절차적 민주주의를 벗어나지 않았을 것이라고 주장했다.

14) 마인섭(1996, 300쪽)은 정당의 사회적 지지기반을 논하면서 지역균열의 출발을 1971년 대선으로 보고 "영 호남의 지역균열은 1971년의 제7대 대선에서부터"라고 주장하였다. 한국사회학회와 한국일보가 1988년 10월 공동으로 실시한 여론조사에 의하면 응답자의 65%는 지역주의가 60년대부터 시작되었다고 응답하였다.(배규한, 1990, 309쪽) 논쟁에 대한 상세한 논의는 강명세(2006) 참고.

15) 사실 김만흠은 지역주의의 정치적 동원이 1960년대부터 시작되었다고 주장하고

결정적 계기라고 주장한다. 그러나 정치적으로 동원되기 시작한 시점과 관련하여 여전히 논쟁적이다. 다른 한편의 다수를 차지하는 연구는 1987년 민주화 항쟁 이후, 특히 1988년 대선을 기점으로 보고자 하였다.(노병만, 1998 ; 박상훈, 2000 ; 손호철, 1997 ; 이갑윤, 1998 ; 최영진, 1999) 이갑윤(1998, 63쪽)은 지역주의가 선거연합과 결합된 시점에 대하여 "1987년의 민주화가 그 전환의 결정적 계기가 되었다"고 주장하였다. 양김이 단일화에 합의했더라면 지금과 같은 지역주의는 존재하지 않았을 것이고 이후의 한국정치는 많이 달라졌을 것이다. 특히 지역정치의 대표적 산물인 노무현 시대는 오기 힘들었을 것이다.

1987년 6월 9일부터 시작된 '6월항쟁'은 직선제 개헌을 중심으로 민주화 운동세력이 합심해서 일궈낸 결실이었다. 브루스 커밍스는 '6월항쟁'이 국내적으로는 전두환 정권의 몰락을 도모했다는 점에서 민주화의 일대 약진(a June breakthrough)이고 남미의 민주화 국면에 비견되는 것으로 평가했다. 나아가 1989년 동구 민주화의 서막이라고 극찬했다.(Cumings, 2005, 391쪽) 거대한 민주화 물결 앞에서 전두환과 노태우는 직선제를 수용하지 않을 수 없었다.[16] 6월 시국 과정에서 김용갑 등 보수강경파 조차 당시 상황의 긴박함을 깨닫고 직선제 수용을 건의했다.("1978년 그 뒤 20년" 『한겨레』, 2007년 6월 12일자) 직선제가 수용되어 이제 민심 다수의 지지를 얻으며 민주화는 본격 시행할 단계에 도달했다. 그러나 권위주의 시절 민주화에 헌신했던 양김은 권력의 포로가 되어 한치도 양보하지 않았다.[17] 그 결과는 12월

있다. "한국에서 지역주의가 정치적으로 동원되기 시작한 것은 1960년대였다. 그러다가 1967년 6대 대통령선거에서 영남지역 유권자들이 연고지역 출신인 박정희 후보에게 압도적 지지를 보내 한국정치에 있어 최초로 지역연고에 따른 투표 행태가 부각되었다."(1994, 225쪽)

[16] "1987년 그 뒤 20년" 『한겨레』 2007년 6월 12일자.

[17] 김경재는 김대중에게 후보를 김영삼에게 양보하고 당권을 수용할 것을 건의했으나 김대중 진영에서 받아들여지지 않았다고 술회한다. "'뼈아픈' 1987년 양김 단

대선에서 나타난 민주화 후보의 참담한 패배였다. 이 선거는 한국은 물론 세계에서도 보기 힘든 지역감정의 선거로 기록된다.(Cummings, 2005, 392쪽)

〈표 4〉에서 보듯 '4자 필승론'은 과욕의 발로일 뿐이었다. 김영삼과 김대중 후보가 협력하여 단일후보에 합의했더라면 손쉽게 노태우 후보를 이길 수 있었던 것이다. 또한 제13대 대선이 한국정치사에서 중요한 이정표가 되는 것은 지역주의를 폭발시켰기 때문이다. 양김의 동시 출전은 1980년 이후 정치적으로 확대되기 시작한 '망국적' 지역주의를 확대재생산하는 역사적 계기가 되었다. 김영삼과 김대중은 각각 영호남에서 압도적 지지를 얻었으며 이러한 지역주의 투표는 영호남에 그치지 않고 김종필 후보의 충청도 투표에도 영향을 주었다. 김종필 후보는 지역간 경쟁의 어부지리를 얻어 충남에서 44%의 지지를 얻었다. 이것이 오늘날 이회창의 극우정당에 밑거름이 되었다.

〈표 4〉 1987년 대선 결과

시도명	노태우	김영삼	김대중	김종필
계	0.36	0.27	0.27	0.08
서울	0.29	0.29	0.32	0.08
부산	0.32	0.55	0.09	0.03
대구	0.70	0.24	0.03	0.02
인천	0.39	0.30	0.21	0.09
광주	0.05	0.01	0.93	0.00
경기	0.41	0.27	0.22	0.08
강원	0.58	0.26	0.09	0.05
충북	0.46	0.27	0.11	0.13
충남	0.25	0.16	0.12	0.44
전북	0.14	0.01	0.81	0.01
전남	0.08	0.01	0.88	0.00
경북	0.65	0.28	0.02	0.03

일화 실패" 김경제닷컴, 2009년 11월 12일. 김경재는 자신이 제안한 양보안을 DJ 측근이었던 이문영 교수가 거부하는데 앞장섰다고 회고했다.

| 경남 | 0.40 | 0.50 | 0.04 | 0.03 |
| 제주 | 0.48 | 0.26 | 0.18 | 0.04 |

1987년 대선의 두 번째 역사적 중요성은 1992년 3당 합당으로 만들어진 강고한 보수정당의 탄생이다. 이 사건이 아니었다면 현재의 한나라당은 존재할 수 없었을 것이다. 민주당도 지금처럼 철저히 지역주의 정당으로 전락하지 않았을 것이다. 나아가 지역구도에 기초한 거대 보수당이 아니었다면 진보정당의 공간은 훨씬 넓어졌을 것이다. 지역주의가 정착하면서 김영삼을 중심으로 한 세력은 구체제 세력과 연합하여 영남권을 기반으로 한 거대보수당으로 자리잡았고 이를 통해 1992년 대선에서 당선되었다. 이로써 한국민주주의 성격은 지역주의화되고 보수화되어 갔다. 한국민주주의가 보수화되면서 한국은 놀라운 경제성장에도 불구하고 여전히 복지국가의 후진성을 버리지 못하고 OECD 국가 가운데 사회정책이 가장 발전하지 못한 국가로 남아 있다. 이는 사회경제적 이해가 진보정당을 통해 실질적으로 대표되지 못하기 때문이다.

5. 향후 과제

가상역사적 관점은 많은 다른 문제에도 적용되어 새로운 가능성의 잠재성이 분석될 필요가 있다. 우선 이론적으로 가상역사의 시각을 다듬어 볼 필요가 있다. 가상시각은 왜 필요한지 어느 부분에 적용가능한지 살펴보고 동시에 서구의 연구현황에 대해서도 논의가 활성화되어야 한다. 이는 국내정치 뿐 아니라 한국의 대외관계에도 적극적으로 적용하여 분석의 지평을 확장할 필요가 있다. 국내정치적으로는

1980년 맞은 독재권력의 해빙상황을 가능성과 잠재력의 차원에서 다시 면밀히 분석하여야 한다. 그 밖에 최초로 정치제도를 선택하여 이후 제도의 골격을 제공한 제헌의회의 구성과 활동, 전두환 군부의 국가장악 사건, 민주주의의 보수화를 제도화한 3당 합당 사건 등이 이러한 관점에서 재해석된다면 풍부한 가설이 가능하고 교훈 역시 뒤따를 것이다. 한국현대사에 결정적 영향을 준 한국전쟁도 대표적으로 가상역사적 관점에서 재해석되어야 한다. 북한문제에서도 3대 세습 문제를 가상역사적 관점에서 다룬다면 신선한 충격을 줄 수 있다. 대북문제와 관련 과거 10년 동안 지배적이었던 햇볕정책 외에는 과연 대안이 현실적으로 없었던 것인가? 베트남 참전이나 이라크 파병 역시 가상역사적 관점에서 왜 그렇게 되었는지를 논의할 수 있다. 결정론적이라면 역사는 무의미하기 때문이다.

▣ 참고문헌

강명세, 2010 「평등한 민주주의와 불평등한 민주주의」『기억과 전망』, 2010 가을호.
______, 2006 『한국의 노동시장과 정치시장』, 백산서당.
이갑윤·문용직, 1995 「한국의 민주화 : 전개과정과 성격」『한국정치학회보』 29 : 2.
Blais, Andre and Carty, Ken, 1987 "The Impact of Electoral Formula on the Creation of Majority Government", *Electoral Studies* 5.
Branzinsky, Gregg, 2007 *Nation Building in South Korea : Koreans, Americans, and the Making of a Democracy*, University of North Carolina Press.
Charles Tilly, 1992 *Coercion, Capital, and European State, AD 990-1992*, Cambridge : Blackwell, 1992.
Cumings, Bruce, 2005 *Korea's Place in the Sun : A Modern History*(Norton).
Duverger, Maurice, 1964 *Political Parties : Their Organization and Activity in the Modern State* (John Wiley).
Eckert, Carter J., 2003 *Offspring of Empire : The Kochang Kims and the Colonial*

Origins of Korean Capitalism 1876-1945, University of Washington Press.

__________, 1990 "Liberation, Division, and War, 1945-1953", in Eckert, et. Al., eds.

__________, Lee, Kie-baik, Lew, Young Ick, Robinson, Michael, and Edward W. Wagner, 1990 *Korea, Old and New : A History*, Korea Institute, Harvard University.

Ferguson, Niall, 1995 "Virtual History : Toward a 'chaotic theory of the past", In Ferguson, ed., *Virtual History*, Basic Books.

Ferguson, Niall, ed., 1997 *Virtual History*, Basic Books.

Fisher, D. H., 1970 *Historians' fallacies : Toward a logic of historical thought*, Harper & Row.

Fogel, Robert W. 1964 *Railroads and American economic growth : Essays in econometric history*, Johns Hopkins University Press.

Henderson, Gregory, 1968 *Korea : The Politics of the Vortex*, Harvard University Press.

Kang, Miongsei, 2011 "The Impact of the Korean War on the Political Economic System of South Korea : Economic Growth, Statemaking, and Democracy", *International Journal of Korean Studies*, XIIII, No. 2, Spring.

Maddison, Angus, 2001 *The World Economy : A Millennial Perspective*, OECD.

Moore, Barrington, 1965 *Social Origins of Dictatorship and Democracy : Lord and Peasant in the Making of Modern World*, Beacon.

Philip E. Tetlock and Aaron Belkin, eds., 1996 *Counterfactual Thought Experiments in World Politics : Logical, Methodological, and Psychological Perspectives*, Princeton University Press.

Palais, James, 1975 *Politics and Society in Traditional Korea*, Harvard University Press.

Persson, T. and Tabellini, G., 2003 *The Economic Effects of Constitution*, MIT Press.

Robert, Cowley, ed., 2000 *What If? : The World's Foremost Military Historians Imagine What Might Have Been*, Berkeley.

Taylor, A. J. P., 1954 *The struggle for mastery in Europe, 1848-1918*, Clarendon.

Tetlock, Philip and Aaron, Belkin, eds., *Counterfactual Thought Experiments in World Politics : Logical, Methodological, and Psychological Perspectives*, Princeton University Press.

제2부

제1장 한국 민주화운동의 기원으로서 4월혁명 재평가

김은경

1. 4월혁명론을 넘어서 : 4월혁명 재평가의 의의

한국 민주화운동의 출발점을 어디에서부터 찾을 것인가, 하는 것은 간단한 문제는 아니다. 적어도 민주화운동의 역사가 비민주적인 정치체제에 대항하여 민주주의를 확립하기 위한 과정이라면, 4월혁명은 독재정권의 부패와 폭력에 대항하여 유혈투쟁을 전개해 이승만 정권 퇴진을 이끌어냈다는 점에서 해방 이후 민주화운동의 시작이라 볼 수 있다. 이 글은 4월혁명을 한국 민주화운동의 기원으로 자리매김하게 위해 역사적으로 전개된 사회운동으로서의 (4월)혁명 성격에 주목하고 있다.

1) 역사적으로 4월혁명을 기억할 때 다양한 용어를 만난다. "4·19", "4·19혁명", "4월혁명", "4·19사건", "4·19의거", "4·19학생의거", "4·19항쟁", "4·19민족운동", "4·19민중운동." 4월혁명의 명칭은 혁명 당시부터 지금까지 논의되는 주제 중 하나이다.(신상초, 1960 ; 장준하, 1960 ; 홍이섭, 1961 ; 백낙청, 1983 ; 서중석, 1997 ; 민주화운동기념사업회연구소, 2008) 4월혁명이 서구 근대혁명의 수준(혁명의 전개양상, 정치의식의 수준 등)에서 혁명으로 불릴 수 없다 하더라도,[1] 혁명을 "기존정

치체제가 폭력의 개입에 의해 급격한 변화를 일으켜 새로운 정치체제로 대치되는 것"으로 개념규정 했을 때, 4월혁명은 혁명이라 부를 수 있다. "4월혁명"이라 명명하는 까닭은, "4·19"라는 기존의 명명 관행과는 다르게 사회운동론적 혁명론의 일반 규준(規準)을 살리기 위해서이다. 이 사회운동이 한국 민주화운동사에서 한국사회의 민주주의의 구조적 전형에 핵심적으로 작용하고 있다고 판단하기 때문이다.

2) 사회운동으로서의 4월혁명의 성격을 밝히는 것은, 그 민주적인 성격을 강조하려는 것이다. 사회운동 그 자체가 민주주의는 아니지만 민주적이지 않은 사회운동은 민중(대중)이 의도하는 사회과정을 유도해낼 수 없기 때문이다. 4월혁명은 당시 민중이 행위주체로 등장해 정치적, 사회적 변동을 의도했다는 점에서 사회운동이고, 그 사회운동은 민주화운동의 역사에서 이정표가 되었다고 할 수 있다. (일반적으로) 사회운동은 보다 근본적인 사회변동을 일으키거나 방해시키거나 되돌아가려는 목적을 달성하기 위해, 조직과 조처의 형태를 수단으로 하여 상대적으로 높은 상징적 통합력과 상대적으로 낮은 역할 전문화를 기초로 하여 연속성을 완전히 배제하지 않고 동원화하려는 집합적 행동화로 볼 수 있다. 이러한 사회운동론적 입장에 초점을 맞춰 4월혁명을 역사적으로 고찰하려는 것이다.

3) 1960년 4월 26일 이후 현재에 이르기까지 4월혁명을 평가하고 분석하려는 시도는 지속되고 있으며, 그 해석도 다양하다. 4월혁명이 발

---

1) 브린튼(Crain Brinton)은 『혁명의 해부』에서 근대국가에서 성공한 네 개의 혁명(영국·프랑스·미국·러시아혁명)을 분석하고 내부의 공통적인 규칙성—상대적 수탈감, 지식인 집단의 이탈, 국가의 개혁, 정치적·경제적·군사적 문제해결의 실패로 인한 정치적 위기, 심각한 경제적 위기, 폭력의 호소—을 발견하였다.(브린튼, 1982, 328~338쪽)

발한 근원적인 원인과 주도세력의 성격, 혁명의 과정과 결과에 대한 평가는 크게 세 가지 정도로 나누어 볼 수 있다. ① 4월혁명은 성공한 혁명인가, 유산혁명인가, 아니면 미완의 혁명인가 하는 평가이다. 이승만 독재체제를 급격히 붕괴시키는 결정적 역할을 수행했다는 점에서 혁명이고, 나아가 성공했다고 평가할 수 있다. 반면 4월혁명을 실현시킬 수 있는 정치세력의 부재, 미국의 영향, 학생과 지식인의 한계점을 들어 유산혁명으로 해석할 수도 있다. 또한 5 · 16쿠데타로 좌절되었다는 점에서, 4월혁명의 한계를 잊지 말자는 뜻에서, 무엇보다도 4월혁명의 현재성을 강조하는 차원에서 "미완의 혁명"으로 평가할 수도 있다.(백낙청, 1983, 31~36쪽 ; 진덕규, 1983, 75~79쪽) ② 혁명을 주도한 세력이 누구인가에 따라, 4월혁명은 학생혁명으로, 민중혁명으로, 또는 학생에 의한 민중대리혁명으로 평가한다.(차기벽, 1983, 157~162쪽 ; 박현채, 1983, 53~55쪽) ③ 당시 한국사회에서 4월혁명이 갖는 의미를 부각하여 근대화론에 근거한 해석, 세대교체론적인 해석, 종속자본주의의 새로운 형태로의 재편요구가 집약적으로 드러나 폭발한 계기라는 해석하는 입장들도 있다.(차기벽, 1983, 157~162쪽 ; 김진균 · 김재훈 · 백승옥, 1990, 358~385쪽) 4월혁명을 바라보는 연구자의 시각과 관점에 따라 다양하게 해석될 수는 있겠으나, 무엇보다도 역사적 사실로서의 4월혁명이 어떻게 전개되었는지를 중심으로 재평가되어야 할 것이다.

2. 사회운동의 전형으로서의 4월혁명 재평가

4월혁명은 그 전개과정에서 크게 "혁명1국면"(1960년 2월 28일~1960년 4월 26일, 혁명을 향한 움직임), "혁명2국면"(1961년 4월 26일~1961년 5월

16일)으로 나눈다. 혁명을 향한 움직임을 보여주는 "혁명1국면"에서는 4월혁명의 발발원인을 진단하면서 운동주체세력은 누구였는지, 그들은 어떠한 목표와 정치의식을 갖고 사회운동을 전개했는지를, 4·26 이후인 "혁명제2국면"에서는 운동주체들의 움직임과 사회운동의 전개양상은 어떠했는지를 살핀다. 이러한 시기구분은 4월혁명을 하나의 사건이 아닌 역사로서 파악하고 이를 한국 민주화운동사 속에서 4월혁명을 재평가하기 위해서이다.

1) '미완'의 4월혁명 : 혁명의 원인과 전개과정

1) 4월혁명이 일어난 조건과 원인을 분석하는 것은, 4월혁명을 사회운동의 연속성에서 파악하고 혁명의 역사적 상황을 사회구조적으로 고찰하는 것이다. 사회운동은 일시적인 사건성과는 다른 지속성을 지녀야한다. 즉, 에피소드가 아닌, 반복가능성이 전제되어야 한다. 운동은 일시적 순간에 있지 않고 지속적인 과정을 거치며 살아있다는 점에서 오늘날 4월혁명은 사회운동의 전형이라 할 수 있겠다.

4월혁명의 가까운 원인은, 사회경제적 위기국면에서 이승만 정권의 권위주의와 부정부패가 낳은 3·15부정선거이다.[2] 근원적이고 장기적인 원인은 해방 이후 1960년대 한국사회의 정치경제적 상황에서 찾

---

[2] 1960년 6월 김성태는 4월혁명에 참여한 학생들을 상대로 참여동기에 대한 조사를 진행했다. 이정권의 불법부정정치에 대한 불만, 경찰의 포악에 분격, 폭력지배의 사회에 분격, 특권층의 농단에 불만, 사회의 부패에 불만, 민주수호단체의 투쟁에 호응, 학생만이 국가를 위하여 궐기할 수 있다고 단정, 신문의 선동에 흥분, 여당계보도의 왜곡성에 분격, 학원의 부패에 분격, 고대생을 깡패가 습격한 데 분격, 동료학생의 궐기를 좌시할 수 없어서, 국내외여론의 지지로 성공확신, 교수의 호소에 감격하여 등의 순으로 나타났다.(김성태, 1960, 81쪽) 학생들 대부분은 이정권의 불법부정정치에 대한 불만에서 혁명에 참가했으며, 이는 당시 한국사회에서 학생들만이 민주주의수호를 위해 궐기할 수 있다는 의식이 전제된 것으로 보인다.

을 수 있다. 당시 한국사회는 원조 없는 성장은 불가능했고 일제강점기에 형성된 산업구조의 대외의존성은 점차 미국에 대해 일방적으로 의존하는 구조로 심화되고 있었다. 이와 함께 이승만 정치세력의 친미정권구조도 원인으로 작용하였다. 6·25전쟁을 거치면서 분단이 고착화되고 이 과정에서 친미적 성향을 띤 반공국가로 강화되었다. 특히, 이승만 독재정권을 유지하는 물적 토대를 제공했던 미국의 경제원조는 미국에 대한 정치적인 자주성과 경제적인 종속을 야기시켰다.(황현옥, 1999, 17~18쪽) 이러한 사회경제적 조건에서 4월혁명은 부정선거에 대한 불만을 넘어 보다 근본적으로는 해방 후 15년, 이승만 정권 12년 간의 보수세력, 기성세대의 행적에 대해 쌓인 불신과 불만의 폭발이다. 즉, 4월혁명은 "기성세대에 대한 새세대의 저항"인 것이다. 해방 후 미군정과 그 추종세력, 매판적 관료재벌 등을 청산하지 못한 상태에서 대외 의존적인 정치·경제체제와 6·25를 통한 냉전논리와 매판재벌이 정착되면서 민주주의는 확립되지 못한 채 독재정권이 적나라한 모습을 드러냈다. 이러한 이승만의 독재정치에 항의하고 자유민주주의를 호소하기 위하여 가장 먼저 궐기한 주체는 기성세대가 아니라 학생들이었다. 사회운동을 구성해가는 집단은 내적으로 구조성 있는 연대감을 가진다. "혁명은 각 사회계급이 서로 동떨어져 있을 경우보다 상당히 밀접한 상호접촉이 있는 경우의 편에서 일어나기 쉽다"(브린튼, 1982, 415쪽)고 볼 때, 운동에 참여한 집단들의 연대는 중요하다. 4월혁명 역시 "기성세대와 혁명에 참가한 새세대"라는 균열의 축을 가지고 전개되었다. 소속되었다는 의식은 적과 동지를 구별함으로써 강화되는 것이다. 당시 한국사회는 봉건적인 낡은 인습(관존민비, 남존여비)이 잔존해 있었고 이는 역사적 유산인 유교에로 소급하는 권위주의 문화가 근원이었다.(차기벽, 1983, 155쪽)[3] 이 권위

---

[3] 차기벽은 "자식의 부모에 대한 효도가 무조건적인 것과 마찬가지로 백성의 국가

주의 문화는 일제식민지 통치기간 동안 더욱 왜곡된 형태로 심화되고, 해방 이후에도 여전히 지속되면서 서구식 민주주의가 정착되기 어렵게 만들었다. 혁명 주도세력에게 보수세력과 기성세대들의 권위주의 문화는 제거해야 할 대상으로 인식되었다.

2) 4월혁명을 주도한 세력은 누구인가. 우선 4월혁명은 학생들이 주도한 혁명임에 분명하다.(차기벽, 1983, 161쪽) 학생들은 학원의 정치도구화를 규탄하고, 나아가 이승만 독재정권과 권위주의적인 기성세대에 대한 저항으로 그 폭발적 힘을 발휘했다.[4] 혁명의 초기국면에서는 중·고등학생이 주도하다가 4월 18일 이후에야 대학생이 주축이 된다. 4월혁명의 직접적인 발달은 학원의 정치도구화에 반대하는 2·28대구학생시위였다. 당시 대구지역 고등학생들은 부정선거에 학생을 동원한 것에 저항, "민주주의를 살리자", "왜 대학생들은 침묵하는가?"라는 구호를 외치며 시위를 전개했다.(민주화운동기념사업회연구소, 2008, 106쪽) 이후 4월 11일에서 13일에 이르는 제2차 마산항쟁

에 대한 충성은 국가로부터의 반대급부와 밀접히 관련되지 않았다. 즉, 백성의 국가에 대한 복종은 윤리의 문제였다. 그리고 군신 간의 이러한 관계는 사회생활의 모든 영역에 그대로 적용되었다. 백성은 왕에게, 자식은 부모에게, 제자는 스승에게, 연소자는 연장자에게 무조건 순종해야만 했다. 거역은 그 이유 여하를 막론하고 비도덕적 행위로 지탄받았다.……위와 같은 인간관계에서 자연 권위주의적인 정치풍토가 생겨났다. 그러나 이 권위주의는 왕·부모·스승·연장자의 윤리적 우월성을 전제한 것이었다"(차기벽, 1983, 155쪽)며 유교에 뿌리를 둔 한국사회의 권위주의를 비판한다.

[4] 1950년대에 들어서부터 교육인구는 급속히 팽창하기 시작했다. 해방 당시와 1960년도의 학교교육 상황을 비교해 보면 학교의 수나 고졸, 대졸 수가 현격히 늘어났음을 알 수 있다. 초등학교의 경우 해방 당시에 2,834개교에서 1964년 4,496개교로 약 1.6배 증가하였으며, 중등학교의 경우 165개교에서 1,711개교로 10배 이상 증가하였으며, 고등학교의 경우 19개교에서 84개교로 4.4배 증가하였다. 또한 1960년의 인구센서스에 의하면 1944년에 22,064명이던 대학졸업자 수가 284,417명으로 늘어났고, 중·고등학교 졸업자 수는 19만 9,642명에서 187만 6,822명으로, 초등학교 졸업자수는 163만 7,042명에서 554만 2,265명으로 늘어났다.(한국연감사 편, 1964, 540~541쪽)

에서도 중·고등학생들이 주도했다. 중·고등학생들은 "선배들은 각성하라", "선배들은 썩었다"라는 구호도 외치며 운동을 전개했다.(2·28 민주의거 40주년특별기념사업회, 2000) 4월 18일 고대생 피습사건은 4월 19일 전국적 궐기를 이끌어내는 촉발제가 되었다. 4월 18일 이후 대학생(고려대, 서울대, 연세대, 성균관대, 건국대, 중앙대, 동국대, 경북대, 동아대, 전남대 등)이 총학생회를 중심으로 조직적으로 시위에 나선 것이다.(민주화운동기념사업회연구소, 2008, 113~121쪽) 2·28부터 4·26까지의 "혁명 1국면"에서는 대학생들보다도 중·고등학생들의 역할이 더 컸다고 볼 수도 있겠다. 혁명은 완전히 짓밟힌 계층에 의해서가 아닌, 혁명의 성공을 믿는 비교적 여유 있는 계층에 의하여 일으켜지며, "혁명운동은 제법 부유한 사람들이 품고 있는 불만에서 발단된다"(브린튼, 1982, 414쪽)는 혁명일반론에 따르면, 학생들이 주도했다는 점에서 4월혁명은 혁명이라 할 수 있다. 한국의 학생들은 중상류, 하류의 계층적 구분 없이 시위에 참여했으며(참가학생들은 자신의 계층적 지위를 중류 이하로만 생각하지 않았다), 동시에 "학생만이 국운을 바로잡을 수 있고 또 궐기할 사람은 학생 밖에 없다"(김성태, 1961, 81~82쪽)라는 특권의식을 갖고 있었다. 하지만 학생들은 기성세대에 대립될 만큼 진보적이지도 않았다. 1960년 혁명 직후 전용과 김영휘가 혁명 이후에 한국학생들의 급진성을 에이센크(Eysenek)의 척도로 잰 것이 한 시사를 준다. 그들에 의하면 학생들의 보수-급진성의 평균치는 5.7인데 이 척도로 영국인들의 경우를 비교해 보면 영국인의 평균이 7.5, 보수당원이 5.3, 사회주의자들이 10.2, 공산당원이 12.7정도라는 것이다. 그러므로 한국대학생들의 이념적 지향은 영국 보수당정도의 의식을 갖고 있다는 것이다.("학생들의 보수-급진성의 평균치"『한국일보』 1960년 9월 19일자 ; 김성태, 1961, 83쪽) 이는 4월혁명의 특징이자 동시에 한계라는 양가성을 갖는다.

4월혁명을 "학생에 의한 민중대리혁명"이라고 볼 수도 있다. 여기서 분명히 짚어야 하는 점은 민중세력이 결집되지 못했기 때문에 공개적으로 학생이 대리인으로서 반독재를 내걸고 투쟁을 주도해 나갔는가 하는 것이다. 학생들이 기성세대의 권위주의와 민주주의의 유린에 저항하는 운동을, 민중들은 그들의 요구사항을 들고 운동을 전개했다고 보는 것이 타당할 듯 하다. 왜냐하면 민중들도 적극적으로 혁명에 나섰기 때문이다. 비록 당시 민중들이 일정한 계층으로서의 유대감이 존재하는 것은 아니지만 생존 그 자체의 극한적 상황과 존재의 부동성 및 아노미 상태에서 4월혁명에 가장 능동적으로 참여했다.(김성한, 1983, 50쪽) 4월혁명은 민중들이 집권세력에 대한 저항한 것으로 읽을 수 있다.5) 역사적으로 볼 때 곳곳의 시위는 대개가 상황에 따라서 산발적으로 일어났고, 따라서 시위 때마다 주도한 세력이 상이하다. 혁명초기에는 15세에서 18세의 고등학생들이 주도했고, 4월 11일에서 13일에는 어머니들이 학생들과 함께 큰 역할을 했고, 4월 18일 이후에는 대학생들이 주도세력이 되었다. 4월 19일의 시위나 25, 26일 시위에는 구두닦이나 신문팔이 등 불우한 소년들과 실업자들 다수가 시위에 뛰어들었기도 했다. 미국의 개입과 4월 25일 교수단의 시위는 이승만 정권에 결정적 타격이 되었다.(민주화운동기념사업회연구소, 2008, 104~147쪽 ; 『동아일보』 1960년 2월 28일자~1960년 4월 26일자)6) 제1차 마산시위(3월

---

5) 민중들의 집권세력에 대한 저항에서 각각 주체들은 이렇다. (가) "8 · 15민족해방과 원조경제하에서 주어지는 제결과를 독점하고 있는, 일제식민통치 이래의 매판적 관료독점자본과 그 정치적 후견인인 자유당정권" (나) 민중 = ① 민족자본가로서의 중소기업자, ② 일부지주계급을 제외한 농민일반, ③ 저임금 근로자, ④ 3차산업에서의 불완전, 저소득 취업자와 실업자, ⑤ 이농민으로 구성된 피구호민, ⑥ 민중의 편에 선 지식인 또는 학생이다. (가)에 대한 (나)의 저항이 4월혁명이다.(박현채, 1983, 45~59쪽)

6) 1960년 4월 20일 미 국무장관 크리스찬 허터는 한국정부가 "자유민주주의에 합당치 않은 억압적 수단"을 쓰고 있다며 비난했다. 허터 장관은 이승만 대통령 정부에게 언론자유 · 집회 및 출판의 자유를 보호하기 위한 필요하고 효과적인 조치

15일)과정에서 사망한 13명은 중학생 1명, 중졸 3명, 고교생 4명, 고졸 3명 그리고 구두닦기 1명(국교 중퇴, 21세), 40대 상인 1명이었다.(『조선일보』1960년 3월 16일·3월 19일자) 그리고 제2차 마산시위(4월 11일~4월 13일) 때의 소요죄 입건자 67명을 직업별로 보면, 무직 18명, 노동자 15명, 학생 14명, 공업 4명, 행상 3명, 창녀 3명, 회사원 2명, 이발사 2명 그리고 간호사, 요리사, 식모, 상업, 세탁업 각 1명으로 주로 생활이 어려운 사람들이었다.("마산사건 입건자는 23명 치안국 발표"『조선일보』1960년 4월 15일자) 연령별로는 10대 26명, 30대 8명, 40대 7명이었다.(김동춘·박태순, 1991, 70쪽) 2차 시위는 1차 시위보다 그 규모와 격렬성이 컸으며, 시민의 참여도도 매우 높았다. 이러한 점에서 제2차 마산시위부터는 민중혁명의 성격을 띠었다고 볼 수 있다. 4월혁명 당시 희생자수(사망자)도 민중들이 적극적으로 시위를 전개했음을 잘 보여준다.

〈표 1〉 4월혁명 희생자의 직업 분포

4월혁명 희생자(186명)			
직업	희생자수	직업	희생자수
국민학생·중학생	19(10.2%)	하층노동자	61(32.8%)
고등학생	36(19.4%)	무직자	33(17.7%)
대학생	22(11.8%)	미상	5(2.7%)
회사원 및 학원	10(5.4%)		
계		186(100%)	

출처 : 한국역사연구회현대사연구반, 1991 ; 김동춘·박태순, 1991, 70쪽.7)

를 취하라고 호소했다. 그는 주미한국대사에게 "정부적 반대파에 대해서 공정치 못한 차별조치"를 취하고 있다고 지적하고 이를 중지하고 요구하였다.("압적행위 중지를 요구 언론·집회자유보장도 필요"『동아일보』1960년 4월 21일자)

7) 사망자수에 대한 정확한 집계가 필요하다. 186명은 정확치 않은 수치이다. 전국 사망자 187명, 부상자 6천여 명, 집계. 사망자는 서울 144명, 부산 17명, 마산 15명, 광주 8명이다.(4월혁명연구소 편, 1990, 410쪽) ; 사망자 187명, 사상자 6천여 명. (학민사편집실 편, 1983, 432쪽) 사망자와 부상자 수가 각기 다르다.

　4월혁명의 전개과정에서 노동자, 농민들이 한 역할에 대하여는 상이한 논의가 있으나 그들의 생활상의 요구가 크게 작용했다는 점이 간과되어서는 안 될 것이다.(박현채, 1988, 163쪽) 이승만 정권과 관료독점자본의 수탈에 의한 소외된 민중의 불만과 빈곤 등이 4월혁명의 역사적 당위성을 부여한 것이다. 당시 그들의 요구 자체가 한국사회의 구조적 모순과 긴밀히 연관되어 있었기에 혁명의 주체세력이 되어야 했으나, 그렇지 못했다. 이후 지속적이면서 민주적인 사회운동을 전개하는데 한계에 부딪히게 된다.

　요컨대 4월혁명의 발발원인과 전개과정에서 학생이 결정적인 역할을 한 것은 사실이다. 하지만 독재정권을 무너뜨릴 수 있었던 것은 민중이 총궐기했기 때문이며, 이는 사회운동의 기본요건인 동원화로 가능했던 것이다. "혁명 1국면"의 전개과정에서 지역에서 전국적으로 시위가 확대되었고, 구호 및 연좌투쟁에서 유혈투쟁으로 운동양상이 전개되면서 학생은 물론이거니와 민중들이 시위에 적극적으로 가담했다는 점에서 "(미완의) 민중혁명"으로 규정하는 것이 타당할 것이다.

　3) 4월혁명 당시 외친 구호와 플래카드는 혁명의 목표이자 혁명주체들의 정치의식을 반영한 것이다. 시위와 플래카드는 혁명의 목표를 상징적으로 보여준다. 구호는 시위현장에서 바로 외칠 수 있었던 것에 반해, 플래카드는 사전에 제작해야 하기 때문에 보다 더 조직적이고 자금융통이 쉬운 집단(대학생총학생회, 정당, 교수협의회)이 참여하는 시위에서 볼 수 있다.

〈표 2〉 4월혁명에서 외친 구호

날 짜		구호
2월 28일	대구	학원민주화, 부정선거 규탄하자, 선배들은 썩었다, 민주주의를 살리자
3월 14일	부산	우리 선배는 썩었다, 우리가 민주제단을 지키자 학도여 일어나라 우리의 피를 보이자, 학도는 살아 있다 민주국가 세우자 학원에서 강제 선거운동을 하지 마라
	인천	학도여 일어나라, 학원의 자유를 달라, 공명선거 실시하라
	포항	학원의 자유를 달라
3월 15일	마산	부정선거 다시 하라
3월 16일	민주당 중앙당사	독재정치 배격한다, 마산동포 구출하자
3월 17일	서울 성남고	정부는 마산학생 7명을 죽인 책임을 져라
3월 25일	부산	경찰은 학생사살의 책임을 져라
4월 06일	서울 재야세력	이승만 정부는 물러가라, 살인선거 책임자들을 처단하라
4월 12일	마산 (2차 항쟁)	이승만 정권 물러가라, 이기붕을 죽여라
4월 17일	인천 민주당	이승만 정부는 물러가라, 정·부통령 선거 다시 하라
4월 18일	고려대	기성세대 각성하라, 행동없는 지식인을 배격한다, 마산사건 책임자를 처단하라
4월 19일	국회앞	이승만 박사 물러가라, 불법으로 치른 3·15선거 다시 하라 부정과 살인선거범 최인규를 불러내라
4월 20일	전주	학원의 자유를 달라
	이리	민주주의를 바로 잡자, 계엄령을 철폐하라
4월 23일	해외유학생	민주주의가 경찰에 좌우되어서는 안된다, 이승만 정부 물러나라
4월 24일	중앙청	이승만 정부 물러가라, 이대통령 하야하라
4월 26일	서울	이승만 정권 물러가라, 선거를 다시 하라, 이기붕을 죽여라

출처 : 학민사편집실 편, 1984 ;『조선일보』1960년 2월 28일자~1960년 4월 26일자 ;『동아일보』1960년 3월 15일자~1960년 4월 26일자.

지역에 따라 다소 차이가 있기는 하나, 대체로 3월 15일 제1차 마산 항쟁을 계기로 구호와 플래카드의 성격이 바뀌는 것을 알 수 있다. "정권 타도"의 구호가 등장한 것이다. 시위초반(2월 28일~3월 15일) 부정선거를 규탄하며 학원의 자유를 수호하자는 구호가 빈번하게 나왔지만, 마산항쟁 이후 "독재정권 타도"를 외친다. 정권 타도는 4월 본격적인 시위국면에 접어들기 전까지 정치권(재야세력, 민주당 시위)에 국한되어 있다가 4월 18일 고려대사건이 4월 19일 "이 정권 물러가라"는 구호로 이어졌다. 마산항쟁에서 경찰의 발포로 사망자와 부상자가 발생하면서(희생자 발생은 시위전개의 기폭제이다), 정권 타도라는 혁명목표가 표면에 드러난 것이다. 또한 제1차 마산항쟁으로 인해 시위의 분위기가 전국적으로 확대되면서 본격적으로 혁명운동의 양상을 띠게 된다.

〈표 3〉 4월혁명에 걸린 플래카드

날짜		플래카드
3월 13일	서울 시공관	학원의 자유를 달라
3월 15일	진주 민주당원	공명선거를 다시 하라, 공개투표는 선거가 아니다
4월 09일	부산 민주당원	마산사건 책임자를 잡아내라, 3·15부정선거는 불법이다
4월 18일	서울 고려대생	민주역적 몰아내자, 자유·정의·진리를 드높이자
4월 19일	서울 이기붕 집앞	공명선거 다시 하라(혈서)
4월 24일	희생자추도식	그대들이 뿌린 피는 헛되지 않아 민족의 얼을 나타냈다 무책임한 사표로 사태수습이 될 말인가
4월 25일	서울대 교수단	학생의 피의 보답하자
4월 26일	서울 시민	3천만 동포 총궐기하라

출처 : 학민사편집실 편, 1984.

　　구호와 플래카드의 성격이 시위전개과정에서 보다 구체화된다. 경찰의 규탄, 정권의 사퇴요구, 폭력배요구, 사법부규탄, 계엄령철회, 언론의 자유, 어용노조규탄, 평화적 시위권리 주장이 많아지고, 그 요구가 구체화된다. 특히, 4월 19일 이러한 경향이 뚜렷하게 나타난다.

〈표 4〉 4월 19일 서울·경기지역에서 외친 구호

날짜		구호
4월 19일	서울대	민주주의 바로 잡아 공산주의 타도하자
	건국대	3·15선거를 다시 하라, 학원의 자유를 달라, 기성층은 각성하라
	고려대	경찰은 학원에서 물러가라, 계엄령을 철회하라
	성균관대	정부는 마산사건 책임져라, 살인경찰, 정치깡패
	이기붕 집앞	빼앗긴 민권을 도로 찾자, 태극기에 붉은 물감을 뿌린 놈은 역적이다
	인천	어용노조 물러가라, 임금인상하라
	연세대	위정자여 양심이 있는가, 경찰국가 반대한다, 민주주의 반역자를 극형에 처하라
	연세의대	썩은 정치 수술하자, 김주열군의 시체를 다시 해부하라, 경찰은 생명을 존중하라
	중앙대	경향신문 복간하라
	동국대	파시즘의 독재자는 물러가라, 우리는 세계의 여론에 호소한다
	경북대	3인조·9인조 선거 반대한다, 학생은 살아있다 시민은 안심하라

출처 : 학민사편집실 편, 1984 ;『조선일보』·『동아일보』1960년 4월 19일·4월 20일자.

혁명이 전개되면서 혁명목표가 보다 구체화된 것은, 시위과정에서 발생한 평화적 시위탄압, 경찰의 폭행, 정부당국의 미봉책 등을 들추어내고 이의 시정을 요구했기 때문이다. 시위초반에는 평화으로 전개되다가 점차 공격적 형태로 진행된 것도 같은 맥락에서 읽을 수 있다. 평화적으로 구호를 외치며 가두시위→여학생을 손가마에 태우고 행진, 단발머리 여학생을 여럿이 추켜들고 만세를 부름→경찰과의 격투, 방화, 약탈 등의 운동양상을 띤다.(『조선일보』·『동아일보』1960년 4월 19일·4월 20일자) 경찰의 억압적 진압으로 인해 공격적 반응을 나타낸 것으로 보인다. 시위가 계획적이고 조직적이었다기보다는 상황에 따라서 진행되었던 것이다.

사회운동에서 조직은 운동의 일부분이기 때문에 대체로 역할이 비전문화되고 분담이 미약하다. 운동에 참여한 모든 집단이 조직화되어 있지 않은 상태에서 다양한 형태로 운동에 참여할 수 있다. 따라서 4월 혁명은 집단들간의 연대의식은 형성되었으나 각각의 집단들이 조직화되어 연대하지 못한 채 전개되었다고 볼 수 있다.

학생들이 처음부터 뚜렷한 목적의식을 갖고 혁명을 전개했다고 보기도 어렵다. 혁명 참가자들이 학원민주화, 정권 타도 등의 구호를 외친 것은 반독재, 자유민주주의의 가치의 권리를 쟁취하려는 이념을 가지고 있었기 때문이다. "이승만하야", "독재정권 타도"라는 구호 속에 4월혁명의 이념과 정신이 녹아있었다고 볼 수 있다.[8] 고려대학교 학생 결의문(1960년 4월 18일 오후 국회의사당 앞에 집결한 고려대 데모대에 의해 결의된 사항)을 보면, "1. 행정부는 대학의 자유를 보장하라 2. 행정부는 더 이상 민족의 체면을 망치지 말고 무능정치, 부패정치, 야만정치, 독재정치, 몽둥이정치, 살인정치를 집어치우라 3. 행정부는 명실상부한 민주정치를 실현하라 4. 행정부는 이 이상 우리나라를 세계적 후진국으로 만들지 말라"(학민사편집실 편, 1984, 73쪽)며, 이승만 정권을 넘어서서 정치적 사회적 전체제(全體制)에 비판했다. 혁명의 목표가 이승만 정권 타도에 있는 것이 아니라 낡은 체제의 개혁이었던 것이다.[9] 하지만 그들은 자유민주주의를 단지 관념적인 가치로만 받아들였다는데서 운동의 한계를 드러낸다. '2·28경북고의 결의문', '4·18고대생의 선언문', '4·19서울대생 격문'에서 나타났듯이,

---

8) 이협은 "「독재정권 물러가라」고 하는 구호 속에 이미 그 후의 학생운동의 이념이 모두 응축되어 있었던 것이며 4·19 이후의 학생운동은 모두 4·19정신에서 도출되는 것이다. 따라서 4·19혁명이야 말로 전민족사의 민중적 반성이며 민족이상의 참된 출발이었다"고 평가한다.(이협, 1969, 145~146쪽)

9) 상당한 학생들은 자유당정권의 붕괴가 바로 4·19가 달성할 목적으로 보고 있었다. 4·19직후 대학생들의 의식상황을 조사 분석한 결과에 의하면 4·19가 목적 달성했다고 본 것은 30.2% ; 소망보다 엄청난 결과를 가져왔다고 본 것은 39.7% ; 자유당정권을 쓰러뜨리려는 생각은 없었는데 예상외의 결과를 빚었다고 본 것은 7.3%로 나타났다.(김성태, 1960 ; 송건호, 1983, 228쪽)

부정선거에 대한 반대와 학생들에게 자유를 위해 궐기하자며 호소했을 뿐, 사회과학적 인식을 바탕으로 한 냉철한 현실분석이 결여되어 있었기 때문이다. 『사월혁명자료집 4·19의 민중사』(학민사편집실 편, 1984)에 실린 4월혁명 기록물—성명서, 결의문, 벽보 등—참고) 학생들은 원조경제하에서 구조화된 경제의 대외의존성에 대한 비판의식도 아직 갖추어지지 않았던 것으로 보인다. 학생들이 혁명과정에서 제기했던 요구들은, 그 요구들이 토대로 하는 근본적인 기반이 마련되지 않은 상태에서 그 사회가 안고 있던 문제들을 비조직적, 산발적으로 제기하는 데 그치고 말았다. 일부의 학생들이 사회 근본모순에 접근해 가긴 했지만, 4월혁명을 주도했던 다수의 학생들은 형식적인 자유민주주의 회복을 지향했던 것이다.

2) 미완의 혁명 : 4월혁명 이후 민주화운동의 전개

4·26이후 혁명의 주체들은 학원민주화운동을 중심으로 농촌계몽운동, 신생활운동을, 다른 한편에서는 노동운동과 통일운동을 전개하면서 사회운동을 발전시킨다.

1) 4월혁명을 주도했던 학생들은 정치변혁보다는 학원민주화와 계몽운동차원에 국한하여 운동을 전개해 나간다. 뚜렷한 지도이념과 지도핵심 없이 자연발생적으로 고양된 4·19학생운동은 이승만과 자유당이라는 가시적 대상이 제거되자 투쟁의 목표를 상실했다. 이들은 독재정권의 타도라는 정치현실에 직접적으로 개입하면서도 "학생은 학원으로"라는 구호를 별다른 모순을 느끼지 않은 채 받아들인다.

학원 민주화운동은 주로 행정체제에 대한 비판, 어용교수에 대한 지적에서 시작되어 점차 총장, 이사회, 재단의 정화로까지 운동의 목적이 확대되었다. 1960년 5월 당시 서울대 상과 대학생 1천여 명은 어용교수가 물러나지 않는다며 맹휴상태에 들어갔고("어용교수 나가라" 『경향신문』 1960년 5월 6일자), 동아대, 부산대 학생들도 총장, 교수들을 규탄하며 자진사퇴를 요구하는 시위를 하였다.("총장 교수 등 규탄 부산대 동아대생" 『동아일보』 1960년 5월 5일자) 경북대학생들은 자진 퇴학식까지 거행하면서 어용교수의 사퇴를 요구하였다.(『경향신문』 1960년 5월 10일자) 이 밖에도 당시 전국의 63개 대학 중 30개 이상의 학교에서 어용교수 및 총장사퇴 등을 요구하며 학원 민주화운동을 전개했다.

학생들은 4월혁명이 목표로 했던 자유민주주의 수호가 학원 민주화 운동만으로는 성취될 수 없다는 사실을 자각하면서 학교 밖으로 운동을 확장한다. 특히, 7·29선거를 앞두고 사회적인 운동을 전개해야 할 책임감을 느끼면서 공명선거계몽운동, 농촌계몽운동, 신생활계몽 등 사회운동의 차원으로 확대한다.(장준하, 1960 ; 조가경, 1961 ; 이협, 1969 ; 김동춘, 1998) 당시 지식인들은 "양심있는 학도들은 다시 플래카드를 들고 거리로 나섰다. 신생활운동의 기치를 들고. 물론 생활의 혁명이 없이 사회의 혁명이란 바랄 수 없을 것이다. 우리들은 당연히 이 같은 운동을 조장하여야 한다. 또한 조장뿐만 아니라 참가하여야 한다. 이러한 운동이 무르익었을 때 진정한 혁명은 이 땅에 찾아올 것이다. 그 후에 올 혁명만이 진실로 이 나라를 살찌울 것이다"(장준하, 1960, 37쪽)라며 학생들의 움직임에 긍정적인 시선을 보냈다. 신생활운동은 물자절약, 외제 사치품 배격, 양담배 근절, 관용차의 사용화(私用化) 금지, 자전거보급 등의 운동으로 전개되었다.("학생들의 신생활운동과 성인 사회의 반성" 『동아일보』 1960년 9월 27일자) 특히, 신생활운동은 독재정권의 부패, 원조경제와 미국에 대한 경제자립 요구 등을 담고 있었다는 점에서 4월혁명의 연장선상에서 전개되었다고 볼 수 있다.

생활의 간소화란 과거 「자유당」 천하의 사회가 사치와 부패 속에서 갖은 악덕과 허욕을 조장하여 오늘의 혁신이 운명적인 것이었다면 4·19와 더불어 국민 스스로의 자연적인 생활태도의 변혁과 자숙도 있어야 정치혁명과 정비례했을 것이다.("신생활운동의 성과는 신정부와 국민의 과제" 『경향신문』 1960년 7월 15일자)

독재와 부패로 일관했던 이승만 자유당정권을 맨주먹으로 거꾸러뜨린 4월혁명의 청소년학생들은 학원으로 돌아가 학원민주화운동을 일으켜왔고 또 일부학생들은 그 여세를 몰아 국민생활의 부화사치의 면과 시정(施政)의 부패면을 혁신·개선코자 감연히 일으킨 것이 바로 그들의 「새생활운동」이다.("학생들의 신생활운동과 성인사회의 반성" 『동아일보』 1960년 9월 27일자)

이러한 움직임은 민중의 각성과 그 역량에 기대를 갖고 있었다는 것을 의미하지만 이를 계몽운동의 차원에서만 해결하려 함으로써 그 의식의 낭만성을 드러냈다.(김성환, 1984, 43쪽) 신생활운동에 대한 정치계의 반응은 냉담하였고,[10] 운동을 전개하면서 점차 국토개발 운동이나 신생활운동, 자발적인 반공 궐기대회 등의 차원에서 머물게 됨으로써 정치의식을 가지고 조직화된 사회운동을 전개해 나가지 못했다. 또한 선거계몽을 중심으로 한 농촌계몽운동 역시 자유당계 후보에 대한 규탄운동까지 전개해 폭력사태로 확대되거나 학생들의 우월적인 태도에 대한 비판들이 제기되면서,[11] 정치적 차원으로 확대되지

---

[10] 당시 국회에서는 참의원 자신부터 신생활운동을 시작하자는 긴급동의안이 혁신당 의원에 의해 제안되었으나 대다수의 의원들이 반대하여 채택되지 못하였다. ("국회 신생활운동에 냉담" 『경향신문』 1960년 9월 27일자)

[11] 농촌계몽대 학생들의 행보에 대해 당시 언론은 다음과 같은 자세를 요구했다. "첫째, 학생의 일거수일투족은 이번 선거에 지대한 영향을 미칠 것을 자각하고 본분에서 이탈됨이 없도록 자중하여야겠다. 둘째, 우월감에서 탈피하여 소박한 농민과 호흡이 맞도록 겸손한 언어와 소박한 옷차림으로 대하여야 할 줄 안다.

못했다. 따라서 독재정권을 타도한 학생세력은 4·26 이후 지속적 정치변혁에 관여하기보다는 학원문제와 계몽의 차원으로 자신의 과제를 국한시킨 것은 사회운동의 후퇴라 할 수 있다.

  2) 4월혁명을 계기로 노동자, 농민은 자신들의 잠재적 역량을 재확인하게 된다. 4월혁명 이후 노동운동은 급격한 양적 확대와 함께 질적 심화의 양상을 보여준다. 지식층 종사 업종에서의 노조결성이 시도되고, 종래의 개별적인 산업별 노동운동을 넘어서 노동자 계층의 연대감 위에서 노동운동이 전개된다. 노동자들이 현실정치에 참여하고 이를 가두진출로써 표출한다. 이 시기의 노동운동은 사회·정치·경제적 상황을 반영하는 것이며, 전쟁 전의 정치지향적 성격과 밑으로부터의 대중적 요구가 결합하는 양상으로 나타났다. 이는 노동운동이 정치투쟁으로 상승된 변화를 예측하게 된다. 1959년 10월 전국노동조합협의회(이하 전국노협)가 결성되었으나 합법적 노동조직으로 인정받지는 못했다. 하지만 4월혁명 이후 노동운동의 중심적 노동조직으로 활동할 수 있는 기반이 되었다. 전국노협은 임금인상과 노동조건 개선을 원하는 노동자들의 요구를 효과적으로 수렴하고 어용적인 노조 밑에 억눌려 있던 노동자들을 민주적 노동운동에 참여할 수 있게 하는 커다란 자극제가 되었다. 그 결과 1960년에는 1959년에 비해 쟁의발생 건수가 2배 이상 증가했다. 4월혁명부터 그해 6월까지 485회의 노동자 가두시위가 있었고, 시위 참가인원이 12만 명에 이른다.(민주화운동기념사업회연구소, 2008, 247쪽) 또한 4월혁명 직후 이승만 정부의 정치도구적 어용 노동조직이었던 대한노동조합총연합회

셋째, 용의주도한 계획 하에 사심 없이 임하여 결코 무질서의 수라(修羅)를 야기함이 없도록 세심한 노력함이 있어야겠다."("계몽대에 바라는 말" 『경향신문』 1960년 7월 10일자)

(이하 대한노총)에서도 내부적 변화가 일어나면서 "자유당과의 연관성을 버리고 엄정한 정치적 자립을 견지"("자유당 기간단체 노홍이 이탈"『동아일보』1960년 4월 24일자), 노동조합운동 본래의 자세로 귀의할 것을 결의하였다. 자유당에서의 탈퇴와 자주적인 노동운동을 선언한 것이다. 4월혁명 전후 가장 비참한 계층 중 하나였던 농민들도, 7·29총선거 때 20여개 선거구에서 농민소요를 전개한다.(김성환, 1984, 47쪽) 노동자와 농민들의 운동은 근본적으로 보수세력에 대한 반발의 표현임엔 분명하다. 하지만 당시 노동자들이 지닌 의식의 한계는 그들로 하여금 자기 이해에 기반을 둔 주체적이며 구체적인 운동을 전개하지 못하게 하는 기본적 제약요소였다.

3) 당시 소수 선구적 학생세력과 혁신계 정치세력에 의해 구조적 인식을 바탕으로 통일논의를 제기한다. 당시 통일운동은 소수에 의해 제기된 것이기는 하나, 운동사상 유의미하다.

민족통일의 문제는 4월혁명에 참여한 학생들이 다양한 운동을 거쳐 도달한 문제의 본질이었다. 서울대의 '4월혁명 제2선언문'에서는 "지금 이 땅의 역사사실을 전진적으로 변혁시키기 위해서는 반봉건, 반외압세력, 반매판자본 위에 세워지는 민족혁명을 이룩하는 길뿐"(사상계편집실 편, 1970, 62쪽)이라고 선언하여 3반(反)을 자신들의 과제로 제시하였다. 이는 민주주의와 자유를 주장하였던 '4월혁명 제1선언문'과 다른 것으로, 민주민족운동을 표방한 것이었다. '4월혁명 제1선언문'(1960)에서는 "근대적 민주주의의 기간(基幹)은 자유다"(사상계편집실 편, 1970, 59쪽)라면서 부르주아적 자유와 민주주의의 열망을 강조했다. 반면, '4월혁명 제2선언문'(1961)에서는 민족통일을 향해 젊은 대열은 전진하며, "이 민주, 민족혁명 수행의 앞길에는 깨어진 조국의 민족통일이라는 커다란 숙제가 놓여 있다"(사상계편집실 편, 1970, 62쪽)

는 점을 역설했다. 1960년 8월 18일 발족된 "서울대학교 민족통일연맹"(이하 서울대 민통련)에는 4월혁명을 주도하고 계몽운동의 한계를 인식하고 있었던 학생들이 참여했다. 민통련은 부패된 기성세대를 철저히 불신하는 바탕위에서 남북통일을 민족의 자주역량으로 이룩해보려는 목표로 운동을 전개해나갔다. 민통련 소속학생들은 "우리는……이 민족이 하나같이 묶여온 노예의 쇠사슬을 절단할 마지막 사수파다. 이 노력마저 비참히 허물어질 때 그땐 이 땅위에 영원히 구제할 길 없는 죽음만이 난무할 것이다"(11월 1일 서울대학교 민족통일연맹 발기인 대회 발기문 ; "서울대의 통일연맹"『경향신문』1960년 11월 2일자)라면서 민족통일의 문제를 제일의 목표로 삼고 민족통일방안을 검토하여 실현성 있는 방안을 모색하겠다는 의지를 다졌다. 서울대 민통련을 시발로 하여 단시일 내에 중앙의 9개 대학과 지방의 4개 대학으로 조직을 확대하였고, 12월을 전후한 시기에 전국에서 조직이 완성되었다. 1961년 5월 3일 서울대 민통련에서는 남북학생회담을 제의했고, 이틀 후 열린 "민족통일 전국학생연맹건설준비위원회"에서는 그것을 받아 판문점에서 학생회담을 열자고 제의해 보수반공세력을 긴장시켰다.(서중석, 1991, 144~167쪽 ; "남북학도회담 서울대 민통련 제의"『조선일보』1961년 5월 4일자)

> 인간의 기본권을 쟁취하기 위하여 파쇼적 테러통치를 타도한 이땅의 대중 세력은 다시 목전의 빈곤을 타파하기 위하여 통일을 갈망하게 되었고 통일을 달성하기 위하여 그들의 무한한 잠재력을 이제는 반통일 세력으로서 외세 의존적 매판 세력의 타도에 집중하고 있는 순간일 것이다. (민족통일 전국학생연맹 건설준비대회 공동선언문, 1961. 5. 5 ; 서울대총학생회 편, 1990, 30쪽에서 재인용)

4월혁명 이후 혁신정당운동의 과정에서도 두드러지게 나타난 운동이 통일운동이다. 정책적인 측면에서 보수세력과 혁신세력을 뚜렷이 구분할 수 있는 것이 통일정책의 내용이었기 때문이다. 하지만 7·29총선거에서 혁신세력은 총 233석의 민의원 중에서 6석만을 차지하는 정치적 참패를 당하였다.("밝혀지는 한표의 주권 민의원의 개표결과 속속 판명 민주당이 압도적 우세 혁신계 도시서로 참패"『조선일보』 1960년 7월 30일자) 혁신정당들이 소위 재야 거두들의 연합형식이면서도 일치된 이해관계를 갖지 못하여 당내 응집력이 약했다. 또한 혁신정당으로서의 참신한 이념의 부재, 즉 구체제의 모순 척결에 대한 우회적인 미지근한 보수적 정강과 자본주의 모순에 대한 미온적인 개선책 등으로 민중적 호응을 얻지 못했기 때문이었다. 7·29총선 실패 이후 혁신정당이 이합집산을 통해 정당이 재편되면서 통일정책 또한 차이를 보이게 된다. 통일정책의 기본원칙에서부터 구체적인 항목별 절차들까지 사회당은 철저하게 남북협상을 통해 해결하고자 하는 데 비해 통사당, 사대당, 혁신당 등은 영세중립화의 기초 위에 서 있었다. 따라서 통일의 기본원칙에서 혁신정당들은 다같이 자주·평화·민주의 원칙을 제시하고 있으면서도 사회당은 '남북협상에 의한 자주적 통일'을 기타 3당은 '영세중립화통일'을 주장하였다. 통일 후의 지향체 문제에서도 통사당, 사대당, 혁신당은 '민주적 사회주의'원칙에 입각한다고 하고 있으나 사회당은 '사회주의 사회 실현'을 표방하였다. (노중선, 1992, 37~40쪽) 혁신정당들간의 난립과 분열이 단순히 통일정책노선의 혼란만을 야기하는 것에 그치지 않고, 혁신세력이 대중적 지지를 바탕으로 4월혁명의 정신을 계승할 수 없음을 보여주게 된다.

민족통일의 문제제기는 총괄된 민주주의변혁·반외세·민족통일의 요구는 일부 독점자본가, 친일엘리트, 극우인사를 제외한 대다수 국민이 요구하는 변혁의 객관적인 과제였고, 그것은 다름 아닌 4월혁명에 참가한 학생들에 의해 제기된 것이다. 그러나 이러한 문제제기는 반민주세력의 위기의식과 단합을 촉진하여 결국 5·16군사쿠데타로 귀결되고 만다.

3. 한국 민주화운동사에서의 4월혁명의 위상

1) 주체세력의 한계

4월혁명의 한계는 곧 '주체'의 한계이다.

첫째, 혁명의 과정에서 주체적 조건의 약점은 혁명을 완수할 집단적이고 조직적이며 지속적인 운동을 담당할 세력이 부재했다는 것이다. 민주당은 처음부터 강요된 야당으로서 명백한 한계를 지녔으며 혁신세력은 대중적 기반이 취약하여 주도권 장악에 결정적으로 실패하게 만들었다. 학생들은 이념의 순수성과 소박성, 그리고 구체적 방법론의 부재 등으로 이후 운동주도 세력으로서의 가능성만을 보였을 뿐 결코 현실적 주도세력이 될 수 없었다. 조직 노동자를 중심으로 한 기층 민중세력은 시간이 갈수록 역량이 증대하여 강력한 세력으로 부상하게 되나 다양한 요구들이 논리적으로 통합하여 일관된 투쟁논리로 승화시킬 중심 세력이 채 형성되기도 전에 5·16을 맞게 된 것이다.

둘째, 혁명을 주도한 세력과 혁명 이후 집권세력이 같지 않다는 점이다. 집권세력은 혁명세력 그 자체가 아닌 것이고 다만 후자로부터 법절차에 의해 처리권을 위임받은 대행자에 불과하다. 그러므로 혁명세력의 이념과 집권세력의 이념 사이에는 부득이한 거리가 가로 놓여서 혁명세력의 의욕이 충분히 지도정신에 반영되지 못하고 있는 것이다.(고영복, 1961, 86쪽) 4월혁명을 주도했던 세력이 정치의 직접적인 담당층이 아니었기 때문에, 4·26 이후 혁명과업을 순조롭게 수행할 수 없었다. 엄밀하게 민주당은 혁명을 주도한 세력이라고 보기 어렵다. 민주당은 3·15부정선거 즈음, 각 지역의 민주당사를 중심으로 "불법선거 다시 하라"며 격렬한 시위를 벌이지만, 마산사건 후에는 오히려 민중에게 휩쓸렸고, 4월 중순 본격적인 혁명국면에 달해서는 위축되었던 세력이다.(4월 11일 이후 민주당은 운동양상은 잘 잡히질 않는다) 무엇보다도 민주당은 4월혁명의 정신과 과업을 발전시키기보다는 다음 권력을 차지하는데 급급하여 자유당과 협력하여 내각책임제 개헌에 나서는 등 보수집단의 한계를 그대로 드러냈다.[12] 혁신정당은 대중적 기반이 취약하여 주도권 장악에는 실패하였다. 당시 4월혁명은 "「안방에 있던 자유당이 사랑방으로 나가고 사랑방에 있던 민주당이 안방으로 들어오는 상황」의 연속에 지나지 않는 것"(신상초, 1960, 87쪽)으로 평가받기도 했다.

셋째, 주도세력의 변절이다. 양심 있는 대다수의 학생들은 학원민주화와 생활혁명 차원의 운동, 통일운동과 노동운동 등을 전개해 나갔다. 하지만 적극적으로 혁명을 주도했던 학생들 중 일부는 혁명정신을 배반하고 군부세력과 결탁, 5·16 이후 군부, 10월유신을 지지하는 변절자가 된다.(노가원, 1990, 54~61쪽) 4월혁명에 참여했던 학생·교수(지식인) 중 많은 사람들이 민중과 민주주의의 편에 서기보다는 권력과 독재의 편에 섰다는 것 또한 4월혁명이 갖는 한계일 것이다.

---

12) 이를 두고 장준하는 "4월혁명의 결실로 7·29총선거전의 서막이 벌어졌다. 그 많은 투사들이 앞을 다투어 입후보등록을 했다. 이렇게 많은 투사들이 있으면서 이 정권과 싸우는 데는 어린이들만 내세웠던가 하는 의아심을 금할 수가 없다.…… 혁명이란 말 뿐이요, 언제 무슨 일이 있었느냐는 듯하다"(장준하, 1960, 36쪽)하다며, 당시 민주당이 권력쟁취에 혈안이 되었음을 비난하였다.

2) 한국 민주화운동사의 기원, 4월혁명

4월혁명의 한계에도 불구하고 한국 민주화운동의 발전과정에서 하나의 커다란 계기적 의미를 가진다. 1960, 70년대 민주화운동의 성장은 민중들이 운동의 직접적 담당층으로 대두하게 되는 과정이며, 이 과정을 통하여 혁명에서 나타났던 자신들의 한계를 극복하고 새로운 단계로 나아가게 된다. 오늘의 시점에서 4월혁명의 역사적 의의는 크게 세 가지로 볼 수 있다.

첫째, 4월혁명은 해방 후 본격적 사회운동이다. 해방 이후 사회운동은 모두 4월혁명에 그 연원을 두고 있다. 비록 보수적인 민주당 정권과 군부에 의해 저지되었으나, 이후 운동세력에 의해 민주화운동으로 계속 발전되어 간다.

둘째, 4월혁명은 '미완의' 혁명이다. 4월혁명은 부정선거 반대, 독재정권 타도, 절차적 민주주의 수립 등으로 혁명적 성과를 거뒀다. 하지만 4·26 이후 진행된 사회운동이 보여준 양상에서, 5·16쿠데타로 인해 좌절되었다는 점에서 미완의 혁명이다. 무엇보다도 이승만 정권을 지탱했던 일제 식민지 세력의 청산, 정치사회의 민주화라는 측면에서 4월혁명은 50년이 지난 지금까지도 완성되지 않은 미완의 혁명으로 평가해야 할 것이다.

그럼에도 불구하고 4월혁명의 정신은 현재에 이르기까지 살아 있다. 4월혁명의 정신은 5·16쿠데타세력의 억압에도 불구하고 1960, 70년대에 살아 계승되었다. 1980년 서울의 봄과 5월의 광주항쟁, 1987년 6월 민주항쟁도 4월혁명의 계승이다. 4월혁명의 정신을 이후 민주화 세력들이 계승하면서 한국 민주화운동의 기원으로 그 위상을 정립할 수 있다. 나아가 사회운동은 일시적 순간에 있지 않고 지속적인 과정을 거치며 살아있다는 점에서 4월혁명은 사회운동의 전형이라 할 수 있다.

▣ 참고문헌

2·28민주의거 40주년특별기념사업회 편, 2000『2·28 민주의거의 역사성과 현재성』, 2·28민주의거 40주년특별기념사업회.
4월혁명10주년기념세미나보고서편찬위원회 편, 1970『4월혁명의 주체적 평가』, 한얼문고사.
고영복, 1961「혁명후사회동태의 의미」『사상계』4월호 93호.
김동춘·박태순, 1991『1960년대의 사회운동』, 까치.
김성태, 1961「4월 19일의 심리학」『사상계』4월호 93호.
_____, 1983「4·19학생봉기의 동인」『4·19혁명론』, 일월서각.
김성환·김정원·허버트 P. 빅스 외, 1984『1960년대』, 거름.
김진균·김재훈·백승옥, 1990『한국사회변혁운동과 4월혁명』, 한길사.
노가원, 1990「4월혁명을 배신한 사람들」『월간말』4월호 46호.
노중선, 1992「4월혁명기 혁신정당, 왜 좌절하였나」『역사비평』통권20호.
민주화운동기념사업회연구소 편, 2008『한국 민주화운동사』1, 돌베개.
박현채, 1988「4·19시기 노동운동의 전개와 양상」『역사비평』통권2호.
백낙청, 1983「4·19의 역사적 의의와 현재성」『4월혁명론』, 한길사.
사상계편집실 편, 1970「4·19혁명선언문」『사상계』4월호 204호.
서울대총학생회 편, 1990『뼈저린 각성, 다시 태어나는 4월혁명』서울대총학생회.
서중석, 2007『한국현대사 60년』, 역사와비평사.
송건호, 1983「4·19혁명과 학생의 현실인식」『4·19혁명론』, 일월서각.
신상초, 1960「이승만폭정의 종언」『사상계』6월호 83호.
이 협, 1969「필연을 딛고선 역사의 새물결」『사상계』12월호 200호.
장준하, 1960「혁명상미성공(革命尚未成功)」『사상계』8월호 85호.
조가경, 1961「혁명세력의 정신적 혼미」『사상계』4월호 93호.
진덕규, 1983「4월혁명의 정치적 모순구조」『4월혁명론』, 한길사.
차기벽, 1983「4·19 과도정부·장면 정권의 의의」『4월혁명론』, 한길사.
학민사편집실 편, 1984『사월혁명자료집 4·19의 민중사』, 학민사.
한국역사연구회현대사연구반 편, 1991『한국현대사』2, 풀빛.
한국연감사 편, 1964『한국연감』, 한국연감사.
홍이섭, 1961「4월혁명의 재평가」『사상계』4월호 93호.
황현옥, 1990「사월혁명 당시 노동운동의 전개과정에 관한 연구」, 이화여자대학

　　교 석사학위논문.

Crain Brinton(차기벽 옮김), 1982 『혁명의 해부』, 문명사.

Theda Skocpol(한창수·김현택 옮김), 1981 『국가와 사회혁명』, 까치.

『동아일보』『조선일보』『경향신문』『한국일보』.

제2장 1980년 5월 광주민중항쟁과 한국민주주의의 현재성

김형철

1. 서론

5·18광주민중항쟁 30돌을 맞이한 현 시점에서 1980년 5월의 광주는 한국민주주의에 있어 무엇을 남겼으며, 우리가 풀어야 할 과제는 무엇인가? 이러한 물음은 어떻게 보면 매우 진부한 문제의식일지 모른다. 그러나 청년기에 들어선 한국의 민주주의의 모습을 고려할 때, 30년 전 5월 광주민중항쟁의 역사적 경험을 과거의 눈이 아닌 오늘의 눈으로 바라보면서 오늘의 한국민주주의가 상실하거나 애써 외면하려 하는 5월 광주민중항쟁의 정신과 가치를 찾을 수 있다는 점에서 위의 문제의식은 의미를 가질 수 있다.

한국의 민주주의는 아래로부터의 저항의 역사로부터 탄생하였다. 위로부터의 부당한 지배에 대항한 아래로부터의 정당한 저항은 1960년 4·19혁명, 1980년 5월 광주 그리고 1987년 6월항쟁을 통해 반독재 민주화운동의 성과인 한국의 민주화를 가져왔다. 특히 5월 광주민중항쟁은 한국의 민주화의 원천이며 역사적 구조로서의 의미를 갖고 있다. 즉, 1980년 5월 광주는 근대화 또는 산업화에 의해 잠재되어 있던 민주주의에 대한 국민의 열망을 분출시키는 도화선의 역할을 수행하였다. 그리고 7년 후, 6월항쟁에서 군부세력의 군 동원을 저지하고 민주화 세력의 요구를 받아들이게 하는 구조적 계기로서 작용하였다. 즉, 무자비한 국가폭력에 의해 좌절된 광주민중항쟁은 역설적으로 그리고 의도하지 않은 결과로서 한국의 민주화를 가져오는 결정적 역할을 수행했던 것이다.(정해구 · 김혜진 · 정상호, 2004, 24쪽)

이와 더불어 광주민중항쟁의 경험에서 찾을 수 있는 또 다른 의미는 한국민주주의가 지향해야할 시대정신을 유산으로 남겨주었다는 점이다. 즉, 광주민중항쟁의 시대정신으로 표상되는 민중자치, 평등, 그리고 연대의 가치는 "선출된 정치인들의 민주주의로 정착(최장집, 2009, 252쪽)된 그리고 세계화의 경쟁과 효율의 논리하에서 만들어진 차별과 소외의 정치가 만연된 오늘의 민주주의하에서 그 중요성은 더욱 강조되고 있다.

그러나 민주화 이후 광주민중항쟁을 단지 기념해야 할 그리고 과거 국가폭력에 의해 자행된 청산해야 할 불행했던 역사로서만 기억하는 경향이 확산되고 있다. 이러한 현상은 한국 민주화와 민주주의 발전의 원천으로서의 5월 광주의 정신과 의미가 지속적으로 요구되고 있음에도 불구하고 이에 대한 현실적 재구성에 대한 노력이 부족함을 보여주는 것이라 할 수 있다.

이 연구는 한국의 민주주의의 발전을 위해 계승해야 할 역사적 경험으로서 그리고 시대정신으로서 5월 광주의 민중자치, 평등 그리고 연대의 가치의 현재적 의미를 찾아보고자 한다. 이를 위해 왜 한국의 민주주의는 광주민중항쟁의 시대정신인 민중자치, 평등 그리고 연대에 기초한 민중 지향적 민주주의의 실현에 실패하고 '제한된 민주주의'(restricted democracy)[1]로 현재화 되었는가라는 문제제기와 이에 대

---

[1] 제한된 민주주의는 보통선거권에 의한 대표의 공정한 선출과 의회에 대한 국가

한 답을 찾는 과정에서 광주민중항쟁의 정신과 의미를 현실에 기초해 재구성하고자 한다. 구체적으로 80년 5월 광주에서 민중 지향적인 민주주의의 가치로 표출된 민중자치, 평등, 연대라는 보편적 가치가 87년 6월항쟁을 거치면서 '제한된 경쟁, 제한된 참여, 그리고 담합에 의한 독점지대를 형성'(임혁백, 1995, 251쪽)하는 '제한된 민주주의'로 현재화된 원인을 추적함으로써 한국민주주의의 발전을 위해 5월 광주의 정신의 현재적 의미와 계승의 필요성을 제시하고자 한다.

따라서 이 연구는 한국 민주화운동의 흐름에서 지배적 가치로 제기되었던 최소강령적 민주주의와 분명한 차이를 갖는 민중 지향적인 민주주의의 등장, 성장과 실패의 원인, 그리고 가치와 의미가 오늘을 사는 우리에게 어떠한 지상과제를 남겼는가에 초점을 맞추고자 한다.

이 연구의 구성은 다음과 같다. 2장에서는 광주민중항쟁이 발생의 불가피성과 민주화의 좌절을 살펴보고자 한다. 즉, 1979년 10월 26일부터 1980년 5월 27일 광주민중항쟁이 신군부의 무력을 동원한 무자비한 진압에 의해 좌절된 시기까지를 권위주의 회귀세력과 민주화 세력 사이의 관계를 중심으로 살펴보고자 한다. 다음 3장에서는 광주민중항쟁이 다른 민주화운동과 구별되는 독특한 특성으로서 민중 지향적인 민주주의를 제시하고, 광주민중항쟁의 역사적 유산으로서 민중 지향적인 민주주의의 성장과 실패의 원인을 살펴보고자 한다. 4장에서는 민주화 이후 한국민주주의를 진단하고 광주민중항쟁의 유산인 민중 지향적 민주주의가 갖는 의미를 제시하고자 한다.

기구의 책임성이 대체로 충족되지만 주요 집단의 배제, 정부의 반응성의 감소, 또한 표현과 결사의 자유에 대한 제한에 의해 정치적 대표성이 협애화된 민주주의를 의미한다.(Rueschmeyer, Stephens and Stephens, 1992, 92쪽)

2. 광주민주항쟁의 발생과 민주화의 좌절

1) 광주민주항쟁 발생의 불가피성 : 힘의 균형점 전환의 실패

1979년 10월 26일 박정희로 대표되는 관료적 권위주의의 종말과 1980년 전두환으로 대표되는 신군부가 권력을 장악한 9월까지 1년간은 한국정치사뿐만 아니라 민주화운동사에 있어 가장 역동적이며, 정치(체제) 변동의 불확실성이 가장 높았던 시기 중 하나였다. 당시 아무도 예상치 못했던 박정희의 사망은 군부를 포함한 권위주의 세력뿐만 아니라 제도권 야당인 신민당, 재야, 학생운동 및 민중운동 세력을 포함한 민주화 세력에게도 준비되지 않은 정치상황에 직면하였다. 이러한 정치상황은 권력의 공백과 혼란 속에서 각 세력들 사이의 힘의 교착상태를 가져왔다.(김영명, 2001, 231쪽 ; 손호철, 2003, 350~352쪽) 이러한 힘의 교착상태는 힘의 균형점을 전환할 수 있는 결정적 국면이었다. 즉, 이 시기는 권위주의라는 균형점을 유지할 수 있었던 일방적인 비대칭적 세력관계에서 반대세력의 성장과 실행가능한 정치적 대안의 조직에 의한 민주주의라는 새로운 균형점을 창출할 수 있는 역사적 계기였던 것이다.

그러나 민주주의로의 전환이 가능했던 이 시기에 신군부의 쿠데타에 의한 권력 장악과 민주화 세력의 분열은 선택구조의 불균형, 즉 비대칭적 세력관계에 의해 권위주의 유지 또는 복원을 가능케 하는 계기로 작동하게 되었다. 박정희의 퇴장에 의해 구심점을 상실한 공간 속에서 정부와 정치권은 정국 안정과 민주주의로의 전환을 위한 행보를 받고 있었다. 통일주체국민회의에서 대통령으로 선출된 최규하 정부는 조속한 시일 내에 유신철폐와 국회주도의 헌법개정의 실시를 약속하였으며, 김대중의 정치활동 재개와 긴급조치 9호를 해제하였다.

또한 정치권의 민주공화당과 신민당은 권위주의 제도의 폐기와 헌법개정을 위한 헌법개정특별위원회의 구성에 대해 합의하였다.(임혁백, 1995, 266쪽)

이러한 정부와 정치권의 느슨한 민주화의 행보는 민주화 일정을 지연시키고 다시금 권위주의 세력으로의 권력재편을 도모하는 신군부 세력의 등장을 가져왔다. 이는 군부권위주의와 민주화 세력 간에 무력통제와 유혈항쟁이 발생할 수밖에 없는 구조적 조건[2]을 심화시키게 되었다. 즉, 군부 내에서는 유신체제의 해체와 정치일정을 지지하는 온건한 세력과 권위주의의 지속을 바라는 강경한 세력(신군부) 사이에 갈등이 존재하였으며, 신군부가 면밀하게 준비한 12·12쿠데타가 성공함으로써 정치상황은 힘의 균형점이 다시금 권위주의 세력으로 기울어지게 만들었다. 이러한 상황은 지배세력 내에 존재하는 민주화의 타협세력인 온건파의 소멸과 민주화 세력이 가질 수 있는 정치적 선택의 폭을 제한함으로써 권위주의 세력과 민주화 세력 사이의 비타협적이고 전면적인 충돌을 예고하였다.(임혁백, 1995, 267쪽)

민주주의로의 균형점 이동을 어렵게 한 또 하나의 원인은 민주화 세력의 분열과 전략적 선택의 오류에서 찾을 수 있다. 먼저 민주화 세력의 분열은 1980년 초 제한된 자유화의 국면에서 민간정부의 대안적 지도자로 부상했던 김대중과 김영삼의 분열과 민주화운동의 핵심적인 주체의 역할을 수행했던 학생운동의 분열을 들 수 있다.

양 김씨는 이 시기에 정부주도의 개헌을 견제하고 대통령 직선제를 골간으로 하는 개헌안 추진에 관심을 집중시켰으며, 누가 대통령 후보가 될 것인가라는 권력경쟁에 주력하였다.(정해구·김혜진·정상

---

[2] 구조적 조건이란 1960년 이후 20년 동안 한국사회의 성장, 군부권위주의의 강권력의 성장, 그리고 군부권위주의에 맞서는 시민사회의 성장을 의미하는 것이다.(최장집, 2009, 220쪽)

호, 2004, 30쪽) 또한 그들은 12·12쿠데타를 통해 권위주의로 회귀하려는 신군부의 의도를 목도했음에도 불구하고 민주화 일정에 따른 민주화가 이루어질 것이라는 낙관적인 기대를 가지고 있었다.[3] 이러한 민주화에 대한 낙관적 인식은 민주화를 위한 민주화 세력의 단합과 투쟁을 이끌기보다는 자신의 정치적 영향력을 확대하기 위한 세력화의 노력에 경주함으로써 민주화 세력의 긴장과 분열을 심화시켰다. 그 결과, 국민들에게 민주화 열망을 비관하게 만들었고 국민 대중을 적극 동원할 수 있는 기회를 상실하게 되었다.(정해구·김혜진·정상호, 2004, 31쪽)

당시 학생운동은 신군부세력에 가장 적극적으로 저항한 민주화 세력이었다. 12·12쿠데타 이후에 학생운동은 개학과 동시에 학생회 부활, 호국단 폐지, 어용교수 퇴진 등 학원민주화 투쟁을 전개하였다. 그리고 4월부터는 민주적으로 선출된 총학생회를 중심으로 대학 간 연대투쟁이 이루어지기 시작하였다. 4월 16일 전두환 보안사령관이 중앙정보부장 겸임 발표를 계기로 학생운동은 비상계엄해제, 정치일정 단축, 유신잔당 척결, 민간민주정부 수립 등을 요구하는 반독재 민주화운동으로 급속히 전환되었다.

그러나 학생운동 내에서는 당시의 상황에 대한 정세인식에 있어 차이를 보이고 있었다. 80년 서울의 봄이 전면적 투쟁의 시기인지 아닌지를 두고 점차 분화되었다.(신계륜, 2010, 5월 발표문) 그리고 학생운동 내의 지배적 인식은 군부의 정치불개입과 제도정치에 의한 정치일정이 순조롭게 진행될 것이라는 낙관적인 기대와 더불어 군이 동원되는 것에 대한 두려움이 중첩되어 있었다. 즉, 학생운동 내의 주요

---

[3] 당시 김대중은 군부의 정치불개입에 대한 낙관적 기대를 갖고 있었던 김영삼과 달리 군부의 개입에 의한 권위주의로의 회귀의 가능성에 대해 우려하였음에도 불구하고 신군부세력의 권력 장악을 억제하고 민주화를 쟁취하려는 민주화 투쟁에 소극적이었다.(김상웅, 2010, 발표문)

세력은 국가적－체제적 지배체제의 변혁보다는 정부적 차원에서의 지배체제의 변화를 요구하였으며[4], 이에 따라 제도권 야당세력을 포함한 기존의 제도권 정치행위자들에 대한 기대 속에서 자유주의적인 반독재 민주화 이념을 민주화운동의 가치로 받아들였다.(조정관, 2008, 143쪽)

또한 학생운동 세력은 군의 동원이 제도정치권에 의한 민주화의 정치 일정을 좌절시킬 수 있다는 우려와 두려움을 가지고 있었다. 이러한 군의 동원에 대한 두려움은 민주화 세력을 대표하는 두 야당 지도자인 김대중과 김영삼이 학생운동 및 재야를 포함한 민주화 세력의 가두투쟁과 시위의 자제를 강하게 제기하게 하였으며, 학생운동세력 또한 과격한 투쟁이 군 개입을 불러올 수 있다는 점을 우려하여 정치적 집회와 시위를 스스로 자제하는 모습을 보이게 되었다.(김영명, 2001, 237쪽) 그 결정적 사건이 '서울역 회군'이다. 5월 14일 27개 대학 학생대표 모임은 평화적인 교내시위가 아닌 가두시위를 선언하였고, 15일 10만이 넘는 학생들이 거리로 나와 민주화를 요구하는 시위를 서울역을 중심으로 전개하였다. 그러나 5월 15일의 서울역 시위는 군의 동원 가능성에 대해 우려한 몇몇 학생지도부의 결정에 의해 일방적인 철수로 막을 내렸다. 당시 고려대 총학생회장이었던 신계륜은 최근의 발표문(2010, 9)을 통해 "군 투입의 가능성에 대한 정보가 양김씨를 포함한 당시 야당을 통해 입수했을 것으로 생각되며 이것이 서울역 철수의 공감대를 형성한 것으로 보였다"고 기술하고 있다.

이러한 민주화 세력의 분열과 군의 동원에 대한 두려움은 힘의 전환 시점에서 민주화를 위한 전략에 있어 잘못된 선택을 하는 결과를 가져왔다. 즉, 민주화 세력은 '아래로부터의 민주화'도 아니고 '타협에

---

[4] 국가적－체제적 지배체제와 정부적 차원의 지배체제에 대해서는 정해구(1999) 참조.

의한 민주화'도 아닌 어정쩡한 민주화 전략을 추구하는 오류를 범하고 만 것이다.(손호철, 2003, 358쪽 재인용) 당시 신군부는 12·12쿠데타의 과정에서 너무 많은 비용을 사용했기 때문에 권력 장악과 권위주의로의 회귀를 위해서는 민주화 세력과의 비타협적인 전략을 선택할 수밖에 없었다. 이러한 주어진 조건에서 민주화 세력은 비타협적인 거리투쟁을 지속하는 "최대주의적 단결" 혹은 "최대 동원화의 전략"을 선택했어야 하며, 그것이 서울과 전국을 대신했던 광주보다 승리의 가능성이나 패배 후 정치적 파급력이란 효과에 있어 더욱 확실했을 것이다.(정해구·김혜진·정상호, 2004, 32~33쪽)

그러나 민주화 세력 내의 분열—제도권 야당인 신민당 주도의 점진주의자와 대중동원을 통한 민주화를 주장하는 행동주의자—과 군 동원에 대한 두려움은 민주화 세력이 전략적 게임을 수행함에 있어 스스로의 선택 조건을 제약시키는 원인으로 작동하였으며, 이에 반하여 신군부는 위협 능력을 가지지 못한 민주화 세력들의 전략에 상관없이 비타협적 전략을 선택할 수 있는 기회구조를 만들어 주었다.(임혁백, 1995, 267~268쪽) 이와 더불어 민주화 세력이 민주화를 위한 전략적 선택구조를 제한한 또 다른 이유는 도시 중간계급의 보수적 태도를 지적할 수 있다. 당시 경제적 불안의 조건 속에서 중간계급은 원칙적으로 민주화를 바라면서도 중소자본가와 같이 경제회복을 위한 정치적 안정화를 암묵적으로 지지하는 보수적 입장을 보였다.(손호철, 2003, 356~358쪽 ; 김영명, 2001, 238쪽) 따라서 도시 중간계급은 1987년 6월 항쟁에서의 적극적인 참여와 달리 민주화운동에 가세하지 않거나 정치적 안정을 희구하였다.

이와 같은 주객관적인 조건은 힘의 공백 상태하에서 민주화라는 새로운 균형점으로의 변화가 실패하게 되는 원인으로 지적될 수 있다. 이는 기존의 균형점을 유지하려는 권위주의 세력이 민주화 세력에 대한 강력한 무력통제를 통해 자신들의 지배를 구조화하려는 시도를 현실화시킬 수 있는 조건이기도 하였다.

2) 광주민중항쟁의 좌절과 권위주의로의 회귀

'서울의 봄' 이후 계엄령 해제, 유신잔당 퇴진, 정부개헌 중단 등 민주정치와 민주사회의 실현을 요구하는 민주화운동이 전국적으로 이루어지고 있는 상황 속에서 12 · 12쿠데타를 통해 억압적 강압기구인 군을 장악한 신군부는 권위주의체제로의 복원을 공고히 하기 위한 계기가 필요하였다. 즉, 신군부는 정권장악을 위해서 민주화 진영의 분열에 따른 힘의 약화, 그리고 무력을 통한 억압적인 통제 능력을 보여주기 위한 전략적 선택지가 필요하였고, 그곳이 바로 광주였던 것이다.[5]

광주민주항쟁은 크게 두 시기로 구분되어진다.[6] 즉, 첫 번째 시기는 낮은 수준의 민중적 저항 시기로서 5월 17일부터 5월 21일까지이다. 이 시기에 주요한 민주화 세력의 요구는 계엄령 해제, 김대중 석방, 전두환 퇴진, 민주정부 수립 등 보편적 요구였으며, 투쟁양상도 다른 지역에서와 같이 학생을 중심으로 한 집회 및 시위로 나타났다. 두 번째 시기는 무자비한 국가폭력에 대항하여 시민군의 무장항쟁과

---

[5] 왜 광주였는가에 대해서는 군부세력의 의도설(박현채, 1990), 광주지역의 민중적 역량설(이종범, 1988 ; 서중석, 1989), 한국 자본주의적 모순과 광주지역의 특수성의 결합과 김대중의 구속(손호철, 2003) 등 다양한 의견들이 제시되고 있으나, 나머지 두 가설은 광주민중의 저항의 원인일 수 있지만 강경진압의 대상지로서의 광주를 설명하기는 어렵다고 할 수 있다.

[6] 조희연은 광주민중항쟁 기간을 3시기로 구분하고 있다. 즉, 초기는 광주에 계엄군이 투입되고 낮은 수준의 민중적 저항이 시작되는 시기(18~19일)이며, 중기는 신군부 세력의 폭력성이 민중의 저항에 대항 해 준전시적인 학살폭력이 이루어지고 이에 대한 민중의 자위투쟁이 전개되어 계엄군이 광주 외곽으로 퇴각하는 시기(20~21일), 마지막으로 후기는 계엄군이 퇴각한 후 해방광주가 실현된 1주일간(21~27일)의 시기이다.(조희연, 2009, 204쪽)

해방광주가 이루어진 5월 21일부터 5월 27일까지로서 주요한 항쟁의 목표는 유혈사태에 대한 당국의 공개 사과, 사후 보복 금지, 계엄령 즉각 해제, 살인마 전두환 공개 처단, 민주인사들로 구성된 구국 과도정부 수립, 진정한 민주정부 수립 등이었다.

〈표 1〉 광주민중항쟁 전개과정

광주민중항쟁의 구분	일정	주요 사건 및 내용
낮은 수준의 민중적 저항 국면 : 민주화 시위 및 집회 학생중심+민중의 부분적 참여	18~20일	- 학생들이 "계엄해제하라", "휴교령 철폐하라"는 구호를 외치며 항의시위와 공수부대의 강경진압. - 공수부대 11여단 병력 증파와 무자비한 진압에 대한 시민들 시위 참여. - 시민들의 적극적 시위참여와 광주역 광장에서 계엄군의 발포로 시민 2명 사망
높은 수준의 민중적 저항 국면 : 무장항쟁과 절대공동체 민중 중심의 저항	21~27일	- 공수부대의 발포 및 시위대의 무장 - 도청 앞에서 시가전 전개와 공수부대 도청에서 철수 - 시민수습위 구성 및 계엄분소에 7개항의 수습안 전달. - 시민 5만여 명이 도청광장에서 집회 및 총기반납 및 수습과 관련된 내부의 갈등 발생 - 지원동 주남마을 및 원제마을에서의 공수부대 총격에 따른 시민 사망 발생 - 5차례에 걸친 민주수호 범시민 궐기대회 개최 - 계엄군 진압작전 및 시민군의 패배

광주민중항쟁에 있어 낮은 수준의 민중적 저항으로부터 높은 수준의 민중적 항쟁으로 발전하는 과정은 다른 역사적 항쟁과 차이점을 보이고 있다. 즉, 광주민중항쟁에서의 모든 저항의 계기들이 비조직적인 수준에서 만들어졌으며, 그러한 점이 저항의 폭발력을 높였다는 것이다.(최정기, 2010, 8쪽) 이렇듯 시민들의 분산적인 저항을 대규모의 민중봉기로 나아가게 한 계기는 우선적으로 낮은 수준에서 발생한 민주화의 요구에 대한 무자비한 국가폭력에서 찾을 수 있다. 항쟁기

간 벌어진 국가폭력의 야만성은 공식적인 피해보상규모에서 잘 나타나고 있다. 즉, 사망자 154명과 부상자 3,028명, 행방불명자 70명, 그리고 기타 1,628명으로 총 5,060명 중 중복 인정자를 제외하면 4,362명이 광주민중항쟁에서의 무자비한 진압이 이루어졌음을 잘 보여준다.(5 · 18 기념재단 홈페이지 http://www.518.org/main.html?TM18MF=A 030106, 검색일 2010. 10. 10)

　5월 19일에는 국가폭력의 잔혹성이 더욱 심화되어 공수부대는 시위대뿐만 아니라 시민에게도 곤봉으로 구타하고, 대검으로 찌르는 야만적인 만행을 저질렀다. 그리고 5월 20일에는 이러한 공수부대와 계엄군의 만행에 분노한 시민들이 적극적이고 자발적으로 시위대열에 참여하였으며, 공수부대와 계엄군은 이들을 향해 발포하여 2명의 사망자를 발생시켰다. 그리고 공수부대와 계엄군의 야만적인 국가폭력의 행사는 21일 도청 앞에서 광주시민들을 향한 집단 발포로 나타났다.

　이와 같은 무자비한 폭력과 학살은 낮은 수준의 민중적 저항 국면에서 높은 수준의 민중적 저항 국면으로의 발전을 가져오는 계기가 되었다. 즉, 학살에 직면한 광주시민들은 자신의 생명을 보호하기 위한 자위적 수단으로서 무장항쟁을 할 수밖에 없었으며, 그 속에서 민주주의의 복원과 절대공동체를 통한 자기생존과 신군부에 대한 철저한 저항으로 이어지게 되었다.(이수훈, 2003, 154쪽)

　5월 21일 1시에 애국가가 울려 퍼지는 것과 동시에 도청 앞에서 시민들을 향한 집단 발포는 광주민중 스스로 자기 방어적 수단으로서 무장과 광범한 민중의 연대의식을 형성시켰다. 시민군으로 불리는 무장한 시위대는 도청을 중심으로 곳곳에서 계엄군과 시가전을 벌였으며, 전남대 의대 옥상에 설치된 시민군의 LMG 기관총이 계엄군 본부로 이용되던 도청 건물에 사격을 퍼부으면서 계엄군은 광주에서 철수하게 되었다.

5월 21일 저녁부터 27일 새벽 계엄군이 도청을 진압할 때까지 광주는 해방공간이었다. 이 기간 동안 광주에서는 일상생활의 정상화, 치안유지 등을 광주민중 스스로 책임지는 모습을 보이면서 민중자치를 현실화 하였다. 22일에는 관료, 변호사, 목사, 신부, 기업가 등 15명으로 수습대책위원회가 구성되어 더 이상의 유혈사태를 방지하고, 질서를 유지한다는 명분으로 광주민중들의 입장과는 큰 차이가 있는 7개항의 요구사항[7]을 계엄분소에 전달하였다.(김창진, 1990, 197쪽) 하지만 계엄당국은 수습대책위원회의 투항주의적 수습안 조차 수락하기를 거부하였다. 한편, 광주민중들은 시민궐기대회에 참여하여 거칠지만 분명한 민중의식을 형성시키고 있었다. 그러나 요구사항을 전달하고 온 수습대책위원회는 계엄군으로부터 어떠한 약속도 받지 못한 상태에서 일방적으로 무기 회수를 결정함으로써 해방광주의 공간에서의 내부 갈등을 발생시켰다. 즉, 무기 회수와 반납을 통해 계엄군과의 협상에 최소한도의 명분이라도 얻어내야 한다는 온건파와 이들을 견제하면서 민중의 생존과 민주주의를 사수해야 한다는 항쟁파의 분열이 존재하였다. 그러나 점차 항쟁파가 주도권을 잡게 되면서 일부 항쟁파와 청년운동권, 무장투쟁 국면에서 부상한 기층민중 출신으로 구성된 민중적 항쟁 지도부가 구축되고 5월 27일 계엄군의 진압에 결사항쟁을 이끌게 되었다.(김창진, 1990, 202~204쪽)

이러한 항쟁과정 속에서 지도부의 미조직과 분열이 존재했음에도 불구하고 광주는 민중이 스스로가 질서의 주체가 되는 자치와 연대의 공간을 만들어 갔다. 즉, 해방광주는 은행, 금융기관, 금은방 등 상점에 대한 어떠한 약탈행위도 없었으며, 부상자들의 치료를 위해 광주

---

[7] 7개항의 요구사항 : ① 사태수습 전에 군 투입 말 것 ② 연행자 전원 석방 ③ 군의 과잉진압 인정 ④ 사후 보복 금지 ⑤ 부상자, 사망자 전원에 대한 치료 및 보상 ⑥ 전일방송 즉시 재개 사실 보도 ⑦ 이상의 요구가 관철되면 무장해제 한다.

민중들이 자발적인 헌혈 등 각자 도울 수 있는 일을 찾아 자발적으로 헌신하는 공간이었다. 그리고 해방광주의 기간 내내 진행된 민주수호 범시민 궐기대회는 '민중의 연대 의식과 행동의 통일성'(김창진, 1990, 200쪽)을 확보하고 '민중이 자신의 의사를 자유롭게 표현하는 장'(이진경 · 조원광, 2009, 158쪽)이 되었다.

26일 자정을 기해 계엄군은 시민군에게 최후통첩을 보내고 27일 새벽 3시에 진압작전을 개시하였다. 당시 시민군의 규모는 도청에 약 200여 명과 그 외 지역에 200여 명 정도였다. 반면에 계엄군은 4,000여 명이 동원되었다. 이 진압작전은 5시 10분에 계엄군이 광주의 전 지역을 장악함으로써 끝이 났다. 즉, 10일간의 광주 민중들의 저항은 무자비한 국가폭력에 의해 민중들의 고귀한 희생에도 불구하고 민주화의 실패와 좌절로 끝이 났다.

3. 광주민중항쟁의 유산으로서의 민중 지향적 민주주의

1) 광주민중항쟁의 정신과 민중 지향적 민주주의

야만적인 국가폭력에 의해 좌절된 광주민중항쟁의 경험은 국가의 본질에 대한 급진적 해석과 더불어 자치, 평등과 연대의 주체로서의 민중 지향적 민주주의의 발전을 가져왔다. 광주민중항쟁의 경험은 "미해결의 민족 문제 해결과 권위주의체제하에서 정치적으로 억압되고 경제적인 성장의 혜택으로부터 배제된 민주화를 수행할 집단적 행위 주체"(최장집, 2009, 225~226쪽)로서 민중의 중요성을 각인시켰다. 여기서 민중이란 특정한 사회계급 · 계층을 지칭하는 용어라기보다는 민주적 가치와 이상을 담지하고 그 실현을 통해 사회경제적 수준에서의 시민권의 획득과 쟁취를 지향하는 다(대)중을 지칭한다.[8] 즉, 민중은 '시대적 과제에 대한 저항의 존재로서의 공통성'을 갖는 복합적 구성체로서 구성주체 사이의 평등적 관계와 연대를 대표하는 주체개념인 것이다.(조희연, 2009, 233쪽)

이와 같은 민주화의 주체로서의 민중에 대한 인식은 권위주의에 의해 억압받고 배제되었던 민중의 개인적 자유와 권리, 정치참여의 평등, 그리고 사회경제적 시민권이 실현되는 민중 지향적 민주주의를 발전시켰다. 즉, 민중 지향적 민주주의란 기존의 소시민적 자유민주주의 또는 정치적 민주주의와 달리 "민중들의 삶의 현장과 일상생활에서 실천되는 민주주의"(최장집, 2009, 224 · 252쪽)로서 사회의 집단적 의제를 민중 스스로가 결정하고, 민중 자신이 자기규율의 주체가 되는 민주주의를 의미한다. 그리고 민중 지향적 민주주의는 자치, 평등 그리고 연대의 가치에 기초한 민주주의이다.

민중을 주체로 한 민주주의는 광주민중항쟁 이전에 민주화운동이 지향했던 민주주의와 질적인 차이를 갖고 있다. 즉, 광주민중항쟁 이전에 추구했던 민주주의는 정치적 · 시민적 자유의 제한과 선거경쟁의 왜곡을 극복하고 형식적 · 절차적 민주주의의 질서를 회복하는 것으로 정부적 차원에서의 군부독재로부터 민주정부로의 변화를 의미한다. 그리고 민주화 투쟁의 주체도 양심적 지식인, 학생, 신민당으로 대표되는 야당세력 등 범재야 세력이었으며, 이들 민주화 세력은 야당세력을 포함한 기존의 제도권 정치행위자들에 대해 의존적 성격이 강하였다.(조정관, 2008, 143쪽)

그러나 광주민중항쟁은 항쟁과정에서 무자비한 국가폭력을 경험하

---

[8] 최장집(2009, 227쪽)은 민중의 의미를 첫째, 정치적 수준에서 권위주의 국가에 의해 억압받고 제약받았던 개인적 자유와 정치적 권리를 획득하려는 전체 사회 공동체의 구성원과 둘째, 사회적 수준에서 사회경제적 시민권을 향유하는 개인이자 개인의 집합으로서의 공동체 구성원으로 규정하고 있다.

면서 국가의 성격, 계급의 주체성 그리고 사회경제적 모순에 대한 인식의 재구성을 이끌어 내었으며, 그 결과 민중이 주인이 되는 민주주의의 실현이라는 성격의 변화가 이루어졌다.[9] 이러한 민주주의의 성격 변화는 민주화운동의 성격이 국가적－체제적 차원에서의 민주적 변혁을 위한 민중항쟁으로 변화되었음을 의미한다. 즉, 투쟁대상이 단순히 강압적인 군부정권이 아닌 계급에 기초한 파쇼적 억압적인 국가로 변화하였으며, 투쟁 주체도 지식인, 학생, 종교인 그리고 야당으로 대표되는 제도정치인 등 범재야 세력에서 정치적·사회적·경제적 권리를 획득하고자 투쟁하는 사회집단을 포괄하는 민중으로 변화한 것이다.

〈표 2〉 광주민중항쟁 이전과 이후 민주화운동의 성격변화

광주민중항쟁 이전	차원	광주민중항쟁 이후
최소강령적 민주주의(정치적 민주주의) 운동	총체적 성격	최대강령적 민주주의(민중 지향적 민주주의) 운동
장기집권 군부독재	투쟁 대상의 재인식	독점자본의 이해와 밀착되어 있는 파쇼적 억압기구
미국=민주화운동에 우호적인 혈맹		광주학살을 방조한 독재정권을 지원하는 미국
지식인, 학생, 양심적 정치인 등 범재야 중심운동	투쟁 주체의 재인식	노동자를 중심으로 하는 민중
비합법 전위조직을 제외하고서는 문제의식 부재		대중의 자연발생적 투쟁을 지도하는 전위세력 필요

출처 : 조희연, 2001, 567쪽 ; 조정관, 2008, 149쪽 재인용.

이러한 구분에 대하여 광주민중항쟁에서 지향된 민주주의는 60~70년대의 민주화운동이 지향했던 소시민적 자유민주주의 또는 정치적 민주주의에서 벗어나지 않았다는 주장도 존재한다.(김정한, 2008 ; 박현

---

[9] 조희연은 이 시기의 민주주의를 독점의 해체와 민주주의의 사회화라는 가치의 실현의 측면에서 급진적 민주주의로 규정하고 있다.

채, 1990) 이러한 주장은 광주민중항쟁이 지향한 민주주의를 지배이데 올로기로서의 반공이 전제된 자유민주주의였으며, 당시 광주에서 지향한 이념과 가치가 정치적 민주주의에 기초하고 있었다는 것이다. 그에 대한 논거로서 당시 요구된 사항이 '전두환 퇴진', '계엄철폐', '김대중 석방' 그리고 구국 과도정부 수립 등 제도정치의 민주화와 관련되었다는 것이다.(김정한, 2008 ; 박현채, 1990) 이 입장은 해방광주와 코뮌의 유사성이 존재하지 않는다고 보고 있다. 비록 투쟁의 형태가 무장투쟁이라는 높은 차원의 것이었지만, 그것이 제기하는 요구는 계엄철폐, 노동3권 보장, 김대중 석방 등 낮은 차원에 한정되어 있는 저급한 민중운동 그 이상이 아니었으며(박현채, 1990), 해방광주에서 조직된 수습위원회가 자치권력적 성격을 가지고 있지 않았다는 것이다.(강만길, 1990, 31쪽)

그러나 광주민중항쟁이 이전의 민주화운동의 성격, 투쟁대상, 그리고 주체의 변화를 가져온 전환적 계기였으며, 민주주의 성격의 변화를 가져왔다는 주장이 보다 설득력을 얻고 있다.(손호철, 2003 ; 조대협, 2003 ; 조희연, 2001, 567쪽 ; 최장집, 2009) 즉, 광주민중항쟁은 유신세력과 쿠데타 세력에 의한 권위주의로의 회귀에 저항하고 민주적인 제도정치를 회복하려는 지향적 이념과 가치를 갖고 있었지만, 해방광주의 공간에서 형성되고 실천된 이념과 가치는 소시민적 자유민주주의를 뛰어 넘어 민중자치, 평등, 연대에 기초한 민중 지향적 민주주의로의 변화를 보였다고 주장한다. 대표적으로 손호철(2003, 368~369쪽)은 "분단의 고착화에 따른 반쪽불구 극우화의 결과로서 민중의 정치적 의식의 저급성을 반영하여 절차적 민주화의 수준이 큰 흐름을 이루고 있었으나, 5월 21일부터 27일까지 해방광주에서 높은 수준의 민중자치가 실천되었다는 점에서 절차적 민주화를 넘어선 근본적인 민주화와 해방을 지향한 것"이라고 주장한다.

또한 급진민주주의 관점에서 80년 5월 광주의 현재적 의미를 해석한 조희연(2009)은 5월 광주에서의 민주주의를 자유민주주의와 구별되는 급진민주주의의 지향성이 담겨져 있었다고 평가한다. 그는 해방광주를 사회의 집단적 의제를 민중 자신이 결정하는 상황, 민중 자신이 자기규율의 주체가 되는 상황, 그리고 국가화된 정치가 소멸된 상황에서 정치와 사회의 경계가 일치하는 순수정치[10]가 실현된 공간으로 보고 있다.(조희연, 2009, 226~227쪽) 이는 해방광주에서 순수정치의 작동원리로서 인민주권과 자치가 충실히 수행되는 높은 수준의 민주주의가 실현되었음을 의미하는 것이다.

다음으로 민주주의 성격의 변화를 보여주는 것은 민중자치를 떠받치는 가치로서 평등과 연대의 실현이다. 즉, 해방광주에서는 시민들 간의 진정한 연대와 협력이 이루어졌으며, 계급, 권력 그리고 지위와 같은 위계가 존재하지 않았다. 그리고 참여자들 간의 내적 역할 분담의 이루어졌다.(카치아피카스, 2002, 229쪽) 바로 해방광주에서 나타난 평등과 연대의 정신은 민중자치의 핵심적 조건이었으며, 이전의 민주주의와 구별되는 민주주의를 구성하는 가치인 것이다.[11]

이러한 평등과 연대의 모습은 항쟁 당시의 유인물, 대자보 그리고 경험자들의 진술 속에서 수없이 발견되고 있다. 예를 들면, "우리는 모든 국민이 골고루 잘 사는 나라를 바라고 있습니다. 고관대작만 호

---

[10] 순수정치는 정치를 사회구성원의 직접적인 자기결정으로 만들고, 사회구성원의 요구와 정치를 일체화된 정치의 사회화가 이루어진 상태로서 정치와 사회의 일체화가 실현된 상태를 의미한다.(조희연, 2009, 221~223쪽)

[11] 광주민중항쟁을 파리코뮌과 비교한 조지 카치아피카스(2002, 228~229쪽)는 "두 사건이 민중들 스스로를 통치하는 자발적인 능력을 보여주는 독특한 신호탄이 되었다"고 평가하고 있으며, 두 사건이 수렴되는 요소로서 ① 민주적인 의사 결정을 하는 대중조직의 자발적 출현, ② 아래로부터의 무장된 저항의 출현, ③ 도시 범죄 행위의 감소, ④ 시민들 간의 진정한 연대와 협력의 존재, ⑤ 계급, 권력 그리고 지위와 같은 위계의 부재, ⑥ 참여자들 간 내적 역할 분담의 등장을 지적하고 있다.

의호식하고 특권층만 배부르고 잘 사는 것이 아니라 서민, 노동자, 농민이 골고루 잘사는 나라, 경상도, 전라도 차별 없이 평등하게 잘사는 나라를 원하고 있습니다"라는 대자보의 내용은 당시 광주 민중들의 평등주의에 대한 인식을 엿볼 수 있다.

평등과 연대의 가치를 '경계 허물기'로 표현한 이광일은 해방광주에서 "각 주체의 차이를 그 자체로 인정하면서도 '더불어 사는 삶', 민주주의라는 대의를 위해 그 차이를 넘어서고자 하는 진정한 의미의 차이의 정치가 존재했다"고 지적하고, 이것이 해방공동체의 자치능력에 주목하는 이유라고 기술하고 있다.(이광일, 2009, 355쪽)

정리하면, 자치, 평등 그리고 연대에 기초한 민중 지향적 민주주의는 해방광주의 공간에서 정확하게 표현되지는 못했지만, 정치적 협상과 타협을 통해 얻을 수 있는 정치적 민주주의와는 분명한 차이를 갖는 것이었다.(최정운, 1999, 76쪽) 그리고 해방광주에서 실천된 민중 지향적 민주주의는 80년대 민주화운동이 지향하는 이념과 가치로서 그리고 실천의 방식으로서 자리 잡았다. 이는 광주민중항쟁 이전의 지향적 이념과 가치였던 소시민적 자유민주주의를 뛰어넘는 것이다.

2) 한국의 민주화와 민중 지향적 민주주의의 좌절

광주민중항쟁은 1980년대 민주화운동에 결정적인 영향을 주었다. 살아남은 자들의 광주에 대한 경험과 기억은 민중에 대한 부채의식과 도덕적인 분노, 미국에 의존해온 민족적 현실에 대한 자각들, 절차적 민주주의의 억압에 대한 정통성의 부인 등에 따른 저항의지에 기초한 전투적인 민주화운동을 정당화하였다.(김동춘, 1997, 98~99쪽) 즉, 학생과 지식인을 중심으로 하는 민주화운동세력은 광주민중항쟁의 패배에 대한 자성과 민중에 대한 부채의식에 의해 쁘띠부르주아로서의 자신의 이해보다는 민중·민족의 총제적 문제를 과제(김동춘, 1997, 88쪽)로 삼게 되었으며, 일상의 공동성, 상호의존적 생활방식, 동지적 일체성, 그리고 강한 연대성이라는 위협적인 무기에 기초한 민주화운동의 성장을 가져왔다.(조정관, 2008, 153쪽)

이렇듯 성장한 민주화운동의 핵심적인 저항 담론은 민족·민주·민중이었으며, 운동의 방식은 변혁적이고 전투적으로 변화하였다.[12] 특히 민중 담론은 민주화 운동세력이 지향하는 민주주의의 성격을 민중 지향적 민주주의로, 그리고 정부적 차원의 변화가 아닌 국가적—체제적 차원에서 "'사회적 연대'와 '생산에 대한 민주적 통제'의 원리에 기반한 새로운 정치·경제의 창조를 목적으로 하는 변혁적 사회운동"(마티 하트—랜즈버그, 1999, 36쪽)의 발전에 영향을 주었다.

이와 같은 민중 지향적 민주주의에 기초한 변혁적 민주화운동의 발전은 87년 6월항쟁의 정신적 원천으로서 영향을 미쳤다. 한국의 민주화에 미친 광주민중항쟁의 영향에 대해 많은 연구들은 정당성이 허약한 전두환 정권의 유화조치에 따른 의도하지 않은 결과, 이에 따른 정치권에서의 투쟁적 야당(신민당)의 등장과 온건한 민주화 운동세력의 최대민주화연합, 그리고 군의 동원에 대한 국내외적인 압력 등을 지적한다.(김용철, 2003 ; 정해구·김혜진·정상호, 2004 ; 이수훈, 2003 ; 조정관, 2008 ; 조대협, 2003 ; 조희연, 1990)

그러나 이러한 요인들은 역설적으로 민주화 이행의 과정에서 민중 지향적 민주주의의 좌절을 결과하였다. 즉, 광주민중항쟁의 정신으로서 민중 지향적 민주주의가 '선출된 엘리트 정치인들의 과두정'(최장집, 2009, 248쪽) 또는 '민중이 배제된 민주주의'로 축소·변형되는 원

---

12) 조대협(2003)은 1980년대 민주화운동을 급진 민주주의, 민중주의 그리고 반미민족주의라는 이념에 기초한 전투적인 반정부활동으로 특징된다고 지적한다.(조대협, 2003)

인으로 작용하였던 것이다. 이를 민주화 운동세력 내의 힘의 불균형, 민주화 운동세력의 제도권 야당에 대한 의존성, 국가폭력에 대한 경험의 이중성의 차원에서 살펴볼 수 있다.

첫째, 민주화 운동세력 내의 힘의 불균형은 민중 지향적 민주주의와 소시민적 자유민주주의 사이의 관계에서 찾을 수 있다. 1980년대 민주화운동에서 찾을 수 있는 특징은 "광주의 기억을 환기시키려는 세력과 그 기억을 지워버리려는 세력 간의 역사적 고지를 점령하기 위한 투쟁"(김동춘, 1997, 99쪽)인 동시에 민중 지향적 민주주의 세력과 소시민적 자유민주주의 세력 사이의 헤게모니를 둘러싼 경쟁이라 할 수 있다.

광주민중항쟁은 민주화와 민주주의의 주체로서의 민중의 중심성을 학생 및 재야 지식인에게 각인시켰다. 그리고 이들의 민주화운동 이념과 목표는 급진적이고 변혁적인 성격을 갖는 민중 지향적 민주주의였다. 그러나 제도권 야당을 비롯한 자유주의 정치세력은 여전히 정권교체라는 온건하고 개혁적인 이념과 목표에 기초한 소시민적 자유민주주의를 지향하였다. 즉, 학생 및 재야세력의 민주주의에 대한 지향은 사회전체의 변혁을 통한 급진적 민주주의였지만, 야당과 일반 시민들은 군부의 퇴진과 민간직선정부의 구성 정도의 온건한 자유민주주의를 바라고 있었던 것이다.(조대협, 2003, 196쪽)

이와 같은 민주주의적 지향의 이원화 경향은 결정적 국면에서 경쟁을 넘어 서로 극복해야 할 대상으로까지 발전하여 민주화 운동세력의 분열을 심화시키는 결과를 가져온다. 민주화 운동세력은 87년 6월항쟁이라는 민주화의 결정적 국면을 맞이하기 전까지 연대에 기초한 반독재 민주화운동을 담당하였다. 그러나 이러한 연대는 집단 또는 개인의 이익과 결부된 결정적 국면에서 파열음이 발생하고 갈등이 심화되어 어느 한쪽이 승리할 수밖에 없는 구조를 만들어내었다. 이러한 구조적 조건은 한국의 민주화 이행의 경로와 민주주의의 성격에 영향을 주었다. 즉, 대중적 영향력을 둘러싼 경쟁에서 승리한 소시민적 자유민주주의를 지향하는 자유주의 정치세력은 권위주의 세력에 대해 타협과 투쟁이라는 두 가지 전술을 병행하였다. 그리고 자유주의 정치세력은 결정적 국면인 6월항쟁에서 권력 획득의 가능성을 제도적으로 보장하는 직선제를 권위주의 세력으로부터 양보 받으면서 지체된 민주화와 민중이 배제된 제한된 민주주의를 정착시키게 된다.

둘째, 제도권 야당에 대한 의존성 심화이다. 1980년대의 민주화운동은 제도정치권 내의 민주화 세력이 아닌 광주민중항쟁의 역사적 교훈을 이어받아 민중자치, 평등 그리고 연대의 가치를 실천하려는 급진적이고 변혁적 운동세력이었다. 그러나 80년대 내내 무기력했던 제도정치권 내의 민주화 세력이 만든 신민당이 1985년 2·12총선에서 대도시에서 압승을 거두며 제1당으로 부상하면서 민주화운동에 대한 영향력이 커지게 되었다.

1985년 신민당의 비약적 성장은 대중에게 있어 유일한 대안정치세력으로 인식되어졌다. 이러한 제도권 야당의 대중에 대한 영향력 확대와 운동세력 내의 소시민적 자유민주주의 세력의 제도권 야당에 대한 의존성 강화는 타협에 의한 민주화를 이끌어냈으며, 민중 지향적 민주주의 세력의 약화를 가져왔다. 6월항쟁의 지도부 역할을 했던 국민운동본부는 국가폭력에 맞선 아래로부터의 자생적인 투쟁을 이끌기 보다는 지배계급과의 타협과 협상을 통해 일정한 개량조치를 가져올 수 있다는 인식 속에서 제도권 야당에 대한 의존성이 높아졌다.(김민정, 2006, 389쪽)

그리고 6월항쟁의 국면에서 제도권 야당들은 권위주의 세력으로부터 대통령 직선제를 얻어내자 급진적이고 변혁적 민주화 운동세력과의 연대를 철회하고 권위주의 세력과의 타협을 이루어낸다. 즉, 1987년의

6·29협약[13]은 구 권위주의체제의 질서를 가능한 한 수호하고자 하는 세력과 자유민주주의를 지향하는 온건한 민주화 세력들 상호간의 이득을 보호하려는 타협의 산물이며, 그 정치적 결과는 안정된 민주화로의 이행을 보장받을 수 있었지만 제한된 민주주의를 제도화하였다.[14]

셋째, 국가폭력에 대한 경험의 이중성이다. 급진적 민주주의가 실패한 배경에는 남북 분단, 강한 국가와 허약한 시민사회, 종속적 경제성장 등의 구조적 조건과 더불어 1980년 광주의 경험과 기억이 존재한다.[15] 즉, 80년 광주의 경험과 기억은 권위주의 세력이 한국 민주화의 결정국면인 87년 6월항쟁에 대한 대응에 있어 과거와 같이 억압적인 국가폭력 기구인 군의 동원을 통한 현상유지보다는 민주화 세력과의 타협을 선택하게끔 하였다. 이는 광주의 기억 속에서 또 한번의 유혈사태가 제도로서의 군의 이익에 심각한 피해를 초래할 수 있다는 위기의식에 기초한 선택인 것이다.(이수훈, 2003, 161쪽)

또한 80년 광주에서의 국가폭력에 의한 좌절된 민주화의 경험과 기억은 강력한 군의 존재와 동원 가능성이라는 조건 속에서 민주화 세력의 선택을 제약하는 계기로 작용하였다. 이는 7년이나 지난 6월항쟁의 결과를 권위주의 세력과 온건한 민주화 세력 사이의 타협에 의한 민주화로의 경로를 선택하게 하였으며, 민주화 이후의 민주주의의 성격을 제한하는 결과를 가져왔다. 즉, 권위주의체제의 국가폭력 기

---

13) 6·29 협약의 주요 내용은 ① '대통령선거법' 개정, ② 김대중 사면 복권 및 극소수를 제외한 시국 사범 석방, ③ 국민 기본권 신장, ④ 언론 자유 창달, ⑤ 지방자치제 실시, ⑥ 정당의 자유로운 활동 보장, ⑦ 과감한 사회정화 조치이다.

14) 정해구·김혜진·정상호(2004)는 6월항쟁이 협약으로 이어진 것은 비제도정치권이나 시민사회를 배제한 냉전반공주의의 보수적 정치의 강력한 제도가 갖는 구조적인 문제 때문이라고 설명하고 있다.

15) 일반적으로 광주의 경험과 기억이란 극단적인 국가폭력의 경험, 절대공동체의 경험, 그리고 민중행동의 성공과 좌절의 경험을 지적하지만(조대협, 2003), 이 연구에서는 절대공동체로서 표현되는 해방광주에서의 민중자치, 평등, 연대의 경험을 의미한다.

구인 군의 존재는 온건한 민주화 세력에 있어 군의 동원에 따른 비용을 최소화하고 집권 가능성이라는 이익을 보장하기 위한 타협적 전략을 선택하게 하였다고 할 수 있다.

이렇듯 권위주의 정권의 국가폭력 행사를 억제하려는 인식은 한국 민주화의 길에 있어 절차적 민주주의뿐만 아니라 실질적 민주주의를 실현할 수 있는 개혁적 민주화로의 길을 선택하기보다는 '타협에 의한 민주화'를 선택하게 하는 제약적 구조로 작동하였다고 할 수 있다.16) 이러한 조건은 한국민주주의의 작동에 있어 민중 스스로의 자치, 계급·계층을 뛰어넘는 평등주의 그리고 공동체의 성원으로서 진정한 연대와 협력이라는 광주민중항쟁의 정신과 의미를 현실화하는 데 실패하였음을 의미하는 것이다.

4. 한국민주주의의 현재성과 대안으로의 민중 지향적 민주주의

헌팅턴(S. P. Hungtington, 1991)은 민주주의 공고화의 평가기준을 정초선거 이후의 두 번에 걸친 자유롭고 공정한 선거의 지속, 군에 대한 문민통제, 그리고 선거를 통한 여야간의 정권교체로 제시하였다. 이 기준에서 보면, 한국은 1997년 대통령선거를 통해 이미 민주주의 공고화가 이루어졌다고 평가할 수 있다. 즉, 민주화 이후 한국민주주의는 1987년 민주화 이후 IMF 외환위기와 같은 민주주의에 대한 위협

---

16) 개혁적 민주화란 권위주의체제에 의해 정치적 경제적으로 배제되어 온 집단들이 아래로부터의 평화적인 대중동원을 통해 지배엘리트에게 시민권의 확장과 민주적 경쟁영역의 확대를 강요하는데 성공한 민주화로서 구권위주의 세력의 평화적 퇴장을 보장하지만 어떤 형식으로든 권력에 남는 것이 사전 보장되지 않는다는 점에서 비타협적 방식에 의한 민주화이다.(임혁백, 1995, 245쪽)

조건들이 존재했음에도 불구하고 22년간 지속되고 있다는 점에서 한국민주주의가 공고화되었다고 평가할 수 있다.

그러나 한국의 민주주의가 민주화 이행 이후 자유롭고 공정한 선거가 이루어지고 있지만, 특정 계급·계층에 대한 배제 등 개인과 집단의 정치적·시민적 자유와 평등의 권리가 제한되고 있으며, 정치적 대표성과 민주적 책임성이라는 민주주의의 기본 가치가 제대로 실현되지 못하고 있다는 차원에서 부정적 평가를 받고 있다.[17] 즉, 한국의 민주주의는 정치적 대표성이 특정세력에 독점되어 있으며, 소수의 정치엘리트들 간의 경쟁을 벗어나지 못하고 있다는 평가와 더불어 주인과 대리인의 관계에서 존재해야 할 선출된 대표의 시민의 요구에 대한 책임과 선출된 대표에 대한 시민의 감시·감독의 책임이라는 민주적 책임성이 결여되어 있다는 점에서 절차적 민주주의조차도 제대로 실현되지 못하고 있다는 것이다. 이는 한국의 민주주의는 '제한된 민주주의' 또는 '결손민주주의'(defective democracy)[18]로 평가받는 이유 중에 하나일 것이다.

그렇다면 왜 한국민주주의는 정치적 대표성과 민주적 책임성의 실현에 실패하고 있는가? 그리고 '제한된 민주주의' 또는 '결손민주주의'를 뛰어 넘어 민주주의의 본래적 의미를 실현하는 '좋은 민주주의'(good democracy)로 가기 위한 대안은 무엇인가?

이 두 가지의 질문을 해결하는데 있어 핵심적으로 제기되는 담론은 광주민중항쟁을 통해 창출된 재구성된 '민중'이다. 즉 한국의 조건에서 민주화를 위해 투쟁하는 진보적 민주화 세력으로, 또한 민족사의

---

[17] 최장집(2007, 94~95쪽)은 한국민주주의의 문제를 "실질적 민주주의가 실현되지 못해서가 아니라 무엇보다도 절차적 민주주의가 실현되지 못하고 있기 때문이며, 대의민주주의의 가장 핵심적인 메커니즘인 대표성과 책임성의 부재"에서 찾고 있다.

[18] 이에 대해서는 Wolfgang Merkel, 2004 참조.

진보적 발전에 복무하는 역사발전의 집단적 수행자로서 민중의 중요성이 강조된다.(최장집, 2009, 246쪽)

그러나 민주화 이후 한국의 민주주의에서 민중이라는 사회집단은 정치적 위상을 여전히 확립하지 못하고 있다. 즉, 민주화 이후에도 민중은 권위주의시기와 다름없이 정치적·사회경제적인 시민권의 향유에 있어 배제되고 있다. 즉, 한국의 민주주의는 "선출된 정치인들의 민주주의의 정착"(최장집, 2009, 252쪽)됨으로써 민주주의의 주체로서 민중의 정치적 위상이 정립되지 못하고 있는 것이다. 이는 민주주의를 권력독점의 해체로, 즉 권력이 어떠한 세력도 배제됨이 없이 다양한 사회세력으로 분산되는 것으로 이해될 때 민중의 정치적·사회경제적 영역에서의 배제는 여전히 과거 보수 기득권 세력과 자유주의 기득권 세력에게 독점되어 있음을 의미하는 것이다.

이러한 독점현상을 '보수헤게모니의 복원과 강화'라고 지적한 최장집(2009, 233~234쪽)은 두 가지 차원에서 그 원인을 설명하고 있다. 하나는 민주화 세력의 성장이 보수적 기득세력에게 두려움을 안겨주었으며, 민주화 이후 운동의 탈동원화가 이루어지면서 보수 기득세력의 헤게모니가 복원 강화되어 보수로의 역진을 가져왔다는 것이다. 다른 하나는 신자유주의적 세계화의 영향과 신냉전의 영향을 들고 있다. 신자유주의적 세계화는 민주화 운동과 민주주의의 제도화 과정에서 중심세력으로 부상한 노동운동에 치명적인 악영향을 가했으며, 신냉전은 데탕트의 진전을 제약하고 냉전보수세력의 재강화에 기여했다는 것이다.

첫 번째 원인과 관련하여 중요한 것은 권위주의시기에 형성되고 제도화되었던 보수양당에 기초한 정당체계를 들 수 있다. 민주화 이후에도 반공주의와 지역주의라는 이데올로기화 된 담론구조와 불비례성이 높은 선거제도의 효과는 민중의 요구를 대표할 수 있는 정당의 형성과 세력화를 억제하여 정치적 대표성의 협애화와 편향성의 동원을 지속시키고 있다. 즉, 민주화 이후의 정당체계는 과거 권위주의 시기보다 엘리트의 범주가 넓어졌을 뿐이지 여전히 민중을 포함한 일반대중의 이익보다는 엘리트의 이해관계에 기초하고 있는 것이다.

대의 민주주의 정치는 다양한 사회경제적 집단이 추구하는 가치를 정치적으로 대표하고 이에 대해 책임지는 정당정치를 특징으로 한다. 이는 민주주의가 제대로 작동하기 위해서 어떠한 사회경제적 집단도 배제됨이 없이 대표되어지고 또한 유권자와 대표 사이의 거리를 책임의 원리를 통해 지속적으로 좁혀나가야 한다. 그 중심적 제도와 행위자는 정당이다. 그러나 민주화 이후 한국의 정당은 여전히 중산층에 기반한 정치엘리트의 독무대일 뿐 민중과 괴리된 대화하지 않고 있다.(최장집, 2009, 243쪽)

두 번째 원인과 관련하여 보면, 민주화 이후 시장의 효율성과 경쟁의 원리에 기초한 신자유주의적 세계화의 진행은 소득분배구조의 악화와 경제적 약자의 소외 및 박탈을 심화시키고 있다. 즉, 신자유주의 세계화는 부와 권력의 차원에서 '두 국민 프로젝트'를 심화시키고 있다.(이광일, 2009, 367쪽) 이는 평등한 사회경제적 시민권의 실현이라는 민주주의 원리와 모순되는 결과를 낳고 있다. 이에 대해 최장집(2009, 234쪽)은 신자유주의는 민주주의적 가치를 시장의 효율성과 경쟁의 하위 가치로 수용함으로써 민주주의 발전에 해악적인 효과를 미쳤다고 지적한다.

세계화의 과정 속에서 진행되고 있는 사회경제적 양극화, 즉, 불평등의 심화는 민주주의가 지향하는 최소한 목표인 정치적 평등성까지도 왜곡시키고 있다. 그리고 신자유주의적 세계화는 성장주의와 경쟁을 강조함으로써 공동체가 해체되고 있다. 즉, 신자유주의적 세계화는 다양한 영역에서 배제·차별화된 사회관계를 강제하며, 사회적 약

자와 소수자들은 더욱 더 주변으로 내몰리며 고통받고 있다.(이광일, 2009, 368쪽)

이러한 한국민주주의 현실 속에서 요구되는 것은 광주민중항쟁에서 형성된 민중에 기초한 자치, 평등, 연대의 정신일 것이다. 즉, 한국민주주의의 주체로서 민중이 정치적·사회경제적 의제에 대한 자기결정, 평등한 시민적 권리의 보편성 실현, 그리고 차별과 배제를 극복할 수 있는 사회적 연대가 요구된다. 우리는 광주민중항쟁의 과정 속에서 민중자치, 평등, 연대의 정신과 가치가 추구되는 민주주의, 즉 민중 지향적 민주주의를 이미 경험하였다. 즉, 광주민중항쟁은 민중 스스로의 자치, 계급·계층을 뛰어넘는 평등주의, 그리고 공동체의 성원으로서 진정한 연대와 협력이 이루어질 때 진정한 인민주권이 실현되는 민주주의로 발전할 수 있음을 보여줬다.

이것이 30년 전의 광주민중항쟁으로부터 현실의 우리가 배워야 할 그리고 계승해야 할 정신과 가치이며, 한국민주주의의 발전을 위한 동력의 원천으로 재구성할 정신과 가치인 것이다. 광주민중항쟁의 정신과 가치는 민주화 이후 한국민주주의가 지향해야 할 또는 실천해야 할 에토스이다. 그리고 광주민중항쟁의 정신은 민주화 이후 민주주의가 동반하는 새로운 모순들과 파괴적인 문제들에 응전하는 정신으로 새롭게 재해석되어야 할 것이다.(조희연, 2009, 277쪽)

5. 결론

누구도 예견치 못했던 박정희의 죽음과 유신체제의 붕괴는 제도정치권뿐만 아니라 시민사회에서 민주화에 대한 기대와 열망을 폭발시켰으며, 그 당시의 정치적 분위기를 '민주화의 봄'으로 묘사하듯이 미래에 대한 낙관적 기대를 갖게 하였다. 그러나 이러한 민주화에 대한 기대는 7개월 뒤 광주에서 자행된 신군부의 국가폭력에 의해 좌절되었으며, 다시금 냉혹하고 암울한 겨울을 맞이하게 되었다.

비록 광주민중항쟁은 국가폭력에 의해 좌절되었지만, 그 정신과 가치는 민주화 이행뿐만 아니라 한국민주주의의 발전에 지속적인 영향을 주고 있다. 30년이 지난 지금도 광주민중항쟁의 공간에서 발생한 정신과 가치를 중심으로 한국민주주의를 재조명하고 발전모델을 제시하려는 학문적 노력과 실천적 노력은 지속되고 있다. 그 이유는 민주화 이후 한국민주주의의 한계, 즉 절차적 수준의 정치적 민주주의를 극복하고 실질적 수준의 민주주의의 사회화라는 한국민주주의의 발전방향을 광주민중항쟁의 경험으로부터 찾을 수 있기 때문이다.

광주민중항쟁은 민주주의에 대한 새로운 인식을 발전시켰다. 즉, 민주주의 역사의 주체로서 민중 스스로의 자치, 차별과 배제를 넘어선 평등주의, 그리고 진정한 연대와 협력에 기초한 민중 지향적 민주주의가 그것이다. 이러한 점에서 해방광주의 경험은 시민사회의 자율성이 최대한 신장한 그리고 보다 근본적인 민주화의 이념과 미래상을 탐색하는데 보다 근본적이고 장기적인 문제의 소재를 인식하도록 해주었다.(손호철, 2003, 370쪽)

오늘날 한국민주주의는 보수헤게모니의 복원과 강화 그리고 신자유주의 세계화의 급속한 진행 속에서 과거 권위주의 시기와 같이 기득세력에게 정치적·사회경제적 권력이 독점되어 있으며, 평등한 보편적 시민권조차도 실현되지 못하고 있다는 점에서 위기에 직면해 있다. 이러한 한국민주주의의 현실 속에서 우리는 광주민중항쟁의 정신과 가치를 다시금 되새기고 재구성할 필요가 있다. 특히 민중이 주체가 된 자치, 평등 그리고 연대의 정신과 가치는 한국민주주의의 질적 발전을 위한 동력일 것이다. 그리고 이러한 정신과 가치는 한국 민주화와 민주주의의 주체로서 민중의 역사적·정치적·사회경제적 위상을 복원하는 원천이 될 것이다.

1980년대 민주변혁운동이 "광주의 기억을 환기시키려는 세력과 그 기억을 지워버리려는 세력 간의 역사적 고지를 점령하기 위한 투쟁"이었다면 그 투쟁은 아직 끝나지 않았다. 민주화 이후 한국에서 민주변혁운동은 광주민중항쟁이 지향한 민중이 주인되는 민주주의와 보수엘리트만의 민주주의 간의 역사적 고지를 점령하기 위한 투쟁을 내용으로 하여야 한다. 이 투쟁에서의 민중 지향적 민주주의의 승리는 광주민중항쟁의 좌절에 의한 지체된 민주화를 광주민중항쟁의 성공에 의한 진정한 민주화로의 인식의 대전환을 이루어낼 것이며, 광주민중항쟁의 정신과 가치를 진정한 의미에서 현실화할 수 있을 것이다.

▣ 참고문헌

강만길, 1990 「5·18광주민중항쟁의 민족사적 성격」『역사와 현장』1(한국현대사 사료연구소 편), 남풍.

강현아, 2004 「5·18 항쟁의 성격·주체」『민주주의와 인권』제4권 2호.

김동춘, 1997 「1980년대 민주변혁운동의 성장과 그 성격」학술단체협의회, 『6월 민주항쟁과 한국사회 10년』1, 당대.

김삼웅, 2010 「정치지도자들의 정세인식」민주화운동기념사업회 광주항쟁 30주년 기념 심포지움,『광주항쟁 30년과 한국민주주의의 과제』, 발표문.

김민정, 2006 「계급적 관점에서 본 한국 민주화의 의미와 교훈」『민주주의와 인권』제6권 1호.

김영명, 2001 『고쳐쓴 한국현대정치사』, 을유문화사.

김용철, 2001 「광주항쟁과 한국정치의 민주화」『민주주의와 인권』제1권 1호.

김정한, 2008 「5·18광주항쟁의 이데올로기 연구」『기억과 전망』통권 18호.

김창진, 1990 「광주민중항쟁의 발전구조 : '무장투쟁'과 '민중권력'」『광주민중항쟁연구』(정해구 외), 사계절.

나간채, 2008 「5월운동에 있어서 운동주체의 형성과 발전과정 분석」『민주주의와 인권』 제8권 2호.

마티 하트－랜즈버그, 1999 「5·18의 교훈, 민주적인 발전 촉진하기」『5·18은 끝났는가』(학술단체협의회 편), 푸른숲.

박현채, 1990 「80년대 민족민중운동에서 5·18광주민중항쟁의 의의와 역할」『역사와 현장』Ⅰ(한국현대사사료연구소 편), 남풍.

서중석, 1989 「광주학살·광주항쟁은 민족사의 분수령이었다」『역사비평』제5호 여름호.

손호철, 2003 『현대 한국정치 1945~2003』, 사회평론.

신계륜, 2010 「1980년 서울의 봄 : 총학생회의 투쟁을 중심으로」민주화운동기념 사업회 광주항쟁 30주년 기념 심포지움, 『광주항쟁 30년과 한국민주주의의 과제』, 발표문.

이광일, 2004 「5·18 민중항쟁, '과거청산과 재구성의 정치」『민주주의와 인권』 제4권 2호.

이광일, 2009 「지구화 시대 한국의 진보운동과 5·18 민중항쟁의 현재적 재구성」 『5·18 민중항쟁에 대한 새로운 성찰적 시선』(조희연·정호기 엮음), 한울.

이수훈, 2003 「5월운동과 국가의 변화」『민주주의와 인권』제3권 1호.

이진경·조원광, 1999 「단절의 혁명, 무명의 혁명 : 코뮌주의의 관점에서」『5·18 민중항쟁에 대한 새로운 성찰적 시선』(조희연·정호기 엮음), 한울.

이종범, 1988 "5·18의 영향, 한계, 계승"『전대신문』1988년 5월 19일자.

임혁백, 1995 『시장·국가·민주주의』, 나남.

정해구, 1999 「한국 민주변혁운동과 5·18 민중항쟁」『5·18은 끝났는가』(학술단 체협의회 편), 푸른숲.

정해구 외, 1990 『광주민중항쟁연구』, 사계절.

정해구·김혜진·정상호, 2004 『6월항쟁과 한국의 민주주의』, 민주화운동기념사 업회.

조대협, 2003 「광주항쟁과 80년대의 사회운동문화」『민주주의와 인권』제3권 1호.

조정관, 2008 「5·18 항쟁이 한국 민주화에 미친 영향」『5·18 그리고 역사』(최영 태 외), 도서출판 길.

조지 카치아피카스, 2002 「역사 속의 광주항쟁」『민주주의와 인권』제2권 2호.

조희연, 2009 「급진 민주주의'의 관점에서 본 광주 5·18」『5·18 민중항쟁에 대 한 새로운 성찰적 시선』(조희연·정호기 엮음), 한울.

조희연·정호기 엮음, 2009 『5·18 민중항쟁에 대한 새로운 성찰적 시선』, 한울.
최영진, 2001 「정체성의 정치학 : 5·18과 호남지역주의」『민주주의와 인권』제1권 2호.
최영태 외, 2008 『5·18 그리고 역사』, 도서출판 길.
최장집, 2007 「민주주의를 둘러싼 오해에 대한 정리」『어떤 민주주의인가』(최장집·박찬표·박상훈 편), 후마니타스.
______, 2009 『민중에서 시민으로』, 돌베개.
최정기, 2010 「광주민중항쟁과 한국의 사회변동 : 광주민주항쟁의 사건사적 의미 및 그 영향을 중심으로」민주화운동기념사업회 광주항쟁 30주년 기념 심포지움,『광주항쟁 30년과 한국민주주의의 과제』, 발표문.
최정운, 1999 『오월의 사회과학』, 풀빛.
학술단체협의회 편, 1999 『5·18은 끝났는가』, 푸른숲.

Huntington, S, 1991 *The Third Wave : Democratization in the Late Twentieth Century*, University of Oklahoma Press.
Merkel, Wolfgang, 2004 "Embedded and Defective Democracies", *Democratization*, Vol. 11, no. 11. 33~58.
Rueschemeyer, D., E. Stephens, and J. Stephens, 1992 *Capitalist Development and Democracy*, Chicago : University of Chicago Press.
Wolfgang Merkel, 2004 "Embedded and Defective Democracies", *Democratization*, Vol. 11, no. 11.
5·18 기념재단 홈페이지
http://www.518.org/main.html?TM18MF=A030106, 검색일 2010. 10. 10

제3장 6월항쟁과 민주주의 이행

이영제

1. 들어가며

6월항쟁 이후 민주주의는 제도적 측면에서 뿐만 아니라 내용적 측면에서도 발전해왔다. 미시적으로는 정권의 성격 등에 따라, 거시적으로는 전 세계적인 차원에서의 정치·경제적 흐름의 변화에 따라 다소 질곡이 있었지만 민주주의는 거역할 수 없는 흐름으로 자리 잡았다. 동시에 이와 같은 흐름에 역행할 경우 감수해야할 대가도 갈수록 커지고 있다.

민주주의의 발전은 민주주의를 요구하는 '실천'이 지속적으로 조직되었다는 것과 관련되어 있다. 민주주의를 위한 '실천'은 비단 민주주의가 아닌 시장과 같은 다른 가치를 우선시 하는 정권에서 뿐만 아니라 민주주의를 주된 정당성으로 삼는 정권에서도 꾸준히 진행되었다. 그와 같은 실천은 과거와 같이 정치적 민주주의를 요구하는 것을 넘어서 환경, 여성, 장애인 등 각종 차별과 사회·문화적 억압에 대한 것이기도 하였기 때문이다. 이것은 6월항쟁부터 시작한 민주주의가 더 이상 6월항쟁 당시의 민주주의(민주대 독재)에 머물러 있지 않는다는 것을 의미한다. 6월항쟁이 결과한 민주주의는 정치영역을 넘어서 경제, 사회적인 다른 분야와 학생인권, 차별 철폐와 같은 보다 미시적인 부분으로까지 확장되어가고 있다. 최근 진행된 소위 '체제논쟁'(손호철, 2009 ; 조희연, 2009)은 6월항쟁이 직접적으로 결과한 민주주의 체제만으로 사회를 분석하거나 대안을 모색하는 것이 한계에 직면하고 있다는 것을 시사하고 있다. 6월항쟁으로부터 시작된 민주주의 이행은 민주주의(민주화운동)를 '민주대 독재'라는 이분법에서 벗어나 무엇이 민주주의이며, 무엇이 보다 민주적인가 하는 '경쟁'으로 발전시켰다.

역설적이게도, 87년 6월항쟁은 '독재(권위주의)'를 선택가능한 대안의 목록에서 제거했지만 민주주의의 발전을 확실하게 보장한 것은 아니었다. 즉, 한편으로는 민주주의 이행이라는 방향성을 강제 하면서도, 그것의 속도와 폭은 여전히 결정되지 않은 상황으로 남겨두었다. 6월항쟁이 만들어낸 민주주의는 독재에서 민주주의로의 이행이라는 측면에서 민주화운동의 최고 지점에 있었지만, 민주주의의 심화 · 발전이라는 측면에서는 민주주의의 최저점에 있는 이중적 상황에 처해 있었다. 이와 같이 민주주의의 많은 내용들이 민주화(직선제 선거) 이후로 미루어진 가운데 노동자 대투쟁과 87년 대선이 진행되었다.

우선 노동자 대투쟁은 한국사회에서 아래로부터의 민주주의의 요구가 가장 거세게 분출했던 6월항쟁이 아니었다면 발생하지 못했을 것이다. 한국 역사에서 노동자가 자기의 목소리를 분출할 수 있는 조건은 거의 형성되지 않았다는 점에서, 특히 대규모의 노동자의 분출은 유례가 없는 것이라는 점에서 노동자 대투쟁은 6월항쟁이 만들어낸 또 하나의 아래로부터의 민주화운동이었다고 평가할 수 있다. 노동자 대투쟁은 정치적 민주주의를 넘어선 사회 · 경제적 민주주의로의 발전과 작업장 민주화와 같은 미시적인 부분으로의 민주주의 확장과 관련되어 있었다. 따라서 87년 노동자 대투쟁은 한편으로는 "근로기준법을 준수하라"는 전태일의 외침과 같이 형식적인 법과 제도의 허구성을 전면에 드러내 주었고, 다른 한편으로는 민주주의가 어떻게 확장되어지고 재구성 되어야 하는지에 대한 고민을 던져주었다.

다음으로 87년 대통령 직선제 선거는 민주화 세력이 6월항쟁을 통해 쟁취한 것으로 제도로써 민주주의의 정착을 가져왔다. 하지만 대선에서 민주화 세력의 패배로 그 성과를 군부권위주의 정권을 계승한 세력에게 내주었고, 대선 과정에서 양 김의 분열과 군부권위주의 정권의 분열 전략은 지역 할거적 정당체제가 형성되는 계기로 작용하였다. 항쟁 이후 이 두 가지 사건은 비록 많은 한계를 갖고 있을 지라도 항쟁 이후의 민주주의를 가늠할 수 있는 중요한 지점이다.

이 글은 6월항쟁의 전개과정을 세밀하게 추적하기 보다는 민주주의의 형성과 발전에 영향을 미치는 중요한 특징과 사건을 중심으로 구성 하고 있다. 특히 민주화 과정을 독재세력 대 민주화 세력이라는 이분법적 틀이 아니라 군부권위주의세력－야당－민주화운동세력이라는 3개의 중요한 행위자와 이들의 관계를 살펴보고 있다. 2장에서는 유화국면에서의 민주화 요구의 분출과 정치적 대안의 조직화로써 신민당 돌풍, 그리고 그 결과 초래된 민주화 세력의 재편과정을 살펴보고 있다. 민주화 세력의 재편 과정에서는 군부권위주의 정권의 억압의 강도가 무엇보다 중요한 요인으로 작용하였다. 3장에서는 정권 연장의 주요한 전략으로써 군부권위주의 정권의 분할통치전략과 그것에 대한 대응으로써 민주화 세력의 최대민주화연합을 살펴보고 있다. 신민당 개헌현판식 등에서 표출된 민주화 세력의 갈등과 분화와 그것에 기초한 4·13호헌 조치가 최대다수연합의 형성과 6월항쟁으로 이어졌다. 이 과정에서 민주화운동의 폭과 속도를 조절하는 중요한 메커니즘으로 3개 행위자의 관계 변화를 분석하고 있다. 4장에서는 6월항쟁의 성과이자 한계지점으로써 노동자 대투쟁과 87년 대선을 분석하고 있다. 특히 의도하지 않은 민주주의 확장 기획으로써 노동자 대투쟁과 한국민주주의 이행과 공고화에 영향을 미친 87년 대선의 의미와 한계를 살펴보고 있으며, 끝으로 5장에서는 6월항쟁의 현재적 의미와 과제를 살펴보고 있다.

2. 민주화 요구의 분출과 정치적 대안의 조직화

1) 신민당 돌풍과 민주화 요구의 분출

85년 2·12총선에서 '신민당'의 부상은 단지 독재정권에 대한 국민들의 반감과 민주화 열망을 알 수 있게 해준 것을 넘어서 향후 전개될 민주화의 방향을 특징짓는 중요한 계기로 작용했다. 신민당의 등장으로 군부권위주의 정권은 지배전략을 수정하지 않을 수밖에 없었으며, 유화국면 이후 미분화상태에 있던 정치세력과 운동세력도 명확하게 구분되어졌다. 무엇보다 중요한 것은 민주화운동의 정치적 대안이 조직화되었다는 것이었다. 이에 따라 향후 민주화의 속도와 방향은 군부권위주의 정권, 야당세력, 민주화운동세력[1]이라는 중요한 세 행위자의 관계 속에서 결정되었다.

신민당 돌풍은 군부권위주의 정권에게 매우 큰 충격을 주었다. 선거 결과를 보면 여당의 득표율과 의석수는 이전 총선과 큰 차이가 없었다. 여당인 민정당은 중선거구제와 1당에게 전국구 의원의 2/3를 배

---

[1] 이 글에서 '민주화 세력'은 야당을 포함하여 재야, 학생운동, 노동운동 등 민주화를 요구하는 모든 세력을 지칭하는 개념으로 사용하고 있으며, '민주화운동세력'은 민주화 세력 중 야당을 제외한 세력을 지칭하는 개념으로 사용하고 있다. '야당세력'은 당시 신민당이 실제적으로 김대중·김영삼이라는 원외 인사들에 의해 좌우되었고, 민추협이 신민당의 기반이 되었다는 점에서 이들을 포괄하는 개념으로 사용하고 있다.

정하는 여당에게 유리한 선거제도의 효과로 148석이라는 과반수 의석을 획득했고, 득표율에 있어서도 제11대 총선에서의 35.6%와 유사한 35.5%를 획득하였다. 그러나 제12대 총선에서 제1야당으로 부상한 신민당은 제11대 총선에서 제1야당이었던 민한당과 같은 위성정당이 아니었다.[2] 5공화국 출범과 동시에 정치활동을 금지당한 야당인사들이 해금되면서 85년 창당한 신민당은 소위 "양 김씨(김영삼·김대중)"가 주도권을 행사하고 있는 정당으로 군부정권의 예상과 달리 창당한지 불과 한 달도 지나지 않은 상황임에도 29.3%의 득표율에 67석의 의석을 획득하였다. 더 나아가 총선 직후에는 야당 의원 일부가 결합해 103석이 되어 개헌 저지선을 확보한 명실상부한 제1야당이 되었다.

그동안 정치적 개방이 군부권위주의 정권의 일정한 통제력이 유지되는 가운데 이루어 졌기 때문에(윤상철, 1997, 104쪽) 신민당 창당에 주도적 역할을 한 민추협조차도 선거에 대해 큰 기대를 하지 않았었다. 민추협에서 선거참여와 관련한 논쟁을 이와 같은 상황을 잘 드러내주고 있다. 총선을 거부해야 한다는 입장에서는 "제5공화국이 정통성을 갖기 위한 정부 여당의 요식행위에 참여하는 것 자체가 체제인정"이라고 주장했다. 총선에 참여해야 한다는 입장에서도 그와 같은 사실은 인정했는데 다만 현 상황에서 효과적인 거부운동이 불가능하며, "공동연설회, 매스컴 등을 이용하여 정권의 부당성, 부패성을 폭로하고 국민의 민주의식을 일깨워야"(민주화추진협의회, 1988, 154쪽)하는 계기로 삼을 필요가 있다는 것이었다.[3]

---

[2] 당시 신군부의 권위에 도전할 가능성이 있는 정치인들은 '정치풍토쇄신법'에 의해 정치활동이 금지되어 있었다. 민한당은 정치활동 비규제자인 유치송, 김은하 등이 중심으로 창당되었다. 이들은 발기 취지문에서 "정치를 거리에서 방황케 해 민주주의가 표류하는 일이 없도록 하기 위해 의회정치의 상궤를 벗어나지 않을 것임"을 천명했는데, 이것은 신군부가 설정한 틀에서 일탈하지 않겠다는 것을 서약한 것이라고 할 수 있다.(심지연, 2004, 330쪽)

[3] 이와 같은 논쟁은 양 김씨 세력간의 논쟁이기도 했다. 김영삼의 소위 상도동계가

대통령 직선제를 요구하는 야당이 개헌 저지선을 확보함으로써 "헌정사상 최초의 평화적 정권교체"(민정기 편, 1987, 133 · 167쪽)라는 명분하에 의사(擬似) 민주주의적 조치만으로 정권을 연장하려는 군부권위주의 정권의 계획은 난관에 부딪히게 되었다. 군부권위주의 정권은 총선을 앞두고 국민들의 반감을 의식, 정치활동이 규제된 정치인들에 대한 단계적 해금과 다수 야당 간의 경쟁과 선별적 포섭에 기초한 지배전략을 구상하고 있었다. 즉, 정치규제 해금자를 중심으로 새로운 정당이 만들어지더라도 선거일정상 그 효과는 크지 않을 것이며, 특히 선거 과정에서 야당들 간의 선명성 경쟁으로 세력이 분산될 것으로 보았다. 이를 위해 군부권위주의 정권은 민한당과 국민당에 대한 재정적 지원을 대폭 늘려 신민당을 견제하도록 하였다.(심지연, 2004, 343~344쪽)

그러나 신민당이 제1야당으로 부상한 것을 넘어 정당체계의 재편을 초래하면서 의회에서는 군부권위주의세력 대 개헌저지선을 확보한 민주화 세력이라는 양당제 구도가 형성되었다. 이에 따라 군부권위주의 정권이 구상한 야당 분열에 기초한 정권이양 계획은 수정되어 질 수 밖에 없었다. 군부권위주의 정권은 저항의 파고가 높아질 때는 '여야 간의 합의가 된다면 개헌을 할 수 있다'는 명분을 내세워 야당을 의회에 묶어두는 동시에 민주화운동세력에 대해서는 물리적으로 억압하였다. 그리고 의회에서 야당과 합의가 되지 않을 경우에는 현행 헌법으로 정권을 이양할 것을 표방하거나 야당에 대한 포섭을 통해 내각제 개헌으로 권력을 이양하려고 하였다. 후자의 예는 '이민우 구상'으로 구체화 되었다.

총선참여의 입장이었던 반면 김대중의 소위 동교동계는 총선거부의 입장이었다. 상도동계와 달리 동교동계는 거부와 참여의 입장으로 나누어졌지만 재야의 입장에 보다 가까운 것이었다. 이처럼 양 김씨 세력은 민추협과 신민당에서 민주화를 위해 보조를 맞추면서도 사안마다 지속적으로 대립했다.

2) 정치적 대안의 조직화 : 제도정치와 운동정치의 분리

2·12총선에서 예상치 못한 성과는 신민당의 입지를 더욱 강화시켜 주었다. 그것은 군부권위주의 정권과 민주화운동세력 모두에 대한 것이었다. 우선 제1야당으로 주도권을 확보한 신민당은 이민우 총재가 2월 27일 5개항의 국회정상화 조건을 제시[4]하였고, 3월 4일 기자회견에서 86년 6월까지 민주화일정을 제시하고 87년 초에 직선제로 대통령을 뽑아야 한다고 주장하는 등 공세를 취하기 시작하였으며, 5월에는 당 소속의원 103명 전원의 명의로 '광주사태 진상조사를 위한 국정조사 결의안'과 '헌법개정특별위원회(헌법특위) 구성결의안'을 국회에 제출하였다. 7월에는 신민당에 의해 국회가 단독소집 되기도 하였다. 하지만 군부권위주의 정권과 다수 여당의 견제로 의회에서 실제적인 활동을 진행하는 데에는 한계가 많았다.[5] 따라서 신민당은 여당과의 협상이 고착될 경우 '실세회담'[6]을 요구하거나 장외투쟁에 나섰다.

다음으로 민주화운동세력 역시도 총선참여는 군부권위주의 정권에게 정당성만을 제공해 주기 때문에 총선을 거부해야 한다는 입장에 있었다. 따라서 학생운동세력을 제외하고는 총선에 적극적으로 결합하지 않았다. 이들은 단지 신민당 돌풍을 예상치 못했을 뿐만 아니라

---

[4] 국회정상화 5개 조건은 "① 2·12총선의 부정·타락 행위에 대한 정부의 해명, ② 양심수와 구속학생의 전원 석방, ③ '정치규제법'의 폐기와 김대중·김영삼에 대한 정치탄압 중지, ④ '언기법' 개폐, ⑤ 대국민 이간행위 중단"이다.(기쁨과 희망 사목연구원, 2001, 334쪽)

[5] 신민당이 단독 소집한 제126차 임시회는 7월 15일 여당이 불참한 가운데 개회하여 26일 1차회에서 '남북 국회회담 1차 예비접촉에 관한보고'만 진행한 채 폐회함으로써 큰 효과는 없었으나, 야당 단독으로 국회를 개원할 수 있다는 것만으로도 신민당의 달라진 위상을 알 수 있는 계기였다.

[6] 실세회담은 야당의 실질적인 지도자인 양 김씨와 군부권위주의 정권의 의회 하수인으로써 여당이 아니라 실질적으로 정국을 주도하고 있는 전두환 대통령의 회담을 요구하는 것이었다.

야당세력과는 성향과 노선에 있어서 근본적인 차이를 보였다. 야당세력의 경우 민주화를 요구한다는 점에서 민주화운동세력과 다르지 않았지만, 민주화운동세력이 아래로부터 '혁명 방식'을 추구하는 등 급진적 성향을 보였던데 반해 이들은 법·제도 개선과 협상을 통한 민주화를 추진했다는 점에서 거리를 유지할 수밖에 없었다.

야당세력은 정권의 탄압의 강도가 세질 때에는 민주화운동세력과 다를 바 없는 처지였지만, 제도적 공간이 개방된 조건하에서는 제도정치세력으로써 민주화운동세력과 비교가 되지 않을 정도의 위상을 갖고 있었다. 특히 "신민당은 재야운동권의 소극적이고 분산적인 참여와 학생운동의 제한된 지원으로 선거에 승리하였기 때문에 이후 재야운동권과의 협조나 연합에 의한 전략보다는 직접적인 대중동원의 전략을 지속적으로 추구하게 되었다."(윤상철, 1997, 118쪽) 야당세력은 군부권위주의 정권의 억압강도에 따라 협상조건을 형성하거나 협상을 강제하기 위해 민주화운동세력과 연합하거나 또는 거리두기를 시도했다.

신민당이 정국주도권을 확보하자 유화국면을 거치면서 조직력이 복원된 재야세력과 학생운동도 조직을 정비하기 시작하였다. 무엇보다 부문운동단체의 협의체적 성격을 띠는 '민중민주운동협의회(민민협)'과 재야 망명가 중심의 '민주통일국민회의(국민회의)'가 통합하여 '민주통일민중운동연합(민통련)'을 출범시켰다. 민통련은 제도정치에서의 신민당과 별도로 지도력과 대중성을 확보한 민주화운동세력의 대표체가 되었다. 학생운동세력도 학내문제를 넘어 정치민주화를 요구하며 거리로 나오기 시작했다. 85년 들어 5월 22일까지 전국 대학에는 총 995회의 시위에 연 27만 2,000명(경향신문사, 1987, 226쪽)이 참여했다. 85년 5월에는 광주학살에 대한 지원책임과 전두환 군사독재정권에 대한 지원을 중단할 것을 요구하는 '미 문화원 점거농성'사건이 발생하였고, 11월에는 미국의 수입개방요구에 대해 주한 미상공회의소 점거농성이 진행되었다. 이처럼 당시 학생들은 '민족통일·민주쟁취·민족해방특별위원회(삼민투)'를 결성하여 선도투쟁을 벌이는 등 급진적 성향을 보였다. 노동운동의 경우도 6월 24일 구로동맹파업을 진행하는 등 민주화 요구를 분출하고 있었다. 이념적으로 급진화되고 과격한 양상으로 진행된 이들 저항은 정치적으로는 큰 의미가 있었지만[7] 국민들의 지지를 확보하지 못하고 정권의 탄압을 불러오는 등 한계에 직면하였다.

제도정치세력으로 신민당이 부상했지만 의회 내에서 명확한 성과를 얻지 못했고, 민주화운동세력의 전폭적인 지지를 받은 것도 아니었다. 그러함에도 불구하고 신민당 돌풍은 "정치적 대안의 조직화"로써 중요한 의미를 갖는다. 우선, 신민당 돌풍은 선거와 같은 제도적 방식을 통해서도 민주화가 진행될 수 있다는 것을 의미했다. 이에 따라 국민이 지도자를 직접 선택하는 방식으로 헌법과 선거제도의 개선이 중요한 과제로 부각되었다. 이른바 "직선제 개헌＝민주화"로 인식되기 시작한 것이다. 결국 야당을 중심으로 한 제도개선 투쟁과 선거투쟁이 민주화일정의 중심이 되었다.

다음으로 신민당 돌풍은 소위 '중산층'[8]이라 불리는 '침묵하는 세력'이 "신군부가 묶어놓은 정치 활동 규제자 중에서도 가장 상징적인 인

---

7) 미 문화원 점거사건 등은 향후 6월항쟁 과정에서 미국의 태도에 영향을 미쳤고, 구로동맹 파업은 한국전쟁 이래 최초의 동맹파업으로 큰 영향을 미쳤다.

8) 당시 중산층은 정권에게 경제성장에 따른 안정희구세력으로 정의된 반면, 민주화 세력은 중산층이란 것이 '허위의식'이라며 경계하였다. 특히, 독재정권으로부터 중산층의 이반에 대해서는 정치의식의 성숙뿐만 아니라 양극화(빈부격차)를 그 원인으로 들고 있는데, 높은 경제성장률에 비해 (기대보다) 낮은 임금인상률 등이 그 근거로 제시되고 있다.(사계절, 1987, 145쪽 ; 한국기독교사회문제연구원, 1987b, 80~82쪽) 이 글에서는 6월항쟁 당시 중산층을 경제적·계급적 분류가 아니라 "조직화 되지 않은 주권자로서의 '국민들'로 운동세력과 대비되는 '개인들' 또는 '시민들'로 정의하고 있다.

물이었던 김영삼·김대중에 대한 폭발적 인기"와 "유세장에 몰려든 학생들의 바람"(서중석, 2007, 180~181쪽) 속에서 민주화 열망을 표출한 결과였다. 그동안 민주화 요구를 표출한 방법과 대안을 갖지 못했던 이 세력은 민주주의를 요구하는 '야당을 지지함으로써' 민주화의 요구를 분출했다. 이들은 민주화 대열에 일상적으로 나서지 않았으며, 민주화 요구를 일상적으로 표출한 것도 아니었다. 이들은 2·12총선에서 그 모습을 드러낸 후 87년 6월이 되어서야 "넥타이 부대"로 표상되어 항쟁을 절정으로 이끌었고, 6월항쟁 직후 바로 퇴각하였다. 이처럼 신민당에 대한 '중산층'의 지지는 민주화에 대한 정치적 위임뿐만 아니라 양 김씨라는 군부권위주의 정권 이후의 대안까지 조직화 되었다는 것을 의미하였다.

3. 분할통치와 최대다수연합의 형성

1) 직선제 개헌 요구와 민주화 세력의 균열

신민당 돌풍 이후 정국은 군부권위주의 정권 – 야당 – 민주화운동세력의 관계에 따라 변화되었다. 군부권위주의 정권의 탄압강도는 야당과 민주화운동세력의 결합 여부에 영향을 미치는 중요한 요인이었는데, 그 중에서도 의회에서 야당에 대한 실질적 인정여부가 이들의 관계에 가장 큰 영향을 미쳤다. 군부권위주의 정권은 신민당과 직선제 개헌 요구를 협상의 대상으로 인정하지 않았고, 저항에 직면해서는 포섭으로 전략을 수정했다. 야당에 대한 포섭이 순조롭지 않을 경우 야당에 대해서도 전면적 억압을 진행하였다. 야당을 인정하지 않을 경우 야당과 민주화운동세력은 결합되었고, 야당이 대화의 상대로 인정받을 경우 민주화 세력이 분열되는 그러한 순환이 반복되었다. 이와 같은 정권의 분할지배전략과 민주화운동의 연합전략은 비동원상태의 소위 '중산층'으로 규정되었던 일반 시민들에 대한 정당성 확보와 민주화 이행에서 핵심적인 지점이라고 할 수 있다. 시민들의 정치적 위임 대상으로써 야당의 무력화는 중산층의 직접적인 분출로 이어질 수 있기 때문이었다.

신민당의 공세와 민주화운동세력의 분출에도 불구하고 직선제 개헌과 관련된 실질적인 논의는 진행되지 않았다. 오히려 전두환 대통령은 국민들의 직선제 개헌 요구를 뒤로 한 채 86년 1월 16일 국정연설에서 "평화적 정권교체와 서울올림픽의 개최라는 긴급한 과제가 성취되고 난 연후인 89년에 가서 그러한 성취의 바탕 위에서 논의하는 것이 순서"(경향신문사, 1987, 462쪽)라면서 개헌논의를 중단할 것을 발표하였다.

이에 신민당과 민추협은 이미 결의한 바 있으나 추진을 주저했던 '대통령 직선제 개헌, 1천만 명 서명운동'을 시작하고, 학생운동세력은 서울대에 모여 '헌법철폐 투쟁대회 및 개헌서명운동 추진본부 결성식'을 진행하는 한편, 각계에서 시국선언이 발표되었다. 군부권위주의 정권에 대한 반발과 직선제 개헌에 대한 열망은 '신민당 개헌추진위원회 지부 결성식 및 개헌 현판식(개헌 현판식)'으로 모아졌다. 개헌현판식은 군부권위주의 정권의 탄압에도 불구하고 3월부터 서울지부 결성대회를 시작으로 부산, 광주, 대구 등에서 진행되었다. 일부 지역에서는 10만 명이 넘는 시민이 참석하는 등 폭발적인 반응을 보였다.

신민당의 통제에도 불구하고 개헌현판식에는 다양한 세력이 참여해, 직선제 개헌 요구를 넘어서는 다양한 목소리를 분출하였다.[9] 대

---

9) 전두환 정권은 당시 직선제 개헌 추진에 대해 극렬분자의 선동으로 규정하는 등 이데올로기적 공세를 강화했고, 신민당은 이를 의식하여 민주화운동세력과 거리

학가에서는 직선제 개헌요구 뿐만 아니라 광주민중항쟁과 전두환 정권에 대한 미국의 태도 비판과 전방입소거부 투쟁이 전개되었는데, 4월 28일에는 이재호·김세진 분신사건이 발생하였다. "반전반핵, 양키고홈"으로 대표되는 학생들의 주장[10]은 당시 대중들과 괴리된 구호였을 뿐만 아니라 정권에게 탄압의 빌미를 제공해 주는 것이었다. 이에 신민당과 25개 재야단체의 연합체인 민주통일민중운동연합(민통련) 간의 연락기구인 '민주화를 위한 국민연락기구(민국련)'는 소수 학생들의 반미논리와 과격시위를 반대한다는 성명을 발표했고, 민통련은 자신들의 입장과 배치된다며 민국련에서 탈퇴했다. 이로써 정치적 타협을 통해 민주화를 추진하려는 야당과 총체적이고 근본적인 변화를 통해 민주주의를 실현하려는 여타 민주화운동세력들 사이의 잠재되어 있던 갈등이 표출되었다. 특히 4월 30일 진행된 영수회담에서 전두환 대통령이 여야가 개헌안에 합의하여 건의하면 임기 중이라도 수용할 것임을 피력한 가운데 좌익학생을 다스려야 하며, 급진세력과 단절해야 한다는 신민당 이민우 총재의 발언을 계기로 갈등이 고조되었다. (이영제, 2010, 미간)

신민당 개헌추진위 인천지부 결성식 및 개헌현판식에서는 야당과 여타 민주화운동세력 간의 갈등이 폭발하였다.(5·3사건) 다양한 민주화운동세력들이 신민당의 기회주의적 태도를 비판하면서 각기 자신들의 목소리를 내면서 격렬한 양상으로 진행되었다.[11] 학생들의 시위로 개헌 현판식은 개최되지 못하였고, 이 사건을 계기로 야당과 여타

를 두려고 하였다.

[10] 당시 학생운동은 반제반파쇼민족민주투쟁위원회(민민투)와 반미자주화반파쇼민주화투쟁위원회(자민투)로 나뉘어 대립하고 있었는데 전자에 비해 후자가 세를 확보하고 있었다. 따라서 대학가에서는 개헌요구를 넘어서는 반미, 반전반핵 및 미국용병반대와 같은 주장들이 쏟아져 나왔다.

[11] 이에 대한 평가는 http://news.hankooki.com/lpage/people/201005/h2010050221411284800.htm. 참조.

민주화운동세력은 결별하였다. 반면 군부권위주의 정권과 야당은 국회 내 헌법특위를 구성하는데 합의하게 된다. 이미 5·3사건 이전부터 개헌서명운동이 높은 호응 속에서 점차 확산되는 것이 부담이 된 군부권위주의 정권과 민주화운동세력의 급진적 태도에 대해 부담을 갖고 있었던 야당의 이해관계가 영수회담을 통해 좁혀져 있었기 때문이었다.

이후 야당과 민주화운동세력은 각기 의회와 거리에서 민주화투쟁을 진행하였다. 민주화를 요구하는 시위와 분신이 이어지는 가운데 전두환 정권은 부천서 성고문 사건 등에서 드러나듯이 수단과 방법을 가리지 않고 민주화운동을 강경하게 탄압하였다. 특히 전국노동자연맹추진위 사건, 마르크스레닌주의당(ML당) 사건, 반제구국노동자동맹당 사건 등 각종 공안사건을 연이어 발표함으로써 반공·반북이데올로기를 동원하여 민주화운동세력의 진출을 봉쇄하고 직선제 열망을 억누르려고 하였다. 이와 같은 분위기 속에서 '전국반외세반독점애국학생투쟁연합(애학투련)' 결성식이 진행되었는데, 군부권위주의 정권은 이들은 '공산혁명분자'로 규정하고 4일 만에 농성학생 1,525명 전원을 연행하고, 1,290명을 구속 송치하는 등 유례없는 탄압을 자행하였다.(건대사건) 건대사건이 진행되는 가운데 군부권위주의 정권은 북한의 수공능력을 과장한 소위 '금강산댐 사건'을 발표하고, 이에 대항하는 모금운동, 규탄대회 등을 진행하는 등 국민들의 반공·반북의식을 총동원하였다.

민주화운동세력은 시위와 농성 등을 통해 가장 치열하게 군부독재에 저항하면서도 야당을 견인하지는 못하였다. 오히려 민주화운동세력의 급진적 성향과 과격한 방식의 시위는 정권의 탄압을 불러와 자체 동력의 소진을 가져오기도 했고, 야당과 분리됨으로써 탄압의 대상이 되기도 하였다. 특히 시민의 참여를 이끌어 내기는커녕 점차 괴리가 커져갔다. 5·3사건과 건대사건을 계기로 민주화운동세력은 기존의 이념적 급진성과 선도투쟁 위주의 과격한 운동방식에 따른 정권의 탄압과 대중의 이반에 대해 반성하며 '대중노선'을 모색하기 시작하였다.[12]

한편, 국회에서는 6월24일 헌법특위 구성안이 통과되어 개헌논의를 시작하였으나 야당은 직선제 개헌을, 여당은 내각제 개헌을 요구함으로써 실질적인 논의가 진전되지 않았다. 이에 양 김씨는 9월 여야실세회담을 요구하며 헌법특위 활동을 중단하였고, 11월 말부터는 장외투쟁(개헌현판식 서울대회)에 돌입하였다. 장외투쟁에는 대중노선으로 전환한 민주화운동세력이 함께 참여했으나 정권에 의해 봉쇄되어졌다. 12월 24일에는 선민주화 조치 후 내각제 협상을 고려할 수 있다는 소위 '이민우 구상'이 발표되었다. 이에 대해 양 김씨는 즉각 반발하였다. 이민우 총재는 "내가 주장한 민주화 7개항이 실현되면 국민들은 더 이상 체제문제에 대해 시비를 걸지 않을 것"(한국기독교사회연구원 편, 1988, 27쪽)이라고 주장하면서 다른 한편으로는 양 김씨를 만나 직선제 고수의지를 밝히는 등 3월까지 애매한 태도를 보임으로써 결국 신민당의 붕괴를 가져왔다.

2) 분할통치의 위기와 4·13호헌조치

신민당은 장외에서 여타 민주화운동세력과 결합하였을 때를 제외하고는 군부권위주의 정권의 협상의 대상으로 인정받지 못하였고, 민주화운동세력과 분리되어 협상의 대상이 되었을 때는 아무것도 강제

---

[12] 대중노선은 박종철 고문치사사건과 관련된 국민대회는 물론 4·13조치 이후(한국기독교사회문제연구원, 1987a, 18쪽), 그리고 6월항쟁 과정과 6·29선언 이후까지도 지속되었다.

할 수 없는 모순적 입장에 처해 있었다. 즉, 신민당의 부상은 한편으로는 제도 내 강고한 저항세력의 형성을 의미했지만 다른 한편으로 정권으로 하여금 저항세력의 직접적 분출을 억제시키는 기재로 활용되기도 하였다.13) 이와 같은 이중적 위치는 이미 예견된 것이었다. 군부정권이 신민당의 부상에 대해 당황해 하면서도, '여야 간의 합의'를 명분으로 개헌 논의를 의회로 한정시키려고 하였으며(한국기독교사회문제연구원, 1987a, 4쪽) 언론들도 "신민당이 재야와 운동권 학생에서 벗어나지 못할 경우 야당은 과격세력의 교두보가 될 것이며 정치의 장을 파괴할 것이라고 주장"하며 "원내정치를 활성화하고, 과격주의를 지양"(『경향신문』 1987년 2월 18일자, 2면)해야 한다고 야당을 압박하고 있었다. 다른 한편 이와 같은 위치는 야당으로 하여금 원내와 장외를 오갈 수 있는 일정한 정도의 자율성을 갖게 해 주기도 했다.

군부권위주의 정권은 체제외적인 세력과 야당을 구분하고, 제한된 틀 내에서 제한적이고 형식적으로 개헌 논의를 진행하려고 하였다. 즉, 민주화요구를 제도의 틀로 끌어들이고 민주화 세력의 분열을 조장하는 한편, 대중 동원에 기초한 직접적인 저항을 무력화함으로써 현행 체제를 유지하려 한 것이다. 12월 24일 발표된 이민우 구상은 국민들의 민주화 요구에 대해 의사 민주주의 조치와 야당의 포섭을 통한 내각제 개헌이라는 체제변화를 도모함으로써 권력을 안정적으로 이양하려는 군부권위주의 정권의 계획의 일환으로 진행된 것이었다. 그러나 87년에 들어서 신민당에 대한 포섭과 민주화운동세력에 대한 성공적 억압으로 일방적인 정치일정을 강행하려던 군부권위주의 정권의 발목을 잡는 두 가지 사건이 발생하였다. 하나는 새해 들어서자마자 발생한 박종철군 고문치사사건이었고, 다른 하나는 통일민주당

---

13) 이것은 비단 '신민당'이라는 정당의 성격일 뿐만 아니라 갈등관리라는 '정당'일반이 공유한 기능이기도 하다

창당이었다. 전자는 군부독재정권의 정당성에 큰 상처를 냈을 뿐만 아니라 다소 침체되었던 민주화운동세력을 결집시키는 계기로 작용했으며, 후자는 야당의 포섭에 의한 안정적 정치일정 진행에 파열음을 낸 사건이었다.

먼저 각종 공안탄압과 야당에 대한 포섭으로 민주화 요구를 억누르던 가운데 87년 1월 14일 박종철군 고문치사사건이 발생했다. 군부권위주의 정권은 이를 단순 쇼크사로 축소, 조작 하려 했으나 얼마가지 않아 고문 사실이 폭로되었고, 이를 규탄하는 시국성명, 시위, 시국미사 등이 잇따랐다. 그동안 침체되었던 민주화운동세력은 '고 박종철군 국민추도회 준비위원회'를 구성하고 '고 박종철군 범국민 추도대회(2·7대회)'와 '고 박종철군 49재와 고문추방 민주화 대행진(3·3대회)'을 연이어 개최하였다. 군부권위주의 정권은 이들에 대해 불법으로 규정하고 재야인사 수백 명을 가택에 연금했으며, 민추협과 전국 대학을 수색하는 한편 당일에는 경찰 "전 병력의 반이 넘는 6~7만 명을 동원"(서중석, 2007, 192쪽)하여 대회장을 원천봉쇄하고 검문검색을 진행하는 등 탄압으로 일관했다. 경찰의 봉쇄로 인해 2·7대회와 3·3대회가 저지되자 전국에서 수만 명의 시민이 대규모 시위를 전개하기도 했지만 군부권위주의 정권의 물리력을 넘어설 만큼 위협적이지는 못했다. 그러나 이 사건은 '대중노선'에 대한 검증과 민주화운동세력을 다시 규합하는 계기로 작용했으며, 향후 축소은폐 사실이 드러나면서 항쟁의 직접적인 원인으로 작용하였다.

다음으로 4월 8일 양 김씨가 자신을 따르는 국회의원 74명을 신민당에서 탈당케 한 사건은 군부권위주의 정권의 정치일정에 영향을 미친 또 하나의 중요한 사건이었다. 양 김씨는 "직선제 개헌"을 주장하며 선명야당 창당을 선언했다. 이것은 이민우 구상, 즉 군부권위주의 정권이 구상한 의사 민주화 조치와 야당의 포섭에 의한 내각제로의

정권이양과 배치되는 것이었다.[14]

양 김씨의 반발로 인해 내각제 개헌 추진이 차질을 빚어진 가운데 민주화운동세력의 저항을 통제할 수 있다는 확신을 갖은 군부권위주의 정권은 4·13호헌조치를 발표했다.[15] 4·13호헌조치는 제도적 수준을 포함한 모든 개헌논의를 봉쇄한다는 것을 의미했다. 4·13호헌조치가 발표되자 재야세력은 물론 학계와 종교계 등 각계에서 시국선언이 발표되는 등 저항이 조직되기 시작했다. 5월 1일에는 "직선제 개헌"을 내세우며 김영삼을 총재로, 김대중을 고문으로 하는 통일민주당이 창당되었다. 군부권위주의 정권은 공안기관은 물론 조직폭력배까지 동원하여 창당을 방해하고 탄압을 자행했다. 야당에 대한 적나라한 폭력을 행사한 통일민주당 창당방해 사건은 국민들의 공분을 일으켜 6월항쟁에 참여하게 하는 또 하나의 요인으로 작용하였다.

3) 최대다수연합의 형성과 6월항쟁의 전개

한국에서 민주주의 이행을 가져온 6월항쟁이 성공할 수 있었던 것은 무엇보다 민주주의를 요구하는 모든 세력이 최소요구조건으로 최대다수연합을 형성했고, 그 결과 시민들의 지지와 참여를 이끌어 냈기 때문이다. 최대다수연합이 형성되지 못했다면 일반 시민들의 폭발적 참여를 이끌어 내기 어려웠을 것이며, 군부독재정권의 이데올로기적 공세와 물리력에 대항할 수도 없었을 것이다. 이 과정에는 학생운

---

[14] 그동안 전두환 정권은 의회에서의 합의가 국민들의 합의와 동일한 것이라는 논리로(민정기, 1987, 169~170쪽) 의회 내 여야 간의 합의를 요구했었다.

[15] 『기사연 리포트』에서는 "호헌조치를 불가피하게 했던 가장 중요한 요인은 87년 내 개헌이 실현되었을 경우, 반드시 치러야 할 국회의원 총선거에 대한 부담 때문 이었다"고 서술하고 있다. 이처럼 당시 분위기는 내각제 역시도 여당에게 안정적인 정권이양을 보장할 수 없을 정도였다.(한국기독교사회문제연구원, 1987a, 6쪽)

동을 중심으로 한 민주화운동세력의 대중노선으로의 전환과 종교계 등의 노력, 직선제 개헌을 명확히 하는 선명 야당 출현 등 이전과 다른 조건이 형성되었다.

아무도 예상하지 못했던 6월항쟁은 박종철군 고문치사사건에 대한 축소은폐와 4·13호헌조치, 통일민주당에 대한 적나라한 탄압, 이한열 최루탄 피격 등에 대한 국민들의 공분이 민주화열망과 맞물려 촉발되었다. 여기서 소위 '중산층'이라 일컬어졌던 일반 시민이 참여한 것은 쉬운 참여조건의 영향이기도 했지만 4·13조치와 통일민주당에 대한 탄압정책으로 더 이상 민주화 요구를 위임할 대상이 존재하지 않았다는 것과도 관련되어 있다.

5·18광주민중항쟁 7주기를 앞두고 전국 경찰에 갑호비상령이 발동된 가운데 명동성당에서 진행된 '5·18광주희생자 추모미사'에서 "박군 고문치사사건의 진상이 조작되었다"는 성명이 천주교 정의구현사제단 명의로 발표되었다. 4·13호헌조치에 이은 민주당 창당방해 사건, 그리고 박종철군 고문치사사건 범인 조작에 대한 폭로로 국민들은 더욱 분노하였고, 재야인사 등 134명은 기독교회관에서 '박종철 고문살인은폐조작규탄 국민대회준비위원회'를 결성하고 6월 10일 규탄대회를 갖기로 하였다. 5월 27일에는 민주당, 종교, 재야단체 등 민주화를 요구하는 모든 세력이 결합하여 민주헌법쟁취국민운동본부(국본)를 결성하였다. 국본 결성과정에서 야당의 참여여부를 놓고 재야운동의 순수성 유지를 위해서 배제하자는 입장과 전 국민적 투쟁을 위해서는 전 민주세력을 결집해야 한다는 주장이 대립했으나 후자로 결정되었다.(민주화운동기념사업회 외, 2007, 194쪽) 이로써 86년 5월 이후 결별한 야당과 민주화운동 세력이 다시 결합했고, 국본은 명실상부한 민주화운동의 중심으로 부상했다.

양자의 재결합은 야당이 4·13호헌조치 이후 군부권위주의 정권에 의해 그 존재를 부정당함으로써 제도정치세력으로 활동하는데 제약이 있는 상황이었고, 대중노선을 표방한 민주화운동세력은 온건화 되어 이해관계가 일치하였기 때문이었다. 민주화를 요구하는 모든 세력이 총망라된 국본에서는 가장 온건한 수준인 "호헌조치 철폐와 민주헌법 쟁취"로 요구사항이 결정되었다. 이것은 우선 직선제가 민주화와 동일시되었다는 데에 있었다. 85년 2·12총선의 경험은 국민들의 직접 선택으로 민주화를 이룩할 수 있다는 생각을 갖게 하였다. 특히 4·13호헌조치 취소와 직선제 쟁취는 군부독재정권 퇴진, 즉 민주화 이행과 다른 것이 아니었다. 뿐만 아니라 최소요구 수준은 가장 보수적이었던 야당의 요구상황과 다르지 않았으며,[16] 최대다수연합의 성사 여부도 야당의 참여여부에 달려있었다. 야당의 참여는 단순히 최대다수연합이 완성되었다는 것 이상의 의미를 갖는다. 학생운동을 제외하고는 조직이 미약한 상황에서 야당은 조직이나 자금 등의 동원에 있어 중요한 역할을 할 수밖에 없었고, 국본의 활동이 야당과 결합되었기 때문에 일간지의 1면에 기사화될 수 있었다는 점을 고려하면 여론을 형성하는 데에도 큰 영향력을 발휘하였다.[17]

군부권위주의 정권은 '박종철군 고문치사 조작·은폐 규탄 및 호헌철폐 국민대회(6·10대회)'를 앞두고 전국 경찰에 갑호비상을 발동하고, 주요인사에 대한 가택연금과 전국대학에 대한 수색을 진행하는 한편, 당일 날에는 대회장인 성공회대성당을 원천봉쇄하였다. 6월 9일

---

16) 야당을 포함한 민주화 세력은 일부에서 군부독재 청산에 기초한 민주화 이행을 요구했을 뿐 대체적으로 정권의 일방적 정치일정 진행을 저지하고 여당과 협상을 통한 민주화 이행이라는 입장에서 크게 벗어나지 않았다. 당시 여당의 일방적인 정치일정 진행 또는 호헌조치 가능성에 대해 국민들은 "합의개헌"을 요구하였고, 야당은 제도적 수준에서 개헌논의가 진행된다면 제도정치의 영역으로 복귀한다는 입장에서 벗어나지 않았다.

17) "민주당의 금후의 향배는 대중적 조직운동이 미약한 한국에서의 정치변화에 큰 변수로 작용할 것임은 틀림없다"(한국기독교사회문제연구원, 1987a, 34쪽)는 평가는 당시 통일민주당의 영향력을 잘 드러내 주고 있다.

에는 연세대 이한열군이 최루탄에 피격당하는 사건이 발생함으로써 학생들의 참여를 더욱 촉발시켰다.

6·10대회에서 6·18 '최루탄 추방의 날(최루탄 추방대회)', 6·26 '민주헌법 쟁취를 위한 국민평화대행진(국민평화대행진)'으로 이어지는 6월항쟁은 군부독재정권은 물론 민주화운동세력도 전혀 예상하지 못한 것이었던 만큼 그 위력은 대단한 것이었다. '민정당 제4차 전당대회 및 대통령 후보 지명대회'에 맞춰 진행된 6·10대회에서는 전국 22개 지역 30여만 명이 참석하였다. 경찰에 쫓긴 일부 시위대는 명동성당으로 밀려들어가 농성을 시작하였다. 국본과 서대협 등에서 시위를 중단 입장을 표명하는 등 농성 여부를 놓고 논란이 발생한 가운데 명동성당 농성은 6·10대회 이후 명동성당을 민주화의 거점으로 부상시켰다. 특히 국민의 이목이 집중된 가운데 주변의 학생, 회사원이 지지를 표명하거나 시위에 참여함으로써 6월항쟁에 소위 '중산층'으로 일컬어진 일반 시민들이 참여하는 계기로 작용하였다. 6·10대회 이후 시위가 가장 격렬하게 벌어진 부산에서는 17일 계엄령설이 나돌기도 하였다. 시위가 지속되자 국민들의 민주화 요구에 강경한 입장을 취하던 군부권위주의 정권은 야당에게 회담을 제안하는 등 대책마련에 부심했다.

6월 18일을 최루탄 추방의 날에는 전국 16개 도시에서 150만 명이 참여하는 등 시위규모가 갈수록 확대되었다. 특히 부산에서는 약 30만 명이 참석하여 경찰이 시위진압을 포기하기도 하였다. 군 투입설[18]이 유포되는 가운데 정부와 여당은 긴급고위비상시국대책회의를 개최하

---

[18] 6월 29일 오전 10시 30분에 군 고위 관계자들을 소집, 군 병력배치계획을 결정·시달하였는데, 이것은 밤 8시 비상 국무회의를 소집하여 비상조치권 발동 절차를 밟고, 밤 9시에 생방송을 통해 비상조치에 관한 담화를 발표한다는 전제 아래 진행된 것이었다. 그러나 군대동원은 오후 2시 예정되어 있던 미국 릴리 주한 미국대사와 면담 이후 유보되었다.(김성익, 1993, 419~420쪽)

고, 그동안 소극적이었던 미국도 레이건 대통령이 전두환 대통령에게
친서를 전달하는 등 긴박하게 움직이기 시작했다.(서중석, 2007, 196쪽)

비상조치설이 유포되는 가운데 국본은 국민대회 개최 여부를 놓고
강행할 것을 주장하는 세력과 야당이 제안한 영수회담에 대한 반응을
기다리며 신중을 기해야 한다는 세력(야당)으로 나뉘어졌다. 23일, 국
본은 논쟁 끝에 26일 국민평화대행진을 개최하기로 하였다. 국민평화
대행진을 앞두고 전두환 대통령과 김영삼 민주당 총재가 영수회담을
진행하였으나 직선제 요구가 받아들여지지 않음으로써 성과가 없이 끝
났다.[19] 국민평화대행진은 전국 27개 도시에서 약 150여만 명이 참석
하는 등 유례없는 규모로 전개되었다. 국민평화대행진은 군부권위주의
정권이 경찰력만으로 시위를 진압할 수 없다는 것을 드러내 주었다.

6월 29일 노태우 민정당 대표위원은 시국수습을 위한 특별선언
(6·29선언)을 발표하였고, 7월 1일 전두환 대통령이 8개항 모두를 수
용한다고 발표하였다. 7월 9일 서울에서 1백만 명, 부산에서 30만 명,
광주에서 50만 명이 모인 가운데 이한열군 장례식이 거행되었고, 추
모식을 끝으로 6월항쟁은 대단원의 막을 내리게 되었다.

6월항쟁 과정에서 결정적인 역할을 한 '중산층'이 처음부터 항쟁에
결합한 것은 아니었다. 6월항쟁에서 '중산층'은 조직화되지 않은 주권
자로서의 '국민들'이었고, 운동세력과 대비되는 '개인들' 또는 '시민들'
이었다. 이들은 처음에는 학생운동, 재야, 야당의 소극적 지지자였으
나 적극적 지지자로, 그리고 참여자로 점차 변해갔다. 이들이 정권이

---

[19] 이날 진행된 영수회담은 전두환 대통령이 시국 수습을 위해 각계 인사들(윤보
선·최규하 전 대통령, 김수환 추기경, 한경직 목사, 서의현 조계종 총무원장) 및
야당 인사(이민우 신민당, 이만섭 국민당 총재)를 만나는 계획의 일환으로 추진
되었다. 오전에 진행된 전두환─김영삼 영수회담에서는 큰 성과가 없었으나 같
은 날 오후 진행된 이만섭 총재와의 회담에서는 김대중 사면복권을 전제로 '직선
제'를 수용할 용의가 있다는 입장을 피력했다는 증언이 있다.(민정기, 1993, 425
쪽 ; 『한국일보』 2002년 10월 5일자, 19면)

규정한 '안정희구 세력'이 아니라 항쟁의 주체로 변화한 것은 갈수록 강도를 더해가는 군부권위주의 정권의 반인권적 통치가 그 일차적 원인이지만 다음과 같은 요인들도 중요한 영향을 미쳤다.(이영제, 2010, 미간) 첫째, 제도적 수준에서의 참여와 실패의 경험이다. 일반 시민들이 민주화운동의 주체로 나선 것은 정치적 위임을 받은 야당의 무력화와 이에 따라 제도적 차원에서 개헌가능성이 봉쇄된 것 때문이었다.[20] 둘째, 운동의 대중화와 최대다수연합의 형성에 따른 정당성이다. 대중노선에 따른 비폭력 투쟁과 온건한 주장은 국민들의 공감을 살 수 있었으며 최대다수연합으로 정당성을 획득할 수 있었다. 셋째, 낮은 요구조건과 쉬운 참여방식이다. 국민이 지도자를 선출해야 한다는 것에 대해서는 누구나 동의할 수 있는 것이었으며, 출근시간에 각 지역에서 진행된 시위와 경적 울리기, 손수건 흔들기와 같은 쉬운 참여를 용이하게 하였다. 넷째, 넥타이 부대의 참여는 '보통사람'들도 시위에 참여하고 있다는 징표로 여겨졌고, 시위가 확대됨에 따라 직접 시위를 경험할 수 있게 되었다. 이것은 언론의 왜곡효과 감소 및 희생비용을 절감시켰다.

민주화운동 세력의 대중노선은 시민들이 쉽게 항쟁에 동참할 수 있도록 했지만 다른 한편으로 항쟁과정과 항쟁 이후 대중들의 열망과 정세적 요구를 반영하지 못하는 한계를 노정하기도 하였다. 예를 들면, 6월항쟁을 지속시키는 동시에 넥타이 부대의 본격적인 결합을 알

---

[20] 이들은 그동안 민주화 요구를 야당에게 위임하고 직접적으로 민주화 대열에 참여하지 않았다. 이들의 잠재화는 6·29선언 이후에도 반복되어지는데, 이것은 시민들이 그 이념적 성향이 아니라 체제 내 대안세력의 존재, 제도 정치에서의 대변 여부, 저항의 비용 등에 따라 참여수준을 결정해왔다는 것을 의미한다. 6월항쟁 전개과정에서도 일반 시민들의 저항의식 표출과 참여는 이와 같은 제도 내 대안세력 실제적 존재여부(제도적 해결 가능성의 여부)와 관련되어져 있다. 이처럼 대부분의 경우 일반 시민들의 태도 변화는 보수화 또는 급진화와 같은 '성향'의 변화이기 보다는 '조건' 변화에 기인한 것이다.

림으로써 항쟁의 촉매재로 작용한 명동농성에 대해 국본 지도부와 서대협 등은 해산을 요구하기도 했으며, 시위 과정에서도 참여한 시민들의 요구와 달리 '도망가는 방식'의 소극적 방침을 고수하였다. 항쟁 이후에는 노동자 대투쟁 국면에서 '수해복구 활동'에 집중하는 등 오류를 범하기도 하였다.[21]

4. 6월항쟁의 확장과 좌절 : 노동자 대투쟁과 87년 대선의 의미와 한계

1) 노동자 대투쟁과 민주주의 급진화

6·29선언으로 선거를 통한 민주화 이행이 확실한 것으로 받아들여지고, 이를 제도화하기 위한 여야 간의 정치협상이 진행되는 가운데 노동자 대투쟁이 전개되었다. 6월항쟁과 동일하게 노동자들의 분출도 전혀 예상치 못한 것이었다.

그동안 한국에서 노동 관련 균열은 민주화, 통일과 같은 여타 균열이 분출될 수 있었던 것과 달리 철저히 억압되어 중요한 균열로 부상되지 못하였다. 유화국면에서 야당이나 여타 민주화운동세력들은 조직을 정비하고 세를 확장함으로써 민주화의 주역으로 나설 수 있었으나, 노동자들에 대해서는 최소한의 정치적 개방조차도 이루어지지 않았다.(윤상철, 1997, 93쪽) 더군다나 노동자들은 권위주의정권뿐만 아

---

[21] 국본과 서대협의 '대중노선'은 단기적 항쟁이 아닌 장기적 관점에서 도출된 것이었다. 일반 국민들의 분출이 국본과 민주화운동세력의 전망을 뛰어넘었음에도 불구하고 국본은 여전히 대중노선을 고집하게 됨으로써 주도력을 발휘하지 못하였다.

니라 사용자로부터의 억압이라는 이중적 억압구조에 갇혀 있었다. 따라서 노동자 대투쟁은 비록 그것이 6월항쟁의 의식적 계승과 발전 속에서 나온 것은 아니었지만(정해구 외, 2005, 119쪽) "국가권력 및 지배세력의 힘과 민중의 힘이 최초의 힘의 균형 상태로 들어간 혁명적 대사건"인 6월항쟁(최장집, 1993, 134쪽)과 그것으로부터 시작된 정치적 개방국면이 없었다면 발생하지 못했을 것이라는 점에서 6월항쟁의 가장 가시적인 성과로 볼 수 있다.

노동자 대투쟁은 주체의 측면에서도 6월항쟁의 성과에 기반을 두고 있었다. 항쟁과정에서 조직 또는 집단으로서 노동자의 기여는 크지 않았지만 시민으로써 노동자들의 참여는 활발하게 이루어졌고, 그것은 항쟁의 확대과정과도 연결되어 있다. 즉, 노동자들은 대도심에서 낮에 진행되는 시위에는 참여하지 못했지만 퇴근 후 자연스럽게 시위에 결합하거나 시위를 목격할 수 있었으며, 때로는 공단지역에서 독자적으로 시위를 전개하기도 하였다. 이와 같은 항쟁의 직·간접적인 경험은 정치적 개방과 더불어 노동자 대투쟁의 중요한 기반이 되었다.[22]

노동자 대투쟁은 한국 역사상 초유의 광범위한 노동자 대중투쟁이었다. 울산에서 시작된 투쟁은 현대계열사로 확산되었고, 여타 지역과 업종으로 번져나갔다. 87년 발생한 노동쟁의는 9월 13일 현재 3,365건으로 이중 3,241건이 6·29 이후 집중적으로 터져 나왔다. 이는 하루 평균 44건 발생한 것으로 86년 평균 0.76건에 비해 무려 58배나 증가한 것이다. 80년 봄 발생한 노동쟁의가 407건이라는 사실을 비추어 보아도 6배를 상회하는 숫자였다.(한국기독사회연구원, 1987c, 44쪽) 당시 노동부의 발표에 따르면, 단위노조의 경우도 86년에는 124개, 87년 상반기 67개가 설립된 반면 6·29 이후에는 7월에 126개, 8월에 684개,

---

[22] 6월항쟁에서 노동자가 조직적으로 기여한 바가 없다는 것이 노동자 대투쟁이 단순히 경제투쟁이었다는 것으로 폄하하는 근거는 되지 못한다.

9월 들어 열흘 동안 250개 등 70일간 1,060개가 설립되었다.(『동아일보』1987년 9월 10일자, 11면) 투쟁의 내용에 있어서도 이전의 임금인상 요구 일변도에서 벗어나 어용노조 퇴진 및 (민주)노조 설립, 근로조건(권위주의적 통제체제) 개선 등을 요구하였다. 특히 두발자유화, 차별적 성과급 폐지와 같은 억압적 노무관리(권위주의적 통제체제) 개선을 요구하는 등 그동안의 억압적 분위기에서 요구하지 못했던 작업장 민주화를 정치 민주화의 연장선상에서 요구할 수 있었다.

군부권위주의 정권도 항쟁 직후 전개된 노동자의 분출에 대해 '합법적이고 건전한 노동운동은 긍정적'으로 사용자들도 이를 긍정적으로 받아들여야 한다는 온건한 입장을 표명하였다. 그리고 '과격한 노사분규 자제'를 요청하며 개입을 억제하겠다는 입장을 밝히며 공권력 행사를 자제하였다. 그러나 '현대그룹 노조협의회'가 창립되고 울산이 투쟁의 중심으로 부각되는 한편, 일부 지역에서 가두시위가 전개되는 등 투쟁이 확산되자 '불순세력 선동 개입', '국민 일상생활 지장', '국민경제 타격' 등의 이유로 정부의 개입을 시사 하였다. 8월 20일에는 검찰과 유관기관이 중앙 및 각 지점에 "합동수사본부"를 두기로 하고 21일에는 대통령이 하계 기자회견에서 "좌경문제의 심각성"을 거론하여 확고한 입장을 가져야 한다고 주장하였다. 이에 당일 치안본부는 "위장취업자와 외부세력의 개입을 색출한다"는 내용을 포함한 '좌경척결을 위한 3대 방안'을 발표했다. 22일에는 대우조선 이석규 씨가 최루탄에 맞아 사망하는 사건이 발생하였고 국본을 포함한 민주화운동세력은 이 사건에 적극 참여하였다. 장례식 하루 전인 27일 김정렬 총리는 '좌경용공세력 척결을 위한 담화'를 통해 노사분규에 좌경불순세력의 침투기도가 매우 심각한 상태에 이르렀다고 주장하였다. 이어 장례식 과정에서 시신을 탈취하여 빼돌리는 한편, 전국에서 진행된 추모대회를 강제로 해산시키고 추모에 참여한 인사들을 대거 연행하였다. 이후 정부는 노동자들의 분출에 대해 폭력 과격 및 좌경용공으로 매도하면서 경찰을 동원하여 폭력적으로 탄압하였다.(한국기독사회 문제연구원, 1987c, 54~58쪽) 이 과정에서 사용자는 구사대를 동원하여 노동자들에게 폭력을 행사하거나 노조 설립을 방해하였는데, 이것은 민주항쟁에도 불구하고 노동자들이 여전히 정권과 사용자라는 이중의 억압체제로부터 벗어나고 있지 못함을 의미하는 것이었다.

군부권위주의 정권은 노동자들의 분출이 확대되자 이를 체제위협적인 것으로 인식하고(김성익, 1993, 496~501쪽) '비상조치'를 검토하는 등 강경하게 대응하였다. 뿐만 아니라 이를 적극적으로 돌파함으로써 향후 선거 국면에서 유리한 입장을 확보하려고 하였다. 특히 이석규 씨 사망사건을 계기로 국본 등 민주화운동세력이 이에 가세하며, 정치적으로 확산될 가능성을 보이자 이를 적극적으로 차단하려고 하였다. 노동자들의 분출을 국본 등 민주화를 요구했던 세력의 개입과 선동 하에 진행되는 전복시도로 매도하면서, 정치협상과 선거 과정에 영향을 미치려고 했던 민주화운동세력을 야당 또는 국민들과 분리시키려고 하였다.

노동자 대투쟁은 그동안 일정한 틀 내에서 진행되어온 체제개방에 대한 도전으로써 민주화 조치의 제한성을 드러낼 뿐만 아니라 6·29선언의 무력화 가능성을 내포하고 있었다. 6·29선언은 '사회 변혁적 세력'의 분출23)과 군부의 개입가능성이라는 두 가지 방향에서 압력을 받았다. 좌로부터의 압력은 상징적이었던 반면, 우로부터의 압력은 비상조치와 같은 실제적인 것이었다.

노동자 대투쟁의 가장 직접적인 성과는 노동조합의 증가로 대표되

---

23) 노동자 대투쟁은 당시 상황에서 정치적 민주화를 넘어서는 사회·경제적 민주화를 요구했다는 점에서 급진적 성격을 갖는 것이었다. 이점에서 변혁적 성격을 갖는다고 볼 수 있으나 실제로 그것이 사회 변혁으로 이어질 수 있었는가는 투쟁의 성격과는 별개의 문제이다.

는 단위 사업장에서의 민주화가 향후 노동체제 재편의 맹아가 되었다는 것이다. 노동자 대투쟁 과정에서 "단위 노동조합의 증가는 한국노총 및 16개 산업별노조연맹의 기존질서에 상당한 변화를 초래"(『동아일보』 1987년 9월 10일자, 11면)하는 것으로, 노동자들의 투쟁이 단위 사업장 위주로 분산적으로 전개되었지만 큰 틀에서 그동안 진행되어 온 노동체제의 붕괴를 초래할 수 있는 것이었다.

노동자 대투쟁과 관련한 중요한 이슈 중의 하나는 노동자 대투쟁으로 중산층이 민주화운동세력에게서 이반하였는가 하는 것이다. 중산층은 직접 참여하지는 않았지만, 정당한 편이라고 인식했다는 연구(윤상철, 1997, 190쪽)에서와 같이, 노동자 대투쟁에 대한 중산층의 정서적·도덕적 이반은 가시적이지 않았다 할지라도, 경제적, 공간적으로는 민주화운동세력과 분리되어졌다. 특히 항쟁의 조건이라는 측면에서 노동자 대투쟁이 6월항쟁과 같은 전 국민적 항쟁으로 발전하지 못한 것은 다음과 같은 차이에 기초한 것이었다. 첫째, 6월항쟁 당시에는 모든 가능성이 봉쇄되어 있었지만 6월항쟁의 결과 선거를 통해 민주화를 성취할 수 있을 것으로 예상되었다. 따라서 '지금'이 아니더라도 향후 선출된 민주정부에서는 그와 같은 이슈들이 보다 손쉽게 해결될 것이라고 보았다.

둘째, 운동세력은 선거 국면이라는 현실적 정치상황과 야당에 대한 불신, 그리고 대중노선의 추구 속에서 소극적으로 대응하였다. 학생운동과 재야세력의 경우 당시 야당들을 보수야당으로 규정하고 민주주의와 관련된 다양한 근본문제들을 해결하지 못할 것으로 분석하고 있었다. 그리고 이들 운동의 주류세력은 주요모순을 반미·민족해방으로 설정하는 한편 이를 위해 대중들을 조직화하여야 하며, 이를 위해 과격주의·모험주의를 극복하고 대중노선을 강화해야 한다는 장기적 관점에 있었다.

셋째, 참여의 방법과 관련하여 6월항쟁이 갖는 조건이 노동자 대투쟁에서는 형성될 수 없었다. 6월항쟁과 달리 투쟁의 현장과 이슈가 개별사업장 중심이었고 일정이 상이했으며, 투쟁도 주로 유동인구가 많은 대도시가 아니라 도심 외곽의 작업장에서 위주로 이루어졌다. 따라서 일반인들은 참여할 수 없었다. 그러나 울산과 같은 공업도시에서는 그 특성상 가족의 참여가 두드러짐으로써 6월항쟁과 유사한 양상을 보이기도 하였다.

노동자 대투쟁은 그 이슈의 특성상 '경제적 투쟁'으로 치부되기도 하지만 "정치적 함의에서 그것은 사업장 수준에서 뿐만 아니라 정치의 억압구조 전체에 저항하는 정치적, 계급적 성격을 띠었다."(최장집, 1993, 184쪽) 노동자투쟁의 이슈가 임금인상과 같은 처우개선이 주된 것이었지만, 임금억제와 이를 위한 억압적 작업장 구조는 경제적 문제이기를 넘어 정치적인 것이기도 하였다.

민주화 세력이 제도정치의 복원 이외에 민주주의의 실질적 대안을 갖고 있지 않은 상황에서 발생한 노동자 대투쟁은 향후 민주주의가 전개되는 방식과 내용을 담고 있는 것이었다. 독재정권이 억누르고 있는 다양한 억압들이 비단 정치적인 것일 뿐만 아니라 사회·경제·문화적인 것이었고, 그것을 억누르고 있는 정치적 억압구조가 이완된 개방국면에서는 다양하고 자연스럽게 분출되어질 수밖에 없었다. 이처럼 노동자 대투쟁은 민주주의의 사회, 경제적 기반을 확장시키는 계기였다는 점에서 6월항쟁이 빈 공간으로 놔둔 민주주의의 확장기획을 담고 있다고 평가할 수 있다.

역설적이게도 노동자들의 분출은 너무 이른 것이기도 했다. 민주주의가 정치와 제도를 넘어 사회, 가족, 문화, 작업장에서의 보편적인 가치로 확장된다는 관점에서 볼 때 노동자들의 분출은 매우 자연스러운 것이었다. 그러나 정치적 민주화의 첫발을 내딛는 시점, 즉 6월항쟁의 성과에 대한 역진 가능성이 남아있는 상황에서 전개된 사회·경제적 민주화 요구로써 노동자 대투쟁은 한계를 지닐 수밖에 없었다. 정치적 민주주의의 엄호 없는 사회·경제적 민주주의에 대한 요구는 상대적으로 보다 급진적인 것으로 인식되기 때문이다. 앞서 민주주의를 쟁취한 많은 국가들의 경우도 정치적 권리와 사회·경제적 권리는 동시에 쟁취되지 못했고, 순차적이고 점진적으로 획득되었다.(Marshall, 1992) 노동자 대투쟁은 의도하지 않은 결과로 군부권위주의 정권과 야당으로 하여금 개헌협상을 서둘러 마무리 짓게 하는 중요한 요인으로 작용했다.

2) 6·29선언과 87년 대선 : 민주주의의 답보

군부권위주의 정권은 6월항쟁에서 보여준 국민들의 민주화 요구에 대해 대통령 직선제 개헌 수용을 골자로 하는 '6·29선언'을 발표하였다. 그동안 군부권위주의 정권은 내각제 개헌 또는 호헌의 입장이었기 때문에 6·29선언은 사실상 국민들의 민주화 요구에 대한 항복 선언이었다. 그러나 6·29선언은 군부권위주의 정권의 퇴진을 의미하지도 않았고, 민주주의의 이행을 보장한 것도 아니었다. 6·29선언은 국민의 민주화 요구에 대한 군부권위주의 정권의 항복인 동시에 "노도와 같은 대단위적 대중동원과 날로 급진화 되어가는 결사체의 뇌관을 제거하기 위한 정치적 고안"(Harding and Petras, 1988 참조)의 성격을 지니고 있었다. 6·29선언은 6월항쟁 이전 분리통치의 연장선상에서 '대통령 직선제 수용'을 매개로 야당을 의회 안으로 포섭함으로써 대중과 분리하는 한편, 민주화의 인물적 대안으로서 양 김씨의 분열을 획책하는 것이었다. 즉, 아래로부터의 항쟁에 의해 촉발된 6·29선언은 위로부터, 항쟁의 성공을 가능하게 한 최대다수연합의 해체와 이들로부터 중산층의 이탈, 그리고 양 김씨의 분열을 가져왔다.

6·29선언 이후 민주화의 방향과 속도에 대해서는 두 가지 시각이 존재했다. 하나는 '선거'를 통해 민주정부를 수립한다는 입장 즉, 선거를 통해 군부권위주의 정권을 퇴진시킨다는 것이었다. 민주주의의 다양한 과제는 선거 또는 선거 결과 민주정부가 수립된 후에 해결될 것으로 보았다. 따라서 군부에 의한 반동국면 형성 가능성을 예의주시하면서 선거에 역량을 집중하고자 하였다. "선거를 통한 민주혁명과 민선민간정부의 수립"을 하반기 투쟁의 방향과 목표로 삼은 국본의 입장이 이를 대표하고 있다.(한국기독교사회문제연구원, 1988, 15쪽)

다른 하나는 '군부독재 타도'를 이룩한 후 선거 통해 민주정부를 수립해야 한다는 것이었다. 이 입장에서는 '선거'도 중요하지만 그와 같은 선거를 어떻게 만들어 가느냐에 따라 향후 민주주의의 속도와 방향이 달라질 것으로 보았다. 따라서 중요한 것은 '군부독재정권'의 퇴진과 민중민주 후보를 출마시키는 것이었다. 양자는 상이한 입장에 서 있으면서도 본질적으로 "선거가 가지는 개량성보다 혁명성에 보다 더 비중을 두었"다(한국기독교사회문제연구원, 1988, 25쪽)는 점에서 동일한 입장에 서 있었다.

7월 초, 민정당과 민주당은 각자의 개헌안을 마련하기 시작하였고, 7월 말부터는 민정당과 민주당 4인씩으로 구성된 8인 정치회담이 진행되었다. 노동자들의 분출에 대한 군부권위주의 정권의 비상조치 가능성 속에서 진행된 개헌협상은 5년 단임의 대통령 직선제 이외에 국정감사권 부활, 의회해산권 폐지 등 몇 가지 개선안만을 담은 채 합의되었다.[24] 6·29선언은 제도정치의 복원을 알리는 것으로 민주화의 실질적인 내용은 갖고 있지 않았다. 따라서 민주화운동세력은 군부세

---

[24] 개헌안은 국회 의결을 거쳐 10월 27일 진행된 국민투표에서 찬성 93.1%로 확정되었다.

력에 의한 반동국면이 일어나지 않도록 끊임없이 주의를 기울이면서 개헌협상에 실질적 민주화의 내용을 반영시키려고 하였다. 그러나 "정치의 무게중심이 일순간 거리에서 선거공간으로 이동하면서 힘의 중심은 일거에 운동으로부터 기존의 정당으로 이동"(최장집, 2002, 118쪽)했다. 따라서 협상과정에서 민주화운동세력은 개입할 여지가 없었다.

6·29선언이 "중간결산"(한국기독문제사회연구원, 1987b, 95쪽)이었음에도 불구하고, 사실상 민주화운동세력은 낙관론에 근거[25]하여 투쟁에서 벗어났다. 국본은 "'자주적 민주정부 수립을 위한 군부독재 타도론'은 원칙적으로 올바른 것이지만 현재로서는 선거를 통해 민정당에 압승하고 군부독재를 종식시키는 것에 대다수 국민의 관심이 집중되고 있으며 선거를 통한 길이 운동의 주체역량에 비추어 볼 때 현실적인 방안"이라고 주장했다. 대중들의 후퇴에 대해서는 국민대중이 조직화되지 않은 상태였음을 주된 원인으로 파악하고, "이러한 역량으로는 민주화를 불변의 대세로 지켜내기는(특히 군부의 재개입에 대해) 쉽지 않다"면서 "대중노선"의 강화를 통해 이와 같은 한계를 극복하려고 하였다.(한국기독교사회문제연구원, 1987c, 207~208쪽) 따라서 7월부터 6월항쟁이 만들어 놓은 개방국면에서 전국 각지에서 노동자들이 분출하였으나 민주화 세력은 이에 적극 결합하지 않았다. 하지만 대중노선에 입각한 대중의 조직화는 선거를 통한 민주정부 수립 이후를 대비한 장기적인 관점에 입각한 것이었다. 결국 민주화운동세력은 "사회운동의 성장을 정치적 균열 구조의 변화, 즉 정당 질서의

---

[25] 1987년 10월에 진행된 대담에서 이해찬의 발언은 당시의 분위기를 알 수 있다. "국민운동본부는 내년 봄쯤이면 자연히 해소될 연합기구이지 그것 자체가 민중운동의 연합적 조직체가 될 수는 없을 것 같습니다. 그래서 내년 봄 민주당이 집권하면 국민운동본부가 해체되면서……지금의 상황으로 봐선 민정당의 집권이란 상당한 부정선거나 쿠데타의 과정을 통해서 이뤄질 수밖에 없는 것으로 보이는데……"(사계절, 1987, 154쪽)

확고한 재편으로 연결시키지 못한 사례"(김동춘, 2001, 83쪽)로 민주화운동세력이 민주화 이행에 따라 주변화 되는 모순된 상황에 처하게 되었다.(이영제, 2005, 66쪽)

대통령 직선제 개헌이 진행되고 선거 국면에 돌입하자 양 김씨는 상호 대선출마를 선언하였다. 양 김씨의 분열은 6·29선언 과정에서 군부 권위주의정권이 노린 것이기도 하였다.[26] 6·29선언을 통한 김대중 씨 사면복권, 개헌협상과정에서 '단임 정신'을 명분으로 한 중임제 및 부통령제 반대 등은 이와 같은 가능성에 근거한 것이었다.[27] 선거 과정에서도 군부권위주의 정권은 김대중 후보가 우세를 보일 경우에는 김대중 후보에 대해, 김영삼 후보가 우세를 보일경우에는 김영삼 후보에 대한 집중적인 공세를 취하며 표를 양분시키려고 하였다. 뿐만 아니라 독자후보를 내세운 민민투에 대해서는 유화적 조치를 취하고, 야당을 지지하는 자민투에 대해서는 집중적으로 공세를 취하였다.(김성익, 1993 ; 한국기독교사회문제연구원, 1988a, 33, 284~285쪽)

본격적인 선거 국면에 돌입하자 민주화운동세력도 분열하기 시작했다. 그것은 단지 전술적 오류와 성급한 판단, 낙관주의에서 비롯된 것만은 아니었다. 민주화 이전에는 민주주의 여부 자체가 중요했으나, 민주화 이행 국면에서는 점차 어떤 민주주의냐 하는 민주주의의

---

[26] 이미 80년 서울의 봄 당시부터 양김의 분열 가능성은 존재했다. 박형규 목사는 회고록에서 80년 당시 김대중 씨가 군부와 미국 측에서 자신을 거부하지 않는다는 입장을 표명했고, 그에 따라 독자적인 정당 결성의사를 피력했다고 밝히고 있다.(신홍범, 2010, 358~359)

[27] 민주당은 협상초기 부통령제 및 대통령 4년 1차 중임 안을 제시했으나(『한국일보』 1987년 8월 4일자) 「단임 정신은 절대 양보할 수 없다」는 여권의 자세와 「그 문제로 개헌협상에 지장을 줘선 안 된다」는 김영삼 총재의 입장이 절충되 합의"되었다. "당초 두 김씨를 러닝메이트로 생각, 4년 1차 중임에 부통령제신설을 개헌안으로 내세웠던 야당은 양계파 모두 현재로선 출마의사를 굽히지 않고 있어 임기와 부통령제가 필요 없게"되었다.(『동아일보』 1987년 8월 4일자, 3면·1987년 9월 1일자, 2면 ; 한국기독교사회문제연구원 편, 1988, 238쪽)

내용이 부각된다. 즉, 이전과 같이 군부권위주의 정권을 반대하기 위한 민주화운동으로서 최대다수연합은 쉽게 형성될 수 있었지만 민주주의를 만들어가기 위한 운동으로서 최대다수연합 형성은 매우 어렵기 마련이다. 왜냐하면 민주화 이행 국면에서 최대다수연합은 가장 보수적인 지점에서 합의가 형성되는 최소가치연합이기 때문이다. 양김의 동시출마와 후보단일화 문제는 이와 같은 민주주의의 내용, 즉 민주화의 대안과 관련된 것이었다. 이를 테면 김영삼 후보의 당선을 친미보수대연합으로 바라보았던 학생운동과 민통련의 입장은 민주냐 반민주냐라는 갈등을 넘어서는 것이었다.

선거일이 다가오면서 양김의 단일화 가능성은 더욱더 멀어졌고, 87년 대선에서는 민주화 세력은 패배하였다. 기존의 정치, 경제, 사회적지배구조의 대변혁이 수반되지 않은 채 이루어진 선거민주주의만의 회복(임혁백, 1992, 379쪽)은 민주화 세력의 집권이라는 '단절적 이행'이 아닌 군부독재정권의 퇴진 없는 '연속적 이행'(Linz and Stepan edt., 1978, 35쪽)으로 귀결되었다.[28]

87년 대선은 장기적 관점의 부재하에서 진행했던 민주화운동의 한계를 여실히 드러냈을 뿐만 아니라, 보다 중요하게 한국민주주의의 보수적 이행의 '구조적 틀'을 형성하는 계기로 작용했다. 우선 제13대 대선을 앞두고 형성된 한국의 정당체제는 "구체제의 정당체제"의 복원과정이었다. "길게 보면 80년대의 지난한 운동이, 짧게 보면 87년 하반기의 폭발적인 집단적 열정이 얻은 제도정치의 결과는, 세 번의 권위주의 정권이 만들어 놓은 구체제 정치세력의 복원"이었고 그 상

---

[28] 대선에서 민주화 세력의 패배는 민주화 세력이 민주화운동 과정에서 양김의 분열을 통제할 만한 역량을 갖지 못했기 때문이었다. 이에 더하여 야당과 민주화운동세력은 경쟁과 참여가 효과를 갖기 위해서는 초보적 수준의 언론, 표현, 조직, 결사의 자유가 보장되어야 한다는 사실을 간과하는 이른바 '선거민주주의의 오류'(Diamond, 1999, 8~9쪽)에서도 자유롭지 못했다.

징은 바로 3김씨였다.(서복경, 2007, 58~59쪽)

다음으로 87년 대선과정에서 정당체제는 "정치적 갈등을 전국적으로 최대화하는 방식이 아니라 기존 구정당체제의 틀 속에서 지역을 수직적으로 분획"(최장집, 2002, 107쪽)하는 방식으로 형성되었다. 양 김씨의 분열을 따라 형성된 정당체제는 민주화와는 하등 상관없는 정당체제였을 뿐만 아니라 노동자의 분출과 같은 새로운 민주주의의 균열 형성을 억제함으로써 한국민주주의의 보수적 이행을 가져오는 계기가 되었다.

5. 맺음말

한국에서 민주주의는 더 이상 거스를 수 없는 가치이며, 절차적 민주주의의 가장 핵심적 요인으로서 선거는 정치권력의 가장 중요한 정당성의 원천으로 작용하고 있다. 민주주의를 압살한 독재정권에서도 '민주주의'는 통치 권력의 중요한 정당성의 근거였다. 형식적으로나마 체육관 선거와 같은 행사를 할 수 밖에 없었던 것도, 민주주의라는 이름으로 독재를 할 수 밖에 없었던 것도 '민주주의'가 이미 부정할 수 없는 가치였기 때문이다. 따라서 권위주의 정권들 역시도 수단과 방법을 가리지 않고서라도 선거를 통해 정당성의 획득이 가능하다고 판단될 경우에는 정통성 시비라는 위험을 감수하면서 까지 선거를 마다할 이유가 없었다. 이점에서 한국에서 6월 민주항쟁과 민주화 과정은 보다 민주적인 새로운 제도를 창출하는 동시에 껍데기뿐인 법과 제도를 실제적인 것으로 만드는 과정이었다. 즉, 한국에서 민주화 과정은 이상과 현실의 격차를 줄여나가는 과정이었다. 더 나아가 6월항쟁은 국민들의 직접참여에 의한 지도자 선출을 민주주의의 최저 한계선으로 설정했다는 의미가 있다. 유신이 민주주의의 최저선을 붕괴시키는 그러한 사건이었다면, 6월항쟁은 민주주의의 최저한도를 높이는 것이었다.

현재 민주주의의 출발점이라고 할 수 있는 6월항쟁은 민주주의의 진전과 공고화와는 다르게 아직도 부유하고 있다. 그것은 6월항쟁과 대척점에 있거나 그것과 다른 가치를 우선시 하는 세력이 정권을 장악했기 때문이 아니라 그것이 현재의 것으로 발전하고 있지 못하기 때문이다. 제도정치 영역에서는 6월항쟁, 보다 정확하게는 6·29선언에서 87년 대선까지의 기간 동안 형성된 보수적 정치질서에 뿌리를 둔 주요한 정치 행위자들은 여전히 당시 민주주의의 균열을 반복적으로 재생산하는 한편 새로운 균열의 형성을 가로막고 있다.

6월항쟁은 최대다수연합의 형성으로 성공할 수 있었다. 문제는 형식상 최대다수연합은 내용상 최소민주주의연합이었다는 것이다. 민주주의를 위해서 최대민주주의연합을 형성해야 한다는 것은 민주화 이전의 시기와 달리 민주화 이후의 시기에는 보수적 민주주의로 귀결될 가능성이 높다. 6월항쟁 이후 지금에 이르기까지 민주주의의 보루로 여겨지고 있는 다수연합은 보다 나쁜 민주주의를 억제하기 위한 수단으로 패권 민주주의 연합이라는 한계를 갖는다.

따라서 6월항쟁은 형식적 민주주의와 그로부터 비롯된 정치·사회적 기득권의 고수를 넘어서 다양한 주체와 기획을 통해 민주주의를 지속적으로 확장시킬 때, 민주주의의 이름으로 보다 많은 새로운 균열들을 포괄할 때 현재적 의미를 갖는다. 왜냐하면 6월항쟁 이후 민주주의를 둘러싼 갈등은 그것이 제도적으로 정착되어 있는가 하는 것이 아니라 어떤 것이 민주주의이고 어떤 것이 보다 민주적인가 하는 민주주의의 정의를 둘러싼 것이었기 때문이다.

한국민주주의의 폭발적 전개와 보수적 이행을 가져온 6월항쟁은 민주화 과정에서 민주주의적 실천뿐만 아니라 법·제도적 개선이 중요하다는 것을 보여주고 있다. 민주주의는 실천을 통해 발전하지만 그것이 어떻게 제도화되느냐에 따라 민주주의의 내용과 방향이 변하기 때문이다. 예를 들면, 6월항쟁 이후 정치협상 과정에서 대통령 중임제 또는 정·부통령제, 결선투표제를 도입했더라면 한국민주주의는 '보다 다양한 정치적 대안'을 만들어 낼 수 있었을 것이다. 6월항쟁의 주체들이 객체로 전락한 것에서 들어나듯이 "정치적 대안의 조직화"는 운동 이상으로 중요한 가치를 지니고 있다. 6월항쟁의 한계는 다름 아닌 정치적 대안의 부재에서 비롯된 것이기도 하기 때문이다.

■ 참고문헌

경향신문사, 1987『5공화국』, 경향신문사.

기쁨과 희망 사목연구원, 1998『암흑속의 횃불』제6권, 기쁨과 희망 사목연구원.

________, 2000『암흑속의 횃불』제7권, 기쁨과 희망 사목연구원.

________, 2001『암흑속의 횃불』제8권, 기쁨과 희망 사목연구원.

김동춘, 2001「한국사회의 현주소」『독립된 지성은 존재하는가』, 삼인.

김성익, 1993『전두환 육성증언』, 조선일보사.

김　원, 2009「87년 민주화 과정에서 시민 주체의 재구성」『문화사회』제3호.

김정한, 2005「현실 민주주의와 정치적 행위」『정치비평』통권 제14호.

민정기 편, 1987『전두환 대통령 어록 : 영광의 새 역사를 국민과 함께』, 동화출판사.

민주화운동기념사업회 연구소 편, 2006『한국 민주화운동사 연표』, 민주화운동기념사업회.

민주화운동기념사업회 외, 2007『6월항쟁을 기록하다』3, 서울.

민주화추진협의회, 1988『민추사』.

박형규, 2010『나의 믿음은 길 위에 있다』, 창비.

부산대학교 부산울산경남지역 산업 및 문화전문인력양성사업단 편, 2007『6월민주항쟁 증언록』, (사)부산민주항쟁기념사업회·민주화운동기념사업회·민주공원.

사계절, 1987 『전환』, 사계절.

서복경, 2007 「6월항쟁과 정당정치」 『내일을 여는 역사』 28호.

서중석, 1997 「1960년 이후 학생운동의 특징과 역사적 공과」 『역사비평』 1997년 겨울(39호).

______, 2007 『한국 현대사 60년』, 역사비평사.

손호철, 2009 「'한국사회체제론'을 다시 생각한다 : 사회학적 서술주의와 추상성의 혼돈을 넘어」 『'한국사회체제론'을 다시 생각한다 : 이론과 실천전략』, 서강대학교 사회과학연구소 창립 20주년 기념 학술심포지엄 자료집.

시민의 신문, 2004 『한국시민사회운동 15년사 1987~2002』, 시민의 신문.

신홍범, 2010 『나의 믿음은 길 위에 있다』, 창비.

심지연, 2004 『한국정당정치사』, 백산서당.

윤상철, 1997 『1980년대 한국의 민주화 이행과정』, 서울대학교 출판부.

윤성석·이삼성, 1992 「한국의 시민사회운동과 민주주의 발전」 『한국동북아논총』 제24집.

이영제, 2005 「한국 정당과 사회·시민운동의 관계」, 동국대대학원 박사학위논문.

______, 2010 「6월항쟁, 다수가 만든 민주주의의 성공과 역설」(미간).

이영훈, 2000 『파벌로 보는 한국 야당사』, 에디터.

임혁백, 1992 「시민사회의 성장과 국가기구의 민주적 통제」 『한국의 국가와 시민사회』(한국사회학회·한국정치학회 편), 한울.

정해구·김혜진·정상호, 2005 『6월항쟁과 한국의 민주주의』, 민주화운동기념사업회.

조희연, 2009 「97년 체제의 '이중성'과 08년 체제하에서의 '헤게모니적 전략'에 대한 고민 : 허수아비를 만들어 부수는 것이 아니라 성찰해야 하는 쟁점들을 만들고자」 『'한국사회체제론'을 다시 생각한다 : 이론과 실천전략』, 서강대학교 사회과학연구소 창립 20주년 기념 학술심포지엄 자료집.

최장집, 1993 『한국민주주의의 이론』, 한길사.

______, 2002 『민주화 이후의 민주주의』, 후마니타스.

학술단체협의회, 1997 『6월항쟁과 한국사회 10년』, 당대.

한국기독교사회문제연구원, 1986 『개헌과 민주화운동』, 민중사.

______, 1987a 『기사연 리포트 1』, 한국기독교사회문제연구원.

______, 1987b 『기사연 리포트 2 : 6월 민주화대투쟁』, 한국기독교사회문제연구원.

______, 1987c 『기사연 리포트 3 : 7~8월 노동자 대중투쟁』, 한국기독교사회문제

연구원.

______, 1988a『기사연 리포트 5 : 대통령선거투쟁 : 민족민주운동의 논리와 실천』, 한국기독교사회문제연구원.

한국기독교사회문제연구원 편, 1988『'87 한국정치사정』, 민중사.

홍두승, 2005『한국의 중산층』, 서울대학교 출판부.

Diamond, Larry, 1999 *Developing Democracy Toward Consolidation*, Baltimore : The Johns Hopkins University Press.

Harding, Timothy and Petras, James, 1988 "Democratization and Class Struggle", *Latin American Perspective*, 15.

Linz, Juan J. and Stepan, Alfred, edt., 1978 *Breakdown of Democratic Regimes*, Baltimore : The Johns Hopkins University Press.

Marshall, T. H., 1992 *Citizenship and Social Class,* London : Pluto.

『경향신문』, 『동아일보』, 『한국일보』.

http://news.hankooki.com/lpage/people/201005/h2010050221411284800.htm(검색일 2010. 8. 31)

제3부

제1장 한국의 민주화와 정당정치 :
87년 '6월항쟁'에서 '국민의 정부'까지

강병익

1. 한국의 민주화와 정당정치 : 정당이론과 정당현실의 괴리

"정당없는 민주주의는 생각할 수 없다"(Schattschneider, 1942, 1쪽)라 거나, "민주주의를 작동하게 하는 것이 정당"(Aldrich, 1995, 3쪽)이라는 말은 정당정치와 민주주의의 관계를 설명하는데 예외없는 전제로 인용되는 말들이다.

좀 과장되게 느껴지기도 하는 이러한 정의는 "정당이 경쟁적 선거를 통해 정부를 조직하고, 의회활동을 구조화하는데 핵심적인 역할을 수행하고 있다"(김영태, 2009, 104쪽)는 것을 강조하는 것이다. 그러니까 정부조직의 권한과 선거경쟁의 참여, 그리고 의회활동을 통해 정당의 민주적인 지배를 정당화하는 대의민주주의의 역사와 현실에 그 근거를 둔 명제라고 할 수 있다. 또한 정당이 민주주의에 중요하다는 것은 정당연구자들이 정당에 대해 일반적으로 갖는 태도이자, 때에 따라서는 신념과 같은 것으로 제시되기도 한다.

하지만 이러한 민주주의의 전개와 확장과정에서 정당에 대한 규범적 인식과 한국 정당정치의 현실은 매우 큰 괴리를 가지고 있다. 우선

민주화 과정에서 시민사회운동, 학생운동, 노동운동 등 다른 정치행위자들과 비교하여 일반 국민들이 느끼는 정당의 민주화 기여도는 부정적이거나 상대적으로 약한 것이 사실이다.

최근 여론조사[1])에 의하면 민주주의 발전에 가장 크게 기여한 요인들 중 정당은 가장 낮은 순위를 보였다. 이것은 민주화 이후 20년 동안 형성된 정당(을 포함한 정치권)에 대한 국민들의 일반적 인식을 보여주는 '기억의 단면'이기도 하다.

정치학자들의 정당에 대한 견해 역시 좀 더 분석적이라는 데 차이가 있을 뿐, 일반인들이 가지고 있는 시각에서 크게 벗어나지 않는다.

'(망국적) 지역주의 정당(체제)', '지역할거 정당', '보스정당', '사당(私黨)화' 등 한국의 정당과 정당체제의 폐쇄성에 대한 규정들이 대표적인데, 한국의 정당과 정당체제는 민주화와 민주주의 정치체제에서 적극적이고 긍정적인 역할보다는 부정적이고 소극적이었다는데 광범위한 공감대가 형성되어 있으며, 심지어는 시대를 역행하는 정치민주화의 장애물로까지 표현되기도 한다. 그렇다면 정당과 민주주의 혹은 민주화 과정에서 정당의 역할에 관한 규범과 현실의 괴리는 어디에서 파생하는 것일까?

---

1) 한국정당학회 · 조선일보 공동기획 '민주화에 대한 국민의식' 여론조사에 따르면, 경제발전에 따른 국민의식의 성숙(48.4%)을 꼽은 사람들이 가장 많았다. 그 뒤로 재야 · 학생들의 투쟁(33.8%), 야당의 정부에 대한 견제(12.5%) 순이었는데, 의식과 행위자를 나열한 선택항목간 등가성은 떨어져 보인다.("4 · 19 50주년, 민주화 50년"『조선일보』 2010년 4월 19일자) 2005년에 서강대학교 동아연구소와 R&R이 공동으로 실시한 '국회의 이상과 현실 관련 국민의식조사'에서는 한국민주주의 발전에 가장 긍정적인 역할을 한 국가기관 중 정당을 꼽은 응답자는 4.9%에 불과했다.(김영태, 2009, 103~104쪽에서 재인용)

2. 민주화 10년의 정당정치 개괄 :
정치민주화, 사회경제적 민주화, 그리고 정당정치

1) 정치민주화 과정에서 사회경제적 민주화의 중요성

한국의 민주화 과정에 대해서는 이미 많은 연구들(임현진·송호근, 1995 ; 정대화, 1995 ; 임혁백, 1997 ; 윤상철, 1997 ; 6월민주항쟁10주년사업범국민추진위원회, 1997 ; 정해구 외, 2004 등)이 선행되어 왔다. 이러한 연구들의 관심영역과 분석대상은 주로 민주화운동과 그 과정, 그리고 운동으로서의 민주화와 제도로서의 민주주의에 관한 것이었다.

한편 민주화 과정에서 정당정치 분석은 최소주의적 시각에서 민주주의의 제도화를 주요 분석틀로 삼아왔다. 이른바 '불확실성의 제도화'[2]가 그것인데, 정권교체의 가능성을 전제로 한 정당경쟁체제의 안정성에 초점을 맞춰온 것이다. 여기에 정당의 민주적 운영과 같은 제도적 문제 역시 정당민주화 혹은 정당민주주의의 주된 논의 주제였다. 이러한 정당과 민주화 혹은 정당과 민주주의에 관한 관계설정은 국가와 시민사회를 연계하는 전동벨트로서의 정당, 그리고 현대 대의제민주주의를 상징하는 의회민주주의의 유력한 행위자가 정당이라는 인식에 근거하고 있다. 그럼 이러한 최소주의적 시각에 바탕한 민주화론과 이를 근거로 한 정당정치론은 현실의 민주주의와 정당정치에 얼마나 부합하는 것일까?

"게임이론에 근거한 불확실성의 제도화라는 민주주의 규정은 자본주의의 다원민주주의적 질서하에서 정당을 통한 사회적 갈등의 제도화를 '특정한 방식으로 조직화'한다"(손호철, 2002, 160~169쪽)라는 자

---

[2] "민주주의를 건설하는 과정은 불확실성을 제도화하는 과정, 즉 모든 이익을 불확실성에 종속시켜 나가는 과정이다.(쉐보르스키, 1987(1986), 116쪽)

본주의 정치 분석을 굳이 동원하지 않더라도, 민주주의에 대한 최소주의적 시각은 그 내부에서 이미 한계를 드러내고 있다.

제3세계 정치체제에 관한 비교연구에서 민주주의 이행에 관한 연구는 '이행론(transitology)'의 성립으로 이루어졌고, 1990년대 중반을 기점으로 민주주의 이행에 대한 관심은 민주주의 공고화에 대한 관심으로 자연스럽게 이어졌다. 왜냐하면 이행의 완료, 즉 민주적 게임의 틀(불확실성의 제도화)이 도입되었음에도 불구하고 왜 민주주의가 여전히 취약(vulnerability)한가에 대한 의문(홍재우, 2005, 46~47쪽)이 남미 연구자들을 중심으로 제기되었기 때문이다. 군터, 풀, 디아만루도스(Gunther, Phule and Diamandouros)는 정치적으로 중요한 반체제적 정당 또는 사회운동이 부재할 때 민주주의는 공고화되었다고 볼 수 있다고 했다.[3] 쉐보르스키도 정치제도의 운영과 관련하여 체제의 안정성을 강조한다는 측면에서 앞선 이들과 대동소이하다. 쉐보르스키는 "주어진 정치적 그리고 경제적 조건하에서 특정한 제도들의 체계가 '마을에서의 유일한 게임(the only game in the town)'이 되었을 때, 즉 어느 누구도 민주적 제도 밖에서 행동한다는 것을 상상할 수도 없을 때, 패자가 원하는 모든 것을 자신들이 패배한 바로 그 제도 내에서 다시 경쟁을 시도하는 것뿐일 때, 우리는 그 민주주의가 공고화되었다고 얘기할 수 있다"(임혁백, 1997, 5쪽 재인용)고 했다. 이러한 최소주의적 정의는 질적인 측면에서 민주주의를 검증하는 것이 불가능하다는 인식에서 나온다. 또한 정치위기와 (정치적) 불안적 요소의 부재, 신생민주주의 체제의 내구성으로 민주주의 공고화를 검증하는 것

---

[3] 그들은 이러한 반체제적 정당 또는 사회운동의 부재는 (1) 경쟁세력간의 정권교체, (2) 극단적인 경제적 어려움에도 불구하고 유지되는 민주주의체제에 대한 지속적이고 광범위한 지지와 체제의 안정성, (3) 극소수 반란세력의 패배와 처벌 (4) 정당제도의 급격한 재구조화에도 불구하고 유지되는 민주주의 체제의 안정성에 의해 검증된다고 주장했다.(임혁백, 1997, 4~5쪽에서 재인용)

은 불충분한 것이기도 하고, 어떤 측면에서는 과도하기까지 하다는 것이 이들의 중론이다. 왜냐하면 민주주의 공고화가 사회의 불안정성이 없는 상태와 높은 수준의 삶의 질을 필연적으로 보장하지는 못하기 때문(Valenzuela, 1992, 57~59쪽 ; Linz and Stephan, 1997, 30쪽)이고, 남미의 경우 공고화 과정에서 합의에 의해 군부권위주의 세력이 온존할 수 있었다는 ‘성공의 역설(paradox of success)’을 경험(O'Donnell, 1992, 31~37쪽)했던 탓도 있다.

달리 말하면, 이들의 ‘민주주의 공고화’에 대한 최소강령적 정의는 공고화에 대한 회의, 즉 체제나 제도의 안정성이 체제나 제도로 완결성을 가질 수 없을 뿐더러 그 자체로 설명될 수도 없다는 의문을 함축[4]하고 있다. 그래서 쉐보르스키는 이제 민주화 연구자들의 연구주제는 ‘민주주의’, ‘민주주의의 질’을 새로운 구호(쉐보르스키, 1997, 288쪽)로 해야 한다고 말하고 있는 것이다.

이러한 의미에서 이 글에서 사용하는 민주화의 개념에는 정치적(절차적) 민주화뿐만 아니라 (사회)경제적 민주화도 포괄한다. 즉 정당의 역할은 ‘불확실성의 제도화’라는 최소주의적 · 절차적 민주주의의 정착과 활성화에 있을 뿐만 아니라, 정치적 민주주의를 내용적으로 강화시켜주는 실질적 민주주의를 위한 제도화, 즉 공공성에 기반한 사회정책의 실현에도 있기 때문이다.

이러한 측면에서 보면, 한국민주주의의 불안정성은 군부의 재집권이나 반체제 정당 혹은 사회운동세력의 체제위협[5]에 있었던 것이 아

---

[4] “나는 제도가 안정과 번영에 미치는 효과에 관해 내가 발견할 것이 있다고 생각되는 글이면 무엇이든지 닥치는 대로 읽었으나 단지 우리가 알고 있는 것은 모두 책임 있는 처방을 내릴 수 있을 정도로 충분히 강력하지 못한 것이라는 것을 발견했을 뿐이다. 실제로 더 깊숙이 빠져들수록 우리가 단지 충분히 알지 못하고 있다는 확신이 더욱 명백해질 뿐이다.”(쉐보르스키, 1997, 291쪽)

[5] 한국의 민주화 과정에서 반체제운동(사회주의운동)이나 반정부운동은 권위주의 시대와 마찬가지로 예외없이 배제의 대상이었다.

니라, 민주화 이후 1997년 'IMF 경제위기'에 대응하는 국가와 정치사회의 무능력과 허약한 경제적 토대에 있었다. 이렇게 보면 1997년은 한국 민주화의 전환, 그리고 정당정치의 공공적 성격 심화를 위한 중요한 국면이었다고 할 수 있다. 왜냐하면 민주주의를 제도화하는 것이 단지 권력을 둘러싼 경쟁의 제도화에만 목적이 있는 것이 아니라, 사회경제적 양극화로 인해 심화되는 불공정하고 불평등한 사회경제적 문제를 해결하기 위한 것에도 있음을 경험적으로 일깨운 계기였기 때문이다.

결국 민주화 이후의 한국민주주의와 정당정치의 성격을 응축하여 표현한다면, "민주주의의 보수적 종결"과 그 결과 형성된 "보수독점의 정당체제"로 요약할 수 있다. 그리고 보수적 정당체제가 가져온 가장 큰 사회적 결과는 계급간 불평등구조가 급격하게 심화되었다는 사실이다.(최장집, 2002, 23쪽)

보수적 민주화와 보수독점의 정당체제는 타협 혹은 협약에 의한 민주화에 의해 민주화 이전의 정당정치의 유산(legacy)이 크게 손상받지 않고 계승됨으로써 가능할 수 있었다. 또한 주지하다시피 민주화 이후 주요한 정치균열로 작용해온 지역중심의 정당경쟁 구도가 이러한 보수적 정당체제의 폐쇄성을 더욱 강화시키며, 새로운 정치적 균열체계의 등장을 억제했던 것이다.

2) 정당이론과 정당현실 비대칭의 3가지 원인

이 글에서는 이러한 민주화 이후 한국의 정당체제를 바탕으로 정당정치의 규범적 성격과 현실정치와의 괴리를 세 가지 측면에서 설명하고자 한다. 이데올로기적 측면에서의 보수독점의 정당(체제)의 지속, 그리고 정당경쟁의 측면에서 카르텔정당(체제)과 지역주의 정당(체제)

의 상호결합, 마지막으로 의회활동의 중심적 행위자로서 정당의 역할, 그 중에서 사회적 갈등의 조정자로서 정당의 역할을 중심으로 살펴보는 것이다. 이를 좀 더 구체적으로 서술하면 다음과 같다.

첫째, 민주화 과정에서 정당의 역할을 매우 수동적이었다고 할 수 있다. 그 이유는 무엇보다 한국의 민주화가 "운동에 의한 민주화"(최장집, 2002, 88쪽)였다는 점, 스테판의 표현을 빌면, "사회주도(society-led)의 민주화"였기 때문이다.

스테판(Alfred Stepan)은 민주화(re-democratization) 경로를 크게 8가지[6]로 나누고 그 중 정당과 관련한 두 가지 경로를 제시한 바 있다. 하나는 협의제적(consociational) 특징을 가진 거대한 야당연합이 내적으로 형성되어 민주정권의 근간을 이루는데 기여하는 방식이고, 다른 하나는 민주적 개혁정당과 결합되어 있는 조직적 반란이다. 즉 정당이 이 반란을 끊임없이 통제하여 사회경제적 변동이 큰 폭으로 진전시킨 경우다.

한국의 민주주의 이행과정에서 형성된 '도전연합'은 비제도적 운동조직과 야당세력의 연대로 구성되었지만, 그 계급적 성격이 중간계급의 이해관계를 대변하고 있었기 때문에 주도권이 쉽게 제도정치권으로 넘어갈 수 있었다.

이러한 측면에서 민주화 과정에서 최대의 정치적 수혜자는 다름 아닌 기존 정당이었다고 할 수 있다. 즉 한국 민주화에서의 주역은 단연 사회운동세력이었으며, 정당정치는 여야를 막론하고 '운동에 의한' 혹은 '사회주도'의 민주화에 의한 민주주의 이행의 운동적 성과를 매우

---

[6] ① 외국의 재정복에 이은 내적 복원 ② 내적 재편성 ③ 외부조종에 의한 수립 ④ 권위주의정권 내부로부터의 재민주화 ⑤ 사회주도의 권위주의정권 종식 ⑥ 정당연합(협의제적 요소가 있는 경우와 없는 경우) ⑦ 민주적 개혁정당과 결합되어 있는 조직적 반란 ⑧ 마르크스주의 주도의 혁명전쟁.(스테판, 1987(1986), 125~165쪽)

제한적으로 제도화시켰고, 제도화 이후에는 자신들만의 폐쇄적 담합 구조를 형성, 국가권력과 함께 민주주의 심화를 위한 사회적 에너지를 오히려 억제했다는 것이다.

예를 들어, 6·29선언 이후 여야간 8인정치회담을 통한 대통령 직선제로의 개헌의제 축소, 노동자대투쟁 및 이후 노동에 대한 배제적 태도, 사회정책에 대한 시장주의적 태도 등 정당은 시민사회에서 제기되고 분출되는 다양한 민주화 의제를 반영하는 것이 아니라, 선별하거나 축소시키는 행태를 보여 왔던 것이다.

둘째, 담합정당(cartel parties)체제와 지역정당체제의 불행한 조우로 한국의 정당과 정당체제는 그 사회적 기반을 확대하는 것이 아니라, 정당내부 정치에 종속시켜 왔다. 민주화 이후 한국 정당의 조직적−정치적 특성을 규명하는데 기존의 대중정당론에서 벗어난 서구의 다양한 개념틀을 적용하려는 시도가 있어 왔다. 파네비앙코(A. Panebianco)의 '선거전문가정당'(electoral-professional parites), 메이어와 카츠(P. Mair and R. Katz)의 '카르텔정당론'이 대표적인 경우다. 아마도 월리네츠(Wolinetz, 2002)의 분류에 따르면 한국의 정당은 선거참여의 목적을 공직추구와 득표추구 사이의 어느 지점에선가 찾고 있다고 볼 수 있다.

이 중 어느 것이 적실성을 갖는지를 밝히는 것이 이 글의 목적은 아니다. 여기서는 민주화 과정에서 주어진 당내민주주의의 확대, 민주주의 의제의 심화(정책정당으로의 변화)의 과제가 개별정당의 차원에서는 제한적으로 시도되기는 했지만, 궁극적으로 시민사회로부터 제기된 의제를 반영하기보다는 축소하고 제약했고, 지역정당체제는 이러한 정당기반의 협애성을 더욱 강화시켰다는 점에 주목할 것이다.

셋째, 이른바 입법과 정부감시, 그리고 예결산기능이라는 고유한 기능 외에도 현대의회는 사회적 갈등의 조정자로서의 역할도 비중 있게 주어진다. 여기서 의회를 정당활동의 유력한 공간으로 사고한다면 사회적 갈등의 조정역할은 결국 정당과 정당간의 관계를 통해서 이루어지는 것이라고 할 수 있다. 의회 내 정당의 이러한 역할은 공청회나 청문회 등의 의회 내 제도와 사회정책의 입안으로 충족될 수 있다. 하지만 한국의 정당은 시민사회의 갈등을 제도화하는데 매우 소극적이었을 뿐만 아니라, 사회정책을 통해 갈등을 수렴하는데도 역량을 발휘하지 못했다. 특히 이는 IMF경제위기 국면에서 더욱 두드러지게 나타났다.

3. 민주화 이행과 정당정치

1) 6월항쟁과 정당정치 : 민정당과 신민당─통일민주당간 협약의 정치

6월항쟁의 직접적인 도화선은 주지하듯 '박종철 고문치사사건'이었다. 하지만 정당정치의 측면에서 정치민주화의 새로운 국면을 조성한 계기는 1985년에 치러진 2·12총선(12대 총선)이었다.

1983년부터 전두환 정권은 학원자율화조치를 시작으로 정치활동 피규제자에 대한 해금조치를 순차적으로 단행하게 되는데, 이러한 '유화국면'을 배경으로 민중운동진영(재야)이 재조직화하게 되고, 구정치권인사들의 신당추진 움직임도 본격화하게 된다. 김영삼계와 김대중계가 주축이 되어 1984년 6월에 민주화추진협의회(민추협)가 결성되었고, 이를 모태로 2·12총선 직전 창당된 신한민주당(신민당)이 선거에서 돌풍을 일으키며 제1야당의 지위를 확보하게 되었다.

'선명야당'을 모토로 한 신민당의 정치적 승리는 신군부에 의해 주조된 패권정당체제의 붕괴를 의미하는 것이었고, 선거 이후 민한당

간부들이 대거 민한당을 탈당해 신민당에 입당하는 등 신민당은 재적의원의 1/3이 넘는 103석을 확보함으로써 단독으로 국회를 소집할 수 있는 거대야당으로 급성장(심지연, 2004, 346~350쪽)했다.

이러한 정치적 성과를 바탕으로 신민당은 대통령 직선제 개헌안을 당론으로 정하고 민중운동진영[7]과 함께 개헌투쟁에 돌입했다. 신민당은 개헌추진을 위한 1천만 명 서명운동을 언하고, 시·도 지구당별 개헌현판식을 전개했는데, 이는 국회 내 헌법특별위원회 구성을 거부하는 민정당을 압박하기 위한 것이었다.

이 서명운동과 개헌현판식에 민중운동진영이 결합함으로써 개헌을 위한 정치적 분위기가 고양되어갔다. 하지만 1986년 5월 3일 신민당 인천시지부 개헌현판식(5·3인천사태)이 반미와 신민당의 기회주의를 규탄[8]하는 학생운동권을 중심으로 폭력사태로 전개되자, 이를 계기로 신민당은 개헌현판식을 중단하고 국회로 복귀하게 된다. 신민당은 정권을 압박하기 위해 전술적으로 장외투쟁을 선택한 것일 뿐, 이 장외투쟁이 운동진영의 주도권을 허용하는 수준으로 확대되는 것을 바라지 않았기 때문(정대화, 1995, 88쪽)이다.

국회로 들어간 신민당은 민정당과 국회내 헌법개정특별위원회를 구성하기로 하고 이를 만장일치로 통과시켰다. 45명으로 구성된 개헌특위는 여러 차례 회의를 갖고 의견을 절충했지만, 결국 민정당이 제출한 의원내각제안("민정 내각제개헌안 헌특 제출"『동아일보』1986년

---

[7] 민중운동진영은 유화국면을 거치면서 1983년 민주화운동청년연합(민청련), 1984년 민중·민주운동협의회(민민협), 민주·통일국민회의(국민회의)를 결성했고, 1985년 단체와 조직중심의 민민협과 명망가를 중심으로 조직되었던 국민회의가 통합하여 민주·통일민중운동연합(민통련)이라는 단일구심체를 결성하였다.(민족민주운동연구소, 1989, 4~8쪽)

[8] 이날 집회에서는 각 운동단체의 명의로 된 40여 종의 가까운 유인물이 뿌려졌는데, 그 주요 골자는 '반미, 반독재, 보수대연합 성토' 등이었다. 특히 시위대는 개헌투쟁과정에서 연대했던 신민당을 기회주의 집단으로 규정, "신민당은 개헌싸움의 주체일 수 없다"고 주장했다.(조현연, 2009, 59쪽)

8월 25일자)과 신민당이 제출한 대통령 직선제안이 팽팽하게 맞섬으로써 국회는 파행과 공전을 거듭하게 되었다.

하지만 의원내각제의 지지입장이 정권과 여당에만 국한되어 있었던 것은 아니다. 신민당내 김영삼계와 김대중계가 1987년 5월 신민당에서 대거 탈당, 통일민주당을 창당했던 것도 1986년 12월 내각제 수용의사를 밝힌 이른바 '이민우 구상'에 따른 당내 갈등을 신속하게 해소하기 위한 것이었다.

한편 박종철 사건은 소강상태에 접어든 듯 했던 민주화국면에 다시 국민적 공분을 불러일으켰고, 이를 빌미로 전두환 정권은 호헌선언을 하게 된다. 하지만 신군부의 호헌선언은 오히려 개헌투쟁에 다시 불을 당기게 되었고, 결국 신군부는 6·29선언을 통해 직선제 개헌안을 받아들이게 되었다.

6·29선언 이후 정국은 다시 급격하게 개헌국면으로 전환되었다. 이른바 '8인 정치회의'를 통해서 개헌안 합의에 들어간 것이다. 여야 8명으로 구성된 정치회담은 민주화운동 세력을 대변했던 '국민운동본부'[9](국본)를 배제하면서 참여의 범위를 최대한 제한했던 구체제 엘리트들의 '원탁회의'였다.(최장집, 2002, 112쪽) 그리고 이 원탁회의의 주된 거래 의제는 '대통령 임기와 자격에 관한 것',[10] '선거연령' 등 대

---

[9] 1986년 '5·3인천사태' 이후 정부의 집중적인 탄압에 직면한 민통련이 실질적인 활동수행에 어려움을 겪게 되는 상황에서, 1987년 4·13호헌조치 선언은 다시금 이에 반대하는 시민사회진영의 움직임을 본격화하는 계기가 되었다. 즉 새로운 연합적 국민운동체 결성의 분위기가 고조되는 가운데, 1985년 '고문 및 용공조작 저지공동투쟁위원회(고문공대위)', 1986년 '민주화를 위한 국민연락기구', 1987년 '2·7국민추도회준비위원회'로 이어져온 재야사회운동진영 간 효과적인 연계망과 신뢰형성을 바탕으로 제도권 야당을 포함하여 호헌조치 철폐와 민주헌법 쟁취라는 공동목표를 위해 결성된 것이 바로 '민주헌법쟁취국민운동본부(국민운동본부)'이다.(민족민주운동연구소, 1989, 4쪽 ; 조희연, 1990, 376~379쪽 ; 황인성, 1997)

[10] 대통령 입후보 자격, 즉 피선거권 제한 조항의 '5년 이상 국내 거주'는 당시 김대중 민주당 고문의 대선출마를 불가능하게 하는 것이었다.

선에서의 이해관계가 첨예하게 걸린 문제와 대통령제하에서 국회권한 강화와 같이 논란의 여지가 적은 문제들에 국한되었다. 예컨대 헌법전문에 5·18광주항쟁의 정신을 명시하는 것은 야당의 '관철용'이라기보다는 '협상용'의 성격이 강했으며, 노동관계법—공무원을 포함한 노동3권 보장—개정문제는 '노동자대투쟁'에 대한 여당측의 부담감으로 비교적 빨리 합의를 볼 수 있었다.

2) 노동자대투쟁과 정당정치 : 보수야당의 노동배제정치

6·29선언 이후 야당과 중간계급이 항쟁의 대열에서 신속하게 이탈함으로써 6월항쟁 과정에서 대정부투쟁의 구심을 형성했던 국본의 영향력도 급속하게 쇠퇴하게 된다. 이러한 상황에서 터져 나온 것이 바로 7월 초 울산 현대정공의 노조결성으로부터 시작된 '노동자대투쟁'이다.

87년 민주화투쟁에서 노동운동의 조직적 기반은 70년대 '민주노조운동'을 통해 구축된 것이었다. 물론 70년대 민주노조운동의 주요 목표가 생존권확보와 노조민주화를 중심으로 진행되기는 했지만, 자유로운 노조활동의 보장을 위해서는 결국 정권교체와 국가의 민주화가 선행될 수밖에 없다는 사실을 깨달아가는 과정이기도 했다.

이러한 측면에서 7~9월 노동자대투쟁을 6월항쟁의 결과물, 또는 혹은 동일한 성격의 연속적인 사건으로 연결시키는 것은 문제가 있다. 6월항쟁을 주도했던 국본에 노동운동진영이 광범위하게 참여하지 못한 것은 1983년 유화국면 이후에도 노동(조합)운동에 정권의 강력한 탄압이 지속됨으로써, 학생과 재야운동진영과는 달리 전국적 조직화가 진행될 수 없었던 배경이 있었다. 즉 신군부는 학생 및 재야세력과 노동운동세력에 대해 각각 유인과 배제의 차별적인 정책을 구사했던 것이다.

민주화 과정에서 노동배제전략은 정부와 집권당만의 전유물은 아니었다. 앞서 언급했듯이 '협약을 통한 민주화'의 주체였던 야당 역시 '선거경쟁의 제도화'에서 벗어난 민주화 의제에 대해서는 적극적이지 않았다.

통일민주당은 노동자대투쟁에 대해 정부와 여당의 초기대응과 마찬가지로 '노사자율협상'을 강조했다. 특히 노동자들에게는 "자칫 본의 아니게 민주화를 원하지 않는 세력에 이용"당하지 않도록 자제를 촉구해왔다. 이들은 노동자대투쟁과정에서 명백히 드러난 기업주와 경찰의 폭력행위 등에 대해서 구체적으로 지적하지 않은 채, 원칙적인 측면에서나 정부와 기업주의 책임을 거론했을 뿐(한국기독교사회문제연구원, 1987, 65쪽)이다.

요컨대 민주화 과정에서 노동배제전략은 협약에 의한 민주화가 보수적 성격을 가질 수밖에 없는 토대로 작용했는데, 이는 이데올로기적 측면에서 보수독점의 정당체제의 강화로서 여당과 야당이 서로 공명(共鳴)한 것에서 기인했던 것이고, 보수야당의 계급성이 분명하게 드러난 중요한 역사적 장면으로 볼 수 있다.

3) 제13대 총선과 여소야대의 정치

양 김씨의 분열은 통합야당의 분당─평화민주당(평민당)과 통일민주당(민주당)으로 이어졌고, 결국 다시 부활한 대통령 직선제의 주인공은 집권당의 후보가 되었다. 제13대 대선의 결과는 정치적으로 매우 중요한 두 가지 의미를 갖는다. 하나는 집권세력이 국민들의 직접선출에 의해 권력재창출에 성공했고, 여야합의에 의한 신헌법하에 통치권력을 행사할 수 있게 됨으로써 신군부정권 7년을 지배해왔던 '정통성'시비에서 어느 정도 벗어날 수 있었다는 점이다. 또 다른 하나는 민주 대 반민주의 정치구도가 지역주의 대결구도로 전환되는 출발점이었다는 것이다. 그리고 대선득표의 지역편중현상은 이듬해 제13대 총선(4·26총선)에서 '지역주의 정당체제'라는, 정당정치의 측면에서 '87년 체제'를 상징하는 키워드로 자리매김할 정당경쟁구조로 고착되었다.

물론 제13대 총선을 앞두고 민중운동진영과 개혁진영의 일부가 각각 '민중의 당'과 '한겨레민주당'을 창당, 총선에 뛰어들었으나 의미있는 득표에 실패하게 된다.[11] 이는 내부의 준비정도와 소선거구제라는 제도적 제약성, 그리고 지역주의 정당체제의 다른 이름인 정당의 보수독점구조에 기인한 것이었다.[12]

직선제로 치러진 대선을 통과하면서 집권세력은 '정통성'문제에서 형식적으로는 해방되었지만, 6공 정권의 5공세력과의 '단절문제'는 유권자들이 대선에 이어 총선의 성격을 민주화의 연장선 속에서 이해할 수 있게 했다. 그리고 제13대 총선의 결과 4당체제로 꾸려진 제13대 국회 초기에 이러한 5공청산과 권위주의 시기 법·제도 개선을 의제로 의회가 행정부를 압도하는 상황이 전개되었다. 즉 여소야대로 출발한 제13대 국회의 정치적 과제는 87년 민주화와 대통령선거를 통해 대두되었던 사회전반에 걸친 민주화 의제들을 입법화·제도화하는 것이었다.

---

[11] 6월항쟁 이후 민중운동진영의 합법정당건설을 둘러싼 갈등의 원인과 전개에 대해서는 조현연, 2009, 80~149쪽 참조.

[12] 이른바 재야의 정치진출 중 주요한 흐름으로 기존 정당에 집단 혹은 개별적으로 가입하는 형식이 있었다. 이들은 주로 1987년 대선을 앞두고, 비판적 지지그룹(비지파)과 후보단일화그룹(후단파)으로 전자는 친김대중계로, 후자는 친김영삼계로 분류된다. 이들은 평화민주통일연구회(평민연)처럼 독자적 계파그룹을 형성하기도 했지만, 1인 중심의 수직적 구조의 정당내부정치를 수평적으로 민주화할 만큼의 독자적인 역할을 하지 못했다. 오히려 이들 재야입당그룹들은 '남겨진' 재야에 대한 창구역할에 머물러 있었다.

〈표 1〉 제13대 국회 법률안 정당별 공동발의 현황, 3당합당전(개원~1988. 12. 28)

구분＼발의자	4당 공동	야3당 공동	야2당 공동 (평민 · 민주)	단독발의			
				평민	민주	공화	민정
처리건수	5	15	1	10	14	9	12
계류건수	0	14	5	32	31	7	25
합계	5	29	6	42	45	16	37

출처 : 평화민주당 정책위원회, 1989, 364쪽.

　이러한 여소야대 구도를 십분활용하여 제13대 개원국회를 주도하였던 의제가 바로 '5공청문회'와 '광주청문회', 그리고 '노태우 대통령에 대한 중간평가' 문제였다. 또한 사회적인 민주화요구에 부응한다는 의미로 야3당은 '민주발전을 위한 법률개폐특별위원회'를 만들며 법개정과 개혁입법 추진을 위한 정책연합을 형성했다.(〈표1〉참조) 당시 야3당에 의해 추진된 개폐법률의 대상은 안기부법, 검찰청법, 노동조합법과 노동쟁의 조정법, 해직언론인, 삼청교육대피해자, 광주항쟁피해자 등에 대한 각종 배상법 등 정치민주화 관련 사항과 통합의료보험제 실시를 위한 '국민의료보험법' 제정이었다.

　이렇듯 제13대 총선 결과로 만들어진 여소야대 국회는 지역주의 정당경쟁구도의 출발점이었다는 제약에도 불구하고, 6월항쟁의 제한적 성과가 4당체제라는 의회정치 구도 속에서 발현된 것 또한 사실이었다.

4) 민자당의 탄생과 정당정치의 위축

　하지만 이러한 야3당 공조체제가 지속적인 파괴력을 발휘할 만큼 견고할 수는 없었다. 박정희 정권기 민주공화당의 이념과 전통계승을 내세웠던 김종필의 신민주공화당이 제13대 총선공약으로 "……우리 당은 경제적 편중과 자본 독점을 철저히 규제하여 경제기반을 민주화하고 빈부문제를 해결하여……"(중앙선거관리위원회, 1992, 945~946

쪽)와 같은 적극적인 경제민주화 조치를 채택하고, 국회개원과 함께 평민·민주 양당과 정책연합을 형성했던 것은 '민주화'라는 특정한 정치지형속에서 생존하기 위한 적극적인 선택의 결과였던 것이다.

야3당 공조의 균열조짐은 노태우 대통령이 후보시절 공약한 '중간평가' 처리문제를 둘러싸고 일어났다. 초기 5공청산 없는 중간평가는 거부한다는 입장을 공유하고 있었지만, 5공청산이 제한적으로나마 진전되면서 각 당의 입장이 명시적으로 차별화되었다. 평민당은 5공청산과 민주화를 선행조건으로 하는 중간평가를, 민주당은 조건 없는 신임연계 중간평가를 강력하게 주장하고 있었고, 공화당은 중간평가 무용론 내지는 연기론을 주장했다.(윤상철, 1997, 263쪽)

야3당 공조체제는 이른바 '공안정국'을 거치면서 와해된다. 1988년 문익환 목사 방북으로 시작된 통일운동의 고양과 노동자대투쟁 이후 소강상태를 보였던 노동운동이 다시 1989년부터 임금인상투쟁을 중심으로 활발하게 전개되자 정부와 여당은 이른바 '공안정국'을 통한 정면돌파를 실시한다. 그러나 지배블록의 권력행사를 제약한 가장 중요한 요인은 역시 '여소야대'를 배경으로 하는 제도권 정치지형에 있었기 때문에 정부와 여당은 '정계개편'을 위한 일련의 사전작업을 시도했다.

공화당은 민자당과의 합당에 대해 긍정적이었다. 그리고 공안정국에서 '화염병처벌법'과 같은 시위관련법에 대해 여당과 입법공조를 취하는 등 정계개편과 내각제 개헌 등 집권당 대표의 발언에 동조하는 입장을 취함으로써 이미 준여당 역할(정대화, 1995, 229~231쪽)을 하고 있었다.

4당체제의 가장 큰 수혜자, 즉 여소야대의 주도정당이 평민당이었다는 점에서 김대중은 여소야대를 깨는 정계개편이 불편할 수밖에 없었지만, 민주당의 김영삼은 제2야당으로 전락한 상황에서 정계개편을 통한 다수당으로의 전환을 적극적으로 고려하게 된다.

이 결과가 바로 3당합당을 통한 거대여당 '민주자유당'(민자당)의 탄생이었고, 이는 그나마 민주화 정세속에서 다당제 구도가 가지고 있었던 민주개혁과제의 축소와 퇴장을 의미하는 것이었다.

의회정치의 측면에서도 3당합당은 정부에 대한 국회, 특히 야당 우위의 정치구도에서 거대여당과 의회정치의 축소로 귀결되었다. 이는 3당합당을 기준으로 제13대 국회 전체의 법률제출 총수와 이 중 의원발의 법률안 수와 정부제출법률안 수를 비교해보아도 확인할 수 있다.(〈표2〉참조) 즉 3당합당 이전은 상대적으로 그 이후보다 의원발의 법률안수가 많았다는 것인데, 이는 정당활동, 특히 야당의 입법활동이 3당합당 이전보다 활발했다는 것을 의미하는 것이다. 이를 거꾸로 말하면 3당합당 이후 여당과 정부와의 관계, 그리고 여야관계 속에서 전체적으로 정당의 입법활동이 위축되었다는 것을 보여주는 사례다.

〈표 2〉 제13대 국회의 의사과정 분석, 3당합당 이전과 이후의 비교

	총 개의일수	총회의 시간	법률안 제출총 수	의원발의 법률안 수	행정부제출 법률안 수	청원 제출수	진정서 제출수
1988~1989년 (제141~147회) 3당합당 이전	84	325시간 40분	607	451	153	343	3,262
1990~1991년 (제149~156회) 3당합당 이후	81	298시간 43분	331	116	215	207	3,051

출처 : 임성호, 1999, 249쪽.

또한 개혁입법의 상징이었으나 노태우 대통령의 거부권 행사로 유보된 바 있는 지방자치법개정안, 노동조합법 개정안, 노동쟁의조정법, 그리고 국민의료보험법안이 3당합당 이후 모두 폐기(정대화, 1995, 215쪽)되었다. 이 또한 3당합당의 정치적 결과를 상징적으로 보여주

는 것이다.

5) 3당합당 이후 야권의 재편

앞서 살펴보았듯이 여소야대 구도에서 제1야당으로 정국을 주도했던 평민당은 '3당합당'으로 주도권을 상실하게 되었고, 합당에 반대했던 민주당 잔류파 역시 소수당으로서 활로를 모색해야 했다. 3당합당 이후 야권의 재편은 두 가지 방향으로 이루어졌다. 하나는 평민당과 친김대중계—87년 대선에서 비판적 지지그룹—재야간 통합논의였고, 잔류민주당과 87년 대선시기 후보단일화나 독자후보 입장에 있었던 재야운동권과의 통합논의가 또 다른 흐름이었다.

1991년 4월 9일 평민당과 통합전당대회를 연 신민주연합당(가칭) 창당준비위원위원회는 애초 평민당과의 통합을 목표로 구성되었다는 점에서 형식은 통합이었지만, 내용적으로는 평민당으로 흡수된 것에 다름 아니었다.

한편 잔류민주당 세력은 이 보다 두 달 앞선 1991년 2월 3일, '민연추'[13)에서 탈퇴한 야권통합파와 통합전당대회를 가졌다.

신민당과 민주당 통합논의는 1991년 기초의회와 광역의회 선거의

---

13) '민중의 정당 건설을 위한 민주연합추진위원회'의 약칭으로 1990년 3월 12일 전국 민족민주운동연합(이하 전민련) 고문인 백기완, 박형규, 계훈제, 이소선 4인의 민 중의 정당결성 촉구 성명이 결정적인 계기가 되었다. 성명이 있은 직후, 전민련 에서 정치세력화를 추진해 왔던 이부영, 이재오, 여익구와 진보정당 준비모임의 이우재, 장기표, 조춘구, 구한겨레민주당의 제정구, 유인태 등이 초동모임을 조 직했다, 그리고 이후 노동, 농민, 문화예술계 등의 인사들이 동참하면서, 1990년 4월 13일 결성대회를 가졌다. 민연추는 결성대회에서 "자주·민주·통일·민중복 지투쟁에 앞장서 싸울 것"을 선언하고, '자주적인 민주정부 수립', '자주적인 외교 노선 확립', '국민의 민주적인 기본적 전면보장', '민중복지의 민족자립경제' 등 10 개항의 강령을 발표했다.(민연추, 1990) 하지만 이들은 곧 야권통합론과 독자정 당 건설론 논쟁에 휩싸였고, 결국 야권통합파는 잔류민주당과, 독자정당 건설론 자들은 민중당 창당으로 분열했다.

연이은 여당의 승리에 따라 두 야당이 정치적 위기에 휩싸이자 당내외 압력에 의해 고조되는 분위기였다. 신민당은 야권통합과 김대중 총재의 2선후퇴를 요구하는 이른바 '서명파'가 '정치발전연구회(이하 정발연)'라는 '당내당' 형태의 세력화를 추진했고, 이해찬, 이철용 의원은 야당통합을 주장하며 아예 탈당하기도 했다. 민주당 역시 비주류[14]를 중심으로 지방선거의 연이은 패배에 책임지고 이기택 총재의 퇴진을 요구하는 형국이었다.

즉 민주당은 기초의회 선거 직전에 민연추의 한 분파인 민주연합과 통합했음에도 불구하고 두 차례의 지방의회 선거에서 각각 0.8%와 2.4%를, 평민당은 광역선거에 대비해서 신민당과 연합했음에도 불구하고 각각 18.2%와 19.1%를 얻는데 그쳤다.(정대화, 1995, 274쪽) 거대여당에 대한 대안정당, 혹은 대항정당으로서의 복원과 지역정당으로서의 인식을 재고시키는데, 재야 일부와의 연대를 통해서는 불가능하다는 것이 판명되면서 1990년 '통추회의'를 매개로 추진되었던 야권통합 논의가 다시 평민당과 민주당간 논의로 복원되었다.

결국 양당은 9월 10일 양당 총재가 합당을 선언하고, 실무회담을 거쳐 16일 선관위에 '민주당'으로 정당등록을 마침으로써 통합에 성공했다.

14대 총선의 초점은 현대재벌의 총수인 정주영이 주도한 통일국민당(국민당)의 창당과 원내세력화 여부였다. 총선을 불과 석 달여 남겨놓고 결성된 국민당은 특정재벌과 노태우 정권과의 정치적 갈등이 정당결성의 결정적인 계기였다는 점에서 당시 '재벌당' 혹은 '자본의 정치세력화'로 인식되면서 한국사회 진보와 보수를 막론하고 경계의 대상이 되었다.

---

14) 박찬종, 김광일, 김현규(부총재), 장석화, 홍사덕 등으로 구성된 민주당 비주류 중 박찬종, 김광일 의원은 김대중 총재의 법적 1인대표체제가 '밀실야합'이라며 양당통합에 참여하지 않았다.

　국민당은 주로 기존 정당의 공천경쟁에 탈락한 인사들을 중심으로 구성되어 이들이 내세운 '새로운 정치'라는 구호를 무색하게 했다. 그러나 '아파트 반값 공약' 등 민자당의 경제실정을 부각시키는 정책들을 전면에 내세우며 기성정치에 대한 유권자들의 불만을 파고들었고, 총선 결과 전국구 포함 31석을 획득(〈표3〉 참조)하여 명실상부한 제3당의 지위를 차지하게 되었다.

〈표 3〉 제14총선의 득표율 및 의석수

	민자당	민주당	국민당	신정·기타	무소속
득표율(%)	38.5	29.2	17.3	3.5	11.5
의석수(지역/전국)	116/33	75/22	24/7	1	21
의석률(지역)	48.9	31.6	10.5	0.4	8.9
의석률(전체)	49.8	32.4	10.4	0.3	7.0

출처 : 심지연 2004, 398쪽.

　여세를 몰아 국민당의 정주영은 정당 가운데 가장 먼저 대선후보로 선출되면서 노태우 정권과 민자당에 대한 공세를 한층 강화시켜 나갔다. 여기에 민자당 경선결과에 불복, 탈당한 이종찬의 지지까지 얻게 되었지만 제14대 대선에 패배한 후 곧 칩거(심지연, 2004, 407~415쪽)에 들어갔고, 국민당도 김영삼 정부의 압박을 견디지 못하고 결국 1년여 만에 해산하고 만다.

4. 김영삼 – 김대중 정권기 정당정치

1) '문민정부' 개혁의 정치적 의미와 한계

　김영삼의 집권은 보수정치세력의 재편(정계개편)의 결과라는 측면과 거시적으로는 민주 대 반민주구도의 형식적 종결에 이은 내용적 약화라는 정치적 의미를 지닌다. 즉 문민정부는 3당합당이라는 인위적인 정개개편, 그리고 과거 특정지역을 중심으로 하는 민주화 세력이 정권의 핵심을 차지하기는 했지만 수구세력과의 '연합정권'[15]이라는 이중적이고 태생적 한계를 안고 출발했다.

문민정부가 가지고 있었던 이러한 태생적 한계는 선거를 통해 집권한 정통성에도 불구하고 김영삼 대통령이 개혁에 과잉집착 할 수밖에 없는 상황을 가져왔다. 한국정치사에서 새로운 정부가 들어설 때 마다 '개혁'이라는 화두는 정권의 입장에서 빠뜨릴 수 없는 좋은 소재였다. 장면 정권과 박정희 정권, 그리고 전두환 정권은 집권초기 모두 '부정축재자처벌'을 들고 나왔고, 노태우 정권은 '민주개혁과 국민화합'을 내세웠다. '개혁'은 '경제성장'과 함께 정통성 부재에 시달려 왔던 과거 권위주의 정권에게 있어 이들의 집권을 정당화할 수 있는 주요한 의제였다는 점에서 오히려 낡은 구호로 느껴지기까지 했다.

하지만 87년 민주화 세력의 분열 이후 민주화 세력의 일부가 정권의 중심을 차지했다는 것은 과거 정권이 내걸었던 '개혁'과는 또 다른 측면에서 국민들에게 기대를 불러일으켰던 것 또한 부정할 수 없는 사실이었다. 집권에 성공한 김영삼 정권의 입장에서도 구지배세력(대구경북지역의 핵심정치인들과 안기부, 검찰 그리고 군부내 사조직인 하나회와 월계수회 등)의 영향력을 제거해 나가는 것이 이후 자신의 정치적 영향력을 지속적으로 유지해 나가는데 필수적인 조건으로 인식되었고, 실제 집권 초기 재산공개와 비리정치인 사정을 통한 인적 청산작업은 이들 과거지배세력 제거에 그 초점을 맞추고 있었다.

정치행정부문의 개혁과 함께 경제부문의 개혁부문의 개혁도 진행

---

15) 연합정권이란 표현은 탄압에도 불구하고, 합당 이후와 문민정부 초기까지 김영삼계와 군부세력(민정계)간 지속적인 갈등구조를 강조하기 위한 것이다.

되었다. 문민정부의 경제개혁담론은 주지하다시피 신자유주의에 기반해 있었다. 김영삼은 자신의 개혁청사진을 세계화(또는 국제화)로 명명하면서 새로운 한국, 즉 '신한국'이라는 구호를 들고 나왔는데, 이 때부터 '국가경쟁력'이란 단어가 유행어처럼 각종 언론매체를 타고 퍼져나가기 시작한다. 1996년 한국의 OECD가입도 이러한 정권의 '국가경쟁력' 이데올로기 속에서 많은 논란에도 불구하고 전격적으로 단행된 것이었다.

하지만 문민정부의 개혁담론은 정작 한국사회에서 최우선적인 개혁과제였던 '정경유착'의 부패고리 청산은 외면하는 모래성에 불과한 것이었고, 실제 IMF경제위기의 전조였던 '한보스캔들'로 정권은 이미 내부에서부터 와해되고 있었다.

2) 김영삼 정권기 정당재편

1994년 말부터 민자당 내에서 김종필 대표체제는 개혁과 세계화의 추진에 걸림돌이 된다는 주장이 민주계를 중심으로 일기 시작했다.(심지연, 2004, 425쪽) 하지만 이는 명분의 성격이 강했고, 차기 정권창출과 관련해 신한국당내 권력투쟁의 산물[16]이었다. 결국 이듬해 2월 김종필은 탈당성명을 발표하며, 신당창당을 공식 선언했는데, 이 날은 바로 민자당을 신한국당으로 재창당하기 위한 전당대회가 있는 날이었다.

민자당에서 신한국당으로 당명을 변경하게 된 결정적 계기는 1995년

---

[16] 노태우 정권의 차기 권력승계를 놓고 벌인 민자당내 권력투쟁은 이미 합당 자체에 내재된 갈등이 지속된 것이었다. 특히 내각제 실시 각서 공개는 당내 3개 계파간의 갈등은 걷잡을 수 없는 상태가 되었다. 민정계와 공화계는 김영삼과 민주계가 정치적 합의를 배신했다고 공격했으나 김영삼은 이에 맞서 각서공개를 공작정치라고 비난하며 당무 중지 및 분당도 불사하겠다고 나서자, 노태우는 사태수습을 위해 직접 나설 수밖에 없었다.(심지연, 2004, 401쪽)

6월 17일 치러진 지방선거 참패, 그리고 같은 해 10월 정기국회에서 전직대통령의 비자금문제가 폭로되면서 결국 노태우의 구속으로 이어지는 일련의 집권당 위기사태였다. 이에 김영삼은 명실상부한 당의 환골탈태 방안마련과 함께 '역사바로세우기' 차원에서 12·12사태와 5·17쿠데타를 조사하기 위한 특별법 제정을 당에 지시했다.(심지연, 2004, 429~430쪽)

한편 김영삼 정권의 개혁드라이브가 표류하면서 김대중은 정계은퇴를 번복하고 정계복귀를 선언했다. 정계복귀와 더불어 그가 내세운 것은 '지역등권론'이었다. 이 지역등권론은 민주 대 반민주 구도에 대한 김대중의 공식적 폐기 선언이었다.

이로써 김영삼 정부 출범 2년여 만에 한국의 정당정치는 김영삼, 김대중, 김종필 3인을 정점으로 하는 3대 보수정당이 정치사회를 지배(김수진, 2008, 210~211쪽)하는 '보수삼분체제'를 이루게 되었고, 1996년 4월 11일에 시행된 제15대 총선은 이를 승인해주는 공식절차가 되었다.(〈표4〉 참조)

〈표 4〉 제15대 국회의원 선거 결과(득표율 : %)

구분	의원정수	정당별 의석수				
		신한국당 (34.5)	새정치국민회의 (25.3)	통합민주당 (11.2)	자유민주연합 (16.2)	무소속 (11.8)
지역구	253	121	66	9	41	16
전국구	46	18	13	6	9	0
합계	299	139	79	15	50	16

출처 : 중앙선거관리위원회, 1996, 142·163쪽.

3) 김대중 정권기 정당재편

제15대 대선에서 김대중이 대권 4수 끝에 당선될 수 있었던 것은

DJP연합과 신한국당의 분열, 그리고 경제위기에 따른 반여당 정서에 힘입은 결과였다.

지역등권론을 내세워 DJP연합에 성공한 '국민의 정부'는 실제 '내각제'라는 연합블록 내 권력구조 재편의 합의에 기초한 것이었고, 지역등권론 자체도 지역주의를 극복하기 위해 지역주의를 활용한 것이었다.

하지만 김영삼에 이어 김대중 역시 경제위기라는 상황논리를 들어 내각제 개헌합의를 사실상 파기한다. 내각제 개헌이 유보되자 국민회의는 1999년 7월 23일 각계 전문가, 엘리트들을 대거 영입해 전국정당과 개혁정당을 근간으로 하는 신당을 창당하겠다고 발표했다. 국민회의가 신당을 창당하기로 한 것은 현 체제로는 16대 총선에서 지역당 탈피는 고사하고 과반의석 확보도 힘들다고 판단했기 때문이다. 국민회의는 신당의 명칭을 새천년민주당으로 정했는데, 이는 대통령에 의해 창당된 여섯 번째의 집권당이 되는 동시에, 김대중이 주도해서 만든 여섯 번째 정당이기도 했다.(심지연, 2004, 466~467쪽)

제16대 총선 결과 한나라당은 총 133석을 확보해서 원내 제1당을 유지할 수 있었고, 새천년민주당은 115석을 확보 제15대 총선에서 획득한 66석에 비하면 괄목할 만한 의석수 증가를 달성했지만, 과반수 확보에는 실패하게 된다. 제16대 총선 결과의 특징은 바로 자민련의 몰락이다.

〈표 5〉 제16대 국회의원 선거 결과(득표율 : %)

구분	의원정수	정당별 의석수				
		한나라당 (38.96)	새천년민주당 (35.87)	자유민주연합 (9.84)	민주국민당 (3.68)	무소속 (9.38)
지역구	227	112	96	12	1	5
전국구	46	21	19	5	1	0
합계	273	133	115	17	2	5

출처 : 중앙선거관리위원회 2000, 299·301쪽.

자민련의 몰락에는 2000년 시민단체를 주축으로 벌어진 낙천·낙선
운동이 국민적 공감대를 형성하면 위력을 발휘한 것에도 큰 영향을
받았다. 시민사회의 정치개입으로 인한 일종의 '정당개편' 효과가 나
타난 것이다. 그리고 이 선거를 기점으로 한국의 의회 내 정당경쟁은 유
효정당수 면에서도 양당구도가 경향적으로 지속(〈그림 1〉참조)된다.

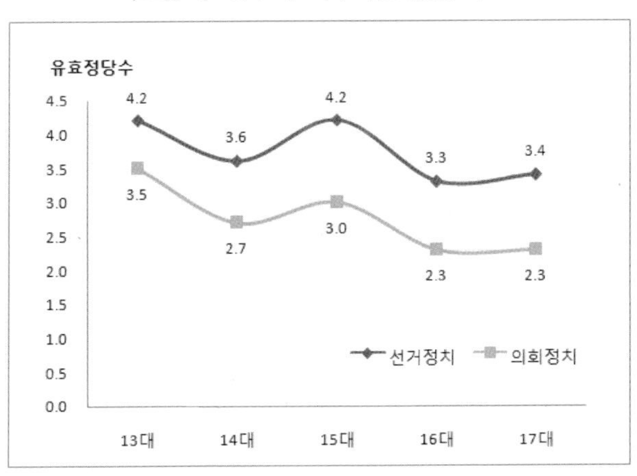

〈그림 1〉 민주화 이후 유효정당 수[17]

출처 : 박경미, 2006, 133쪽에서 민주화 이후 부분만 발췌.

4) 용두사미로 끝나고 마는 정치개혁 논의

김영삼 정권 출범 직전 대통령직 인수위원회는 "정치권의 정화와

---

17) 유효정당 수는 락소와 타게페라 방식을 적용했으나, 군소정당 처리는 정당득표
율을 기준으로 0.5% 이하의 득표를 한 정당과 의석점유율을 기준으로 1석 이하
의 정당을 기타항으로 처리.(박경미, 2006, 133~134쪽)

NE = S2/m2+ΣSi2
   NE,, 유효정당수(Effective Number of Parties)
   S, 총 의석수 혹은 총 득표율
   m, 군소정당 혹은 무소속 의석수
   Si, 정당별 의석수

모든 부정부패척결을 최우선과제로 보고 국회에 정치제도개혁특별위원회를 설치, '정치관계법' 개정 등 종합적인 개혁방안을 마련해야 한다"는 취지의 건의를 하게 되었다. 이를 계기로 돈 안드는 정치풍토의 정착이 정치권의 부패를 방지할 수 있는 만큼 국회 내에 정치제도개혁특위를 1~2년가량의 한시기구로 설치해 여야합의를 통해 개혁을 구체화해야한다는 것이 초기 구상이었다.

여야간 논의를 거쳐 1994년 2월 15일 국회는 정치관계법심의특별위원회(정계특위)를 구성하기로 결의했다. 정계특위는 '공직선거 및 선거부정방지법(통합선거법)'을 제정하고 '지방자치법' 및 '정치자금법'을 개정키로 여야가 합의한 결과물이었다. 이는 역대 선거에서 고질적으로 지적된 선거의 과열과 타락, 불법으로 얼룩진 선거풍토의 일신, 깨끗하고 돈 안드는 선거를 실현함으로써 공정한 선거문화를 정착시키는 것이 목표였다.(심지연, 2004, 432~433쪽)

이때부터 본격적으로 논의되기 시작한 것이 지구당폐지·축소, 공영선거제 도입, 당비납부운동 확대 등을 제도화하는 것이었다. 이때 개정된 '통합선거법'의 골자는 전국구 의석과 배정방식을 의석률이 아닌 득표율에 따라 배분하도록 하였고, 배분대상을 지역구 5석 이상 획득 정당에서 지역구 5석이나 전국 득표율 5% 이상을 획득한 정당으로 변경한 것이다. 이는 언뜻 군소정당에게 의회진출 기회를 부여한 것으로 보였지만, 정당선택이 부여되지 않음으로써 그 효과는 극히 제한적일 수밖에 없었다.(은민수, 2003, 164쪽) 협상과정에서 제3당인 민주당18)이 배제된 데도 거대정당간 담합구조가 작용했기 때문이다.

또한 '정치자금법' 문제도 조달 측면에만 중점을 두어 지출과 공개

---

18) 이들은 표의 등가성 원칙에 따라 정당명부식 비례대표제를 채택하고, 선거연령 18세 인하를 골자로 한 선거법 개정시안을 내놓는 등 원내정당 가운데 가장 개혁적인 안을 내놓았다.

화 부분은 큰 비중을 두지 않았다. 무엇보다 가장 비판의 대상이 되는 것은 사회적 합의과정을 거치지 못하고 대부분 국회 회기말이나 비정상적인 입법과정을 통한 졸속처리(김영래, 1994)를 반복했다는 것이다.

김대중 정권기 정치개혁은 경제위기 극복을 위한 구조조정담론의 연장선상에 시작되었다. 즉 경제위기의 책임에서 정당과 국회 또한 벗어날 수 없었다는 점에서 국회의원 정원 감축압력이 언론과 시민사회를 중심으로 강력하게 제기되었다. 결국 제16대 총선을 앞두고 국회는 선거구획정위원회 권고대로 국회의원 정수를 299명에서 273명으로 줄이는 ‘자발적 감축안’을 통과시켰다. 하지만 이는 제17대 국회를 앞두고 다시 원상복구된 데서 알 수 있듯이 정치권이 일단 소나기는 피하고 보자는 태도에서 비롯된 것이었다. 정당정치의 활성화와 정치의 공공성 회복이라는 관점에서 논의되어야 할 제도개혁의 논리와는 거리가 먼 것이었다.

비록 용두사미로 끝나긴 했지만 가장 중요했던 제도개혁 사안은 바로 선거제도 개정문제였다. 선거제도 개정의 정치적 목적은 ‘지역주의 정치’ 해소에 있었다. 김대중의 입장에서 지역주의 정치는 권력 획득에 번번이 발목을 잡았던 아킬레스건이자 유권자 동원을 위한 매우 확실한 정치적 수단이라는 모순적 성격이 공존하는 정치구조이자 담론이었다. 1987년 대선과 1990년 3당합당에 이어 지역주의 망국론이 다시 대규모로 동원된 시기가 1995년 지방선거와 1996년 제15대 총선, 1997년 대선이었고, 그 논란의 핵심에 김대중의 정치복귀가 작용(박상훈, 2009, 21~23쪽)했기 때문에 김대중과 집권여당의 입장에서도 지역주의를 완화하기 위한 제도개혁의 필요성이 있었다.

그런데 처음 선거제도가 논의될 때 여당은 단순다수제—비례대표제를 병용하는 비례대표제도(독일식) 도입이 무게감있게 거론했지만, 이후 지역구 단순다수제—정당명부 비례대표제의 병립제(일본식)와

광역별 비례대표제 등이 제기되면서 단일한 입장을 제시하지 못했다.(강원택, 2005, 302쪽)

결국 제16대 총선은 국회의원 정수 축소 이외에는 변한 것이 없는 이전 선거제도하에서 치러졌다. 이 같은 용두사미 선거제도개혁 (전체적으로 정치개혁) 논의가 무수한 논란과 초기 정당간 개혁의지 천명에서 불구하고 개혁에 걸맞는 변화에 실패한 것은 전면적인 비례대표제 도입에 대한 한나라당의 강력한 반대에도 그 원인이 있겠지만 당시 여당 역시 '지역주의 타파'라는 공식적인 명분에도 불구하고, 내부적으로는 기득권과 제도변경에 따른 불확실성을 제어할 만한 능력과 의지가 부재한 것에도 큰 책임이 있었기 때문이다.

그러나 거대양당의 담합에 의해 부정되었던 비례대표 배분방식(국회의원 득표율에 의한 정당비례대표 배분)은 2001년 민주노동당 등의 위헌신청을 헌법재판소가 받아들여 위헌판결을 받게 되었고, 2002년 지방선거부터 정당투표가 별도로 실시되는 '1인2표제'가 시행되었다.

5) 사회경제적 양극화 속에 민주주의 위기와 정당정치의 취약성

주지하다시피 김대중 정권은 경제적으로는 'IMF외환위기'를 배경으로 등장했다는 점에서 경제정책운용 폭에서 취약점을 가지고 있었다. 하지만 외부환경이 정부정책의 성격을 반드시 결정하는 것은 아니다. 왜냐하면 정책의 결정메커니즘과 독립변수(혹은 매개변수)에는 정치제도와 정당정치도 매우 중요한 영향을 끼치는데, 국가마다 경제위기의 대응하는 방식과 결과가 동일하지 않은 것도 이러한 이유 때문이다. 특히 정당정치는 교역, 자본이동, 국제적 금융기구 등의 경제적 세계화가 미치는 외압을 특정 방식으로 수용하고 굴절시키는 여과기제(송호근·홍경준, 2006, 78쪽)라는 측면에서 매우 중요하다.

　제15대 국회가 제14대 국회에 비해 상대적으로 의원들의 입법활동이 활발했던 것, 특히 복지 관련 입법을 다루는 보건복지위원회의 후반기 의원발의 법률안 수가 전반기의 2배, 정부발의안에 비해 4배에 달했던 사실은 경제위기의 상황에서 사회적 안전망 구축에 대한 여론을 의식할 수밖에 없었던 상황에 크게 기인했다. 또한 여당인 새정치국민회의는 경제위기의 여파로 실업률이 1998년 1월 8.5%까지 치솟고 소득격차가 심화되는 상황에서 대표적인 공공부조 정책인 기존의 생활보호법에서 그 대상을 확대하고 빈곤구제가 아닌 최저생활보장을 취지로 하는 '국민기초생활보장법'으로의 대체를 추진하게 되었다. 이 과정에서 근로능력을 갖춘 실업자의 근로의욕 상실 등을 내세우며 반대입장을 분명히 밝힌 정부와 첨예하게 대립하게 되는데, 경제기획원 등의 이러한 '복지병' 논리를 효과적으로 제압하지는 못하면서 여당으로서의 한계를 드러내기도 했다. 결국 2000년 '국민기초생활보장법'의 입법화에는 시민사회단체의 입법운동과 김대중 대통령의 결단을 통해 이루어지게 되었다.

　한편 제15대 대선 당시 김대중 후보의 주요 공약 중 하나였던 의약분업을 둘러싼 이익집단 갈등은 유례없는 '의사파업'이라는 사태까지 겪었다. 이는 서두에서 언급했던 사회갈등의 조정자로서 국회 혹은 정당의 역할 부재라는 정당정치의 취약성을 잘 드러내주는 사례라고 할 수 있다.

　대중의 삶과 직결되는 사회정책과 복지정책이 부재하거나, 있어도 시장소득 격차를 실질적으로 교정하지 못할 때, 대중들은 바로 하나의 정치체제로서의 민주주의를 불신하게 된다. 그래서 IMF경제위기는 '민주주의의 위기'이기도 했다. 강력한 기업구조조정과 이에 따른 대량실업은 대중들에게 민주주의에 대한 회의를 불러일으키기에 충분했기 때문이다. 그리고 "민주주의가 밥먹여 주냐"는 대중들의 불만이 과거 군부권위주의 정권에 대한 향수로 연결되었던 것은 바로 갈등을 제도화하고 조정해야 할 정당정치의 취약성에도 그 근원이 있었다. 즉 이러한 측면에서 김영삼, 김대중 정권기에는 시민들의 정치적 자유와 권리를 중심으로 한 정치적 민주화(부르주아 민주주의)는 형식적 진전이 있었지만, 권위주의 시기 형성된 사회경제체제(재벌중심－취약한 복지제도－노동배제)의 개혁은 더욱 시장친화적(신자유주의)인 방향을 강화(정영태, 2007, 71~72쪽)함으로써, 민주주의를 확대·심화시키는 것이 아니라, '불평등한 민주주의'(unequal democracy)가 지속되는 사회경제적 배경과 계기를 마련했다고 볼 수 있다.

6) 총선연대의 낙천·낙선운동 : 지체되는 정당개혁에 대한 시민사회의 공격적 개입

2000년 제16대 총선을 앞두고 '유권자혁명'이라는 케치프레이즈를 걸고 나선 총선시민연대의 낙천·낙선운동이 진행되었다. 이 운동은 제15대 국회의 지지부진했던 정치개혁 입법활동이 직접적인 계기였지만, 'IMF경제위기' 국면에서 식물국회, 파행국회로 국민들의 지탄의 대상이 되었던 한국의 국회와 정당이 자초한 사건이었다.(2000총선시민연대, 2001, 28쪽) 한편 시민운동진영의 입장에서는 90년대 초부터 벌여왔던 공정선거감시운동과 입법모니터활동이 정치개혁에 미치는 영향력에 대한 비판적 평가 속에서 도출된 정치개입운동의 성격도 가지고 있었다. 또한 이 운동은 시민단체의 선거운동을 금지하고 있는 공직선거법 87조에 대한 폐지요구가 더해지면서, 시민불복종(civil disobedience)으로서의 성격도 부여받게 되었다.

2000년 제16대 총선은 이 운동자체가 선거의 쟁점이 될 정도로 국민적 관심 속에 진행되었는데, 총선시민연대가 자평한대로 "낙선 대상자로 선정된 86명 중 68.6%가 낙선했고, 특히 수도권에서는 대상자 20명 중 19명이 낙선함으로써, 성공적으로 마무리되었다."(2000총선시민연대, 2001, 272~275쪽)

　이 운동은 지체되고 있는 정당개혁에 대한 시민사회의 공격적인 개입운동이라고 볼 수 있다. 그리고 상당수 국회의원들이 인위적으로 물갈이되는 성과를 남겼고, 자민련이라는 유력한 제3정당이 몰락의 계기를 겪는 발판으로 작용하기도 함으로써, 일정한 '정계개편'의 효과도 발휘했다. 한편으로는 경제위기를 전후로 무기력하기만 했던 정당정치에 대한 대안적 대의운동의 성격도 존재했다. 요컨대 2000년 낙천·낙선운동은 1997년 IMF경제위기에도 불구하고 여전히 정치의 공공성(사회정책·공공정책·갈등조정) 회복에 소극적이었던 정당정치에 대한 시민사회의 반격이었던 것이다.

　하지만 한계 역시 존재했다. 무엇보다 인물교체가 바로 정당개혁, 즉 구조개혁으로 연결되지는 않는다는 것이다.

<표 6> 12대~16대 국회 초선의원 비율(명, 괄호 %)

12대	13대	14대	15대	16대
101(36.6)	169(56.5)	119(39.8)	137(45.8)	111(40.7)

출처 : 윤종빈, 2007, 164쪽에서 부분 발췌.

　총선시민연대활동 이전에도 초선의원의 비율은 40% 전후로 매우 높은 편이었다.(<표 6> 참조) 하지만 초선 역시 국회입성과 동시에 기존 정당 내 계파구조 혹은 당내질서에 흡수되어 버림으로써 구질서에 대한 인적충원의 의미 이상을 벗어나지 못했다. 즉 구조와 제도개혁이 새로운 정치'세력'의 등장과 상호결합할 때 지속가능한 정치개혁이 가능하다는 점을 역설적으로 경험했던 계기가 또한 이 낙천·낙선운동의 정치적 학습효과였다.

5. 결론 : 민주주의의 전제는 정당정치의 공공성 회복

지금까지 살펴 본 민주화 이행부터 국민의 정부 기간까지 민주화와 정당정치에 관한 논의를 정리하면 다음과 같다.

한국의 정당정치는 민주화 과정에서 주도적인 역할을 하지 못했다. 이것은 큰 틀에서 1987년의 타협에 의한 민주주의 이행에 내재한 정당과 정당체제의 이념적·제도적 폐쇄성에 원인이 있다. 또한 정당내부의 민주화를 위한 시도 역시 매우 수동적이었을 뿐만 아니라, 정당을 "대중의 요구를 공공정책으로 전환시키는 기본적 장치"(Key, 1961, 432쪽)로서 자리매김하는 데도 충실하지 못했다. 다시 말하면, 국가와 정당간의 관계로서의 카르텔정당체제와 선거에서의 유권자 동원을 중심으로 한 정치적 경쟁체제로서의 지역주의 정당체제, 그리고 개별 정당 수준에서의 이른바 '3김'의 1인권력집중형 정당이 상호결합하는 '폐쇄성'에서 벗어나지 못했다는 것이다.

여기에는 권위주의 시대에 형성되었던 양김의 리더십이 민주주의 이행 이후에도 여전히 강력한 힘을 발휘했던 것에도 원인이 있다. 권위주의에 저항했던 권위주의적 리더십이 민주화 과정에서도 여전히 정당정치를 떠받치는 유일한 자원으로 작용했고, 단속적으로 펼쳐졌던 정당민주화는 수직적 리더십에 종속되어 버리고 말았다. 예컨대 정당과 시민사회와 관계는 긴장관계를 동반한 상호작용보다는 인적 자원의 일부가 정당에 편입되어 '개혁의지'가 정당내부에서 소멸되는 과정을 반복했던 것이다.

메이어와 카츠는, 1970년대 이후 정당의 국가기구화 경향을 지적하면서 대중동원에서 자본동원으로 정당의 정치활동 방식이 변화한 것에서 그 원인을 찾고 있다. 즉 기존정당들이 국고보조금[19)과 같은 정당 운영에 필요한 자금을 대부분 국가에 의존하면서 신생정당들의 진입을 봉쇄하는 담합체제를 의미하는 것이다. 즉 이 담합체제는 체제내부에 속한 정당에 대한 배타적인 물적 지원과 외부정당(outsiders)에 대한 배제를 통해 작동한다는 것이다. 다시 말하면 정당이 원칙적이고 규범적인 수준에서라도 시민들의 연합체(associations)가 아니라 전문적인 정치인들의 협력체(partnership)인 것(Mair and Katz, 1997, 105~119쪽)이다.

한국에서 민주주의 이행기와 그 이후 민주주의 제도의 정착 이면에는 이러한 정당의 폐쇄적 구조도 함께 진행되었다. 구 정당들에 의한 독과점 체제로서의 카르텔 정당체제가 유지되면서, 정당정치의 대표성과 경쟁성이 크게 저하되었고, 이는 궁극적으로 한국민주주의의 질적 고양에 있어서 중대한 장애로 작용(장훈, 2003, 33쪽)해왔던 것이다. 물론 정당의 민주화가 사회민주화와 반드시 양립하는 것은 아니다. 유럽의 민주주의를 논할 때 사회민주당과 좌파정당들의 역할을 빼놓고 얘기할 수 없지만, 정당내부의 구조는 미헬스의 지적대로, '과두제의 철칙'(the iron law of oligarchy)이 지배했다는 점을 상기할 필요가 있다.

하지만, 사회민주화 과정에서 정당의 민주화가 강조될 수밖에 없는 것은 후자는 사회민주화의 내용과 질에 영향력을 발휘할 수 있는 역

---

19) 물론 국고보조금과 같은 국가지원에 의한 정당운영이 정당의 국가종속이라고 볼 수 있을 것인가는 논쟁의 여지가 있다. 예를 들어 국가의 정당보조를 가장 적극적으로 실행하고 있는 국가 중 하나인 독일의 정당에 대한 국고보조금 논쟁을 참고할 필요가 있다. 독일 국고보조금 지급과 기부금면세혜택과 관련한 논쟁의 주요 축은 정당의 헌법적 존재 및 정당활동에 대한 국고보조의 정당성을 논증하는데 집중되어 있었다. 기민련/기사연(CDU/CSU) 및 자민당(FDP)과 사민당(SPD)은 정당이 선거뿐 아니라 정치교육과 이익집약 및 표출이라는 기본적 기능을 수행하고 있다는 점에서 민주주의 작동을 위해 필수적인 제도라는 점을 강조했다. 반면 녹색당과 민사당은 정당에 대한 국고보조금의 지급과 기부금면세해택이 정당간·시민간 불평등을 심화시킨다는 점을 지적하며 반대(유진숙, 2009, 250~252쪽)해 왔다.

량강화의 과정이기 때문이다. 즉 정당의 이념이 보수적이든 진보적이든, 시민사회와의 상호작용이 없다면 정당의 정치적·정책적 역량은 지속적으로 소진되어, 결국 카르텔 정당의 최종적인 귀착점인 국가정당, 혹은 관료정당이 될 수밖에 없다는 것이다.

둘째, 민주화 과정에서 사회경제적 민주주의의 중요성이 갈수록 증대하고 있다는 것이다. 이는 서구 복지국가의 성립과정에서 정당의 역할[20]과도 밀접한 관련을 지닌다.

민주화 과정에서 정당의 역할은 의회를 통한 입법자(law-maker)로서의 지위, 사회적 갈등의 조정자, 그리고 정당 자체의 민주화를 통한 정당의 민주주의 능력을 제고하는데 있다.

여기서 민주주의 능력의 심화와 확대란 특히 양극화 사회를 일종의 동력으로 작동하는 글로벌 신자유주의, 자본과 시장의 힘이 어느 때보다 강력하게 작동하는 시기에서 정치의 자율성 정도를 말한다. 즉 사회적 평등과 분배의 민주주의를 위해 정당을 구성하는 리더십, 충원구조, 그리고 정책능력의 구축이 요구된다는 것이다.

이러한 측면에서 김대중 정권기 IMF경제위기는 한국 정당정치의 시험대이기도 했다. 특히 자유주의적 보수야당은 집권 이후에도 정부에 대해 자율적인 공공정책, 사회정책의 비전을 보여주지 못하고 정부의 신자유주의 개혁에 대한 국회 지원기구에서 머물러 있었다.

요컨대 1987년 민주화 이행 이후 김대중 정권까지 한국의 민주화 과정에서 정당정치는 정당없는 민주주의는 불가능하다는 명제보다는 이제 어떤 민주주의인가의 문제, 즉 정치공공성과 사회경제적 역할을 강화하는 것이 정당정치의 이론과 현실의 괴리를 좁힐 수 있다는 점을 성찰할 수 있게 해주는 시기였다.

---

[20] 서구 복지국가의 성장과 위축과정에서 이른바 '정당중요성 가설'에 대해서는 강병익, 2009, 113~117쪽 참조.

▣ 참고문헌

2000총선시민연대, 2001 『유권자혁명 100일간의 기록 : 총선연대백서』 상.

6월민주항쟁10주년사업범국민추진위원회 엮음, 1997 『6월항쟁 10주년 기념자료집』, 사계절.

강병익, 2009 「정당체계와 복지정치」 『기억과 전망』 통권20호, 민주화기념사업회.

강원택 2005 『한국의 정치개혁과 민주주의』, 인간사랑.

김영래, 1994 「정치자금제도의 변천과정과 특징 연구」 『한국정치학회보』 28집 1호.

민족민주운동연구소, 1989 『민통련, 민주통일민중운동연합평가서 Ⅰ, 자료편』.

박경미, 2005 「한국 정당조직의 지속성과 변화, 민주정의당과 평화민주당 조직 변화 비교」, 이화여자대학교 박사논문.

박상훈, 2009 『만들어진 현실 : 한국의 지역주의, 무엇이 문제이고, 무엇이 문제가 아닌가』, 후마니타스.

손호철, 2002 「'다원민주주의적' 정치질서와 정당」 『근대와 탈근대의 정치학』, 문화과학사.

송호근·홍경준, 2006 『복지국가의 태동, 민주화, 세계화 그리고 한국의 복지정치』, 나남.

쉐보르스키, 아담(염홍철 역), 1987(1986), 「민주주의 이행에 관한 연구의 몇 가지 문제점」 『권위주의 정권의 해체와 민주화』(오도넬 외), 한울.

______(임혁백·윤성학 역), 1997 「한국어판에 부치는 후기 - 민주화 연구기, 한 개인적 후일담」 『민주주의와 시장』, 한울.

스테판, 알프레드(염홍철 역), 1987(1986) 「재민주화의 경로, 이론적·비교적 고찰」 『권위주의 정권의 해체와 민주화』(오도넬 외), 한울.

심지연, 2004 『한국정당정치사, 위기와 통합의 정치』, 백산서당.

유진숙, 2009 「정치자금과 정당담론, 독일 국고보조금제도의 변동」 『의정연구』 제15권 제1호.

윤상철, 1997 『1980년대 한국의 민주화 이행과정』, 서울대학교출판부.

윤종빈, 2007 「17대 총선과 시민운동의 대응」 『한국의 선거와 민주주의 : 17대 국회의원 선거를 중심으로』, 집문당.

은민수, 2003 「한국 보수정당지배체제의 지속성에 관한 연구, 민주화 이후 정당간 경쟁구조를 중심으로」, 한국외국어대학교 박사논문.

임성호, 1999 「국회 의제설정의 기능과 주도권」 『한국의회정치론』(백영철 외), 건국대출판부.

임혁백, 1997 「지연되고 있는 민주주의의 공고화, 정치민주화의 과정과 문제점」, 한국정치학회, 『6·10민주화운동 학술회의 자료집』.

장 훈, 2003 「카르텔 정당체제의 형성과 발전, 민주화 이후 한국의 경우」 『한국과 국제정치』 제19권 4호(통권 43호).

정대화, 1995 「한국의 정치변동, 1987~1992, 국가－정치사회－시민사회 관계를 중심으로」, 서울대학교 박사논문.

정영태, 2007 「향수 속의 리더십, '박정희 리더십' 평가」 『미래공방』 창간호, 진보정치연구소.

정해구·김혜진·정상호, 2004 『6월항쟁과 한국의 민주주의』, 민주화운동기념사업회.

조현연, 2009 『한국진보정당운동사, 진보당에서 민주노동당 분당까지』, 후마니타스.

조희연, 1990 『한국사회운동사』, 죽산.

중앙선거관리위원회, 1992 『대한민국정당사, 1980~1988』 제3집.

__________________, 1996 『제15대 국회의원선거총람』.

__________________, 2000 『제16대 국회의원선거총람』.

최장집, 2002 『민주화 이후의 민주주의, 한국민주주의의 보수적 기원과 위기』, 후마니타스.

평화민주당 정책위원회, 1989 『정책과 전망, 정책토론회 자료모음집』 上, 학민사.

한국기독교사회문제연구원 엮음, 1987 『기사연리포트 3, 7~8월 노동자 대중투쟁』, 민중사.

홍재우, 2005 「민주주의 공고화의 이해, 불확실성과 불신의 제도화」 『신뢰연구』 제15권 2호.

황인성, 1997 「투쟁의 구심, 민주쟁취국민운동본부」, 『역사비평』 여름통권 제37호.

Aldrich, John H, 1995 *Why Parties?, The Origin and Transformation of Political Parties in America*, Chicago : The Univ. of Chicago Press.

Key, V. O., 1961 "Political Parties", *Public Opinion and American Democracy*, New York : Alfred A. Knoft, Inc.

Linz, Juan & Alfred Stepan, 1997 "Toward Consolidated Democracy", Larry Diamond, Marc F. Plattereds. at al, *Consolidating the Third Wave Democracies*, Baltimore : The Hopkins Univ. Press.

Mair, Peter and Richard S. Katz, 1997 "Party Organization, Party Democracy, and the

Emergence of the Cartel Party", Peter Mair, *Party System Change, Approaches and Interpretations*, New York : Oxford Univ. Press.

O'Donnell, Guillermo, 1992 "Transitions, Continuities, and Paradoxes," S. Mainwaring, Guillermo O'Donnell, and J. Valenzuela, eds., *Issues in Democratic Consolidation, The New South American Democracies in Comparative Perspective*, Norte Dame : Univ. of Norte Dame Press.

Schattschneider, E. E, 1942 *Party Government*, New York : Farrar and Reinhart Inc.

Wolinetz, Steven B, 2002 "Beyond the Catch-All Party, Approaches to the Study of Parties and Party Organization in Contemporary Democracies," Richard Gunther, et al., eds., *Political Parties, Old Concepts and New Challenges*, New York : Oxford Univ. Press.

『동아일보』, 『조선일보』.

제2장 한국 민주화와 노동운동 :
사회운동의 분화와 노동의 제도적 배제

손영우

1. 여는글 : 한국 민주화와 노조운동은 관계가 있는가?

한국의 민주화는 점진적 이행을 특징으로 민주화와 함께 지속적인 경제성장을 동반한 모델로 규정된다.(Juan Linz, 1978, 35쪽 ; 최장집, 2002) 혁명이나 급격한 정권교체를 통한 민주화가 아니라, 민주화 세력의 지속적인 요구와 기존 지배엘리트의 통치가 상당기간을 공존하며 갈등하는 양상을 지닌 민주화이다. 결국 선거경쟁민주주의는 수용하지만, 냉전 반공주의와 접맥되어 있는 보수적 정당체제는 존속하며, 이에 조응하는 경제체제를 유지하게 된다는 특징을 지닌다.

그렇지만 한국의 민주화가 정치엘리트에 의한 이유 없는 시혜로 이루어진 것은 아니었다. 비록 개혁의 과정은 '위로부터의 보수적 민주화'(조희연, 1998a, 10쪽)의 과정이라고 하더라도 주기적이고 지속적으로 나타나는 역동적인 사회(민중)운동[1]은 민주화를 이끌어온 주요한

---

[1] 사회운동의 개념은 다양하게 정의되지만, 여기에서는 포괄적으로 "사회적으로 문제가 되는 것을 해결하기 위해 사회구성원들이 의식적, 집단적, 지속적으로 활동하는 것"(유팔무, 2001, 187쪽)이라는 개념을 빌려와 사용하기로 한다. 사회운동 개념에 대한 논의로 이영제, 2008을 참조.

동력임에 틀림없다. 특히 1987년 민중항쟁은 이에 대한 부인할 수 없는 증거이다.(최장집, 2002) 다만, 민주화 이행모델은 민주화 세력과 반민주화 세력 간의 갈등요소들이 여러 영역에서 나란히 혹은 순차적으로 대립하다가 각각의 영역에서 역사적 맥락, 제도적 특성, 세력관계, 요소 간의 상호영향 등에 따라 타협·형성된 결과물들의 총체라 할 수 있다. 이렇듯 민주화의 결과는 민주화 진전에 따라 열을 나란히 하여 균등하게 진일보하는 것이 아니라 남북을 가르는 휴전선의 성립처럼 영역별 대립의 결과에 따라 진퇴를 반복하여 굴곡을 이루며 전 사회영역에 걸쳐 형성된다. 다만, 일정시일을 기해 고정된 휴전선과는 달리, 이 민주화를 둘러싼 대립전선은 때론 아주 작은 힘도 민감하게 반응하기도 할 뿐더러 때로는 큰 사건에도 무감각하고 꿋꿋한 매우 유동적이고 진행 중인 것이다.

이러한 상황에서 현 시기 한국 민주화 내용에 대한 주요한 문제제기 중 하나는 '정당·선거·지방 민주주의 발전에도 불구하고, 경제·산업 민주주의는 동반하지 않는가'(최장집, 2002 ; 송호근, 1990), 혹은 '절차적 민주화의 공고화와 실질적 민주화의 정체'(이영제, 2004)에 대한 의문이라고 할 수 있다. 이는 경제·산업 민주주의의 중요한 주체인 노동이 민주화과정에서 지속적이고 체계적으로 배제되었다는 점에서 그 원인을 찾을 수 있다.(최장집, 2002) 이에 이 글에서는 브라질, 남아프리카공화국처럼 노동이 민주주의 이행의 주요한 통로가 되었던 다른 국가의 사례와는 달리 한국 민주화 과정에서 노동 영역이 퇴보하게 된 원인을 규명하고자 한다. 특히 이 원인을 노동운동 주체형성과정과 다른 사회운동의 발전·분화와의 연관성에 초점을 맞추어 살펴본다.

글의 서술은 87년 민주화 항쟁과 97년 경제위기와 노사정 합의라는 거대한 사회적 변화를 중심으로 시기를 구분하여 진행한다. 87년 민주화 항쟁과 노동자 대투쟁은 노동운동에 있어 바야흐로 '민주노조의 시대'를 열었으며, 97년은 경제위기와 정권교체라는 정치·경제적 환경의 급변속에서 민주노조의 정상조직(peak association)으로서 전국민주노동조합총연맹(이하 민주노총)이 노동법개정과 노사정 합의 등 사회운동 전면에 나서면서 노동운동이 새로운 단계에 진입한 시기이다. 특히 앞의 두 시기 구분은 주체형성이라는 측면에서 95년 민주노총의 출범을 전후로 하여 '파편화된 노조운동시기'와 '조직된 노조운동시기'로 구분하는데도 거시적 차원에서 중첩된다고 할 수 있다. 앞의 시기는 노조운동이 사회운동과의 관계에서 전체민중운동의 전략 하에 지지·엄호되던 시기라면, 바야흐로 조직된 노조운동의 시기는 노동운동이 전체사회운동의 어엿한 하나의 주체로 혹은 주요한 구심으로 등장하는 시기라고 할 수 있다. 한국에서 '노동없는 민주주의'는 노동주체가 정부의 탄압으로 인해 전국적인 주체를 형성하지 못한 상태에서 민주주의가 진행되는 것과 비록 그 주체가 형성되었더라도 정치결정과정이나 제도에서 지속적으로 배제된 채 민주주의가 운영되는 것 양자 모두를 의미한다.

파편화된 노조운동시기는 87년을 전후로 하여 새로운 레짐이 형성되어가는 민주주의 이행시기로 이 과정에서 정상조직의 형성이 지연되고 제도화에서 노동이 배제되는 과정을 살펴본다. 구체적으로 민주화의 시발점이 되는 87년 항쟁시기 7·8·9월 노동자 대투쟁에서 불구하고 그 이후 정치적 차원에서 노동이 배제된 원인으로 정부와 사용자의 억압에 의한 주체형성의 지체와 정치개혁 중심이었던 그 당시 사회운동의 한계를 지적하고자 한다. 그 이전 역사적 배경과 환경(반공주의, 성장우선경제전략), 87년의 2단계 항쟁과 11월 노동법 개정, 야당과의 관계(평민당의 거리두기, 신민당의 민자당 참여), 재야의 친야당성(비판적 지지), 정치·경제권력의 억압과 주체의 미성숙('노동운동탄압분쇄'가 주된 슬로건)을 살펴본다.

　한편, 97년의 노동법 개정과 98년 노사정 합의 정국은 95년 설립된 민주노총을 중심으로 하여 조직된 노조운동이 전면에 나서는 시기라고 할 수 있다. 하지만 노동법 개정정국은 조직된 노동을 통해 획득한 사회적 성과가 법·정치제도로 귀결된 '조직된 노동' 이외의 다른 조력자들이 필요하다는 것을 입증한다. 또한 98년 노사정위원회의 실험은 한국 민주화과정에서 노동배제, 경제 민주주의 저발전의 원인으로 지역기반 대표(territorial representative)에 의한 통치의 발전에 비해 직업·기능적 대표(functional representative)에 의한 통치가 발전하지 못하였다는 지적(최장집 2008)의 타당성에도 불구하고, 기능적 민주주의의 시도가 자동으로 경제적 민주주의를 보장하지 않는다는 것을 보여준다. 97년 이후 노동법개정과 노사정위원회 등 상대적으로 기능적 대표에 의한 통치가 발전하는 계기를 갖지만, 모순적이게도 이 시점을 기하여 한국경제구조 속에서 양극화는 심화된다.(김유선, 2005) 더욱이 이러한 시험은 노조의 사회적 대화에 대한 불신으로 귀결되고 말았다.(노중기, 2003) 왜 노동의 정상조직 형성에도 불구하고 노동은 지속적으로 배제되는가? 왜 양극화는 기능적 민주주의가 부분적으로 실험된 노사정위원회의 운영과 함께 시작되고, 더욱 심화되는가? 이에 대해 이글에서는 양극화와 비정규직 같은 고용에 대한 사회적 관심의 증대와 경제적 세계화와 함께 사회적 불평등 심화로 인해 경제적 민주화요구의 확대 등 노동의 사회성은 지속적으로 증가함에도 불구하고, 노동운동은 기업협약의 제도적 틀에 갇혀 이를 극복하지 못함에 따라, 악화되는 현실과 노동운동의 괴리가 심화되며 노동운동은 대표성과 정당성의 위기에 봉착한다는 점을 지적하고자 한다.

2. 1987년 민주화 이행과 노조운동 :
분리된 항쟁과 고립된 성장

1) 불균등한 민주화 : 주체의 부재와 정치민주화 중심의 사회운동

1987년 민주항쟁은 6월 '독재종식과 직선제 개헌'을 요구한 정치민주화 운동과 7·8·9월 '생존권 사수·민주노조 쟁취'를 핵심으로 하는 노동자대투쟁의 2단계 운동을 특징으로 한다. 이것은 연속으로 계획된 2단계 운동이기보다는 저임금, 노동권 억압으로 고통받던 근로대중들의 요구가 6월항쟁의 열린 공간을 통해 자발적으로 분출한 것으로 볼 수 있다. 특히 노동자대투쟁은 6월항쟁의 열매라 할 수 있는 6·29선언에서 노동이 철저하게 누락된 것에 대한 반발이라고도 할 수 있다.[2] 즉, '민주화의 열기가 공장 문턱에서 멈추는 것을 막기 위한'(노중기, 2007) 것이었다.

하지만 이 2단계 민주항쟁이 가져다주는 민주화 정도는 전사회적으로 균등하지 않았다. 6·29선언을 통해 일단락된 정치민주화운동은 비록 잇따른 87년 대선에서 민정당 출신의 노태우 후보가 당선됨에도 불구하고, 식을 줄 모르는 민주화 열망과 함께 88년 총선에서 여소야대 국회의 탄생으로 이어지며 사회 광범위하게 확산되면서 민주주의가 정치적으로 제도화되는 길을 걸었다. 이에 반해 노동은 정치적 성장수준에 맞는 민주적 제도화의 길을 걷지 못하였다. 물론 노동영역이 다른 시민사회운동에 비해, 반공이념에 기반한 권력의 정치적 탄

---

[2] 선언의 내용은 1. 대통령 직선제 개헌을 통한 1988년 2월 평화적 정권이양, 2. '대통령선거법' 개정을 통한 공정한 경쟁 보장, 3. 김대중의 사면복권과 시국관련사범들의 석방, 4. 인간존엄성 존중 및 기본인권 신장, 5. 자유언론의 창달, 6. 지방자치 및 교육자치 실시, 7. 정당의 건전한 활동 보장, 8. 과감한 사회정화조치의 단행이었다.

압뿐만 아니라, 반공규율사회[3] 속에서 이윤확대를 위해 노조를 인정치 않으려는 사용자의 억압을 동시에 지녔다는 측면에서 자신의 요구를 정치적 이슈화하거나 세력화하는데 상대적으로 많은 제약을 지녔다고 할 수 있다. 하지만 노동자대투쟁 이후 특정기간 동안 세계에서 찾아볼 수 없는 '임금인상률'[4]과 노조가 6월항쟁 이후 가장 급격히 늘어난 '비정부단체'(유팔무, 2001, 192쪽)였다고 할 만큼 전대미문의 '민주노조 건설운동'이라는 양적 확대에도 불구하고 민주적 제도화로 이어지지 못한 원인을 단지 이중적 억압으로 돌리기에는 뭔가 부족한 듯하다. 원인을 더욱 구체화하기 위해 그 당시 노동을 둘러싼 환경을 살펴볼 필요가 있다.

87년 노동자대투쟁의 형태는 '특정 기간 동안 집중하여 개별 사업장을 중심으로 연쇄이고도 전국적으로 벌어진 쟁의행위'였다. 울산 현대엔진 노조결성(7월 5일), 현대 미포조선 노조결성(7월 15일)을 계기로 그 후 석 달간 3,000여 건이 넘는 파업과 집단농성이 전개되었다. 노동부 집계(『경향신문』 1987년 9월 14일자)에 따르면, 87년에 9월 13일까지 발생한 쟁의는 3,365건인데 그 중 6·29이후 발생한 쟁의가 3,241건으로 7·8·9월 70일간에 집중된다. 이것은 하루 평균 44건이 발생한 것으로 86년 하루 평균 0.76건에 비해 무려 58배가 증가한 것이고, 또한 단기간에 쟁의가 집중되었던 80년 봄에 발생한 노동쟁의가 407건이라는 사실과 비교하면 6배를 상회하는 숫자로 87년 노동자대투쟁이 사상 초유의 광범위한 대중투쟁이었다는 점을 보여준다.(기사연, 1987,

---

[3] 반공규율사회란 반공이 일종의 의사(擬似) 합의로 존재함으로써 국민적 통제와 규율의 주요 기반이 되는 극우 반공주의적 사회를 의미한다. 반공규율사회는 시민사회의 반공주의적 왜곡화라고 할 수 있다.(조희연, 1998b, 제1·2장 참조)

[4] 87년 38만 6,500원이었던 월평균임금은 15년 후인 2002년에는 203만 6,200원으로 527% 상승을 거두었다. 이 같은 상승률은 OECD 국가뿐만 아니라 제3세계 국가에서도 찾아보기 힘들다. 같은 기간 일본은 16%, 대만은 228%이다.

44쪽) 이들 운동은 당시 노동법의 기준으로 볼 때 대부분 실정법을 무시한 불법 집단행동이었다. 거의 모든 사업장에서 노동자들은 쟁의발생신고나 냉각기간을 무시했고, 우선 현장을 점거하고 파업, 농성을 병행한 뒤 협상에 임했다.(한국노총, 1988, 38쪽) 이른바 '선파업 후협상'5)의 관행이 형성된 것이다. 이러한 비정상적 행위가 가능했던 것은 6월항쟁을 통해 열려진 공간의 형성, 권력의 일시적 공백현상과 더불어 기존 '노동관계법'이 정당성을 상실하였다는 생각이 민주화 물결을 통해 자각된 근로대중 내부뿐만 아니라 정치·사회적으로 확산되었기 때문이다. 특히 노동정치 지형에서 볼 때, 80년대 '노사관계법'은 노동기본권을 상당히 제한하고 있었는데, 특히 노조활동에 대한 부분이 그러하였다. 3대금지법('제3자개입금지법', '복수노조금지법', '노조정치활동금지법')뿐만 아니라, 노동쟁의조정법은 쟁의행위에 대한 과도한 규제, 긴 냉각기간, 복잡한 조정절차를 지니고 있었다. 특히 쟁의행위의 대상을 임금과 노동조건으로 한정한 규제는 어용노조철폐와 민주노조건설과 관련한 쟁의를 모두 불법으로 규정하고 있었다.

이러한 대투쟁이 제도화되는 과정은 집단적 '노사관계법'이 처음으로 국회를 통해 개정된 87년 11월 노동법 개정정국이라 할 수 있다.6) 87년 6·29선언 후 헌법이 개정되면서, 7월부터 한국노총을 중심으로 노동법개정을 요구하였고, 이에 따라 국회는 11월에 노동법을 개정한다. 내용은 노조설립 요건 폐지,7) 기업별 노조 강제삭제, 일반사업장

---

5) 한국의 '선파업 후협상'은 프랑스의 공공노조처럼 예정된 협상을 앞두고 자신들의 내부 힘을 모으고, 사회적으로 파업주제를 환기시키기 위한 노조의 전략에서 기인 한다기보다는 파업 없이는 협상조차도 마련할 수 없다는 그 당시 절박한 노사관계 현실에서 비롯된다.

6) 이전 '노동관계법'의 개정은 1961년 국가재건최고회의, 1972년 비상국무회의, 1980년 국가보위입법위원회와 같이 국회가 아닌 비정상적인 입법기관에서 이루어졌다.(이철수·유범상, 2000, 27쪽)

7) 한국의 노동법은 노조의 자유설립주의를 채택하고 있으면서도 이전 노동조합법

합법쟁의인정, 변형근로시간제 폐지 등이었다. 하지만 이것은 노조가 존재할 수 있는 최소조건일 뿐, 그간 노조'운동'을 가로막고 있던 3대 금지법('제3자개입금지법', '복수노조금지법', '노조정치활동금지법')은 여전히 존속하며 실제적으로 그 활용도가 전혀 낮아지지 않는다.

<표 1> 개정노동법 내용과 각 정당의 입장

	구법	개정법	정부안	민주당안
노동조합법	노조 정치활동금지	현행대로 금지	현행대로 금지	정치활동 허용
	기업단위노조만 인정	조직형태는 자유	노동자 자율결정	노동자 자율결정
	복수노조 금지	현형대로 금지	현행대로 금지	현행대로 금지
	노조설립요건 규제	삭제	인원제한 없이 자율	인원제한없이 자율
	유니언 숍제도 금지	조합원 2/3 대표시, 협약으로 결정	자율결정	조합원 과반수 찬성으로 자율결정
	노조해산 명령권	삭제	삭제	사유구체화(장관령)
	규약취소 명령권	법령위반시로 제한	삭제	법령위반시로 제한
	결의취소 명령권	법령위반시로 제한	삭제	법령위반시로 제한
	노조임원자격 제한	삭제	삭제	삭제
	교섭권 위임 신고	총회·대의원회의결	총회·대의원회 의결	삭제
노동쟁의조정법	광범한 공익사업범주 공무원 등 쟁의제한	증권·석탄·연료 제외 국공영사업체 및 특정 방위산업체 허용	증권·석탄·연료 제외 국공영 일반, 방위산업체 허용	증권·석탄·연료 제외 특정 방위산업체 이외는 허용
	공익사업 직권중재	현행대로 유지	현행대로 유지	삭제
	임의중재제도 없음	임의중재제도 신설	임의중재제도 신설	임의중재제도 신설
	제3자개입금지	현행대로 금지	현행대로 금지	삭제
	사업장외 쟁의금지	사업장폐쇄 시 예외	현행대로 금지	사업장 폐쇄시 예외
	냉각기간(20일/30일)	일반10일 공익15일	일반10일 공익15일	일반10일 공익15일
	쟁의적법성 심사	삭제	삭제	삭제
	행정기구의 쟁의알선	노동위원회로 이관	노동위원회로 이관	노동위원회로 통합
	노동위 중재위원 임명	당사자 합의로 임명	당사자 합의로 임명	당사자 합의로 임명
기타	경영참가권	없음	반대	찬성
	이익균점권	없음	반대	찬성

출처 : 한국산업사회연구회, 1989, 202쪽 참조.

물론 노태우의 6·29 특별선언 8개항에 노동관계개혁에 대한 내용

제13조에서 노조설립 최소 인원으로 '조합원 30명 또는 전체 근로자 중 5분의 1 이상'이라는 규정을 두어 노조설립을 제한하였다.

이 전무하였던 것을 염두에 둔다면, 이후 헌법개정과정이나 노동관계법개정과정에 7·8·9월 대투쟁이 미친 영향이 없다고 할 수는 없겠지만, 노동자대투쟁에도 불구하고, 노조운동이 제도화에서 배제된 원인을 밝히기 위해 먼저 항쟁을 주도하던 세력을 둘러싼 이념들과 역관계를 살펴보도록 한다.

가장 먼저 그 당시 민주노조진영의 전국적 지도부가 부재하였다는 점은 실제 노동자대투쟁이 제도화 과정에서 영향력을 발휘하는데 결정적인 한계였다. 민주노조진영은 주요 노동운동단체대표들이 모여 구성한 '민주헌법쟁취 전국노동자공동위원회'(7월 6일)나 일부 단위노조 간부들로 구성된 '노동조합 민주화 실천위원회'(7월 12일)를 구성하여 단위 노조와는 별개로 나름대로 전국적인 운동을 조직하고자 하였지만, 영향력이 높지 않았을 뿐만 아니라 대표성의 측면에서도 부족하였다. 결국 민주노동진영은 6·29선언 이후 진행된 헌법개정과정에 참여할 준비가 되지 못하였고, 노동자대투쟁 이후 본격적으로 노동법개정정국으로 돌입하였을 때에도 대응이 미비할 수밖에 없었다. 비록 4·13호헌을 지지하던 한국노총이 태도를 바꾸어 "노동조합의 자주성과 민주성의 확보, 노동조합 운동의 연대·통일운동의 강화, 노동자의 생계비 확보와 사회경제의 민주화 촉진"(한국노총, 1988, 40~41쪽)을 내걸고 헌법개정과 노동법 개정 활동에 나섰지만, 87년 7·8·9월 동안 전국을 뒤흔들었던 그 세력은 제도화 정국에서 논의 테이블에 초대받지 못하였다. 민주노조세력은 요구를 담아낼 자신들의 전국조직도 없었으며, 자신을 대표할 정치세력도 지니지 못하였다.

이러한 상황에서 노동법개정과정이 충분히 공론화되지 못하고 일부세력의 타협으로 처리될 가능성은 이미 충분하였다고 할 수 있다. 비록 한국노총이 노조설립요건 삭제, 제3자개입금지 규정 삭제, 노조의 정치활동 허용, 노조 설립형태의 자율화, 유니언 숍 인정, 냉각기

간 단축 등을 주요 내용으로 노동법 개정 청원서를 국회에 제출하였
지만, 민주화와 노동법 개정 흐름에 당황한 재계가 적극적으로 나서
대정부 로비를 진행하자 제도권 내 정세는 역전된다.[8] 경총은 1기업
1노조 체제, 제3자 개입금지, 노조 정치활동 금지 등 3대금지법의 유
지, 유니언 숍 금지 유지, 임금채권변제순위 현행 견지 등 그 당시 노
동법의 골격을 유지하고자 하였고, 노조설립과 관련된 조항의 일부를
변경하는 대가로 과반수 대표노조에만 교섭권 인정, 부당노동행위자
형사처벌 규정 폐지, 직장 폐쇄 및 파업기간 중 임금불지급 규정 신
설, 불법파업에 대한 직장 폐쇄권 인정, 임의조정권 도입 등을 새롭게
추가로 요구하였다.(경총, 1988, 5쪽 ; 이철수 · 유범상, 2000, 40쪽) 경
총은 요구들을 관철키 위해, "국회보사위원, 각 정당의 정책위 의장
등과 공식 · 비공식 모임을 가졌고, 또한 언론매체를 통한 언론대책에
역점을 두었다. 특히 언론대책에 있어서는 이동찬 회장을 비롯한 회
장단과 경총 사무국 임직원이 동시에 동원가능한 모든 수단을 기울여
글자 그대로 집중적인 노력을 경주했다."(경총, 1988, 5쪽) 새로운 민
주노조 건설의 열기에 위협을 느낀 것은 경영자단체만은 아니었다.
기존에 독재정부에 대한 협조로 존재를 보장받아왔던 한국노총 역시
위기감을 갖기는 마찬가지이었다. 노동법개정 시 대부분의 논의에서
경총과 상반된 입장을 지닌 한국노총이지만, '1기업 1노조 원칙', 즉
복수노조 금지조항의 유지에는 입장을 같이 하였다.[9] 이처럼 민주노
조운동은 지배층뿐만 아니라 한국노총에게도 역시 기득권 유지를 위

---

8) 이 당시 노동법 개정 과정과 의회 내 논의에 대해선 이철수 · 유범상 2000을 참조.

9) 복수노조 관련 조항은 오히려 '개악'되었는데, 구법에서 '기존 노조의 정상적 운
영을 방해하는 것을 목적으로 하는 경우' 노조설립을 금지한다는 조항으로 법리
상 '방해를 목적으로 하지 않을 경우' 복수노조가 허용될 가능성을 완전히 배제
하지 않았지만, 개정법에서는 '기존 노조와의 조직대상을 같이하는 경우'로 개정
되어 금지가 더욱 강화되었다.

해 반대 혹은 냉대의 대상이었던 것이다.

민주노조진영은 정치권 내부에서도 친노동세력을 가질 수 없었다. 민주화과정에서 재야세력과 연대하였던 야당에게 있어 노동문제는 평소 독재권력의 호위 밖으로 일시적으로 뛰쳐나온 한국노총과 논의하는 정도에 머무를 뿐이었다. 시민권을 획득하지 못한 민주노조진영과의 대화 같은 적극적인 활동은 노동운동에 '빨갱이'라는 낙인이 지워지지 않은 상황에서 선거 때마다 '색깔론'시비에 시달리던 민주당(김대중)에게는 시기상조였다. 더욱이 민주당은 노동자대투쟁에 대해 '한꺼번에 모든 것을 해결하려 해서는 안 된다(『중앙일보』1987년 8월 10일자)'며, 노동자들의 투쟁이 '자칫 본의 아니게 민주화를 원하지 않는 세력에 이용'당하지 않도록 노동자들의 자제를 촉구하기도 했다. (기사연, 1987, 65쪽) 이 때문에 이행기 때의 선거(87년 · 92년 대선과 88년 · 92년 총선)에서 민주노조진영과 민주당의 공식적인 연계가 진행되지 못한다. 이는 입법과정에서 노조의 권리를 주장할 수 있는 통로가 차단되는 결과를 낳는다. 결국 직선제를 수용한 6 · 29선언을 통해 사회적 저항이 선거공간으로 이전되는데, 이 과정에서 노동관련 사회요구가 선거공간에서 발현되지 못하거나 왜곡됨을 의미한다. 이러한 민주화와 노동과의 관계와 관련하여, 노동운동의 힘이 약한 곳에서는 노동운동 목적의 성취없이 민주화로의 이행이 가능하다(Valenzuela, 1989, 447쪽)는 발렌주엘라의 주장은 주목할 만하다. 즉 '민주화에 있어 노동은 필요조건이지 충분조건은 아니다'. 특히 역사적으로 반민주세력에 대해 이익집단(노조)과 공동으로 저항하였던 야당이라도 이후 이행기에서 선거경쟁을 위해 요구되는 전국성과 전국민성을 획득하는데 이익집단과의 연대가 방해가 된다면, 야당이 정권획득을 위해 이를 단절하는 경우가 있을 수 있다는 지적은 한국 상황에도 유효한 듯 보인다.

한편 재야민주진영은 노선과 구조 양쪽 측면에서 노동의 민주적 제도화에 한계적이었다. 먼저 재야운동의 중심은 경제민주화보다는 남북관계 진전과 정치민주화에 있었고, 이를 위해 '국민본부'로 상징되는 재야운동은 제도권의 통로였던 야당과의 관계에 민감할 수밖에 없었다.[10] 비록 80년 이후 사회운동에 마르크스주의가 도입·확산되고 지식인들이 현장진출이 이전보다 확대됨에 따라 노동문제, 노동운동의 중요성이 민중운동 내에 각인되지만, 다른 나라의 사례처럼 노조가 민주화를 위한 통로로 이용되기에는 노동운동이 미성숙하였고, 정치민주화를 위한 주요 방편은 무엇보다도 야당에 대한 추동과 함께 권력에 대한 압력이었다. 이에 반해, 노동운동과의 연대에는 상당히 소홀하였다. '국본'이 노동자대투쟁 기간 동안 대부분을 '수해복구활동'에 집중했던 모습이나(기사연, 1987, 204쪽), 일부 사회운동세력은 당시 노동자대투쟁을 경제위기 초래위험으로 간주하여 군부쿠데타에 의한 독재 회기 가능성을 경고하며, 노조운동에 대한 우려를 표명했던 사실은 그 당시 재야운동의 대중노선의 한계를 보여주는 대표적인 사례라고 할 수 있다.[11]

또한 그 당시 사회운동에서 학생운동이 주요한 동력이었다는 상황은 구조적인 한계로 지적할 수 있다. 물론 한국 민주화운동에서 학생운동이 차지하는 주도적 위치는 많이 지적되어 왔다. 특히 6월항쟁의 성과를 토대로 87년 8월 19일 '전국대학생대표자협의회(전대협)'의 출

---

[10] 그 당시 민중운동은 여당과의 관계에 따라 분화된다. 특히 자민투와 민민투로 구분되어 있던 학생운동은 87년 대선을 앞두고 '비판적 지지', '후보단일화', '독자후보'로 대략 세 가지 노선으로 구분된다.

[11] '9월 이후에도 노동운동·학생운동이 지속될 경우 군부가 개입할 것이다'라는 소위 '9월 위기설'이라 불렸던 군부의 개입가능성은 그 당시 일부 군부고위인사들의 수위를 넘는 언사들이 언론에 흘러나오면서 회자된다. 하지만 이러한 위협은 또 다시 그해 겨울 '김대중이 선거에서 당선되면'으로 독립변수만 달리하여 다시 등장한다.(기사연, 1987, 17쪽 참조)

범으로 학생운동은 절정기를 맞이한다. 학생운동은 정치적 기회구조가 열리기를 기다리는 수동적인 행위집단이 아니라, 이를 선도적으로 나서서 창출하여 다른 주요 운동집단에게 기회를 제공하고 민중단체들을 운동의 대열 속으로 견인하는 능동적인 역할을 하였다.(최장집, 2002, 118~119쪽) 민주화운동에서 '돌격대 역할'을 수행한 학생운동은 그 역할이 평가절하 되어서는 안 되지만, 이른바 학생들에게 주요한 위치를 내준 그 당시 사회운동의 한계는 침착하게 바라볼 필요가 있다. 먼저 '학생운동에 기반한 사회운동'은 운동과 제도권 정치 간의 넓은 간극을 형성한다는 특징을 지닌다. 동시에 운동세력의 정치진입은 탄압과 높은 진입문턱으로 어려움을 겪는다. 결국 사회운동의 성과를 사회운동세력이 온전히 이어받기가 어려운 '무주공산의 민주화'를 가져올 가능성이 높다. 그 결과 개혁이 진행되지만 이슈를 제기한 세력이 정치의 제도적 과정에 들어가 결정자로서 역할을 한 것이 아니라 제도권 내 보수적 정치인들에 의해 선별적으로 채택되고 결정되었다. 특히 '노학연대' 운동은 그 당시 노동운동이 고립되는 것을 막아 민주노조운동이 생존 혹은 민주화운동에 동참하도록 하는 등의 많은 효과를 가져왔으나, 이후 제도화 과정에서는 그 역할이 미비할 수밖에 없었다.

이렇듯 민주노조운동은 87년 항쟁에서도 기존 사회운동진영과는 독자적으로 분출했을 뿐만 아니라, 이후 노동법 개정과정에서도 다른 사회운동진영과 공동으로 대응하지 못하였다. 그리하여 노동법은 제도권 외부에서의 민주노조건설 열기에도 아랑곳하지 않고, 민정당, 민주당, 경총, 그리고 한국노총 간의 신속하고도 절묘한 타협으로 이루어졌다. "대통령선거에서 유리한 위치를 점하기 위해 민정당과 민주당은 한국노총의 요구를 대폭 수용하는 선에서 입법화를 추진"(경총, 1988, 5쪽)하였다고 불만을 토로한 경총 역시 핵심적인 반대조항이었던 경영참가권과 이익균점권 반대, 3대금지법 등 기본적인 주장을 관철하는 데 성공한 것이다. 이러한 기본적인 세력들의 합의가 끝나자, 민주노조건설운동에 대한 정부의 정책은 강경책으로 돌변한다. 7, 8월에는 강경진압보다는 노사자율에 의한 타결입장을 견지해왔던[12] 정부는 9월 들어서 4일 울산 현대중공업 및 인천과 부평의 대우자동차에 공권력을 투입하기 시작한다.

결국 1987년 노동법 개정은 "민주노조운동을 철저하게 배제하는 가운데 노동조합의 활동과 노동자들의 근로조건의 부분적 개선에 머물렀다"(이철수·유상범, 2000, 55쪽)고 평가할 수 있다. 즉 정부와 재계가 노조설립권을 부분적으로 확장시켜 기존 노조의 이탈을 막고, 민주노조를 철저하게 배제하는 전략을 구사했다면, 한국노총은 자신의 기득권을 유지하면서도 활동의 자유를 부분적으로 확장하였다고 볼 수 있다. 아이러니하게도 수많았던 '불법'쟁의행위에도 불구하고 이를 제도적으로 수용하는 쟁의행위조항 개정은 미비하였다. 민주노조의 인정 외에 새로운 노사관계법의 노조활동억압 성격은 거의 변함없이 유지된다.

그럼에도 불구하고 87년 노동자대투쟁의 가장 큰 성과는 '민주노조 쟁취'라고 할 수 있다. 노동자대투쟁은 '민주노조의 사회적 정당성'을 인정받도록 하였다. 노동부에 따르면(『동아일보』 1987년 9월 10일자), 6·29선언 이후 새로 설립된 단위노조는 9월 10일까지 70일간 1,060개에 이른다. 이 숫자는 6·29선언 이전 기존 노조 수의 38.9%에 달하는 것으로(기사연, 1987, 48쪽), 한국 민주노조운동의 일대전환기였던 것이다. 서구에서는 '자주적 노조'는 노조의 성립을 위해 필요한 전제조

---

[12] 이 시기 이헌기 노동부장관은 불법적인 노사분규에 대해 "정부는 노사 간의 자율 결정원칙을 최대한으로 존중해 분규의 초동단계에서 개입을 억제할 방침"이라고 밝힌 바 있다.(『동아일보』 1987년 7월 31일자)

건이지만, 기존의 반공주의와 성장중심주의를 토대로 형성된 한국의 국가-자본-어용노조 관계에서 자주적 노조는 쟁취의 대상이었다. '민주노조'에 대한 사회적 인정은 '경제위기를 불러올 수 있다고 자제를 요구받던' 노동자대투쟁이 가히 '폭발적인' 것이기에 가능하였다. 정부와 사용자의 억압, 야당의 방관 속에서 이것이 가능하였던 것은 구로나 울산에서 보여주었듯이 사용자의 억압과 정부의 탄압에 맞서 사업장의 벽을 넘은 노동진영 내 주체들 간의 연대활동과 비타협적 투쟁성, 또한 80년 이후 꾸준하게 진행된 '노학연대'의 기여에 있다고 하겠다. 한편 노사관계법의 제정은 노동자대투쟁의 완결이 아닌, 이후 노동법개정을 둘러싼 갈등을 알리는 서막이었다. 88년 8월 처음으로 전국민주노조가 결집한 단체가 '전국노동법개정투쟁본부'이고 91년 전노협과 업종회의가 민주노조 총결집을 주창하며 모였던 단체가 ILO 기본조약비준 및 '노동법개정'을 위한 전국노동자공동대책위원회(일명 ILO 공대위)였던 것은 결코 우연이 아님을 보여준다. 결국 이 과정을 통해 제도개혁은 지속적으로 미루어진 채, 그 과정에서 주체, 즉 민주노총이 탄생하게 된다.

2) 1987년 이후 사회운동의 지형변화 : 연대없는 분화와 성장

(1) 사회운동의 분화와 시민운동의 성장

87년 항쟁은 이후 정치질서에 많은 영향을 미친다. 먼저 87년 이전 군부세력을 포함한 반민주진영 대 민간야당과 재야세력의 반독재민주화진영의 구분이 정치적 민주화와 더불어 제도권정치가 부활하면서 야당과 민중운동간의 분리를 가져와 이른바 정치제도권과 시민사회 간의 분리를 가져온다. 둘째, 지배체제의 중대한 변화를 가져오는데, 88년 총선의 '여소야대 국회'라는 결과는 90년 '3당합당'이라는 정치적 변형주의를 불러오고, 지배세력들은 제한적 민주화 추진을 통해 야당세력 중 일부를 포섭하여 지배체제를 공고화한다. 셋째, 저항세력에게는 과거 제도권 밖의 '재야'라는 이름의 주변인에서 '민중진영'으로서 정치질서 내의 하나의 세력으로 인정받는 계기가 된다. 넷째, 이와 동시에 정치제도권과 분리된 시민사회에는 민중진영의 성장과는 별도로 시민운동이 새롭게 세력을 확장한다. 이런 민주화 이행에 따른 민주화운동의 재편양상을 도식화하면 다음의 표처럼 나타날 수 있다.

〈표 2〉 민주화 이행에 따른 민주화운동의 재편

제1국면	제2국면	제3국면
집권세력 ↕ (대립) 민주화운동 (야당+사회운동)	집권세력 ↕ (경쟁·타협) 야당 ↕ (대립) ↕ (연합과 이탈) 사회운동 (민주화운동)	집권세력 ↕ (경쟁·타협) 야당 ↕ ↕ (대립) 시민운동 ↕ (분화) 민중운동

출처 : 이영제, 2004, 179쪽에서 부분인용.

특히 사회운동의 현황을 살펴보면, 민중운동이 전선체운동과 정당운동을 두 축으로 하여 발전한다.(기사연, 1988, 14쪽) 먼저 전선체운동은 확대와 약화로 그 역사적 궤적을 그린다. 80년대 재야운동은 1984년 5월 '민주화추진협의회(민추협)'을 통해서 자신의 위치를 드러내었고, 뒤이어 6월에는 운동단체 연합인 '민중민주운동협의회'와 10월에는 명망있는 인사들을 중심으로 한 '민주통일국민회의'가 잇달아 출범한다. 그러다가 1985년 9월에는 이 두 단체가 '민주통일민중운동연합(민통련)으로 통합하였다.[13] 이 세력은 1989년 1월에 노동·농민 등

---

[13] 전선체운동에 대한 자세한 내용은 성경륭, 1995, 259쪽을 참조.

8개 부문 운동단체와 전국 12개 지역단체가 참여한 '전국민족민주운동연합(전민련)'으로 발전하고 이것은 다시 1991년 12월 '민주주의민족통일전국연합(전국연합)'으로 이어진다.[14] 한편, 87년 대선이 끝나자 민중진영 일부에서는 정치세력화의 주장이 제기된다. 이들의 흐름은 대략 첫째 기존 야당에 개혁블럭으로 참여하는 흐름, 둘째 비공개 전위정당 건설의 흐름, 셋째 합법 민중독자정당 건설의 흐름으로 정리할 수 있다. 기존 야당과는 다른 민중정당을 건설하자는 움직임은 그 해 12월 민중정당결성전국추진위원회, 88년 총선을 앞두고 '민중의 당'과 한겨레민주당, 90년 민중당의 창당으로 이어진다. 두 번째 흐름은 이후 비공개단체의 공개선언(인민노련) 혹은 합법화투쟁(사노맹)을 통해 합법 독자정당으로 이어진다고 할 수 있다. 이 흐름은 민주노총을 비롯한 대중단체가 뒷받침된 민주노동당이 탄생하기 이전까지 선거에서 줄곧 존속을 실패한다.

그러는 동안 시민운동이 민중운동에서 분화하여 발전한다.(김동춘, 2000, 11쪽 ; 조희연, 1998a) 시민운동의 성장은 단지 민주화에 따른 제도의 보장뿐만 아니라 사회주의권의 붕괴가 가져다 준 의식의 성장과 맞물린다. 실제 시민운동의 성장은 87년 직후보다는 80년대 후반~90년대 중반에 비약적인 성장을 거둔다. 이는 경실련(89), 참여연대(94)를 포함하여 시민단체의 양적 증가뿐만 아니라 92년 문민정부의 출범이후 사회운동이 시민사회로 눈을 돌리는 집중정도의 변화 역시 중요하다. 이와 더불어 6·29선언에서 약속하였던 지방자치체 선거가 90년부터 시행되면서 지방자치운동이 태동하는 계기가 된다. 'YMCA', '흥사단'같이 이전부터 활동한 시민단체가 이전보다 더욱 주목받기도, 공

---

[14] 전선체운동은 이후 2003년 5월 출범한 전국민중연대를 거쳐 무성한 논의 끝에 2007년 9월 한국진보연대로 이어지고, 90년대 초반까지의 전선체운동과 비교해서 규모면에서는 확대되었다고 할 수 있지만 영향력은 그에 미치지 못해 보인다.

추련(1988, 이후 1993년 환경운동연합), 경실련(1989년 출범)과 참여연대(1994년 출범)같은 새로운 시민단체들이 형성되기도 하였다. 이렇게 90년대 초반을 지나면서 시민운동은 영역의 다양화뿐만 아니라 참여연대의 출범으로 대표되는 이념의 다양화로 자유주의적 시민운동과 진보적 시민운동으로 분화된다.[15]

이러한 상황에서 노동운동은 위의 전선체운동과 정당운동으로 발전하는 민중운동, 그리고 새로이 성장하는 시민운동과는 어느 정도 거리를 두고 독립적으로 발전한다. 노동운동이 다른 사회운동과의 연대로 발전하지 못한 채 독립적으로 성장하게 되는 원인으로는 먼저 노동운동에 여타의 다른 사회운동이 결합하는 것을 방해하는 '제3자개입금지법'과 같은 제도적인 억압을 들 수 있다. 하지만 구조적으로도 개별 사업장 단위를 중심으로 벌어지는 임금인상투쟁과 근로환경개선투쟁에 여러 사회단체들이 조직적으로 개입하기 어려운 간극이 존재하였다. 또한 노동운동 역시 87년 노동자대투쟁 이후 정부와 재계의 집중적인 민주노조 전국조직 건설에 대한 방해와 전노협에 대한 탄압으로 인해 다른 운동에 눈을 돌릴 겨를이 없었다. 이러한 가운데 한국 노동운동은 일정한 하나의 모델을 형성하게 된다.

(2) 노동운동의 성장과 구조적 틀의 형성

권위주의 국가에서 민주주의 국가로의 이행과 함께 노동운동은 이전보다 사회운동에서 중심적 위치를 점하게 된다. 이 이유는 한편으로는 민중운동 내에서 정치적 민주주의에서 사회 경제적 민주주의의 전환이라는 민주주의의 심화 확산을 위한 민중운동 내에서의 노력과 더불어, 다른 한편으로는 경제발전과 시장·개방주의의 확산에 따라

---

[15] 98년 김대중 정부 이후에는 보수적 성향의 시민운동 역시 광범위하게 나타난다.

민중들의 생존권을 쟁취하기 위한 투쟁이 대두되었기 때문이다.(조희연, 2002, 325쪽) 또한 87년 노동자대투쟁 이후 민주노조운동은 생산직뿐만 아니라 사무직과 전문직으로 확산되어 90년 초반 제조업은 전노협, 비제조업은 업종회의, 대기업은 대기업회의 등으로 조직화된다. 이제 더 이상 임금상승과 노동조건개선을 위한 노조활동이 일부 '불순분자'의 소행이 아닌, 샐러리맨들의 일상적인 활동의 일부로 확대되어갔다.

민주노조운동의 성장은 한국노총에게도 영향을 미친다. 민주노조건설운동과 대립관계에 있던 한국노총이 1988년 '굴종과 예속의 역사를 청산'하고 본연의 자세로 돌아가겠다고 선언하며 반공주의를 삭제하고 이른바 '민주복지사회 실현을 위한 노동조합주의'를 표방하기에 이르렀다. 또한 89년 9월 정치위원회를 설치하고 친노동자 후보를 지지·지원하는 선거활동이나 경실련, 흥사단과 함께 경제개혁을 촉구하는 범국민대책회의, 정의로운 사회를 위한 시민운동협의회, 우리쌀지키기범국민대책회의 등을 구성하면서 개방적인 활동을 하기 시작한다. 하지만 이러한 개혁의지는 1994년 한국경영자총협회와 임금가이드라인에 합의함에 따라 그 한계선에 다다른다. 이에 따라 내부적으로 큰 반발이 형성되면서 개혁노선은 위기를 겪기도 하지만, 전반적으로 과거 반공주의에 기초한 노조에서 탈피하여 온건·개혁의 자신의 위치를 찾아간다고 할 수 있다.

사회운동에서의 중심적 지위를 확장해가고, 노조운동이 임금근로자의 일상적인 활동의 일부로 확대됨에도 불구하고, 민주노조운동세력에 대한 억압은 줄어들지 않는다. 구속자 수에 대한 변화가 이를 보여준다. 88년에는 80명 정도였던 구속노동자가 89년부터 92년까지 4년간 무려 1,893명에 이르렀다는 사실이 그것을 반증한다.(이원보, 2005) 이 가운데 민주노조운동은 나름의 틀을 형성한다. 하나는 기업별 노조주의이다. 이 특징은 하나는 교섭이 산별이 아닌 기업을 중심으로 진행됨에 따라 노동자투쟁의 성과가 기업의 벽을 넘지 못한다는 점이고, 또한 노동문제가 경제적 영역을 넘어 정치화되기 어렵다는 것을 의미한다. 이는 일차적으로는 '노동3대금지법'을 내세워 민주노조운동이 정치화 혹은 전국화 되는 것을 막은 정부와 사용자 단체의 전략에 관련한다. 하지만 이러한 전략은 정부와 사용자 단체 뿐만 아니라, 그 당시 노동문제를 '노·사 자율'에 맡긴다는 원칙을 주창하였던 야당 및 여타의 시민단체까지도 연관된다. 왜냐하면, '노동3대금지법'이 존재하는 상태에서 '노·사 자율'이라는 원칙은 결과적으로 외부로부터 고립된 기업차원의 교섭을 의미하기 때문이다. 특히 기업별 노조주의는 특정정치·경제세력의 통치전략을 넘어 하나의 체제로 자리 잡는다.(임영일, 1998 ; 장홍근, 1999) 이러한 특징은 단지 87년 이후의 과정뿐만 아니라 그 이전의 노동통제방식과도 연관되어 있다. 87년 이전 '국가에 의한 시장통제 중심의 노동운동 탄압'(송호근, 1990)은 기업수준의 파편화된 교섭만을 승인하게 하는 노동체제로 귀결되어 일반노동자로 하여금 노조는 임금 또는 작업장 수준의 문제해결을 위한 통로일 뿐 노조를 통해서 정치적 과제를 해결할 수 있다는 의식을 형성하지 못하게 하였다.(Valenzuela, 1989) 결국, 노동운동 진영 역시 이러한 체제로부터 자유롭지 않으며, 이 체제의 운영방식에 따라 노동운동 또한 자신의 요구를 기업수준에서 해결 가능한 문제를 중심으로 제기한다는 점이다. 특히 민주노조 형성 방지에 맞추어진 정치·경제권력의 억압은 노동자의 요구가 '생존권 사수', '민주노조 사수', '노동운동탄압분쇄' 수준으로 머물도록 하여 노조가 정치의 주체로 나서는 것을 지체시켜, 노동운동이 민주화를 실현하기 위한 통로이기보다는 다른 민주화운동 주체의 지원을 통해 해결되어야 하는 민주화의 과제가 되도록 하였다.

둘째로 적대적인 기업별 노사관계 속에서 형성된 노동운동의 전투적 특성이다. 정치·경제권력의 억압은 노사관계에서 노동이 산업 파트너의 역할을 인정받기 보다는 서로를 용인할 수 없는 적대적 관계가 형성되도록 하였다. 또한 기업별 협약체계는 노사관계 적대성과 더불어 협약 확장의 가능성을 봉쇄하여, '우는 아이 젖준다'는 한국 노사관계의 문화를 형성한다. 가령, 같은 지역 내 대표적인 기업의 임금인상투쟁에 다른 기업의 노조들이 지원하여 임금인상의 성과를 거두더라도 연대한 노조에게 돌아오는 것은 '제3자개입금지법' 위반이라는 탄압일 뿐, 획득한 성과는 제도적으로 해당 기업의 담장을 넘지 못하였으며, 다른 노조들이 성과를 자신의 기업으로 확산시키기 위해서는 자신의 사용자를 대상으로 하는 유사한 방법의 요구와 투쟁을 반복해야만 했다. 결국 정치 및 제도화 과정에서의 배제를 극복하고 과정 내로 진입하거나 임금상승의 사회적 분위기를 기업 내로 끌어오기 위해선 반드시 투쟁을 동반한 교섭을 해야 했고, 이 가운데 많은 노조원들이 파업, 해고, 구속 등 높은 기회비용을 감수해야 하면서 한국 노동운동은 '전투적' 특성을 지니게 된다. 결과적으로 전투적 기업노조주의를 통해 기업 내 임금과 노동환경은 개선되는 성과를 갖지만 그 성과는 기업의 담장을 넘지 못했으며, 높은 정치적 대립과 사회적 비용을 감수함에도 불구하고, 그 경제적 노선은 시민운동과의 분리를 존속시켰다.

하지만 '노동없는 민주주의'의 원인을 노조 자신의 원인에서 찾으려고 하는 시도(낮은 노조가입률, 기업별 노조주의, 경제주의)는 그 타당성에도 불구하고 핵심을 빗겨갈 수 있는 여지를 가지고 있다. 이러한 노조들의 문제들은 노동없는 민주주의의 원인이기보다는 왜곡된 민주주의의 결과이기 때문이다. 왜냐하면 현재 한국의 '노동없는 민주주의'의 핵심문제는 노동주체의 문제이기 보다는 주체를 포괄하지 못하는 제도의 문제이기 때문이다. 즉 한국의 노조운동은 전투적이고 헌신적이며 열정적이지만, 이러한 요구와 의지를 정치과정에 투입할 친노조정당 부재, 노조의 정치활동금지, 사회적 합의기구 부재 등 제도적 장치가 미비함에 따라 배제되었던 것이다. 결국 '노동의 민주적 제도화 과정 결핍'이라는 한국 민주화과정의 특징은 민주제도에서 직업·기능적 대표 기능을 현저히 악화시켰으며, 기업단위에서 임금상승과 노동조건의 개선에도 불구하고 이 협약이 확대 적용되지 않아 고용형태별, 산업별, 기업규모별 불균형을 가져와서 경제영역 전반에서의 민주주의를 심각하게 훼손하는 결과를 낳는다.

3. 97년 이후의 노조운동과 사회운동

1) 경제위기와 정권교체로 전환을 요구받은 전투적 기업별 노조주의

(1) 사회적 대화의 등장과 기업적 교섭구조의 존속

노동운동에 주요한 영향을 미쳤던 97년이 87년과 다른 점은 87년에서 가장 아쉬웠던 정상조직이 존재하고, 민주노총이 개혁정부의 파트너로서 노사정위원회에 참여하였다는 점이다. 하지만 결과가 긍정적인 것만은 아니었다. 노동법이 개정되고 노조의 정치적 권리가 신장되었지만, 경제위기와 더불어 노동시장에 정리해고와 파견근로제가 도입됨에 따라 고용의 불안정화, 양극화 심화의 결과를 가져왔다. 더욱이 '정치적 교환' 성격의 노사정 합의내용이 균등하게 집행되지 않음에 따라 노동운동 내에는 사회적 대화에 대한 불신, 이에 대한 입장 차이로 내부분열이 가중되었다. 그렇다면 왜 이러한 결과를 가져온 것일까?

우선, 이영제는 한국 민주화의 특징으로 민주주의를 위한 제도 도입 자체를 과도하게 그것을 채 운영하기도 전에 이미 민주화된 것으로 인식하는 '민주화의 경향성에 대한 과도한 신뢰'(이영제, 2004, 186쪽)를 지적하는데, 이러한 한국 민주화의 특징은 노사정위원회의 운영에서도 동일하게 나타난다. 노사정위원회는 사회적 대화를 위해 노사정의 대표가 한자리에 모인 것에 불과하다. 물론 민주노총이 없었던 시대에는 이것 역시 불가능했다는 측면에서 그 자체가 하나의 성과라고 할 수 있지만, 그것만으로 민주화가 큰 진전을 거둔 것이라고 하기에는 부족하다. 하지만 이렇게 과도하게 신뢰하는 경향은 노사정 모두에게서 나타나며, 결국 성급한 기대가 노사정위원회의 무용론으로 이어졌다.

핵심적으로 한국의 사회적 협의 제도는 민주주의 관점에서 노사정위원회 구조의 불균형성과 집행력 담보의 취약성을 개선하는데 핵심이 있어 보인다. 이것은 일차적으로 기업교섭을 겨냥하여 만들어진 노동법이 사회적 대화에 적합하지 않은 점에 근거한다. 구체적으로 의제설정 권한 보장과 노조의 단체행동권 보장과 긴밀한 연관을 갖는다. 현행법에서는 교섭의제는 노동쟁의의 발생원인을 규정한 "임금·근로시간·복지·해고 기타 대우 등 근로조건의 결정에 관한 주장의 불일치"('노동조합 및 노동관계조정법' 2조 5항)에 근거하여 설정된다. 즉 교섭을 제기하고 받아들여지지 않을 시 단체행동을 할 수 있는 사항은 임금·근로시간·복지·해고에 관련한 의제로 '엄격하게' 제한되고, 이 규정은 사회적 협의(전국교섭)에도 동일하게 적용된다.(김순태, 2000) 하지만 모순적이게도 98년 사회협약에서는 재벌 개혁과 기업구조조정, 단체해고와 노동법 개정이 핵심 내용으로 협의 의제가 상당히 포괄적으로 설정되었다.[16] 이러한 경우 협의, 협약실행과정에서 노조의 단체행동권은 심각하게 제한된다.

또한 교섭결과의 집행과 관련한 분쟁은 단체행동이 아닌 법적구제를 통해서만이 가능하게 되어 있는데, '민주주의 이행에서 제도화의 순서나 타이밍이 때론 제도의 성격을 결정하는 핵심적 요인일 수 있다'(Schmitter, 1995)는 주장을 미루어 보건대, 집행관련 분쟁이 수년에 걸쳐 해결되는 사법부에만 의존하기 어렵고 비록 결과적으로 집행이 완료된다고 하더라도 집행의 불균형성 혹은 비동시성은 이후 형성되는 제도의 성격에 중요한 영향을 제공할 수 있다. 일부에선 집행의 책임성을 보장하기 위해 집행을 강제할 수 있는 법안을 마련하자는 의견이 제시되었지만, '처벌규정이 없는 강제'는 형용모순에 불과하다. 하지만 설령 처벌규정이 마련되었다고 하더라도, 그 집행의 여부는 협약 집행에 따른 결과와 처벌의 무게를 저울질하여 손익계산에 의해 집행여부가 결정될 것이다. 그렇기 때문에 위와 같이 단체행동권이 제한된 상황에서 사회적 교섭을 진행하는 것은 노조에게 '다윗이 돌팔매를 버리고 골리앗과 맞서는 꼴'을 초래한다. 결국 현재의 사회적 교섭은 그 자체가 문제라기보다는 노동관계법과 노사정위원회의 운영이 책임성 있고, 민주적으로 운영되기 어려운 구조라는 점에서 문제점을 지닌다. 결국 사회협약사항이 정부와 사용자단체의 긴급성에 맞추어 선별적으로 실행되는 결과를 가져온다면, 노사정위원회를 "사회합의주의의 외피를 갖춘 신자유주의적 구조조정을 위한 도구"로 규정하며 탈퇴한 민주노총의 주장은 설득력을 갖게 된다.

더욱이, 한국에서 사회적 대화의 질곡은 노동운동의 위기와 깊은 연관성을 지닌다. 사회적 협의 의제의 확대와 진전에도 불구하고 단

---

[16] 그 당시 노사정위원회 10대 논의 주제는 기업의 경영투명성 확보 및 구조조정 촉진, 물가안정, 고용안정 및 실업대책, 사회보장제도 확충, 임금안정과 노사협력 증진, 노동기본권 보장, 노동시장의 유연성 제고, 수출증대 및 국제수지 개선, 경제위기 극복을 위한 기타 사항, 국민대통합을 위한 건의사항 등이었다.

체활동권 행사 조건을 엄격하게 제한하는 것은 사회적 대화에서 힘의 불균형성을 초래하는 동시에 불균등한 협약 집행을 낳아, 협의에 참가한 노조지도부에 대한 노조원들의 불신을 증대시켜 노조 내부에 심각한 어려움을 가져왔다. 반대로 노조의 사회적 대화에 불참은 노동시장 환경을 조정할 기회를 잃어버리게 되어 사회적 약자에 대한 환경 악화로 노조에 대한 국민적 불신을 증대시킬 수 있다. 결국 사회적 대화의 참가와 탈퇴의 반복으로 노조운동은 내부적으로는 불신과 분열의 증가로, 외부적으로 노조에 대한 국민의 신뢰하락을 통해 노조운동의 위기를 초래하였다.

물론 노사정위원회가 농업, 어업 혹은 자영업 등 모든 경제이해단체가 아닌 노동자단체와 사용자단체만을 포함한다고 할 때, 교섭의제가 사회·정치·문화 등으로 무한정 광범위하게 설정될 수는 없겠지만, 최소한 전국수준에서는 노조가 노동관련 법규, 노동시장제도, 고용, 해고 관련 기업구조조정에 관련 사항은 의제로 설정하도록 합법적으로 압력을 행사할 수 있는 능력이 주어져야 한다. 그렇지 않다면 노조는 참여와 탈퇴라는 방식으로 압력을 행사할 수밖에 없어 사회적 대화의 불안정성은 지속될 것이고, 사회적 협의에서 의제설정과 집행에 있어 정부와 사용자의 구미와 시기적 필요성에 의해 통제될 수밖에 없어 사회적 협의에 심각한 민주적 장애를 가져오게 된다.

이러한 민주적 장애는 노동운동의 장기적 방향과 현재적 실천 간의 자기모순을 초래하였다. 분명히 공공복지의 확대와 제 경제단체 간의 사회적 대화의 발전이 사회적 민주화의 방향임에도 불구하고, 복지제도의 사회적 확충이 요원한 상태에서 급격하게 닥친 구조조정은 노조로 하여금 '공공복지의 확충보다는 사내복지 유지 및 확대', '사회적 연대를 통해 고용구조개혁보다는 정규직 중심의 해고방지'에 투쟁의 초점을 맞추도록 하였다. 불공정한 구조 속에서의 사회적 협약과 그의 불균형한 집행은 결국 사회적 대화에 대한 회의를 만연하게 하였을 뿐만 아니라, 노동운동의 방향마저 사회가 요구하는 것과 다르게 뒤틀어 놓았다.

이러한 상황에서 "오늘날 협의는 매우 다양한 조직적 구조와 광범위하게 결합가능하게 되지만, 결사와 표현의 자유, 단체교섭의 자유가 확대되어 있는 민주적 구조가 사회적 협의에 더욱 유리하게 된다"(Baccaro, 2003, 684쪽)는 주장은 많은 시사점을 제공한다. 결국 중앙집중성을 갖추지 못한 노조는 민주적 결정과정과 절차에 강하게 의존한다. 여기에서 '민주적' 절차란 결집기제(aggregative mechanisms)와 토론기제(deliberative mechanisms)를 통해 개혁을 안정화하고 지속하는 과정을 의미한다. 만약 민주주의가 잘 보장되어 있지 않다면, 노조는 '대표의 논리'보다는 '동원의 논리'를 선호하게 된다. 이러한 행위들은 참여민주주의라는 높은 차원의 논리로 표현되고 정당화된다. 이러한 상황은 한국에서 사회적 협의의 진전에도 불구하고 한국 노동운동이 전투적 노조주의로 지속될 수밖에 없게 하는 원인이 되기도 한다.

이에 일부에서 제기되는 '사회운동적 노조주의(social movement unionism)'(Moody, 1997 ; Munck, 1998 ; 노중기, 2007b)에 대해서도 언급할 필요가 있다. 한국에서 이에 대한 논의는 연구자들의 관심사에 따라 '사회'와 '운동' 중 무게점이 달라지면서 노동운동의 '사회성 강화'인가 '운동성 강화'인가를 놓고 대립된다. 하지만 여기에서는 논쟁맥락을 떠나 노동운동의 사회성의 확대라는 측면에서 논의하기로 한다. 초기 70~80년대 한국노동운동은 지역에서 열악한 상황을 가진 노조나 여성근로자만이 존재하는 사업장에서 노조를 용납하지 않는 사용자의 억압에 맞서 연대투쟁을 벌이는 등 사회운동적 성격이 완전히 없었다고 할 수는 없다.[17] 하지만 전반적으로 볼 때, 노조운동이 의식적

[17) 이 역시도 노동운동 내에서의 연대에 머물러 이것을 '사회'운동적 노동조합주의

으로 경제투쟁을 넘어 정치·사회운동으로 나아갔다고 하기 보다는 경제투쟁 역시 정치적 민주화가 없이는 선결될 수 없는 혹독한 억압체제가 기업별 노조운동을 '거리로 불러내어' 사회운동적 모습으로 이끌었다고 할 수 있다. 이러한 상황은 정치적 억압의 이완과 더불어 뚜렷하게 나타난다. 92년 민간정부의 등장 이후 정치적 억압의 이완과 더불어 경제투쟁과 정치투쟁 사이의 공간적 간극이 넓어지는데 이것은 노동운동의 새로운 국면을 초래한다. 물론 이후에도 사회운동적 노동조합주의의 모습이 없었다고 단정할 수는 없다. 대표적으로 제1기 민주노총이 벌인 사회대개혁안을 중심으로 한 '국민과 함께 하는 노동운동'은 일종의 사회운동적 노조주의[18]의 제안이라고 할 수 있다. 하지만 이 제안은 당시 'YS 개혁'을 더욱 밀어붙이기 위한 '선언' 수준으로 노동운동이 어떻게 사회대개혁을 힘있게 지원할 수 있고, 구체적으로 현실화할 수 있는가라는 물음으로 나아가지 못하였다. 특히 이 운동에 대한 제안이 전투적 노조주의에 대한 비판의 성격으로 제기됨에 따라 본래의 정신이라 할 수 있는 노조운동의 '사회성' 확대에 대한 논의보다는 정부에 대한 태도, 사회적 협의기구 참가를 둘러싸고 '전투적인가 혹은 개량적인가'라는 편향된 논의로 흐르게 된다.[19] 어쨌거나 사회대개혁은 커녕 노동법 개정을 위한 쟁의행위 역시 불법의 대상이 되는 상황에서 전투성을 지니지 못한 사회(운동)적 노동운동은 선언 수준을 넘기 어렵다.

라고 지칭하기에는 부족함이 있다.

[18] 이것을 변혁성을 기준으로 비판적·협조적으로 구분하여 사회적 노조주의, 사회운동적 노조주의로 구분하기도 한다.(노중기, 2007, 106쪽)

[19] 이에 대한 제안으로 대표적인 글은 김유선, 1998 ; 박태주, 2002가 있고, 이에 대한 비판으로는 고민택, 2001 ; 노동해방연대, 2006 ; 노중기 2007 등이 있다.

(2) 민주/반민주 구분으로 나누기 힘들어진 "노동규제"

그런데 오늘날 단체행동권의 제한과 허용의 폭은 민주 · 반민주의 잣대보다는 경제운영 혹은 노사관계의 모델로 규정되는 경향을 갖는다. 즉, 일단 정치 · 선거 민주주의가 자리잡고 단체행동권이 법으로 보장된 이상, 이 권리를 어디까지 보장할 것인가는 각 나라의 상황에 따라 폭을 달리하며, 나름의 특성을 지닌다는 점이다. '노동3대금지법'이 온존하였던 87년 노동체제가 민주적으로 성숙하지 못한 이행기적 체제라면, 97년 노동법 개정을 통해 이 체제가 더 이상 '제3세계적 반민주 · 노동억압체제'라고 하기 보다는 선진국도 표본으로 삼을 수 있는 '신자유주의적 시장규율 모델'로서 탈바꿈을 진행하고 있다고 볼 수 있다. 그리하여 OECD 국가 중 단체행동권이 가장 제한되어 있는 한국의 사례가[20] 국제사회로부터 비판받아야 하는 비민주적인 것이라기보다는 한 나라에서 경제성장을 위해 주체들 간에 타협하여 수용된 하나의 노사관계의 특성에 불과한 것이다. 이러한 상황 속에서 단체행동권 관련법을 개정하는 것은 주체들 당사자 간의 역관계에 의존할 수밖에 없으며, 이를 둘러싸고 사회적 정당성의 논의 속에서 사회운동진영의 광범위한 연대를 형성하기는 더욱 어려워진다.

그리하여 단체행동권을 심하게 제약하는 노동법에 대한 새로운 개정을 요구하기에 앞서, 지난 97년 노동법 개정과 그에 따른 노동운동의 변화에 대한 성찰을 요구한다. 특히 3대악법이 폐지되면 봇물 트이듯이 노조분규가 격화될 것이라는 일부의 우려와는 달리 과거 기업별 노조운동의 틀이 크게 변형되고 있다는 증거를 찾기는 쉽지 않다. 그럼에도 불구하고, 97년 노동법 개정에 의한 성과는 한국의 노동운동, 나아가 사회운동에 중대한 영향을 미칠 수 있다. 주요하게는 3대

---

[20] 이에 대한 연구로는 이장원 · 조준모 · 이승욱, 2005를 참조.

금지법 폐지, 공무원노조, 교원노조 인정을 통한 민주노총 합법성 획득은 노동운동을 넘어 사회운동의 틀을 변화시킬 수 있는 중요한 개혁이라고 할 수 있다.[21] 87년 노동자대투쟁을 통해 기업노조의 사회적 정당성을 획득하였다면 98년 협약은 '노동정상조직과 노조운동의 시민권 획득'이라고 할 수 있다. 특히 3대금지법의 폐지는 노조운동이 다른 사회운동과의 관계함에 있어 많은 영향을 미칠 수 있다.

먼저 복수노조 허용과 공무원노조, 교원노조의 인정은 민주노총이 경제주체로서 합법성을 획득할 수 있도록 하였다. 이것은 복수노조 허용과 더불어 도입된 '노조전임자 임금지급금지'에도 불구하고 민주노총이 전국적 노사관계의 일주체로서 인정받게 되는 계기이다. 예전에 가능하면 좋은 것으로 취급받던 사회적 협약에서의 민주노총의 서명이 노조의 대표성을 획득하기 위해선 필수불가결한 것이 된 것이다.

둘째, '제3자개입금지법'의 폐지로 노동운동을 중심으로 다른 사회운동과의 연대 가능성이 높아졌다. 이것은 노동운동 내에서 전국, 산별, 지역, 기업 간의 연대의 조건이 형성된 것뿐만 아니라, 노조운동에 다른 사회운동이 개입할 여지가 커진 것을 의미한다. 또한 과거 성명서 혹은 조사단 파견 수준이 아니라 구체적인 연대가 가능케 되었다. 이러한 가능성은 지난 2005년 이후 벌어진 비정규직 운동에서 보여준 적이 있다.

셋째, 노조정치활동 허용에 따른 정치활동, 지역활동의 가능성이다. 민주노총의 민주노동당에 대한 배타적 지지, 민주노동당의 국회진출 등으로 노조의 정치활동 보장이 한국정치에 미칠 가능성을 이미 보여주었다. 특히 노조정치활동이 허용되었던 98년 지방선거 이후에서야

---

[21] 전반적인 평가를 위해서는 물론 이 당시 함께 정치적 교환의 성격으로 도입된 정리해고제와 파견근로제를 함께 논의하여야 하지만 이 글에서는 이 당시 이 '교환'에 대한 평가가 아니라 3금법의 폐지가 사회운동에 미친 영향을 중심으로 분석한다.

진보정당 '국민승리 21'이 선거에서 가시적인 성과를 거두기 시작하였고, '2000년 4·13총선에서부터 노동자집단이 투표행위에서 응집력을 보이는 이른바 '몰표' 현상이 창원, 울산 등 일부지역에서 나타났다'(이종래, 2003)는 점은 매우 주요하게 평가되어야 한다.

결국, 사회적 대화의 제도적 진전은 현재 교섭제도의 반민주성에 대한 문제제기뿐만 아니라 한국의 경제구조와 노사관계변화에 따른 교섭의 위상 변화, 즉 과거의 임금인상과 근로조건이 중심이 되던 시대에서 고용과 사회적 복지가 중심이 되는 시대로의 변화에 따라, 사회적 대화의 필요성 확산과 새로운 노동체제와 모델을 형성하려는 의식적이고 지속적인 노력을 통해 가능할 것이다.

2) 노동의 사회성 증대와 기업 속에 갇힌 운동

(1) 시민운동과의 소원한 관계와 노동운동의 딜레마

97년 경제위기 이후 새롭게 노동운동의 중요성이 부각되었다. 80년대 말에 노동운동이 저임금과 열악한 노동조건에서의 '생존권 사수'를 위해 운동의 중심으로 떠올랐던 반면, 90년대 말에는 경제적 세계화라는 유동적인 경제 환경 속에서 고용이 위협받고, 비정규직이 전체 고용의 50%를 넘어서면서 노동문제는 경제문제를 넘어 사회·정치 문제로 그 사회적 성격이 더욱 증가되었다. 사회운동에서 고용 및 노동 문제는 노조만의 문제가 더 이상 아니며 시민단체의 경제·사회개혁 요구와 정당들의 중요한 선거쟁점으로 등장하게 된다. 이 상황에서 노조는 경제의 일주체로서 경제 민주화에서 중요한 위치를 점할 수밖에 없다. 하지만 경제위기 이후 노동운동과 시민운동은 파트너 관계이기도, 갈등관계이기도 하였다.

시민운동과 노동운동과의 엇갈림은 주요하게 97년 재벌 개혁과 구조조정반대를 둘러싸고 나타났다. 대다수의 시민사회단체들은 효율성과 형평성을 포괄한 재벌 개혁을 강력히 주장하였다. 특히 경실련과 참여연대는 서로 간 행동방식의 차이는 있지만 재벌 개혁이 끝까지 진행될 수 있도록 노력을 기울였다고 할 수 있다. 이들은 초기에는 1998년 10월 최순영 신동아 그룹회장을 사기 및 재산국외도피 혐의로 고발하고, 5대그룹회장 및 계열사 대표이사 84명을 업무상 배임, 부당내부거래로 기업부실화 책임을 물어 고발하는 등 민주노총과 공동 활동을 활발히 펼친다.(민주노총, 1998) 하지만 이후 기업지배구조해체를 주장하는 시민사회단체의 활동과 집단해고를 최소화하고자 구조조정에 회의적인 대기업노조 중심의 노동운동 간에 미묘한 긴장관계가 발생한다.

노조가 기업경영에 제대로 참가하지 못하고 있는 한국 현실에서 시민단체가 의도한 재벌경영의 견제는 한계를 지닌다. 기업의 민주적 운영을 위해 시민단체가 요구한 사외이사제도가 도입되어 실시되지만 그 실효성은 미지수이다. 사외이사제도는 이른바 그룹 회장 중심의 '황제경영'을 견제·감독하기 위해 대주주나 경영진으로부터 독립성을 가진 사외이사를 선출하는 것이 핵심인데 노조가 배제된 상황에서 기업정보에 능통하지만 경영진으로부터 독립적인 인사를 찾기는 쉽지 않다. 또한 시민단체가 추진한 소액주주운동 역시 기업경영에 개입하는 통로로 혹은 기업의 민주적 운영을 위한 목표를 갖지만, 이 운동은 주주들 중심의 기업운영, 결국 주주자본주의(shareholder capitalism)의 강화로 귀결될 수밖에 없다. 노조가 참여하지 않는 재벌개혁운동은 과거 재벌총재의 경영독점, 권위적 '황제경영체계'에서 사용자·주주·노동자가 참여하는 이해관계자 자본주의(stakeholder capitalism)로 나아가지 못하는 한계를 내재한다. 이것은 시민단체의 방향 오류라고

하기보다는 오랫동안 경영에 참가하지 않으면서 일정 선의 이익을 용인 받아왔던 대기업 노동운동의 행태와 경영참여운동의 미성숙이라는 한계에서 기인하는 바가 크다고 할 수 있다.

하지만 2000년 낙선운동과 노동후보추대운동을 통해 살펴보면, 이러한 상황이 단지 아직 성숙하지 못하였기 때문에 이후 성숙을 통해 해결될 것이라는 낙관적 희망에 먹구름을 드리우게 한다. 두 진영의 차이는 2000년 4월 총선에서 '노동자후보지지'와 '공천반대 및 낙선운동'으로 확대된다. 이것은 단지 각각의 운동이 갖는 속성에 따른 활동영역설정의 차이라기보다는 2001년 2월 이후에 재벌 개혁과 정치개혁 등 김대중 정부의 개혁이 심화될 수 있도록 활동하는 '시민연대'와 김대중 정부를 신자유주의 세력으로 규정하고 반정부운동을 하고자 하는 '민중연대'로 분열되는 것처럼 시민단체와 노조 간에 상황적 실천적 간극이 있었음을 의미한다.[22] 시민운동과 노동운동의 대립은 이후에도 나타나는데, 민영화문제에 대해 시민운동은 초기 낙하산 인사 및 관치주의적 병폐로 인하여 비효율적이었던 공기업에 대한 개혁을 지지했기 때문에 정부가 제시하는 개혁의 한 방안으로서의 민영화에 대한 명확한 반대입장을 가지고 못하였던 반면에 노동운동 진영은 민영화를 신자유주의화의 대표적인 정책 사례로 지적하고 강력하게 반대했다.(조희연, 2002, 342쪽)

이러한 상황의 변화는 경제민주화를 요구하는 시민운동에게 노동운동의 중요성을 일깨우는 계기가 되기도 하였지만, 동시에 시민운동과 노동운동 간의 반목을 낳기도 하였다. 이러한 상황에서 경제적 요구 중심의 기업별 노동운동은 '사회성 확대'와 관련한 딜레마에 봉착한다. 97년 경제위기 이후 양극화 심화의 상징이 되어버린 비정규직

---

[22] 이 두 단체의 차이에 대해선 정종권, 2001을 참조. 이러한 분열이 노동운동에 미친 영향에 대해선 은수미, 2007, 362~363쪽 ; 조희연, 2001을 참조.

의 확대 현상은 다시 노동운동과 시민운동이 연대하는 쟁점이 되었다. 민주노총, 한국노총, 경실련, 참여연대, YMCA, 여성단체연합, 민변 등 시민사회단체들은 비정규직노동자공동대책위원회 구성을 통하여 비정규노동자의 기본권 보장과 차별 철폐운동을 전개하였다. 하지만 노력에도 불구하고 성과가 가시적이지 못한 상황에서 일부 대기업 노조가 서명한 '해고시 비정규직을 우선한다'는 비정규직 배제 협약과 좀처럼 근절되지 않는 노조간부들의 비리는 전체 민주노조운동진영의 정당성을 훼손하고 있다. '대기업노조/정규직 중심'이라는 민주노총의 대표성 위기를 가져왔다.[23] 더욱이 강력한 국가통제 하에 있던 파편화된 노조가 느슨해진 통제 속에서 교섭력을 확대해갈 때 노동시장의 이중성은 확대될 가능성이 높다는 지적을 생각한다면, 이후 한국의 노동양극화는 민주화 과정에서 형성된 기업별 노조구조(이른바 87년 체제) 속에 이미 그 원인이 내제되어 있다고 할 수 있다.

노동운동의 '사회성 확대'는 매우 중요한 과제가 아닐 수 없다. 지난 97년 노사정합의를 통해 노동운동은 노조활동의 확대를 위한 제도적 개선의 대가로 파견근로제를 비롯한 비정규직 고용확대를 수용하였고, 정리해고를 조기수용하면서 실업 및 복지 관련 사회보장제도의 확충을 약속받은 바 있다. 이러한 교환을 둘러싼 노동진영 내부관계를 놓고 볼 때 결과적으로 사회복지 확대 없는 기업복지의 유지, 비정규직의 고용안정에 대한 진전 없는 노동운동의 지속 자체가 고용불안과 실업으로 고통이 증가하는 비정규직 노동자, 해고자에게는 이율배

---

[23] 현재 2010년 3월 현재 조합원 199만 명 중 정규직은 183만 명(91.9%)이고 비정규직은 16만 명(8.1%)으로 차이가 난다. 또한 300인 이상 사업체 정규직은 조직률이 42.8%인 것에 반해 5인 미만 사업체 비정규직은 조직률이 0.4%로 사업체 규모 및 고용형태별로 노조조직률 격차가 현격하다.(김유선, 2010) 하지만 이러한 현실 자체가 '현재의 민주노총이 노동을 대표하는가?'로 직결되는 것은 아니다. 문제는 노동운동이 '운동'적인 속성을 유지할 수 있는 대표구조를 형성하는 것이 중요하다.

반행위와도 같은 것이다. 하지만 딜레마는 한국의 노사구조에서 이러한 문제를 노동운동만의 힘을 통해 해결하기가 어렵다는데 있다. 지난 10년간 비록 일부 대기업노조에서의 노동자간 연대를 훼손하는 행위도 존재하였지만, 민주노총을 중심으로 한 한국노동운동은 세계 어느 나라의 사례보다 치열하게 비정규문제에 대해 집중하여 제도개선을 요구하였다. 그러나 현재 정치제도는 여전히 노조의 요구가 수렴되기 어려운 구조이다. 비정규직 문제나 사회보장의 확대는 여전히 교섭대상에서 제외되며 이를 이유로 단체행동권을 행사할 수 없는 구조이다. 또한 노동자의 단결된 행동이 없이도 단순히 요구를 통해 의회에서 제도적 개선을 실행할 수 있을 만큼 진보정당의 사회적 영향력이 큰 것도 아니다. 결국 노동자들이 체감할 수 있을 만큼의 비정규직 고용이 현격하게 감소하지 않고, 사회보장제도가 확대가 되지 않는 상황에 대한 책임은 이 상황을 예견할 수 있었는가 하는 문제와는 무관하게 이를 합의한 양 노총에게 온전히 돌아가지만, 또한 양 노총은 이러한 상황을 극복할 만한 능력이 없다는 데 위기의 근원이 있는 것이다. 노동운동에게 '사회성 확대'라는 과제는 이제 더 이상 미룰 수 없는 것이 되었다. 이러한 딜레마를 해결하지 못한 채 현재 상태가 지속되는 것 자체가 노동운동의 위기를 증가시키게 되는 구조이다.

이러한 상황에서 지난 2006년 민주노동당으로부터 제기되었던 '사회적 연대전략'은 상당히 고무적이라고 할 수 있다. 이 정책은 국민연금에 가입하지 못한 저소득 노동자들의 연금보험료를 노조가 나서서 일부를 마련함으로써 국가지원과 고소득자의 세금을 강제하는 운동으로 국가와 자본을 상대로 양보를 요구하고 투쟁하는 방식이 아니라 자기희생을 통해 사회적 타협을 유도하겠다는 적극적 방식으로 주목을 받은 바 있다. 비록 노조의 홀대로 성사가 되지는 못하였지만, 사회성의 확대가 어떻게 가능한가에 대한 물음에 방향을 제시하였다는 측면에서 의미가 있다. 또한 그 당시 노조의 홀대 역시 이러한 방안에 대한 근본적인 문제제기라기 보다는 그 당시 참여정부의 노동정책에 대한 반감에 기인한 바가 크다고 할 때, 지속적인 제기와 검토가 요구된다고 하겠다.

동시에 노조운동은 지속적으로 '기업경영'에 참가할 것을 요구받고 있다. 재벌개혁운동의 사례에서 보듯이 노조운동의 경영참여가 사회적으로 요구됨과 동시에 오늘날 교섭의 의제가 임금에서 이미 고용으로 전환된 상황에서 노조의 의도와는 상관없이 기업경영과 노조의 활동은 긴밀해졌다. 더욱이 '근로자참여 및 협력증진에 관한 법률(근참법)'의 제정은 이러한 흐름을 뚜렷하게 하였다. 비록 법안이 아직도 추상적이고 실효가능성이 의문시 되지만, 이전 노사협의회법에 비하여 노사협의회의 기능과 역할을 강화함으로써 노동자의 참여와 협력을 증진시키고자 하는 취지에서 근로자위원의 선출, 협의사항의 확대, 의결사항의 신설, 자료제출요구권의 신설, 임의중재제도의 도입 등 근로자의 경영참여를 촉진하는 제도가 신설되었다. 더욱이 기업 내 복수노조가 허용되면 사용자의 입장에서는 각각의 노조들과 교섭하기보다는 상대적으로 대화가 용이하고 일괄적인 협의가 가능한 노사협의회에서 현안문제를 논의하려는 사례가 증대함에 따라 그 중요성이 증대할 전망이다.(김훈, 2000)

(2) 진보정당·시민운동과의 연대는 노동운동위기의 주요한 출구

이러한 노동운동의 위기 상황을 극복하기 위해서 노조운동에게 진보정당은 주요한 출구라고 할 수 있다. 이미 1997년 노동법 정국에서 노조는 노동에 우호적인 정당 없이 의회에서 노동권을 확보하기는 어렵다는 것을 확인하였다. 또한 노동운동의 사회성을 확대하기 위한 노력이 법·제도의 보장으로 이어지기 위해서는 의회에서 진보정당을 중심으로 하는 개혁정당들의 활동이 주요한 관건이 아닐 수 없다. 앞서 살펴본 바와 같이, 민주화 과정을 함께 하였던 야당이 그 이후 색깔론에 맞서고 전국정당의 면모를 갖추기 위해 노조와 일정정도 간격을 유지하여야 했던 우리의 경우 노조에게 진보정당은 절실한 존재이다. 물론 '색깔론'의 정치적 영향력이 예전 같지 않고, 진보정당의 출현으로 인해 노동자들의 표가 아쉬운 현재의 야당은 '3김시대'의 야당과는 다른 조건에 있다고 하더라도, 아직까지 조직적인 연대가 쉽지 않다는 점에서 노조운동과 진보정당과의 관계는 유효하다.

동시에 진보정당운동에게도 노조는 중요한 존재이다. 현재 학생운동이 퇴조하고 유일하게 존재하는 '조직된 대중'인 노조와 거리를 두고 진보정당이 정치적으로 성공하기는 매우 어렵다. 87년 이후 지지 부진하던 진보정당운동이 민주노조가 직접 결합한 민주노동당에 와서야 기존 정당체계에 진입하여 생존이 가능했다는 사실은 정당−노조 관계와 관련하여 세계진보정당운동사에 기록될 경험이 아닐 수 없다. 더불어 2007년 분리 이후 민주노동당의 선전과 진보신당의 어려움은 민주노총의 대표성 위기에도 불구하고 정당건설에서 조직된 노동과의 관계의 중요성을 일깨워 주고 있다.[24]

동시에 진보정당은 노동운동과의 관계유지 뿐만 아니라, 노동운동이 사회적으로 고립되는 것을 막기 위한 연대운동을 진행해야 한다. 왜냐하면 동전의 양면처럼 그 나라의 노동운동의 성격은 곧 진보정당

---

[24] 진보정당의 지지층이 주로 '수도권에 사는 대졸이상의 사무직 인텔리'(『경향신문』 특별취재팀, 2007, 102쪽)라고 해도 총선에서 선거구에서 당선된 경우는 모두 수도권이 아니라 사천, 울산, 창원 모두 노동자나 농민 밀집지역이라는 점은 선거에서의 승리는 무작위적인 다수의 지지층뿐만 아니라 이를 결집시킬 수 있는 조직된 힘이 있어야 한다는 측면에서 진보정당과 노조를 포함한 대중조직과의 관계의 중요성을 보여준다고 할 수 있다. 참고로 2006년 설문조사에 의하면 민주노동당 당원 중 '기능·노무직 노동자'가 23.57%로 2위를 차지한 사무노동자(14.93%)로 보다 월등히 많았다.(같은 책, 104쪽)

의 성격을 규정하게 되기 때문이다. 노동운동이 집단이기주의로 규정되는 사회에서 진보정당은 노동운동과 거리를 둘 수밖에 없고 그 순간부터 진보적인 성격을 점진적으로 잃어간다는 것을 서구의 사례를 통해 알 수 있다.(정영태, 2000, 79쪽) 즉 진보정당이 노동운동의 사회화를 위해 노력하고 연대해야 하는 이유는 바로 여기에 있는 것이다.

또한 노동운동과 진보정당운동은 지역운동으로 매개할 수 있다. 노조와 노동자들은 지역에서 소비주체(소비조합운동)이자 생산주체(지역경제참여)이며, 지역은 그들의 직장소재지(교통, 근로환경)이자 생활근거지(환경감시, 가족, 육아 및 교육)이다. 이러한 다양한 측면에서 노조는 기업의 지역투자를 요구하고, 지자체와 고용 창출을 위한 프로그램을 개발할 수도 있다. 이러한 활동 속에서 노동운동은 시민운동과도 조우할 수 있다.

4. 맺는글

한국의 민주화는 역동적이고 지속적인 사회운동의 추동으로 진전되었지만, 기존 지배세력의 유지 아래 경제성장을 동반하면서 점진적으로 진행되어 왔다. 특히 정치적 민주주의의 요구와 함께 경제발전이 지속되어야 한다는 여론적 합의는 민주화과정에서 시민운동의 폭발적인 성장을 가져왔지만, 노동운동은 반공이념에 기초한 권력의 탄압과 성장우선노선에 기반한 사용자의 억압이라는 정·재계의 이중적 억압과 색깔론을 경계하였던 야당, 정치민주화 중심의 사회운동의 방관 속에서 성장이 지체되었다. 특히 노동운동과 다른 사회운동과의 부족한 연계는 경제적 세계화의 확대 속에서 노동의제의 사회적 중요성은 증대됨에도 불구하고 그에 합당한 사회적 실천을 지체시켜 왔다. 이러한 불균형은 한국의 민주화과정에서 정당·선거 민주화가 공고화되어 감에도 불구하고, 경제·시장 영역에서는 주체 의견과 요구가 수렴되는 민주주의적 운영보다는 경제 환경 변화에 따른 경쟁과 효율의 원리가 과도하게 지배하는 현상을 낳게 된다. 이러한 현상은 80년대 경제적 영역에서 '노조억압', '빈곤한 임금', '열악한 노동조건'이라는 문제를 가져왔다면, 90년대 이후 '고용불안'과 '노동시장에서의 양극화 경향'으로 악화됨과 동시에 이러한 경제원리가 사회로 확대되어감에 따라 '시장경제'를 넘어 '시장사회'의 위험을 낳게 하였다.

그럼에도 불구하고 97년 경제위기 이전 민주화와 노동운동은 서로 적지 않은 영향을 제공하였다고 볼 수 있다. 87년 민주화운동은 노동운동이 분출할 수 있는 공간을 마련해주었으며, 민주노총의 건설과 3대 노동악법의 폐지에도 정치적 민주화는 연관을 가질 수 있다. 한편, 노동운동 역시 기업중심의 임금인상과 노동조건 증진을 통해 생존권 문제를 개선하였다는 경제적 민주화에 일정 정도 기여하였다고 할 수 있다. 하지만 이러한 민주화와 노동운동과의 관계는 97년 경제위기와 함께 더 이상 존속하지 못한다.

97년 경제위기 이후 세계적 경제 경쟁 강화라는 새로운 조건 속에서 민주노조 진영이 제자리를 잡지 못하고, 균형추가 마비된 시장 상황 속에서 형성된 과도한 신자유주의적 시장규율은 다시 정치민주화를 위협하는 지경에 이르고 있다. 하지만 재벌개혁운동 사례에서 보듯이 조직된 노동세력의 참여 없는 경제개혁은 성공하기도 어렵거니와 또 다른 형태의 노동배제를 낳을 수 있다. 이렇게 '정치적 상황만 바뀐다면 민주노조는 얼마든지 만들 수 있다'는 87년 민주항쟁 당시 사회운동의 정치민주화 중심 노선은 지난 30년간의 민주화 과정을 통해 정치영역에서 민주주의의 신장에도 불구하고 경제영역에서 신자유주의적 시장규율이 지배할 수 있다는 것을 보면서 '민주노조를 얼마든지 만들 수 있어야 그 정치적 상황은 마침내 바뀐다'는 교훈을 얻을 수 있었다.

한국 노동운동은 여전히 열악하다. 민주노총 건설 후 제대로 운동이 미처 둥지를 틀기도 전에 위기를 맞고 있다. 경제적 세계화와 노동시장의 양극화로 노동운동의 사회적 확대가 절실한 이때 여전히 기업 체제일 것을 강요받는 노사관계구조가 한국노동운동을 딜레마에 빠뜨리고 있다. 더욱이 과거에는 노동운동에 대한 제약은 반민주적 탄압으로 국내외 다른 사회운동의 비판을 받았지만, 현재의 제약은 반민주적이기보다는 경제를 우선하는 하나의 정치경제적 모델로 다른 세력의 연대를 전제할 수 없는 상황에 이르렀다. 그리하여 민주주의를 위해 폭넓은 전선을 형성하고 반대세력을 규합하던 시대에서 극단적인 신자유주의 시장규율 모델로 기울어가고 있는 사회모델의 방향타를 돌리기 위해 세력을 규합해야 하는 시대로 접어든 것이다.

'민주주의는 도입하는 것보다 유지하는 것이 더욱 어렵다'는 말이 있다. 즉 도입한 민주주의에 대한 위협이 구성원들의 힘으로 어느 정도 퇴치 가능할 때 비로소 그 민주주의는 공고화되었다고 할 수 있다. 87년 민주항쟁 이후 '비록 대선에서는 졌지만 총선에서는 여소야대 국회를 만들었다는 위안이 '3당합당'이라는 보수대연합 앞에 무안해졌고, '비록 경제민주화는 악화되었지만 남북관계와 정치민주화는 거스를 수 없이 제도화되었다'고 자족하던 지난 10년간 개혁정부에 대한 평가마저 오늘날 무색해진 것처럼, 돈과 권력 앞에 민주주의가 흔들릴 수 있다는 것을 알게 되었다. 민주주의는 '종착역 없는 순환노선'이다. 민주주의는 그 자체가 하나의 목적이자 도구이다. 신체를 유지하기 위해 혈액순환이 필수이듯이 사회체를 유지하기 위해서도 구성원들의 민주적 소통이 전제되어야 한다. 이러한 순환을 방해하거나 왜곡하려는 시도에 대해 민주주의를 위한 항구적 수호가 진행되어야 한다. 민주주의에 대한 이행과 공고화 논의가 제3세계에서 독재에서 민주화에 대한 경로를 설명한 것이라면, 이제는 민주주의의 일상적이고 항구적인 운영에 대한 논의가 필요하다. 민주주의는 어떤 힘으로도 그 자체를 꺾을 수 없을 만큼 강한 존재임과 동시에 돈이나 권력에 의한 약간의 유혹이나 협박으로도 쉽게 왜곡될 수 있는 연약하고도 민감한 존재이다.

또한 민주화 이후의 민주주의는 제도화에 대한 논의를 뛰어넘는 것이다. 민주주의는 제도로 완결되지 않으며, 성숙한 제도에 기반하여 민주주의의 이탈에 대해 사회 주체들의 항구적인 감시와 견제, 비판이 필요한 것이다. 특히 공적영역에서 펼쳐지는 정치민주주의에 비해, 사적영역에서 진행되는 경제민주주의는 감시가 어려울 뿐만 아니라 이에 대한 왜곡이 이윤과 성장의 논리로 혹은 직접적이지 않은 제3자의 것으로 쉽게 눈감아질 수 있다. 우리나라에서 경제민주주의는 아직 걸음마 수준이라는 점을 감안할 때, 민주주의를 위해 노동운동을 중심으로 하는 사회운동의 역할은 아무리 강조해도 부족하지 않을 것 같다.

▣ 참고문헌

경　총, 1989 『사업보고서 1988』, 한국경영자총협회.
경향신문 특별취재팀, 2007 『민주화 20년의 열망과 절망 : 진보·개혁의 위기를 말하다』, 후마니타스.
고민택, 2001 「민주노조 운동의 노선에 대한 비판적 검토」 『현장에서 미래를』 제62호.
김동춘, 2000 「한국사회운동의 현주소」 『황해문화』, 제29권.
김순태, 2000 「파업과 위력업무방해죄의 관계」 『법학논총』, 제12권.
김유선, 2005 『한국노동자의 임금실태와 임금정책』, 후마니타스.

______, 2010「사업체 규모별 비정규직 실태」, 2010. 7. 13 실업극복인천본부 발표문.

______, 1998「민주노조운동 혁신을 위한 제언」『노동사회』통권 제25호, 1998년 9월호.

김 훈·이승욱, 2000『노사협의회의 쟁점과 과제』, 한국노동연구원.

노동해방연대, 2006「노동자투쟁을 자본가여론에 종속시키는 "국민과 함께 하는 노동운동"」, 미출판자료.

노중기, 2003「노사정위원회 5년, 평가와 전망」『동향과 전망』통권 제56호.

______, 2005「한국 노사관계와 민주노조운동의 선택」『민주노총의 현재 그리고 미래』, 민주노총 10주년 기념토론회 발표문.

______, 2007「민주화 20년, 노동의 위기와 민주주의」『한국민주주의의 현실과 도전』(학술단체협의회·민주화운동기념사업회 엮음), 한울.

______, 2007b「노동체제 전환기의 노동운동 발전 전략에 관한 연구」『경제와 사회』2007년 겨울호 제76호.

박태주, 2002「다시 공공서비스 노조주의를 말한다 : 사회운동적 노동조합주의를 위한 시론」『노동사회』통권 제68호 2002년 9월호.

성경륭, 1995「한국 정치민주화의 사회적 기원」『전환기의 정치, 전환의 한국사회』(임현진·송호근 공편), 사회비평사.

송호근, 1990「권위주의 한국의 국가와 임금정책, 1970~1987」『노동과 불평등』(송호근 편), 나남.

유팔무, 2001「비정부사회운동단체(NGO)의 역사와 사회적 역할 : 시민운동과 정부와의 관계를 중심으로」『시민사회와 시민운동』2, 한울.

이원보, 2005「한국노동자계급, 역사의 전면에 도약하다」『노동사회』2005년 5월호 통권 제99호.

이영제, 2004「한국 민주화와 사회운동 : 민주화 과정의 특징과 사회운동의 재편」『시민사회와 NGO』2(1).

______, 2008「한국 사회시민운동의 정치관여 방식에 관한 연구」『사회과학연구』13(1), 동국대학교 사회과학연구소.

이장원·조준모·이승욱, 2005『한국의 파업구조와 특징에 관한 연구』, 한국노동연구원.

이종래, 2003「노동자집단의 투표행위와 계급정체성」『경제와 사회』, 2003년 여름호 제58호.

이철상·유범상, 2000,「1987년 노동법 개정과 노사관계의 질서의 새로운 모색」

『한국의 노동법 개정과 노사관계』(최영기 외), 한국노동연구원.

임영일, 1998 「한국 노동체제의 전환과 노사관계」『경제와 사회』 제40호.

은수미, 2007 「무엇을 위한 노동운동인가」『실천문학』 87 가을.

장홍근, 1999 『한국 노동체제의 전환과정에 관한 연구, 1987~1997』, 서울대학교 사회학박사학위논문.

정영태, 2000 「진보운동의 현재와 미래」『황해문화』 제29호.

조희연, 1998 『한국의 민주주의와 사회운동』, 당대.

______, 2001 「노동자계급은 일반민주주의를 어떻게 볼 것인가」『노동사회』 2001년 4월호.

______, 2002 「'발전국가'의 변화와 국가 – 시민사회, 사회운동의 변화」『사회와 철학』 제4호.

______, 1998a 『한국의 민주주의와 사회운동』, 당대.

______, 1998b 『한국의 국가 · 민주주의 · 정치변동』, 당대.

최장집, 2002(2005), 『민주화 이후의 민주주의 : 한국민주주의의 보수적 기원과 위기』, 후마니타스.

______, 2008 『한국민주주의 무엇이 문제인가』, 생각의 나무.

최장집 편, 2005 『위기의 노동』, 후마니타스.

기사연(한국기독교사회문제연구원), 1987 『7 · 8월 노동자 대중투쟁 – 기사연 리포트』 3, 민중사.

______, 1988 『노정권의 출범과 민족민주운동의 진로 – 기사연 리포트』 6, 민중사.

한국노총, 1989 『사업보고서 1988』, 한국노동조합총연맹.

한국산업사회연구회, 1989 「제6공화국의 노동통제」『1980년대 한국사회와 지배구조』(학술단체협의회 편), 풀빛.

Baccaro, Lucio, 2003 "What is alive and What is dead in the theory of corporatism", *British Journal of Industrial Relations*, 41(4).

Linz, Juan J., 1978 *The Breakdown of Democratic Regimes : Crisis, Breakdown, and Reequilibration*, The Johns Hopkins Univ. Press.

Moody, Kim, 1997 *Workers in a Lean World : Unions in the International Economy*, Verso.

Munck, Ronaldo, 2002 *Globalisation and Labour : The new 'Great Transformation'*, Zed Books.

Schmitter, Philippe, 1995 "Groupes d'intérêts et consolisation démocratique en Europe méridionale", *Pôle Sud*, n°3.

Valenzuela, Samuel, 1989 "Labor Movements in Transitions to Democracy : A Framework for Analysis", *Comparative Politics*, 21(4).

제3장 한국의 민주화와 통일운동

서보혁

1. 민주화가 통일운동에 어떤 영향을 미쳤을까?

87년 민주화 이후 우리사회 전반에서 권위주의를 청산하고 민주주의를 꽃피우는 노력이 전개되어 왔다. 그러나 한국사회의 민주화가 갖는 독특한 의미는 민주화가 통일문제와 같은 연관성에서 찾을 수 있을 것이다. 분단 극복 없이 완전한 민주화를 생각할 수 없고, 민주화를 동반하지 않는 통일은 그 실체가 의문시 될 수 있다. 그래서 87년 민주화를 이룩한 민주화운동 세력의 관심이 통일문제로 확대된 것은 자연스러워 보인다. 국민들은 민주화를 이룬 성취감을 갖고 통일문제에도 관심을 표출하기 시작하였다. 민주화 이후 들어선 정부 또한 국민들의 관심을 반영하여 통일정책에 전향적인 입장을 보이기 시작하였다.

그러나 87년 민주화는 본격적인 민주화의 출발점에 불과하였다. 87년 이후 국민 여론과 민주화운동 세력이 정부 정책을 감시하고 스스로 민주화의 주체로 나섰듯이, 민간통일운동 역시 정부의 통일정책을 감시하면서 통일논의와 남북교류의 주체로 나서야 했다. 정부의 통일정책이 퇴행적이거나 남북관계가 좋지 않을 때 민간은 정부 정책을 비판하고 남북관계의 전환을 이끌어내는 행동을 취할 수 있다. 그 반대로 정부의 통일정책이 전향적이고 남북관계가 좋을 때는 남북교류의 형태로 열린 공간을 누리는데 그칠 수도 있다. 정부와의 긴장관계가 풀리고 남북교류행사가 통일운동의 전부로 이해되면서 여론의 지지와 대중의 참여를 확대하는 일을 소홀히 할 수도 있다. 통일문제가 독특하지만 우리사회가 안고 있는 공공영역의 하나라 한다면, 그를 둘러싸고 관련 행위자별 이해관계의 차이가 있을 수 있다. 민간통일운동 진영 역시 단일한 입장으로 결속되어 있지도 않다. 다만, 본 논의에서 민간통일운동은 정부와 기업을 제외한 시민사회에서 나타난 개인 혹은 집단 차원의 통일관련 행동을 총칭하고 있다.

이 글은 87년 민주화 이후 민간통일운동의 전개과정을 살펴보고 가능한 범위에서 평가를 해보는 데 목적이 있다. 사실 민간통일운동도 민주화 이후 활발해지기 시작했다고 볼 수 있다. 2장에서 87년 이후 민간통일운동은 크게 정부와의 관계, 대중과의 관계, 그리고 북한과의 관계 등 세 측면에서 다뤄질 것이다. 시기는 노태우, 김영삼, 김대중 정부가 포함된 1988~2002년까지로 한정해 6·15공동선언으로 크게 나누어 그 전후로 민간통일운동의 특징을 도출해볼 것이다.[1] 이런 논의를 위해 먼저, 해당 시기 정부의 통일정책을 간략히 살펴본 후 민간통일운동의 전개과정을 논의할 것이다. 이상의 논의를 바탕으로 3장에서는 민간통일운동을 평가해보고, 결론을 대신하여 4장에서는 향후 통일운동의 과제를 생각해볼 것이다. 본론에서 언급되는 정부의 통일정책과 민간통일운동과 관련되는 객관적인 사실은 2005년 통일부가 발간한 책자(통일노력60년 발간위원회, 2005)를 비롯해 통일부 홈페이지상의 자료와 민간통일운동사 기록에 매진해오고 있는 재야통일연구가 노중선 선생의 두 책자(노중선, 2000 ; 1996)에 크게 의존하였음

---

[1] 노무현 정부 시기 민간통일운동은 김대중 시기의 통일운동의 연장선상에서 보는 시각과 이전 시기와 별도로 평가할 필요가 있다는 시각이 있을 수 있으나, 여기서는 논외로 하고 있다.

을 밝혀둔다. 특별한 인용이 없는 한 사실관계 관련 진술은 이들 자료에서 가져왔다.

2. 민주화 이후 통일운동의 전개

1) 6·15공동선언 이전의 통일운동

(1) 남북대화의 부침

노태우 정부가 등장한 1988년은 통일문제와 관련해서도 적지 않은 환경 변화가 있었다. 대내적으로는 민주화에 일대 전기를 맞이함으로써 학생과 정치인, 나아가 많은 국민들이 통일문제에 관심을 나타내기 시작하였다. 그것은 그동안 남북대결, 통일논의 독점에 기반한 정부의 통일정책에 대한 변화를 요구하는 것이었다. 4·26총선 이후 조성된 여소야대 정국 또한 정부가 대결 위주의 기존 대북정책을 고수하기 어렵게 하였다. 민주화 여세를 몰아 민(民)에 의한 통일논의가 급증하고 나아가 북측과의 교류를 시도하는 움직임도 생겨났다. 이점이 정부의 입장에서 통일정책 변화를 검토하지 않으면 안 되는 불가피한 조건이었다면, 88서울올림픽 개최와 동구 사회주의권의 해체 과정 등 일련의 국제 정세 변화는 정부가 적극적인 자세로 통일정책을 추진하도록 하였다. 1988년을 분기점으로 남북간 상호관계를 정립하는데서 질적인 변화가 이루어진 것만은 사실이다.(김형기, 2010, 137쪽)

노태우 정부의 통일정책은 노 대통령의 '민족자존과 통일번영을 위한 특별선언'(일명 7·7선언)으로 세상에 드러났다. 이 선언은 북을 민족공동체의 일원이자 통일의 동반자로 인식하는 가운데 남북 교류 적극 추진, 이산가족문제 해결, 남북 교역 개방 및 민족 내부교역으로 간주, 우방국들과 북의 교역 인정, 국제사회에서 협력, 우방국들과 북의 관계개선 지지 입장을 밝혔다. 노태우 정부는 7·7선언 이후 남북교류와 대화를 위한 국내 법제도를 제정하는 한편, 북한과 적극적인 접촉을 시도해나갔다. '남북교류협력법'과 '남북협력기금법'을 제정하였고 수차례의 남북고위급회담을 열어 1991년 12월 13일 역사적인 남북기본합의서를 채택하였다. 남북기본합의서에서 남북은 남북관계의 성격2)에 합의하고 향후 남북관계가 새로운 방향으로 나아갈 토대를 마련하였다. 남북한이 기본합의서에 합의한 내용을 보면, 화해, 평화보장, 교류·협력이 두드러지게 나타난다. 남북간 합의는 분단체제를 핵으로 하는 기존의 동북아시아 질서를 근본에서 흔들 수 있는 변화요인이었다. 남북한은 분단체제를 특수한 관계로 인정하면서 동시에 남북간 적대상태를 종식시키기에 합의한 것이다.(박순성, 2003, 281쪽)

한편, 당시 북한이 처한 통일정책 환경은 남한 정부와 반대의 상황, 곧 대외적으로 불리하고 대내적으로도 (적어도 경제적 측면에서) 유리하지 않은 형편에 놓여 있었다. 이 또한 1980년대 후반 남북대화의 활성화에 긍정적으로 작용하였다고 볼 수 있다. 그러나 합의서의 이행문제와 대북 핵사찰 문제가 연계되면서 북한은 미국의 봉쇄정책 속에서 정치·경제적 고립이 깊어졌다.

노태우 정부의 전향적인 대북정책의 일환으로 1989년 6월 12일 '남북교류협력에 관한 기본지침'이 제정되었다. 그에 따른 북한주민에 대한 접촉 신청은 1992년 10월 31일 현재까지 1,749건(5,158명)이었다. 당시 진행된 일련의 남북고위급회담에 발맞추어 체육, 종교, 문화, 경제교류 등이 모색되었고, 무엇보다 이산가족 상봉을 위한 접촉 신청이 전체 신청 건수의 33%(577건, 678명)를 차지하였다. 물론 그 당시 남

---

2) 남북기본합의서에서 남북관계는 "나라와 나라 사이의 관계가 아닌 통일을 지향하는 과정에서 잠정적으로 형성되는 특수관계"로 규정하고 있다.

북 주민간 인적 교류의 규모가 적었고 빈도도 낮았지만, 교류 자체가 금기시 되어온 지난 남북관계와는 전혀 다른 양상이었다. 1989년 위 지침 제정 이후 일어난 종교, 예술, 여성, 경제 등 각계의 방북은 이후 남북 교류협력의 씨앗이 되었다. 이 당시 남북간 사회문화 교류사업은 외양상 넓어보였다. 그렇지만 남북 당국간 협의를 통한 이산가족 교류사업과 인도적 지원사업은 전무하였다. 그럼에도 불구하고 이 당시 남북간 사회문화교류사업은 김영삼 정부 시기 극히 저조했던 현상과 대조될 뿐만 아니라, 2000년대 들어 본격적인 사회문화교류사업의 발판을 닦아두었다.

1993년 취임한 김영삼 대통령은 취임사에서 "어느 동맹국도 민족보다 더 나을 수는 없다"고 하면서 남북대화 의사를 분명히 하고 이어 남북정상회담 추진 의사도 밝혔다. 그에 따라 김영삼 정부는 1993년 3월 19일 비전향 장기수 이인모 씨를 북에 송환하였고, 같은 해 5월 25일 북의 남북간 부총리급 특사 교환 제의를 수용하여 특사교환을 위한 예비회담을 추진하였다. 또 1994년 카터 전 미국 대통령이 김일성 주석을 면담 이후 김영삼 대통령을 면담(1994년 6월 18일)하는 자리에서 김일성 주석이 남북정상회담 제의에 호응했다는 사실이 전달되면서 남북정상회담이 본격 추진되었다. 그러나 7월 8일 김일성 주석의 사망으로 정상회담은 수포로 돌아갔다. 이후 남북관계는 소위 조문파동으로 경색되었고 국내에서는 공안정국이 조성되었다.

김영삼 정부가 내놓은 민족공동체 통일방안도 북한과의 공존, 협력을 전제로 한 접근을 보여주었다. 전임 정부의 한민족공동체 통일방안을 약간 보완한 것으로 평가되는 민족공동체 통일방안은 화해협력 −남북연합−통일국가 완성 등 3단계의 통일과정을 제시하였다. 또 통일을 추진하는 기본철학이 자유민주주의이고, 통일의 접근방도가 민족공동체임을 밝혔다.

북핵문제를 둘러싼 북한과 국제사회의 대립은 남북관계에도 영향을 미치기 시작하였다. 1993년 2~3월 사이 IAEA와 미국의 대북 특별사찰 요구에 이어, 같은 해 6월 김영삼 대통령도 취임 100일 기념 기자회견에서 "핵무기를 갖고 있는 상대와는 결코 악수할 수 없다"며 북한에 강경한 입장을 표시하였다. 남북대화가 험악한 분위기로 이어지다가 결렬되고 한국과 미국의 대북 제재 움직임이 진행되었다.

남한은 북한과 미국 사이의 제네바 핵합의3) 직후인 1994년 11월 11일 남북경제협력방안을 제의하였으나 북한은 거부하였다. 1995년 6월 16일 남북간 비밀 쌀협상(베이징)으로 15만 톤의 대북 쌀지원에 합의를 이끌어냈으나, 1996년 9월 18일 강릉 해안 잠수함 침투사건으로 남북대화의 복원은 어려웠다.4) 1997년 2월 12일 황장엽 전 노동당 비서의 남한으로의 망명으로 김영삼 정부 마지막까지 당국간 남북대화는 없었다. 결국 김영삼 정부의 대북정책은 대북인식상의 혼란과 북한문제의 국내정치적 이용 및 김영삼 정부의 태생적 한계 등으로 지그재그, 오락가락이었다는 비판을 받았다.(최완규, 1998, 189~212쪽) 물론 이 시기 남북대화 중단은 북미 제네바 합의를 전후로 한 북한의 소위 대미우선 외교전략에 기인하기도 한다.

(2) 기지개 켜는 통일운동

제5공화국 초기까지 민주화운동 세력은 유신체제, 12·12쿠데타, 그리고 5·18광주민주화운동을 겪으면서 '선민주화 후통일론'의 입장에

---

3) 북한과 미국은 1993~4년 북한의 핵개발 문제를 둘러싸고 외교적, 군사적 긴장 속에서 세 차례의 고위급회담을 열었다. 그 결과가 1994년 10월 21일 제네바에서 양국 행정부 대표가 북한의 핵개발 동결 대신 경수로 건설, 그리고 북한의 궁극적 핵포기 대신 미국의 대북 안전보장과 양국관계의 정상화를 요지로 하는 합의이다.

4) 북한 외교부는 같은 해 12월 29일 군사정전위원회에서 미국과 회담 후 잠수함 침투사건에 사과 표명을 하였다. 이 역시 북의 대미중심, 즉 남한배제 접근전략의 일환이라 할 수 있다.

입각해 민주화운동에 역점을 두었다. 통일운동의 측면에서 본다면 구체적인 통일방안의 제시보다는 통일의 저해 요인들을 부각시키는 데 주력했다. 그러나 민주화 이후 민간 차원의 통일논의와 대북 교류운동은 봇물처럼 터져 나왔다.

한국기독교교회협의회(KNCC)는 1988년 2월 29일 총회에서 '민족의 통일과 평화에 대한 한국기독교회선언'(소위 88선언)을 채택하여 통일원칙으로 자주, 평화, 민족대단결, 인도주의 문제 우선 해결, 민주적 참여 등 5가지를 제시하였다. 국내외적으로 큰 반향을 불러일으킨 이 선언은 남북한 정부에 ① 분단으로 인한 상처의 치유를 위한 조치, ② 분단극복을 위한 국민의 참여를 실질적으로 증진시키기 위한 조치, ③ 사상·이념·제도를 초월한 민족 대단결을 위한 조치, ④ 남북한 긴장완화와 평화증진을 위한 조치, ⑤ 민족자주성의 실현을 위한 조치 등을 건의하였다. 이외에도 천주교, 불교, 원불교, 천도교 등 여러 종단에서도 민간통일운동에 나서기 시작하였고 북한의 해당 종교기구와 교류를 추진하였다.

당시 확대되어 가던 남북교류운동의 중심에는 학생운동이 있었다. 1987년 6월항쟁에 이어, 전국 대학생들의 조직체로서 전국대학생대표자협의회(전대협)가 결성됨으로써 이후의 학생 통일운동을 주도해 나갔다. 전대협은 창립선언문을 통해 활동방향을 ① 진정한 자주적 민주정부를 수립하기 위해 외세를 배격하고 독재를 종식시킬 것, ② 조국의 자주적·평화적 통일을 앞당기는 데 기여할 것이라고 밝혔다. 1988년 들어 학생운동은 남북학생교류운동에 나서기 시작하면서 정부와 마찰을 빚기 시작하였다. 3월 29일 서울대 총학생회장 후보였던 김중기, 유재식은 "김일성종합대학 학생들에게 드리는 공개서한"을 통해 6·10남북학생회담 개최를 제의하였다. 북측의 지지 답변을 얻은 전대협측은 학생회담 성사를 다짐하였다.

공개적인 학생교류운동이 무산되자 전대협측은 비밀 방북을 통해 북측과 교류를 시도하였다. 1989년 평양에서 열린 세계청년학생축전 참석을 위해 임수경이 전대협 대표로 방북하였다. 임수경의 방북을 전후로 1988년 서경원 의원, 1989년 문익환 목사 일행의 방북 등 비밀 방북이 이어졌는데 이는 정부의 남북교류 창구 단일화 방침에 정면 도전한 것이었다. 일련의 밀입북은 정부가 민주화운동 세력을 탄압하는 명분으로 이용되기도 하였다. 그럼에도 대표적인 통일운동가 문익환 목사와 김일성 주석의 면담은 통일문제에 관한 남북간 상호이해는 물론 이후 정부의 통일정책에 영향을 미쳤다고 할 수 있다. 문익환 목사가 1989년 4월 2일 평양에서 당시 북한의 조국평화통일위원장 허담과 발표한 '문익환·조국평화통일위원회 공동성명'은 이후 남북관계에 적지 않은 영향을 미쳤다. 첫째, 공동성명은 정치군사문제와 교류협력을 병행하기로 했다. 그동안 북측은 정치군사문제를 우선할 것을 주장했고, 남측은 교류협력을 우선할 것을 주장한 점을 감안할 때, 문 목사는 남측의 입장을 북한에 설득하였던 것이다. 두 문제의 병행 추진 원칙은 남북기본합의서 전문에 그대로 반영되었다. 둘째, 단계적 통일 방식에 합의한 점으로서 이는 상호체제의 존중과 공존하에서 통일을 위한 협력 가능성을 열어놓은 것이다.[5] 이점은 6·15공동선언에 "남측의 연합제안와 북의 낮은 단계의 연합제안이 서로 공통성이 있다고 인정하고 앞으로 이 방향에서 통일을 지향시켜 나가기로 하였다"는 문구와 상통한다. 셋째, 통일을 향한 남북 당국의 역할을 인정한 점인데, 당연하게 들리는 것 같지만 북이 그동안 남한정부를 독재정권, 반통일정권이라고 비난하며 통일논의에 남한정부를 배제하려

---

[5] 성명에서 관련 문구는 다음과 같다. "공존의 원칙에서 연방제 방식으로 통일하는 것이 우리 민족이 선택해야할 필연적이고 합리적인 통일방도가 되며 그 구체적인 실현방도로서는 단꺼번에 할 수도 있고 점차적으로 할 수도 있다는 견해에 일치를 보았다."

했다는 점에서 입장의 변화로 볼 수 있다. 북한의 그런 태도 변화의 이면에는 남한의 민주화가 작용하고 있었다.

사회단체들도 1988년부터 통일문제에 본격적으로 관심을 가지기 시작하였는데, 그해 7월 '한반도 평화와 통일을 위한 세계대회 및 범민족대회 추진본부'가 결성되었다. 8월 말에 열린 세계대회 폐막식에서 문익환 목사는 북한에 범민족 대회를 제안한다. 11월경 북한이 범민족대회 개최에 호응함으로써 남북 사이의 민간대화가 시작되었다. 준비과정을 거쳐 1990년 8월 '조국의 평화와 통일을 위한 범민족대회'가 개최되었다. 이 대회는 비록 실무상의 문제로 서울과 평양에서 분산 개최되었지만, 민간 차원에서 남북한이 공동으로 통일행사를 가졌다는 데에 중요한 의미가 있다. 노태우 정부가 이 행사 개최를 허용한 것은 남북 분산 개최 형식 외에도, 민간통일운동세력을 포용하는 자세를 보여줘 89년 공안탄압으로 인한 부정적 여론을 약화시킬 필요가 있었기 때문이다. 그러나 91년과 92년에 개최된 8월의 통일행사는 정부당국의 원천봉쇄에 의해서 대학교내에서 수만 명의 시민 학생이 운집해서 치루는 방식으로 진행되었다. 북한과 공동행사를 위한 제안을 하고 접촉을 하였지만 정부의 불허로 공동행사는 개최되지 못했다. 민간통일단체들이 반정부투쟁의 연장선상에서 통일운동을 사고하는 관성 때문에 관과 민, 사상과 정견의 차이를 넘어 대중적인 통일운동을 지향한 범민족대회 원래의 취지는 퇴색해갔다.(이승환, 1999)

정부의 통일논의 및 남북교류에 대한 태도가 과거 정권에 비해 다소 진보한 것은 사실이지만 그것은 선별적이고 이중적인 한계를 넘지 못하였다. 대학생들을 비롯해 사회 각계로 통일논의가 확대되어가자 정부는 1988년 6월 2일 정한모 문화공보부장관 명의로 "통일논의에 관한 정부의 공식입장"을 발표하였다. 정부는 ① 통일문제에 관한 논의를 적극 개방하고 북한 및 공산권 관계 자료의 점진적 개방 확대, ② 대북 제의나 접촉 창구는 국가적 차원에서 정부로 일원화, ③ 남북간 정치인, 경제인, 언론인, 문화·예술인, 학자 및 학생 등 각계 인사들의 인적 교류와 함께 물적 교류의 실현을 제시하였다. 정부는 각계의 통일논의와 남북교류를 최대한 보장하되 그것은 정부의 통제 하에 이루어질 것이라는 입장이었다. 가령, 정부는 1989년 경제인 정주영 씨의 방북을 허용하는 대신, 민족문학작가회의의 남북작가회의 예비회담 불허, 한겨레신문의 '북한 취재계획' 관련 리영희 교수 구속, 그리고 평양축전의 참가와 취재 불허 등 이중잣대를 유지하였다. 결국, 노태우 정부의 대북정책은 당국 주도를 기본으로 하였고, '남북교류협력 기본지침'6)에서 보듯이 민간의 교류는 정부의 통제 하에 두고자 하였다.

김영삼 정부 들어서 초기 민간통일운동은 북핵사태 등장으로 두드러지지 못한 가운데 북한의 식량난 발생으로 인도적 지원에 한정하여 전개되는 양상이었다. 다만, 대북 인도적 지원을 위한 활동은 기존의 민간통일운동의 범위를 넘어섰다. 북한의 식량난과 탈북자 발생이 알려지자 개별 단체별로 지원활동이 곧바로 전개되었다. 그런 가운데 1996년 6월 천주교, 개신교, 불교 등 6대 종단과 시민단체 지도자들이 중심이 되어 '우리민족서로돕기운동'을 결성하여 북한동포돕기 범국민캠페인을 전개하였다. 또 1997년 4월에는 시민사회단체들이 '겨레사랑북녘동포돕기 범국민운동'을 결성하였다. 이들은 북한에 '옥수수보내기 캠페인'과 '북한동포돕기 하루 한 끼 굶기 운동'을 벌였다. 개별 종교단체별로도 분유, 감자, 의약품, 피복 등을 모아 북에 전달하였고 그 과정에 국제기구의 협조가 있었다. 그러나 대북 민간지원의 태동기였던 이 시기에는 시민단체들이 들인 노력에 비해 모금은 저조하였

---

6) 이 지침은 북한을 방문하고자 하는 사람은 방문 예정일 4주 전까지 방문 목적에 따라 해당 주무부처를 거쳐 통일원장관에게 북한 방문 승인을 신청해야 하며 통일원장관은 남북교류협력추진협의회의 심의 결과에 따라 방북 승인 여부를 결정하고 승인받은 사람에게 '방문증명서'를 내주도록 하고 있다.

다. 정치적인 분쟁이 발생할 때마다 모금활동은 위축되었다. 예를 들면, 1996년 9월 북한 잠수함의 강릉 침투사건은 한동안 모금운동을 얼어붙게 하였다. 또한 정부가 대북지원을 대한적십자사로 창구 단일화하고 민간단체의 직접 지원이나 언론사 등을 통한 지원활동에는 제한을 두었다.

그럼에도 이때부터 시작된 남한 민간단체의 대북 인도적 지원운동과 교류활동은 정부의 지원과 함께 남북간 적대의식 완화, 그리고 북한의 대남 의존의식을 초래하였다. 1990년대 중반 이후 계속되는 북한의 식량 및 의약품 부족 현상에 대하여 남한이 계속해서 지원하고 있다는 사실 자체가, 북한이 생활필수품에서 남한에 의존하고 있음을 말해준다고 할 수 있다. 그 과정에서 북한인들은 남한의 체제 우위를 인식하게 되고, 경우에 따라서는 남한 체제를 동경하고, 급기야는 탈북을 결행한다는 보고도 나왔다. 사회문화적 측면에서 북한의 대남의존을 확인할 수 있는 또 다른 예는 이산가족교류사업이다. 이산가족 상봉 행사(화상 상봉 제외)가 남한보다는 북한에서 더 많이 개최되었다는 사실과 상봉시 선물과 돈을 주는 쪽이 남한의 이산가족이라는 사실로부터 북측 이산가족들이 물질적, 정신적 양측면에서 대남의존성을 갖게 된다고 볼 수 있다.

사회문화교류 및 인도적 사업의 성과에도 불구하고 다음과 같은 한계와 문제점도 지적할 수 있다. 한계란 이들 사업이 안정적이고 지속적으로 전개되지 못하였다는 점을 말한다. 사회문화교류 및 인도적 사업은 남북간 정치군사적 관계가 경색될 때 그 영향을 받아 위축된다. 1차 북핵위기 시기와 그 이후 2000년 6·15남북공동선언까지 당국 차원의 이산가족 상봉은 이루어지지 않았고 남북 사회문화협력 사업 승인도 극히 저조하였다. 이산가족교류 등 인도적 사업이 정례화 되지 못한 것도 마찬가지이다. 사회문화 교류사업이 경색된 남북관계를 완충할 수 있는 역할은 극히 제한되어 있었던 것이다.

1990년대 중반까지 민간통일운동은 학생운동과 재야운동이 중심이 되어서 주한미군 철수, '국가보안법' 폐지, 평화협정 체결, 연방제 방식의 통일 등 정치군사적인 주제를 제시하는 차원에서 전개되었다. 운동방식의 측면에서는 통일의 걸림돌을 제거하고 통일장벽을 돌파하기 위한 투쟁이 중심이었다. 하지만 90년대 중반부터 북한동포돕기운동을 계기로 통일운동은 운동 주체의 측면에서 재야, 종교, 시민단체로 확산되었다. 운동영역에서도 이와 같은 운동주체의 다원화를 반영하여 정치군사문제에서 사회문화, 경제협력 등의 영역으로 다양화되었다. 운동방식도 생활 속의 통일운동을 정착시키기 위한 공개적이고 합법적인 방식을 띠게 되었다.

'문민정부' 들어 통일운동은 대중화, 지역화, 일상화의 기치를 걸고 확대발전을 도모하는 양상을 보였다. 그 양상은 재야통일운동과 새로운 시민운동 두 곳에서 각기 나타났다. 재야통일운동의 경우, 기존 학생운동과 재야세력의 상황 돌파형 선도투쟁이 대중의 지지와 멀어지고 공안당국의 탄압에 노출되어 왔다는 문제의식을 갖게 된다. 당시 재야운동을 이끌고 있던 민주주의민족통일전국연합은 범민련의 한계를 인정하고 새로운 통일운동 조직의 결성을 결정하였다. 그 결과 1994년 자주평화통일민족회의(민족회의)가 민간통일운동의 결집체를 표방하며 출범하였다. 민족회의는 ① 자주, 평화, 민족대단결 원칙에 따른 민족통일, ② 남북이 서로 존중하는 통일국가 실현, ③ 외세의 내정간섭 배격, ④ 민족자주 실현 등을 기치로 내걸었다. 한편, 시민운동진영에서는 1994년 경제정의실천시민연합(경실련) 통일협회가 통일운동의 대중화를 표방하며 등장하였다. 경실련 통일협회는 출범하면서 ① 통일문제에 대한 시민사회의 공론화, ② 극단적 통일운동의 극복, ③ 합리적 통일운동, ④ 남북민간교류의 활성화, ⑤ 통일의식 캠페인과 남북나눔운동과 같은 활동방향을 제시하였다. 이후 중도성향, 나아가 우익성향의 시민단체들도 나타나면서 대북 인도적 지원에 동참하기 시작하였다.

종교계에서도 대북 인도적 지원운동과 함께 종단을 넘어 남북교류운동을 연합하여 전개해 나갔다. 한국기독교교회협의가 1993년부터 전개한 '민족의 화해와 통일을 향한 인간띠잇기운동'은 기독교인들의 통일의식을 고취시키고 대중이 참여하는 통일운동을 발전시키는데 기여하였다. 한국기독교교회협의회는 이 운동을 이어 1995년에 분단 50년을 맞이하여 희년을 선포하고자 하였으나, 아쉽게도 95년 인간띠잇기운동은 열리지 못했다. 그러나 교회협의회는 포기하지 않고 이 운동을 모든 종단이 참여해 폭넓게 전개해나가자고 제안하였다. 천주교, 개신교, 불교, 원불교, 천도교, 성균관, 민족종교 등 7대 종단은 이 운동을 받아들였다. 7개 종단은 새천년을 맞는 첫 번째 3·1절인 2000년 3월 1일에 7천만이 서로 화해와 평화를 향한 손잡기 운동을 전개하자는 취지에서 '온겨레손잡기운동본부'를 구성하였다.

한편, 1993~94년 북핵위기가 고조될 때 재야에서는 민주주의민족통일전국연합, 종교계에서는 한국기독교교회협의회를 중심으로 전쟁반대, 핵문제의 평화적 해결, 남북대화를 촉구하는 평화운동을 벌이기도 하였다.

전반적으로 김영삼 정부 시기 민간통일운동은 국내정치적 변화와 북한의 식량난 발생으로 대북 인도적 지원운동이 주류를 이루고 통일운동이 분화하는 양상을 보였다. 그러나 북핵문제의 발생과 남북 당국간 대화 중단으로 통일운동이 이전 시기만큼 활성화되지는 못하였다. 정권이 바뀌어도 정부는 여전히 통일문제를 정부 주도로 전개해나가려 했고 민간진영을 동반자로 간주하지 않았다. 또 상황 면에서도 김 주석 사망 이후 김영삼 정부의 통일운동 탄압과 일부 통일운동진영의 극단적 행동으로 대중적 지지 기반이 줄어드는 측면도 나타났다.

2) 6·15선언 이후 통일운동

(1) 6·15선언과 남북대화 활성화

김대중 정권이 취임한 1998년 북한은 김정일 국방위원장이 노동당 총비서로 취임해 김정일 정권이 공식 출범한 해이기도 하다. 탈냉전이라는 외부적 조건과 북한경제의 심각한 위기 상황에서 남북한 양측의 정권교체는 한반도 문제의 대전환을 꾀할 수 있는 기회로 작용했다. 북한은 제네바 합의 이행 국면을 활용해 북미관계 개선을 도모하는 한편 국제사회로부터 경제지원을 이끌어내는데 힘썼다. 그러나 2000년 노동당 창건 기념일(10월 10일)을 맞아 북한정부가 '고난의 행군'을 종료 선언한 이후에도 국제적 고립과 경제난은 크게 개선되지 않았다. 그런 가운데 평소 남북관계와 통일문제에 식견이 높고 전향적인 입장을 가진 김대중 대통령의 취임은 북에게 호기로 다가간 것이 틀림없다. 1998년 4월 북한은 민족자주의 원칙, 애국애족의 온 민족단결, 남북관계 개선, 외세·반통일세력 반대, 내왕·접촉·대화·연합 강화 등을 내용으로 하는 '민족대단결 5대방침'을 발표하였다.(김정일, 2000, 417~427쪽) 이어 북한은 1999년 2월에는 '정부·정당·단체 연합회의'를 통해 '남북고위급 정치회담'을 개최할 것을 제안했다. 이처럼 북한은 김대중 정부 출범 이후 남한과의 관계개선을 통해 경제적 실리와 막 출범한 김정일 정권의 안정을 도모하고자 했다. 이후 1999년 6월 발생한 서해교전 사태 등 악재도 돌출했지만 남북관계는 새로운 방향을 모색해갔다.

김대중 대통령은 취임사에서부터 대북정책의 일대 변화를 예고했다. 1998년 2월 김 대통령은 북한을 화해와 협력의 대상으로 인정하고 함께 공존공영 해나가자는 대북 화해협력정책(햇볕정책)을 천명하였다. 햇볕정책은 확고한 안보태세를 유지하는 가운데 화해협력－평화정착－'사실상의 통일 상황' 등 단계적인 목표를 제시하였다.[7] 그런 목표에 따라 '국민의 정부'는 무력도발 불용, 흡수통일 배제, 남북 화해협력 등 3대 대북정책 원칙을 밝히고, 정책 추진 기조로 ① 안보와 화해협력 병행, ② 평화공존과 평화교류 우선 실현, ③ 북한의 변화 여건 조성, ④ 남북 상호이익 도모, ⑤ 남북 당사자 해결 원칙 하의 국제 지지 확보,[8] ⑥ 국민합의에 의한 대북정책 추진 등을 제시하였다.

그럼에도 1998~99년 남북관계는 별다른 변화가 없었다. 1998년 2월부터 2000년 5월까지 남북대화는 4건에 불과하였고 회담 성과도 거의 없었다. 물론 그 사이에 정주영 현대그룹 회장이 소떼 500, 501마리를 각각 몰고 북한을 방문하고(1998. 6. 16, 10. 27), 현대 금강산 관광선이 출항하면서(1998. 11. 18) 남북 경제협력에 청신호가 켜졌다. 그러나 이듬해 들어 6월 7~15일 연평도 근해에서 남북 해군의 무력충돌이 발생하고,[9] 6월 20일 금강산 관광객 민영미 씨가 억류됨으로써 금강산 관광이 일시 중단되는 사태가 발생하기도 하였다.[10] 그러나 김대중 정부는 출범 초부터 남북관계 개선과 북한 주민의 식량난 해소를 위해 인도적 지원에 나서 금융위기의 영향을 받으면서도 취임 첫해부터 이전 정부에 비해 대폭적인 대북지원에 나섰다. 그리고 1999년부

---

[7] '사실상의 통일 상황'이란 남북 간에 정치, 경제, 사회, 문화 등 모든 방면에서 교류와 협력이 제도화되고 군사적 긴장이 해소되어 평화체제가 정착된 상황을 말한다.(통일노력 60년 발간위원회, 2005, 165쪽)

[8] 김대중 대통령은 1998년 6월 클린턴 대통령과 가진 한미정상회담에서 한반도 평화와 통일문제에서 남북 당사자 원칙을 제시하여 클린턴 대통령으로부터 최대한의 협조 의사를 얻어냈다.

[9] 북한은 1999년 9월 2일, 북한 서해5도 해상경계선을 부인하고 새로운 경계선을 일방적으로 선포하기도 하였다.

[10] 금강산관광은 같은 해 8월 5일 재개되었다.

터는 정부가 민간의 대북지원 규모를 상회하기 시작하였다.(〈표 1〉)

〈표 1〉 대북지원 현황(1995~2002년)

(단위 : 만 달러)

구분	1995	1996	1997	1998	1999	2000	2001	2002
정부	23,200	305	2,667	1,100	2,825	7,863	7,045	8,375
민간	25	155	2,085	2,085	1,863	3,513	6,494	5,117
계	23,225	460	4,723	3,185	4,688	11,376	13,539	13,492

김대중 정부의 햇볕정책에 발동이 걸린 것은 2000년에 들어서였다. 김 대통령은 2000년도 신년사에서 '남북경제공동체' 건설을 제안하면서 적극적인 인도적 지원과 경제협력 의지를 피력하였다. 나아가 김 대통령은 같은 해 3월 9일 '베를린선언'을 통해 대북 경제지원, 평화정착, 이산가족문제 해결과 당국간 대화 등 남한정부의 남북관계 개선 의지를 분명히 하였다. 그리고 6월 평양에서 역사적인 남북정상회담이 열렸다.

정상회담에서 김대중 대통령은 통일문제, 긴장완화, 교류협력, 이산가족문제 등 4가지 문제에 관한 입장을 김정일 위원장에 설명하였다. 두 정상이 합의한 '6·15남북공동선언'은 5개항에 걸쳐 남한 입장이 반영되었다. 다만, 통일방안을 담은 2항[11])이 남한에서 논란이 되었다. 6·15공동선언은 분단 이후 적대와 불신으로 점철되어 온 남북관계를 화해와 협력의 길로 전환시킨 역사적 선언이었다. 이후 남북은 장관급회담, 군사회담, 경제협력추진위원회 등 각급 회담을 지속해나가면서 다방면에 걸친 교류협력사업을 본격 추진해나갔다. 먼저 남북경제협력사업으로 경의선·동해선 철도·도로연결, 개성공단 개발, 금강

---

[11]) "2. 남과 북은 나라의 통일을 위한 남측의 연합제안과 북측의 낮은 단계의 연방제안이 서로 공통성이 있다고 인정하고 앞으로 이 방향에서 통일을 지향시켜 나가기로 하였다."

산관광, 임진강 공동수해방지 및 임남댐 공동조사 사업 등을 추진해 나갔다. 남북간 물자 교역과 위탁가공교역 등 남북교역도 전개해나갔다. 언론, 문화예술, 체육, 종교, 학술 등 분야별 교류협력사업과 부산 아시아경기대회 북한 참가와 다양한 남북공동행사를 개최하였다. 남북간 왕래와 주민접촉도 활발해졌다. 특히 6·15선언 직후부터 2002년 말까지 5차례에 걸친 연인원 5,353명의 이산가족 상봉을 가져 분단의 한을 풀어가기 시작하였다. 이 과정에서 7명의 납북자와 국군포로 가족도 상봉하게 되었는데 정부는 제4차 남북적십자회담(2002. 9. 6~8)에서 "전쟁시 소식을 알 수 없게 된 사람들의 생사, 주소 확인문제를 협의·해결하기로 한다"는 데 합의해 이후 남북간 인도적 문제 해결의 기틀을 마련하였다. 정부는 또 이산가족의 생사 및 주소 확인과 서신 교환을 당국간은 물론 제3국에서 추진되는 이산가족 교류사업도 지원하였다. 그 공로로 김대중 대통령은 2000년 노벨평화상을 수상하였다.

그러나 6·15남북정상회담 이후 남한사회에서는 대북정책을 둘러싼 사회 갈등이 이전보다 심화되는 양상을 보였다.(송정호, 2009, 202~222쪽) 남북간 교류협력이 가시화되어 가면서 이념적 성향의 차이에 따른 갈등도 심화되어 갔다. 이는 김대중 정부와 그 대북정책에 대한 반공보수세력의 '색깔론' 시비와 소수파 정권의 한계에 기인한다. 그러나 김대중 정부가 그런 점을 감안하여 대북정책을 전개하기에 앞서 야당을 포함한 보수세력을 정책결정과정에 참여시켜 통일·북한문제를 국내 정쟁의 영역에서 해방시켜야 했다는 지적도 경청할만하다.(최완규, 2003, 136~137쪽)

(2) 민관협력과 남북교류의 활성화

남북정상회담에서 나타난 남북 최고지도자의 결단과 후속 당국자회담은 남북의 공동 이익을 추구하는 제반 경제협력과 분단의 아픔을 치유하는 인도적인 노력으로 이어졌다. 이산가족 상봉 및 서신교환, 면회소 설치 계획과 다양한 경제적 협력이 그것이다. 이 과정에서 남북간 제반 합의는 민간교류 및 경제협력을 제도화하는 토대로 작용하였다.

김대중 정부의 전면적인 대북 교류협력 방침과 남북관계 개선은 민간에게도 영향을 미쳐 남북 민간교류가 봇물처럼 쏟아져 나왔다. 6·15공동선언 2항에 따라 통일방안에 대한 논의도 일어났다. 김대중 정부의 대북정책 전환, 특히 6·15공동선언에 따라 각종 통일운동단체들이 크게 증가하였다. 2005년까지 통일부의 허가를 받은 법인은 모두 158개였으나 임의단체들까지 포함하면 당시 통일운동 단체 수를 산정하기는 어렵다.

통일운동의 활성화는 통일운동 단체의 증가에 그치지 않고 남북 민간교류협력의 증대로 이어졌다. 분단 이후 막혔던 남북한 주민의 만남은 언론, 문화예술, 체육, 종교, 학술 등 다양한 형태의 교류사업으로 나타났다. 또 남북한 주민들의 남북한 방문도 6·15 이후 눈에 띄게 늘어났다.(〈표 2〉 참조 : 통일부, 2003)

〈표 2〉 남북한 주민들의 상호 방문 현황

(단위 : 명)

연도	89	90	91	92	93	94	95	96	97	98	99	00	01	02	계
A	1	183	237	257	18	12	536	146	1,015	3,317	5,599	7,280	8,551	12,825	39,977
B	0	291	175	103	6	0	0	0	0	0	62	706	191	1,052	2,586

* A : 남한주민의 북한 방문 인원(금강산 관광객은 제외), B : 북한주민의 남한 방문 인원

1998년 국민의 정부 출범 이후 2002년 말까지 정부와 민간 차원에서 총 4억 6,280만 달러의 인도적 대북지원이 이루어졌다. 정부 차원에서는 2억 7,208만 달러가 지원되었고 민간 차원에서는 1억 9,072만 달러가 지원되었다. 이는 연평균 약 9,256만 달러가 지원된 것으로서 국

민 1인당 약 2달러 수준이다. 정부 차원의 연평균 대북지원액 5,442만 달러는 1998년도 이전 3년간 연평균 8,724만 달러에 비해 약 38%가 감소한 규모이다. 이는 정치권의 대북 퍼주기 논란이 사실과 다른 정쟁의 일환임을 보여준다. 그러나 민간 차원의 연평균 대북지원액 3,814만 달러는 과거 연평균 지원액 745만 달러에 비해 약 412% 증가한 것으로서, 민간 차원의 지원이 매우 활발하게 이루어졌다.

민간통일운동에서는 북한의 계속된 식량난으로 인도적 지원운동이 여전히 가장 활발하게 전개되었다. 1998년 들어 남북간 교류협력 과정에서 시민단체의 참여가 눈에 띄게 늘어났다. 인도적 지원은 시민들이 참여하기 손쉬운 방법이기도 했다. 인도적 대북지원 분야에서도 민간단체들의 활동이 점차 중요해졌다. 외환위기를 겪은 당시 상황에서 정부 차원의 대북지원은 줄어들었지만, 민간단체의 지원이 늘어났다는 점은 평가할만하다. 1998년 민간 차원의 대북지원이 2,085만 달러에서 2002년 5,117만 달러로 늘었다. 민간 차원의 대북지원이 늘어난 데에는 정부의 제도적 뒷받침도 있었다. 1999년 2월 정부의 '민간 차원 대북지원 창구다원화 조치'와 같은 해 10월 '인도적 대북지원사업 처리에 관한 규정'이 대표적인 예이다. 이로써 민간단체의 대북지원활동은 확대될 수 있었고 지원에 소요되는 실무 절차도 간소화되었다. 민간단체들의 지원활동은 인도적 지원 일변도에서 농업, 보건의료 지원 등으로 확대되어갔다. 그에 따라 대북지원 민간단체들 사이의 협력을 위해 2001년 2월 대북협력민간단체협의회(북민협)가 발족하였다. 민간의 대북 인도적 지원활동은 통일운동의 대중화, 통일문제에 대한 대중의 자발적인 참여, 그리고 통일문제를 둘러싼 한국사회 내 이념 갈등의 완충 등 다각적인 의미를 갖는다 할 것이다.

이 시기 정부의 전향적인 대북정책과 그에 따른 시민사회의 통일문제에 대한 관심이 증대하면서 민간통일운동도 다변화 하는 양상을 보였다. 또 통일문제에 관한 민관협력이 새로운 현상으로 나타났다. 1998년 9월 3일 발족한 민족화해협력범국민협의회(민화협)가 그렇다. 민화협은 스스로를 ① 민간 차원에서 민족의 화해협력과 평화통일을 위해 활동하는 200여 개의 정당·종교·시민사회단체로 구성된 통일운동 상설협의체, ② 민족의 통일을 염원하는 모든 민족구성원이 참여하여, 합의와 소통을 넓혀 나가는 민족화해의 창구로 단체의 성격을 규정하고 있다. 민화협은 민족화해의 추구, 통일문제에 대한 국민적 합의 도출, 민간통일운동의 활성화 등 3개 목표를 천명하고 있다.

한편, 6·15남북정상회담 이후 민주노총, 전농 등 진보성향의 53개 사회단체가 결성한 '6·15남북공동선언 실현과 한반도평화를 위한 통일연대'(통일연대)가 2001년 3월 발족하여 독자적인 활동을 전개하였다. 당시 대표적인 통일운동단체였던 통일연대와 민화협, 그리고 7개 종단은 2001년 5월 민족공동행사추진본부를 만들었다. 이 기구는 통일문제에 관한 남한사회의 다양한 목소리를 반영할 수 있는 범위에서 구성되었다. 나아가 남북해외 3자는 '6·15공동선언실천민족공동위원회'를 만들어 6·15선언을 기념하고 합의사항 이행을 공동 추진해나갔다. 이처럼 6·15공동선언 이후 민간통일운동은 주로 남북 교류협력 사업의 형태를 띠며 전개되었고 그것을 통해 통일문제에 대한 대중의 관심을 모아나갔다.(정현곤, 2006)

이 시기 가장 주목할만한 현상은 통일운동에서 평화운동이 분립해 나가기 시작했다는 점이다. 조지 W. 부시 행정부의 반테러전과 북한에 대한 강경정책으로 그동안 통일운동과 분리되지 않았던 평화운동이 부상하면서 반전반핵, 평화군축 등을 기치로 평화운동단체들이 조직되기 시작하였다. 이들은 한반도의 긴장이 한국전쟁 이후 유지된 정전체제를 청산하고 평화체제를 수립하지 못했기 때문에 계속되고 있다고 인식하고 있다. 평화네트워크, 평화와 통일을 여는 사람들, 평화를 만드는 여성회, 다함께, 참여연대 평화군축센터가 그런 단체들이다. 물론 평화운동을 전개하는 단체들 가운데는 기존 통일운동노선을 지지하는 흐름과 민족주의를 시대착오적인 것으로 보고 북한·통일문제도 보편가치로서 평화의 시각에서 접근하는 두 흐름이 공존하고 있다. 앞의 흐름은 한반도에서 평화의 완성은 여전히 민족자주, 민족대단결을 바탕으로 한 통일로 보는 반면, 뒤의 입장은 한반도 평화도 반전반핵, 군축, 민주화, 인권 등 국제주의적 시각에서 접근하기 때문에 미국의 패권정책은 물론 북한의 핵무장 기도에 대해서도 비판적이다.

한편, 학생운동에서 통일운동도 크게 변화하여 투쟁, 정부비판 위주의 활동 방식이 약화되고 대신, 북한 학생들과의 만남, 북한 기행, 인도적 지원, 탈북자 후원 등 보다 대중적이고 일상적인 활동이 두각을 보였다. 물론, 일부 학생운동단체들은 6·15공동선언 관철, 나아가 미국의 한반도 정책에 대한 반대 등 정치적 활동을 하는 경우도 있었다. 이와 함께 언론, 종교, 예술, 체육, 학술 등 사회 각 부문에서 남북교류사업이 전개되었다. 특히, 기업의 대북투자가 확대되어 남북간 신뢰, 공동이익, 그리고 긴장완화에 기여할 주요 행위자로 부상하였다. 김대중 정부 5년간 남북교역 규모는 26.2억 달러에 이르렀다.(〈표 3〉) 이는 김영삼 정부 5년동안 12.3억 달러의 교역의 2배를 넘는 규모이다. 남북은 상호 교역을 촉진하기 위해 '금강산관광시 준수사항에 관한 합의서', '신변안전을 위한 합의서'(이상 1999. 7)와 '개성공업지구법'(2002. 11) 등을 맺었고, 이후 통관, 통행, 통신 등 경협 관련 세부 합의를 구체화해갔다.

<표 3> 남북한 교역 추이(1998~2002년)

(단위 : 100만 달러)

구분	교역 전반			위탁가공 교역		
연도	반입	반출	계	반입	반출	계
1998	92	130	222	41	30	71
1999	122	212	333	54	46	100
2000	152	273	425	72	57	129
2001	176	227	403	73	52	125
2002	272	370	642	103	68	171

6·15남북공동선언은 통일정세와 통일운동을 크게 바꿔 놓았다. 남과 북의 당국이 6·15공동선언을 채택함으로써 북이 더 이상 남한 정부를 반통일적이라고 비판할 근거가 없어진 것이다. 6·15선언으로 재야 통일운동세력이 충격을 받았다. 범민련은 6·15공동선언 이후 남측 내에서는 많은 혼란과 편향들이 존재하였고 6·15남북공동선언 이후 확대된 대중적 지평에 당황하고 있었다고 인정하였다. 이들은 6·15공동선언 직전까지도 김대중 정부를 비판하면서 남북정성회담이 큰 성과를 거두지 못할 것이라고 했다. 그런 상황에서 6·15공동선언이 채택되었을 때만해도 이들은 6·15공동선언에 대한 내부 입장을 정리하지 못했다.

전체적으로 민간통일운동은 6·15공동선언 이전까지만 해도 개별적으로 활동하면서 통일된 모습을 보여주지 못했다. 6·15공동선언으로 통일운동이 범국민적인 참여를 가능하게 하는 폭넓은 조직을 구성할 계기를 갖게 된 것이다. 아울러 6·15실천위원회는 종단과 민화협 그리고 통일연대가 동의하는 사업을 중심으로 해서 활동할 수밖에 없었다. 그간 통일운동이 보여주었던 정치투쟁 중심의 활동보다는 온 국민이 동의하고 참여하는 행사를 중심으로 통일운동을 전개하는 새로운 모습을 만들어가기 시작하였다. 6·15선언 이후 6·15와 8·15를 계기로 남북을 오가며 민간 차원에서 민족공동행사를 개최하고, 6·15민족공동위원회를 결성한 것은 민간통일운동의 한 단계 진전으로 평가할 수 있다. 6·15공동선언은 민간통일운동의 폭을 크게 넓히고 통일단체들 사이의 연대와 협력을 강화하였다.

그러나 6·15민족공동위원회가 중심이 되는 민족공동행사가 정례화되면서 한계도 드러냈다. 대형행사 중심으로 진행되기 때문에 점차 다양해지는 민간 차원의 통일논의를 수렴하는데 제약이 발생하였다. 또한 6·15선언 이후 남북 사이에서 공동행사를 진행하였지만 통일논의가 내실있게 이루어지지 못하였다. 민간통일운동 진영은 6·15선언 이후 정부의 지원 아래 6·15 실천 혹은 8·15기념 남북간 대형행사와 같은 남북교류운동에 치중한 반면, 국내에서 높아지고 있는 북한·통일문제를 둘러싼 이념 갈등에 대처하는 노력은 상대적으로 소홀히 대응하였다.

3. 통일운동에 대한 평가와 특징

1) 시기별 통일운동 평가

87년 민주화 이후 민간통일운동은 정부의 통일논의 독점에서 벗어나 직접 북한과의 교류에 나서는 한편, 대등한 입장에서 정부와 관계 맺고자 하였다. 말하자면 통일운동의 자율성 혹은 자유가 통일운동을 평가하는 주요 단어가 될 수 있을 것이다.

노태우 정부는 탈냉전, 남한의 민주화와 산업화에 힘입은 자신감, 그리고 정권의 정통성 만회를 위해 통일·외교정책을 활용할 필요성 등으로 전향적인 대북정책을 전개하였다. 그런 변화 속에서 시민사회는 민주화의 연장선상에서 통일운동을 전개해나갔다. 민간통일운동은 각종 남북대화와 남북기본합의서 채택 등 열린 공간에서 남북교류운동과 평화군축운동을 전개해나갔으나 주로 대중의 참여가 용이한 남북교류운동이 주축을 이루었다. 그리고 역시 민주화의 연장선상에서 '북한바로알기운동'이라는 이름으로 통일운동은 일제 식민 통치와 분단 등 한국현대사에 대한 재인식과 북한체제에 대한 수정주의적 해석을 가하기도 하였다. 연방제 통일, '국가보안법', 주한미군, 그리고 민(民)의 통일 논의 참여 등 반공독재정권 치하에서 금기시 되었던 문제들에 대한 논의도 활성화 되었다. 이처럼 노태우 정부 시기 민간통일운동의 통일논의와 남북교류는 이전 시기에 비해 크게 자유화 되었다고 볼 수 있다. 그러나 민간진영의 남북교류운동에 대한 정부의 규제와 단속에서 보듯이 정부는 민간을 동반자, 아니 적어도 협력자로 대하지 않았다. 남북 학생들과 작가들의 만남을 불허한 것이 대표적이다. 그에 대해 통일운동은 밀입북을 감행하는 방식으로 남북교류를 추진하기도 하였다. 민주화 직후 통일운동은 냉전 해체, 북한 핵문제 부상, 그리고 정부의 전향적인 대북정책 등 변화하는 통일정세를 냉정하게 읽어내는데 한계를 보였다. 대중의 관심과 지지가 높은 남북교류운동을 대정부투쟁으로 연결지은 것이나, 남북이 처음 원칙적인 합의를 본 평화군축문제에 대한 민의 입장을 제시하지 못한 것이 그 예이다. 그런 점에서 노태우 정부 시기 민간통일운동은 변화한 통일정세 속에서 새로운 통일운동을 탐색하는 시기를 보냈다. 보다 합리적이고 대중적인 통일운동을 만들어갈 필요성이 일어나기 시작했던 것이다.

김영삼 정부 들어서 처음 통일운동은 큰 기대를 가졌다. 대통령이 민주화운동 경험을 가진 '문민정부'가 출범하였고, 대통령이 민족우선론을 주창하며 남북관계 개선 의지를 밝혔기 때문이다. 그러나 북핵문제가 특별사찰 논란을 불러일으키며 한반도에 긴장을 고조할 정도로 악화되자 문민정부도 정세에 영향을 받게 되었다. 김영삼 대통령이 여론에 민감하게 반응하면서 남북관계는 널뛰기를 하였다. 물론 북핵문제의 악화가 역으로 남북정상회담의 기회를 만들어주었지만 김일성 주석 사망으로 수포로 돌아갔다. 조문파동과 연세대 사태를 둘러싼 김영삼 정부의 통일운동 탄압은 통일문제에 대한 김영삼 정부의 빈약한 비전을 드러내주었다. 북핵문제 등장과 그에 따른 남북관계의 유동성으로 인해 남북교류 등 민간통일운동도 위축되었다. 통일논의도 위축되었고 조문파동으로 민주화 이후 확대된 의사표현의 자유가 축소되는 면도 있었다. 그리고 민주화, 통일운동을 주도해온 학생운동이 연세대 사태 등으로 여론과 학생의 지지를 넓히는데 어려움을 겪었다. 대신, 시민사회에서 중도 성향의 통일운동이 대두하면서 재야통일운동도 대중의 참여와 지지를 높이는 방향으로 활동을 재편하는 노력이 불가피하였다. 남북 간에는 교류운동이 위축되었지만, 북한의 식량난으로 인도적 지원 활동은 늘어났다. 1993~94년 1차 북핵위기때 일어난 반전평화운동은 이후 본격적인 평화운동을 예고하였다. 전체적으로 김영삼 정부 시기 민간통일운동은 정권의 오락가락 통일정책과 주변 정세의 영향, 그리고 통일운동의 다변화 등으로 새로운 방향을 모색하는 과도기를 보냈다.

김대중 정부는 통일문제에 가장 높은 식견과 철학을 가져온 김 대통령의 정책 비전으로 인해 출발부터 전향적인 남북관계가 예고되었다. 2000년 6·15정상회담 성사까지 남북관계가 고르지 못하였지만 일관된 화해협력정책 기조가 북의 태도 변화를 가져왔다. 안보태세 속의 대북 화해협력정책은 경제지원, 인도적 문제 해결에 그치지 않고 정치군사적 신뢰구축, 통일방안 협의 등 남북이 통일문제를 전반적으로 논의할 수 있는 수준으로 발전하였다. 6·15공동선언은 당국간 관계 개선이 민간 교류협력과 통일운동에 긍정적인 영향을 미친다는 사실을 보여주었고, 그 둘은 북한의 대남 인식에 변화를 불러일으켰다. 이는 6·15 이전 남북관계와 뚜렷한 차이를 보여주었고 6·15 이후 남북관계 발전에 초석이 되었다.

김대중 정부는 나아가 통일문제에 있어서 민관협력관계를 상설화하였는데, 이는 처음으로 정부가 통일정책을 수립 집행함에 있어서 민간을 협력 상대로 대하기 시작하였음을 보여준 것이다. 6·15공동선언에 따른 전반적인 남북관계 개선은 민간통일운동 진영에게도 폭넓은 활동 기회를 만들어주었다. 남북교류운동은 이제 특정 부문 단체(학생, 종교 등)나 특정 분야(인도적 지원)를 넘어 광범위한 대중이 다양한 분야에서 참가하며 전개되었다. 정치, 군사 분야를 제외한 전 분야에서 민간 차원의 남북교류운동이 전개되었다. 이를 통해 남측 민간은 자신을 통일의 일 주체로 자각하게 되었고 북의 실상을 부분적이나마 알게 되었고, 남북은 상호 이해와 신뢰를 갖게 되었다. 남북교류운동에 비해 통일논의는 6·15선언을 기념하고 그 이행을 촉구하는 행사에 몰두한 나머지 구체적이고 현실적인 통일정책을 개발하는 일에는 상대적으로 소홀했다. 전반적으로 김대중 정부 시기 민간통일운동은 활동의 자유, 대정부관계 양측면에서 양호한 양상을 띠었지만, 민관협력에 의존하는 경향이 커 독자적인 통일운동의 방향을 수립하고 참여 기회를 확대하는 데는 한계를 보였다.

2) 통일운동에 대한 민주화 효과

87년 이후 통일운동은 민주화의 영향을 받아 이전 시기의 모습과 크게 달랐고 대체로 긍정적인 변화를 나타냈다. 통일운동에 대한 민주화 효과는 크게 세 가지 측면에서 살펴볼 수 있다. 첫째, 민주화 이후에 등장한 정부는 통일정책을 전향적인 방향으로 변모시켜야 했다. 그 이유가 정권의 취약한 정통성을 만회하기 위한 것이든, 통일분야에서 정권의 치적을 만들어내겠다는 의욕이든, 아니면 통일문제에 대한 평소 진보적인 소신과 비전에 의해서든 민주화 이후 정권은 북한을 대화상대로 인정하고 미래지향적인 남북관계를 추구하였다. 거기에 민간통일운동 진영은 비판과 협력을 번갈아 취하며 정부의 통일정책을 감시 견제하였다. 두 번째는 민주화 이후 통일운동이 과거에 비해 자유로워졌고 활동 양상도 다변화되었다는 점이다. 물론 87년 이후에도 반공보수세력은 '국가보안법'과 대북 창구 독점을 전가의 보도(寶刀)로 휘두를 수 있었지만 민간의 통일논의와 남북교류는 활성화되기 시작하였다. 나아가 급진 성향의 운동권 중심으로 진행돼오던 통일운동에 중도노선 집단과 사회 부문 단체, 나아가 일반 국민의 참여가 이루어졌다. 이처럼 통일운동이 정치성향과 관심사에 따라 다양하게 전개된 점도 민주화 이후 남한사회의 변화를 반영한 것이라 할 수 있다. 셋째는 남북한 각각 상호 인식의 변화가 일어난 점도 민주화 효과에 따른 것이다. 민주화 이후 대학과 언론 등 지식인 사회를 중심으로 악마, 전쟁광이라는 부정적이고 천편일률적인 대북 인식에 변화가 생겨, 북한이 사람이 살고 있는 하나의 사회라는 인식과 함께 북녘 동포가 어렵게 살고 있다는 동정심이 일어났다. 민주화 이전에 이런 생각은 상상하기 힘들었고 그런 인식을 표현하는 것은 금기시 되었다. 동시에 남북교류와 대북지원이 일어나면서 북한주민들이 남한의 발전상을 조금씩 알게 되면서 남한에 대한 적대감이 약화되어 간 것도 덧붙여 말할 필요가 있다. 물론 이상 세 가지 측면이 세 정권 시기에 똑같이 나타나지는 않았다.

2000년대 들어 민간통일운동 진영에서 통일에 대한 인식의 전환이 일어나고 있다. 통일과 평화를 분리하는 사고, 그리고 통일을 결과로

만 인식하는 것이 모두 한반도 평화와 민족통일 어느 쪽에도 유용하지 않다는 문제의식이 그것이다. 그 연장선상에서 남북간 체제내결을 넘는 신 한반도 구상을 모색하는 논의가 일어나기 시작하였다. 대표적으로 통일을 역사발전의 긴 과정으로 이해하고, 현 시기에서는 '사실상의 통일'[12])을 이루는 것을 목표로 해야 한다는 인식이 부상하고 있다. 사실상의 통일이란 남북이 통일을 추구하면서도 평화롭게 공존하는 것을 의미하는 것이고, 이런 개념은 무의식적으로 잠재되어 있는 성급한 체제통일적인 접근을 피하는 것이다. 나아가 통일에 대한 논의는 미래지향적이고 진취적이어야 한다. 이는 통일의 개념이나 유형 논의가 남북간 체제 경쟁이나 이념 대립에서 벗어나 21세기의 새로운 세계질서에서 민족의 번영을 도모하고 국제적으로 존경받는 통일을 이루어야 한다는 것을 의미한다.

4. 맺음말 : 통일운동의 변화

남한 통일운동의 시각에서 볼 때 통일문제는 북미관계를 비롯한 국제적인 측면과 남북관계를 비롯한 민족 내부적인 측면, 그리고 통일 추진력 확보 및 남남갈등 해결 등 남한 내부적인 측면을 지니고 있다. 이 세 측면을 통일을 지향하는 방향으로 풀어갈 때 통일정세는 발전한다. 6·15공동선언 이후 민족화해의 흐름이 확고해 보이는 듯 했지만 그것은 민족 내부적 측면에 국한된다. 남북관계는 물론 남한 내부적 측면과 국제적 측면이 통일지향적인 방향으로 발전되지 못한다면 통일의 길은 요원해 보일 것이다. 2~3절은 주로 민족 내부 측면과 남

---

12) '과정으로서 통일'과 '사실상의 통일'에 대해서는 백낙청(2006)을 참조.

한 내부 측면에서 민간통일운동을 살펴본 것이다. 통일운동은 부단히 활동의 자율성을 추구하였지만 그 실제는 해당 시기 정부의 통일정책 방향과 남북관계에 크게 영향을 받았다. 그 과정에서 민간통일운동이 남한정부의 통일정책을 감시 비판하는 역할을 수행하였다. 또 통일운동은 대중의 지지와 참여를 넓혀 나가고자 노력하였지만, 관성적인 활동방식과 경직된 통일관으로 스스로 대중화의 장애가 되는 측면도 안고 있었다. 나아가 통일운동은 통일정책과 남북관계를 주도하지는 못하였다. 그럼에도 통일운동은 민주화 이후 정세 변화와 대중의 통일 열기를 수렴해 남북간 신뢰 형성과 한반도 긴장완화에 힘써왔다.

민주화 이후 20여 년을 경과하는 현 시점에서 앞으로 민간통일운동이 발전하려면 대정부관계를 잘 갖는 것도 중요하지만, 보다 근본적인 것은 민의 지지와 참여를 확대해 통일지향 여론을 확고히 다져가는 일이다. 남북관계의 발전과 기득권 세력의 이해관계가 반비례 관계에 있다는 점도 고려해야 한다.

마지막으로, 민간통일운동이 발전해나가기 위해 변화가 필요한 부분을 짚어보고자 한다. 먼저, 통일운동의 대중적 지지와 신뢰 제고를 위해서는 민간통일운동의 균형성이 전제되어야 한다. 남과 북 양 체제와 권력 어느 쪽의 입장에 서지 않고 남북이 합의한 통일 원칙과 방향을 견지할 필요가 있다. 둘째는 전통적인 민간통일운동 진영이 주장해왔던 연방제 통일, 평화협정 체결, 주한미군 철수, '국가보안법' 폐지 등 정치적 과제들을 실사구시의 자세에서 검토하는 것이다. 원칙적 주장은 경직된 교조가 될 수 있고 여론의 지지를 잃을 수 있으니 현실성 있는 방안을 찾는데 인색하지 말아야 한다. 셋째, 세계적 상호의존이 깊어 가는 오늘날 통일은 협소한 일국적 혹은 민족적 정서를 넘어 평화, 화해, 인권, 지속가능한 개발과 같은 보편가치를 지향하는 방향으로 접근할 필요가 있다. 그것은 통일문제에 대한 국제사회의

지지를 얻는 것만이 아니라 통일의 궁극적 목표가 한반도에서 인간의 보편가치를 실현하는 것이기 때문이다

　완전하게 남북의 체제가 하나된 통일은 많은 시간을 필요로 한다. 많은 시간을 필요로 하는 통일 준비는 막연할 수밖에 없다. 그러나 '과정으로서 통일', '사실상의 통일'이라는 개념을 정립하면 통일과정에서 우리가 할 일이 명확해진다. 통일과정에서 우리가 할 일은 '사실상의 통일'을 이루는 것이고, 통일 이후에 대한 대비는 '사실상의 통일' 이후에 대한 대비일 것이다. 사실상의 통일은 남북의 적대적 대결을 종식시키고 한반도 주변 질서의 변화와 함께 이루어질 것이다. 통일을 과정으로 이해할 때 준비 없는 통일에서 오는 혼란을 예방할 수 있다면, 통일준비는 공존을 연습하는 것이다. 공존을 위해서는 서로 다름을 인정하는 관용을 익혀야 한다. 우리는 북한 동포들과 다른 제도에서 살아오면서 발생한 다름을 인정하고, 그 기반 위에서 보다 바람직한 공동의 미래를 만들어가는 노력을 해나가야 한다. 그것이 평화통일을 준비하는 길이고, 북한체제에 자신감을 갖는 동시에 유연하게 상대할 수 있게 해준다. 물론, 통일문제를 둘러싸고 우리사회 내 이념적, 정치적 갈등이 존재하는 것은 견해의 차이에 대한 불관용에서 비롯되는 것만은 아니다. 통일문제에 대한 충분한 논의가 이루어지지 않아서, 또 의사소통이 불충분한데서 비롯되는 바도 크다. 따라서 통일 개념을 정립하기 위한 사회적 논의를 활성화하는 것이 '남남대화'의 주 의제가 되어야 할 것이다.

　남한이 아직 실질적 민주주의가 확립되지 못한 채 공고화 단계를 걷고 있다고 한다면, 통일운동도 그 영향을 받기 마련이다. 이제 국가안보를 명분으로 민간통일운동을 탄압하는 시대는 지나갔다. 다만, 집단의 이익, 특히 기득권 유지 차원에서 남북관계 발전에 반발하거나 통일문제를 이용하는 현상을 어렵지 않게 보게 된다. 이는 민주화

시대에 보는 기현상으로서 분단체제하에서 민주화가 얼마나 한계가 많은지를 단적으로 보여주고 있다. 남한사회의 민주화 수준을 넘어서는 남북관계 진전은 대내적인 질투를 받을 수 있는지도 모른다. 여기서 통일운동이 민주화운동의 성격을 내장하고 있다는 사실을 알 수 있다. 87년 민주화 이후 통일운동을 이런 시각에서 재조명해볼 필요도 있다고 본다. 앞으로의 연구과제라 할 것이다.

▣ 참고문헌

김정일, 2000 「온 민족이 대단결하여 조국의 자주적 평화통일을 이룩하자(1998. 4. 18)」『김정일 선집』 14권, 평양 : 조선로동당출판사.

김형기, 2010 『남북관계 변천사』, 연세대학교 출판부.

노중선, 1996 『남북한 통일정책과 통일운동 50년』, 사계절.

______, 2000 『남북대화 백서 : 남북교류의 갈등과 성과』, 한울아카데미.

박순성, 2003 『북한 경제와 한반도 통일』, 풀빛.

백낙청, 2006 『한반도식 통일, 현재 진행형』, 창비.

송정호, 2009 「남남갈등 해소를 위한 국민합의의 민주적 제도」『정치 · 정보연구』, 제12권 1호.

이승환, 1999 「민간통일운동의 현황과 과제」『민족화해와 남남대화』(민화협 정책위원회 편), 한울아카데미.

정현곤, 2006 「2000년대 민간통일운동과 남북관계」, 김세진 · 이재호 20주기 심포지엄 〈반전반핵평화운동의 현황과 과제〉 발표문(4. 29).

최완규, 1998 「Icarus 의 비운 : 김영삼 정부의 대북정책 실패요인 분석」『한국과 국제정치』 제14권 제2호.

______, 2003 「햇볕정책의 국내정치적 제약요인 분석」『동북아연구』 제8권.

통일노력60년 발간위원회 편, 2005 『하늘길 땅길 바닷길 열어 통일』, 통일부.

통일부, 2003 『국민의 정부 5년 평화와 협력의 실천』, 통일부.

통일부, 각년도 『통일백서』, 통일부.

제4부

제1장 민주주의 공고화와 정부형태의 개혁

윤기석

1. 서론

근대시민혁명 후 서유럽의 나라들은 구체제를 극복하는 과정에서 민주주의의 이념과 가치를 구현하는 통치체제를 모색하였다. 새로운 통치체제는 구체제에서 보여줬던 1인 지배의 전제적 통치체제를 극복하는 공화제였다.[1] 공화제는 통치의 주권이 군주에게만 귀속되었던 절대군주제와는 다르게 다수 인민의 대표가 국가를 통치하는 형태였다. 그 후 공화제는 각국의 역사적 경험에 따라 다양한 유형의 통치방식을 보여주었고, 이 과정에서 공화제는 의원내각제, 대통령제의 정부형태로 나타났다. 2차 세계대전 이후에는 위 두 정부형태의 절충적 성격을 보여주는 이원정부제가 일부 유럽국가에서 채택되었다. 그러나 세 유형의 정부형태에서 볼 수 있는 공통적인 특징은 '민주성'과 '대표성'의 통치이념이다. 민주성은 국가의 권력이 어느 특정한 기관에 편중되어지는 것을 방지하고, 권력기관 상호간의 견제와 감독이

---

[1] 공화제의 통치체제의 특징은 주권이 국민에게 있고, 국민이 선출한 대표자가 국민의 인권과 이익을 위해 국정을 행하며, 국가원수가 국민의 선거에 의해 선출되고 일정한 임기로 교체되는 정치 체제를 말한다. 역사적으로 공화제는 군주제를 부정하는 개념으로 등장했다.(http://terms.naver.com/item.nhn?dirId=801&docId=1018, 검색일 2010년 11월 9일)

가능하게 하도록 하는 것이며, 대표성이란 국민의 대표로 구성된 의회는 정부의 권한남용을 견제하고 감독하여 인민의 기본권을 보장한다는 것을 의미한다. 이러한 개념은 민주적 권력구조 수립에 반영되는 통치의 이념이며, 이와 같은 권력구조는 궁극적으로 권력기관 상호간의 '견제와 균형'의 원리를 작동시키는 정부형태를 의미한다. 그러나 농일한 유형의 성부형태라 할시라노 그 구체적인 작동방식에 따라 권력구조의 성격이 다르게 나타나곤 한다. 예컨대 같은 유형의 대통령제이지만 우리나라의 대통령제와 미국의 대통령제를 동일한 대통령제로 설명할 수 없듯이 영국과 독일의 의원내각제의 운용방식도 모두 같다고는 할 수 없다. 또한 프랑스의 이원정부제 역시 핀란드, 포르투갈의 이원정부제와는 분명히 다른 작동방식과 구조를 가지고 있기 때문에 정부형태의 구체적인 작동 원리는 나라마다 상이성이 존재한다고 할 수 있다. 이러한 원인은 모든 나라가 겪은 다양한 역사적인 경험과 국가통치에 대한 정치철학적 고민의 차이성에서 기인한다.

우리나라는 현재 정부형태 개편과 관련하여 개헌논의를 진행하고 있다. 정부형태 개편 논의는 과거 역대 정권에서 끊임없이 회자되었던 커다란 정치적 이슈이었다. 이러한 정치적 이슈는 이명박 정부에 이르기까지 여전히 반복되고 있는 정치적 쟁점이며, 현 정부 내에서 만일 개헌이 이루어지지 않는다면 개헌의 과제는 다음 정권의 몫이 될 것이다. 그런데 이와 같은 논의의 핵심은 기본적으로 권력집중의 문제, 책임정치의 단절, 대통령선거의 국민적 정통성 확보의 문제 등으로 정리할 수 있다. 즉 단임제의 대통령의 임기, 국무총리의 권한 문제, 대통령 당선자의 국민적 정당성의 확보 문제 등이 제도개선의 핵심이라 할 수 있다. 위와 같은 문제의 근본적인 원인은 우리나라의 대통령제가 그동안의 운용과정에서 대통령 1인을 중심으로 하는 권력집중의 폐해를 많이 보여주었기 때문이다. 예컨대 우리나라의 대통령제는 미국의 대통령제처럼 권력기관 상호간의 견제와 균형이 적절히 안배되어 있는 권력구조가 아니라 대통령 1인에게 너무 지나친 권력을 부여하고 있어서 권력기관 상호간의 '견제-균형'의 원리가 실종되었다는 지적이다.

이러한 사실을 고려하면 한국형 대통령제는 미국과 유럽국가의 경우처럼 국가의 장래에 대한 충분한 정치철학적 고민과 사려를 담은 그릇 속에서 잉태되었던 것이 아니라 8·15해방 이후 민주주의 경험이 일천한 정치적 상황에서 제헌헌법을 제정하고 정부형태를 설계하는 과정에서 권력자의 정치적 목적과 의중이 우발적으로 반영되어, 권력구조의 설계는 궁극적으로 정치권력자의 정치적 목적에 따라 결정된 유전자적 요인을 가지고 있다고 하겠다.(이상묵, 2008, 65~66쪽) 따라서 우리나라의 정부형태는 그동안 독재-권위정부 시대를 경유하면서 대통령제의 질곡을 보여주었고, 민주화운동의 성과로 얻은 1987년 10월 29일의 개헌조차도 대통령 1인에 집중되어 있는 권력편중의 문제를 근본적으로 해결하지 못한 한계를 보여주었다.

이 글은 현재 우리나라에서 제기되고 있는 정부형태 개편안의 쟁점들을 정리하여, 쟁점의 문제점을 분석하고, 이를 해결하기 위한 정부형태 개혁안에 어떠한 내용을 담아야 할 것인지를 모색하는데 목적을 두고 있다. 그동안 학계 및 정치권에서는 우리나라 정부형태의 개편안으로 '의원내각제'와 정·부통령제의 도입을 통한 '대통령제'로의 정부형태를 제안한 바 있다. 그러나 이 글은 보다 풍성한 논의를 모으기 위하여 향후 우리나라 정부개편(안)으로 '이원정부제'의 채택을 제안한다. 혹자에 따라서 이원정부제가 과연 한국의 정치적 상황에서 국민의 정치적 요구를 수용할 수 있는 유용한 그릇이 될 수 있을 것인가에 대하여 적지 않은 우려를 하고 있다. 즉 부정적인 측면과 긍정적인 측면을 동시에 설명하고 있다. 하지만 이 글은 이원정부제의 특징과 문제점을 보다 구체적으로 설명하면서 이원정부제에서 지적되고 있는 문제점의 원인을 규명하고 극복의 대안을 구체적으로 제시하면서, 이원정부제가 줄 수 있는 장점을 조명하여 향후 우리나라 정부형태 개편의 논의 과정에서 하나의 대안으로 제시하려 한다. 이러한 취지에서 이 글은 우리나라 정부형태의 개편안은 근본적으로 민주주의의 가치와 이념을 반영하는 커다란 정치철학적인 틀 안에서 권력의 '견제와 균형'이 조화롭게 이루어지는 개선방안이 마련되어야 한다고 주장한다. 따라서 이 글은 우선 정부형태 이론에 대한 일반적인 검토를 하면서 우리나라 정부형태 운용의 특징과 문제점을 분석하고 개편방안으로 제안한 '이원정부제'의 성격을 구체적으로 설명한다.

2. 정부형태 유형에 대한 이론적 검토

모든 나라의 정부형태는 나라마다 체득한 각각의 다양한 역사적 경험에 따라 고유한 성격을 반영하는 권력구조를 가지고 있다. 정부형태를 구분하는 방법은 다양할 수 있지만 일반적인 의미에서 두 가지의 사실이 정부형태의 성격을 구분하는 기준이 될 수 있다. 가장 중요한 기준은 민주적 정통성의 이원화의 여부와 국가수반과 행정수반의 분리여부이다.(진영제·최선, 2009, 28쪽) 위와 같은 기준을 중심으로 정부형태의 유형을 정리하면 다음과 같이 설명할 수 있다.

1) 의원내각제

의원내각제는 국가수반과 행정수반이 분리된 권력구조이다.(Linz 1994, 46~47쪽) 의원내각제에서 내각은 의회에 의해서 구성된다. 따라서 내각은 의회의 신임에 의존하며 의회에 책임을 진다. 이러한 구조에서 국가수반과 행정수반의 권한과 역할이 분리되어 국가수반은 대외적으로 국가를 대표하는 역할을 하고 행정수반은 대내적으로 국가를 통합하며 행정을 총괄한다. 그러나 위 경우 국가수반을 선출하는 방식과 관련하여 세습에 의해 왕이 국가의 수반을 맡는 '입헌군주제' 방식과 대통령을 선출하여 국가수반으로 정하는 방식이 있지만 의원내각제에서 의결기관은 내각이며, 의원이 내각의 각료 겸직이 가능하며, 내각의 법률안 제출권 및 내각 각료의 국회출석발언권이 인정되고 의회에서 각료를 선출하거나 국회의 동의를 필요로 하는 것을 특징으로 한다. 정리하면 의원내각제에서는 민주적 정통성이 입법부인 의회로 일원화되어 있으며, 국가의 수반과 행정부의 수반이 분리되어 있어서 내각이 의회에 책임을 지는 "권력융합"의 협의적 성격을 갖는다.(진영제·최선, 2009, 29쪽)

2) 대통령제

그러나 대통령제는 국가의 수반과 행정수반이 일원화된 권력구조이다. 대통령제에서는 행정부 수반인 대통령을 의회에서 선출하는 것이 아니라 국민이 직접 선출하거나 혹은 국민에 의해 선출된 선거인단이 대통령을 선출하므로 민주적 정통성이 의회와 행정부로 각각 '이원화'되어 있다. 위와 같은 상황에서 정부는 의회에 의존하지 않으며 대통령에게 책임을 지며, 대통령은 국가의 수반과 행정부의 수반의 권한을 갖게 된다. 또한 대통령제에서는 의회가 정부를 불신임할 수 없으며, 정부 역시 의회를 해산할 수 없다. 따라서 정부 각료의 임명권은 대통령에게 있고, 의회의원과 정부각료의 겸직이 불가능하며, 대통령에게는 법률안 거부권, 법률안 공포권, 사면권 등의 권한이 부여된다. 정리하면 대통령제에서는 민주적 정통성이 입법부와 행정부로 이원화되어 있으며, 사법부가 분리되어 있는 등 견제와 균형을 위한 "권력분립"적 특징이 있다.(진영제·최선, 2009, 29쪽)

3) 이원정부제

한편 이원정부제는 민주적 정통성이 이원적이며 국가수반과 행정수반이 분리된 권력구조이다. 이원정부제에서 대통령은 국민에 의해 선출된다. 그러나 국가수반의 역할을 맡는 대통령과는 별도로 행정수반을 맡는 수상이 존재하는 의원내각제처럼 분리된 구조를 가지고 있다. 따라서 이원정부제는 대통령제의 특징과 의원내각제적인 특징을 동시에 가지고 있다고 할 수 있다. 그러나 레이파트가 설명하는 바와 같이 이원정부제를 단순히 대통령제와 의원내각제의 절충이나 혼합적 형태로 설명하는 것은 한계가 있다. 정치적 상황에 따라서 대통령제의 성격과 의원내각제의 성격이 교차되어 나타나기 때문이다.(Lijphart, 1992, 8쪽) 특히 이원정부제가 대통령제와 다른 점은 행정수반과 내각이 의회의 신임에 의존하는 것이며, 의원내각제와 다른 점은 의원내각제에서 국가수반은 상징적인 역할을 수행하는데 반해서 이원정부제에서 대통령은 강한 권한을 가지고 있다는 사실이다. 이원정부제에서 대통령은 국가위기 발생시에 비상대권을 행사할 수 있는 권한이 있으며, 수상과 내각은 실질적으로 대통령에 대하여 책임을 갖으며 대통령은 각료회의를 주재할 수 있는 등의 강한 행정권을 가지고 있기 때문이다.(진영제·최선, 2009, 29쪽)

3. 우리나라 정부형태의 성격과 운용의 특징

1) 군주적 대통령제

위에서 설명한 정부형태의 다양한 성격을 고려한다면 우리나라의 정부형태는 순수 대통령제도 아니고 내각제도 아니며, 더욱이 이원정부제도 아닌 혼합형의 권력구조로 정의할 수 있다.(윤기석, 2008, 53쪽) 현행 헌법에 규정된 대통령제의 성격을 정리하면 다음과 같다. 우선, 대통령은 국가의 최고수반으로서의 지위와 권한을 갖는다. 정부의 정책집행에 관한 최고의 권한과 최종적인 책임은 대통령에게 귀속되어 있다. 대통령은 국민의 직접선거로 5년 임기의 단임제로 선출되며 국민에 대하여 정치적 책임을 지고 있다. 대통령은 임기 동안 탄핵소추의 경우를 제외하고는 국회로부터 어떠한 경우에도 책임을 지지 않으며 국회의 불신임으로부터도 구속을 받지 않는다. 반면에 국회가 결정한 법률안에 대하여 거부권을 행사할 수 있어 국회의 독단적인 입법행위에 대해서는 견제가 가능하다.

그러나 현행 정부형태가 순수한 대통령제라고 평가하기에는 모순이 있다. 대통령제의 기본원칙이 '견제와 균형'이라는 권력분립의 원칙하에서 입법부, 사법부, 행정부가 분리되어 권력기관 상호간에 독립성과 자율성을 보장하게 해 주는 것이라 한다면 우리나라의 대통령제를 엄격한 의미에서 순수한 대통령제로 설명하기에는 무리가 있다. 반면에 우리나라의 대통령은 미국의 대통령보다 훨씬 더 강력한 헌법적 권한을 행사하고 있다고 설명해야 타당할 것이다. 이를 정리하면 첫째, 대통령은 법률안 제출권 및 국회가 결정한 법률에 대해 거부권을 가지고 있으며, 둘째, 국회의 법률제정 행위보다 초월적인 권한을 보장하는 긴급조치권을 가지고 있고, 셋째, 헌법개정안 제안권, 국민투표 부의권 및 헌법재판소의 장과 재판관의 임명, 사면권 그리고 대법관을 임명하는 등 사법부의 주요 기능과 관련된 광범위한 권한을 보유하고 있다.(정종섭, 2002) 미국의 대통령도 국가비상 사태의 경우 대통령의 권한을 행사하고, 사면권 등을 행사할 수 있으나 우리나라의 경우처럼 입법부, 행정부, 사법부 전체에 대해 초 우월적인 권력행사를 하는 시위와 권한을 가지고 있지는 않다.(김혁, 2006) 이 점에서 한국의 대통령제는 순수한 대통령제의 기본원칙이며 대전제라고 할 수 있는 '견제와 균형'의 원리가 권력기관 상호간에 작동되지 않는 "변형된 대통령제"이며, 이러한 맥락에서 '군주적 대통령'[2]제로 설명할 수 있다.

이러한 요인 때문에 한국의 정치가 진정한 민주적 발전을 이룩하지 못한다는 비판을 받는다. 특히 한국의 대통령은 위에서 설명한 헌법적 권한 이외에도 정당을 실질적으로 지배하여 의회의 견제를 무력화할 수 있는 군주와 같은 대통령이고, 이 점이 견제와 균형의 원리를 작동하지 못하게 하는 요인이며 권력의 남용을 초래한다는 것이다. (박기덕, 2007, 116~117쪽)

2) 분점정부의 빈번한 출현

1987년 총선에 의해 최초의 여소야대의 정치상황이 발생한 이래로 한국의 정치상황은 자주 대통령을 지지하는 정당이 의회에서 다수당이 되지 못하고 야당이 의회의 다수의석을 점유하는 '분점정부'의 정치적 경험을 빈번하게 겪었다. 막강한 대통령의 헌법적 권한과 정부 여당을 실질적으로 장악하는 '군주적 대통령제'의 정치상황에서 분점정부의 상황은 대통령의 권한을 견제할 수 있는 효과적인 정치적 상

---

[2] 군주적 대통령제란 과거 절대봉권체제 속에서 군주 1인이 행정, 입법, 사법 등의 모든 권한을 독점했던 상황에 대한 비유적 표현이다.

황일 수 있다. 그러나 균형을 잃은 견제로 인하여 의회와 행정부 간에 극한 대립이 발생하고 그에 따라 체제의 효율성이 저하되고 정국의 불안정이 초래되며, 정국불안이 궁극적으로 체제를 위협할 수 있다는 점은 분점정부 출현을 우려하는 가장 커다란 쟁점이다. 분점정부의 극한 대립은 정부의 정책집행과 중요한 공직 임명을 어렵게 하고, 이를 타파하기 위한 정치공학적 형태가 발생하여 정당정치의 혼란과 정치에 대한 불신을 초래하며, 종국적으로 민주적 정치발전을 저해하게 한다는 주장은 이 점에서 설득력이 있다.(박기덕, 2007, 117쪽) 그러나 다른 관점에서 보면 분점정부는 미국의 경험에서 볼 수 있듯이 백악관과 야당이 정부정책에 대한 협의구조를 심화시키고 정치적 타협과 조정을 강화하면서 타협의 정치를 구현할 수 있는 장점이 있기도 하다. 그렇지만 분점정부의 상황에서 정부정책의 책임성을 강화시키고, 정책의 효율성을 높여주는 기능을 가지려면 전제조건으로 대통령 또는 행정부의 관료가 의원들과 개별적으로 접촉하여 특정 입법안과 정책에 대한 "전략적 제휴"가 가능해야 한다는 것이다.(함성득, 2009, 213쪽) 즉 미국의 경우를 보면 분점정부의 상황에서 대통령과 야당 간의 갈등관계는 곧바로 대립이나 갈등의 심화로 전개되는 경우가 많지 않으며 정치적 문제가 원만히 해결되는 경우를 자주 확인할 수 있는데 이러한 현상에는 대통령의 권력은 헌법적이거나 제도적인 권한이 아니라 설득하는 데 있다고 설명되고 있기 때문이다. 예컨대 대통령이 의회의 반대에 직면했을 때 협상에 의해 반대자를 설득하고 지지를 어느 정도 이끌어낼 수 있느냐 하는 것이 미국 대통령의 힘을 결정한다는 것이다. 따라서 미국 대통령의 권력은 설득을 통한 의회와의 협상 능력에 달려 있다는 것이다. 그러나 이와 같은 상황이 가능한 것은 규율이 약하고 느슨한 조직적 특성을 갖춘 정당체계가 있으므로 가능하다고 할 수 있고, 이러한 환경에서 미국에서의 타협정치는 가능하다

고 할 수 있다.(강원택, 2006, 66~67쪽)

그러나 협상과 협력의 정치문화가 부재한 한국의 정치현실에서 여야 간의 대화를 통한 타협과 절충으로 분점정부의 한계를 극복하기란 쉽지가 않다. 이러한 환경에서 그동안 우리는 역대 정권이 시도한 인위적인 정개개편을 통해 분점정부를 "통합정부"화하려는 시도를 여러 차례 확인하였다. 함성득이 지적하는 바와 같이 이러한 정치문화는 궁극적으로 대통령의 국정운영에 커다란 부담을 주게 되었고, 효율성이 떨어질 수밖에 없는 현실을 만들었다. 따라서 한국에서의 분점정부 상황은 책임의 소재를 불명확하게 하고 대부분의 정치적 이슈를 교착상태로 만들어 실질적인 정책결정의 도출을 어렵게 하는 부정적인 측면이 있다고 하겠다.(함성득, 2009, 213쪽)

한편 이러한 분점정부는 대통령의 선거 주기와 국회의원의 선거주기가 불일치하기 때문에 발생되는 경향이 있다. 현행 헌법은 대통령의 임기 5년과 국회의원의 임기를 4년으로 규정하고 있으므로 대통령은 자신의 임기 동안 최소 2번의 총선거와 1번의 지방선거 그리고 각종 보궐 선거 등을 관리해야 하는 "선거정국의 상시화"로 인해 국정의 불안정과 비효율성을 초래할 뿐만 아니라(정태호, 2007, 55쪽) 대통령의 임기 중에 치러지는 선거는 일반적으로 대통령의 국정운영에 대한 중간평가적인 성격이 강하다고 할 때 분점정부의 출현이 주기적으로 반복될 개연성을 배제할 수 없다. 또한 분점정부의 정치상황에서 정치적 타협과 소통이 결렬되는 원인은 한국의 정당구조가 양당제가 아닌 지역주의에 기초한 다당제를 유지하고 있는 정치적 상황이고, 이러한 정당체계가 대통령제와 결합되어 있으므로 정당 간의 연합은 거의 불가능할 수밖에 없다.(함성득, 2009, 212쪽)

3) 유명무실한 국무총리제 운용의 문제

따라서 우리나라의 정부형태가 순수한 대통령제도 아니고 의원내각제도 아닌 "절충형 대통령제", "변형된 대통령제"로 해석된다면 이것은 궁극적으로 현재의 우리나라의 정부형태가 내각제·이원정부제의 요소를 모두 갖고 있다는 것을 의미한다. 이를 구체적으로 파악하면 우선 내각제의 요소로 국무총리의 임명은 국회의 동의를 요건으로 하고 있고 국무총리는 내각 각료의 임명과 관련하여 임명 제청권을 행사할 수 있으며, 대통령의 명을 받아 국무위원을 임명하거나 해임을 건의할 수 있다. 그리고 내각회의는 국정현안과 관련된 중요정책을 심의하지만 내각회의의 장은 대통령이며, 또한 내각제에서 볼 수 있는 것처럼 국무위원은 국회나 국회의 위원회에 출석하여 국정처리 상황을 보고하거나 의견을 진술하고 질문에 답변해야 하고, 내각 각료에 대한 해임건의안, 대통령의 국법상 행위에 대한 내각 각료의 부서권 및 국회 출석권을 규정하고 있어 내각제적 성격을 반영하고 있으며, 내각각료의 국회의원직 겸직을 허용하게 하는 것도 내각제의 요소라 할 수 있다.

반면에, '이원정부제'의 요소로는 대통령의 국법상 행위에 대해서 국무총리와 관계부처 국무위원은 부서하도록 규정하고 있으며, 국가수반으로서의 대통령과 행정부 수반인 국무총리가 동시에 존재하고, 국무총리는 대통령에 의해 임명되기 때문에 이것은 이원정부제의 요소를 설명하는 부분이다. 그러나 이원정부제와는 달리 우리나라의 국무총리는 국회에 대하여 책임을 지지 않고 오로지 대통령에게만 정치적 책임을 지고 있으므로 엄격한 의미에서의 이원정부제라 할 수 없다.

따라서 현재 우리나라의 헌법에 규정된 대통령－국무총리－국회와의 권력관계를 분석하면 기본적으로 대통령제를 채택하고 있지만 내각제, 이원정부제의 요소를 모두 절충한 '혼합형의 권력구조'라는 사실을 확인할 수 있다. 즉, 내각제의 경우 수상은 의회를 견제할 수 있는 의회해산권이 있지만 우리나라의 국무총리는 단지 대통령의 보좌기관일 뿐 국회를 통제할 수 있는 권한을 갖고 있지 않을 뿐만 아니라 이원정부제의 경우처럼 의회에 대해 정치적 책임을 지는 헌법적 구속력도 없다. 위와 같은 우리나라 권력구조의 특징을 이해한다면 우리는 다음 장에서 우리나라에서 정부형태의 개편이 왜 필요하며, 만일 필요하다면 어떠한 기본원칙을 반영하는 차원에서 개편이 이루어져야 하는지를 논의해 보도록 하겠다.

4. 정부형태 개편의 필요성

1) 대통령과 국무총리의 역할 재정립

대부분의 헌법학자들이 한국 대통령제의 문제점을 헌법규범상 대통령의 우월적 지위를 규정하고 있는 데 있다는 주장을 하지만, 그 보다는 헌법운용의 실제과정에서 나타나는 문제점이 더 크다고 할 수 있다. 왜냐하면 대통령은 헌법상 국가원수의 지위와 행정부의 수반으로서의 지위에서 광범위한 권한을 행사할 수 있으며 실제로 대통령은 대통령 1인에게 집중된 광범위하고 강력한 권한들을 독점적으로 행사하는 과정에서 대통령의 독주나 권위주의적 통치방식에 의한 이른바 '군주적 대통령제'로의 변질을 보여줄 수 있기 때문이다.

이와 같은 군주적 대통령제로의 변질에 대한 우려와 문제점을 극복하는 방안으로 대통령에 귀속된 광범위한 법적 권한을 국무총리와 행정각부의 장에게 일정 부분 위임하여 대통령의 독점적 권한을 어느 정도 분산시키는 국정운용 방안을 고려해 볼 수 있다.(정종섭, 2002, 265쪽 ; 정만희, 2010, 57쪽) 즉 대통령 1인에게 귀속된 광범위한 권한 중에서 대통령은 주로 외교·국방·통일 등과 같은 국가적 차원의 주요 정책 아젠다에 관한 권한을 행사하고 일상적인 내치행정에 관한 권한은 국무총리에게 위임하는 새로운 헌법질서를 운용할 필요성이 있다. 이렇게 되면 국무총리는 이원정부제하에서의 '수상'과 유사한 지위와 권한을 가질 수 있고 대통령의 권력을 분점하거나 분산을 기대할 수 있을 것이다.

예컨대 대통령의 권한 중에서 일상적인 내치행정에 관한 권한을 국무총리에게 위임하게 되면 프랑스형 '이원정부제'와 유사한 권력 분점형 정부형태로 운용할 수 있는 여지가 있으며, "책임총리제"의 운용 가능성을 기대해 볼 수 있을 것이다. 따라서 이처럼 대통령 권한의 분산이 이루어지면 국무총리는 단지 대통령의 보좌기관으로서의 형식적인 역할만을 수행하는 것이 아니라, 행정각부에 대한 통할권 행사를 통해 실질적으로 '행정의 책임성과 효율성'을 갖는 "분권형 대통령제"를 운용할 수 있으리라 생각한다.

2) 대통령 단임제의 문제를 극복하는 4년 중임제의 도입

현행 5년 단임의 대통령 임기제는 대통령의 책임정치와 많은 연관성이 있다. 즉 5년 단임의 대통령 임기제는 대통령뿐만 아니라 한국 정당정치의 '책임정치의 실종'과 많은 관련성이 있다. 예컨대 대통령이 선거공약으로 내세운 주요 국정과제들은 실질적으로 대통령의 임기 5년 동안 끝마칠 수 없는 경우가 있을 수 있다. 대통령의 정치적 신념이 반영된 국정과제일수록 자신의 임기 4~5년 동안 끝낼 수 있는 과제는 현실적으로 불가능하며, 최소 10년 정도는 일관성 있게 추진되어야만 성과를 거둘 수 있기 때문이다.[3] 프랑스의 경우 미테랑(F. Mittérand) 대통령은 1981년 취임 이후 역사적 소명의식을 가지고 1982년 지방분권화 정책을 펼쳤으나 이러한 개혁은 그의 임기 14년이 지나서야 비로소 가시적인 개혁의 성과를 거둘 수 있었다. 반면에 임기가 단임으로 제한돼 있는 대통령일수록 자신이 중시한 국정과제가 자신의 임기 종료와 더불어 실종될 수 있다는 걱정과 국정과제의 연속성을 보장할 수 없는 제도적 한계에 직면하는 경향이 있다. 이와 관련하여 4년 중임제의 미국헌법에서 단임 임기의 대통령제 운동이 여러 차례에 걸쳐 실패한 사례는 시사점이 있다. 예컨대 "단임제는 대통령이 선출될 때부터 권력누수현상을 초래할 수 있고, 국민에 대한 책임성과 대응성을 기대하기 어려우며, 분점정부가 탄생하면 그 기간을 더 연장시켜 버린다"는 주장은 우리나라의 정치현실에서 매우 시사하는 바가 있다.(박상철, 2008, 226쪽) 따라서 현행 5년 단임의 대통령 임기제하에서 대통령은 실질적으로 주어진 임기 5년 이상에 대해서는 선거공약 사항의 규범력과 정치적 책임으로부터 구속받지 않을 수 있고, 국민은 대통령 선출권만 갖고 심판권은 없는 책임추궁과 심판의 대상을 제도적으로 실종시켜버릴 수 있으며, 특히, 단임의 대통령제에서는 대통령과 정당 간의 일체감이 부족하여 대의민주주의 본질인 정당책임정치의 실현을 어렵게 하고 정당체계의 불연속성과 불안정한 구조를 조장할 수 있다.(박상철, 2008, 226쪽)

또한, 한국의 5년 단임의 대통령의 임기는 4년 국회의원의 임기와 불일치되면서 단임제 대통령의 통치기간 동안 분점정부가 빈번히 발생하는 요인과 밀접한 관련성이 있다. 앞에서 설명한 것처럼 비록 분점정부의 출현이 타협의 정치를 촉진시키게 하는 요인이 있다 할지라도 정부정책추진의 효율성 측면에서 볼 때 분점정부의 상황은 여러 가지

---

[3] 프레시안. 검색일, 2010년 11월 11일.

의 차원에서 문제가 있는 것이 사실이다. 또한 분점정부의 상황에서 여소야대의 관계를 전환하기 위하여 인위적으로 시도했던 과거의 정계개편 등의 사례를 유추하면 우리나라에서의 분점정부의 상황은 긍정적인 측면보다는 부정적인 측면이 더 크다고 할 수 있다. 따라서 분점정부의 상황을 억제하기 위하여 대통령의 임기와 국회의원의 임기주기를 일치시킬 필요성이 있다. 비록 이러한 방법이 최적의 대안이 아닐 수도 있지만 두 권력기관의 선출시기를 같은 해에 일치시킨다면 그만큼 분점정부의 발생가능성을 제한할 수 있는 제도적 효과가 있기 때문이다. 2000년 프랑스의 쟈크 시락크(Jacque Chirac) 대통령은 자신의 재임 기간 동안 기존의 대통령의 7년의 임기를 5년으로 줄이는 헌법개정을 단행하여 최종적으로 국민투표에 의하여 확정하였는데, 이러한 배경에는 프랑스의 정치현실에서 근본적으로 '동거정부(Cohabitation)'의 발생가능성을 줄이려 하는 데에 있었다. 프랑스의 경우 그동안 동거정부는 대통령의 임기가 7년이고 하원의 임기가 5년인 상황에서 발생하였다. 대통령의 임기 도중 치러지는 총선거는 종종 대통령에 대한 중간평가의 성격이 있으므로 이러한 결과 대통령의 정파가 의회의 다수파가 되지 못하는 상황에서 동거정부는 발생하였다. 따라서 이를 방지하기 위하여 대통령의 임기를 5년으로 단축하면 대통령선거와 하원의원 선거를 근접한 시점에서 치를 수 있으므로 '동거정부' 발생을 최대한 억제할 수 있는 효과가 있다.(정재황, 2009, 481~482쪽) 따라서 현행 헌법에서 정하고 있는 5년 단임의 대통령의 임기를 4년으로 개정하여 중임을 허용하게 한다면 분점정부 발생의 가능성을 최대한 낮출 수 있고, 책임정치의 실현과 국정운영의 효율성이 제고될 가능성이 있다고 하겠다.

5. 이원정부제로의 개편 방안 모색

1) 정부형태 개혁의 쟁점과 기본방향

앞에서 설명한 것처럼 우리나라의 대통령제는 대통령 1인에 대한 광범위한 권한이 집중되어 있어 '군주적 대통령'이라는 비판을 받아 왔다. 현행 헌법의 체계에서 이와 같은 문제가 지적되는 것은 어쩌면 당연한 사실이다. 따라서 향후 정부형태 개혁 방안을 크게 세 가지의 틀에서 설명하는 것이 가능하다. 첫째, 현행 정부형태의 일부개편을 고려하는 가능성이 있다. 즉 대통령과 국무총리 중심의 정부구조를 유지하는 가운데 대통령의 임기를 4년 중임제로 바꿔 국회의원의 임기와 유리되는 데에 따른 폐단을 해소하며, 대통령에게 국회해산권을 부여하는 대신 국회의 대정부 불신임 동의권을 제도화하는 방안(이윤환, 2003, 22~30쪽)이 있다. 둘째, 국정운영의 "안정성과 효율성 제고"의 측면에서 4년 중임의 정·부통령제를 도입하는 방안이 있다. 4년 중임제를 도입하면 대통령의 재임이 가능하기 때문에 대통령 임기 중의 업적이 재선거를 통해 평가받음으로써 책임정치의 구현이 가능하고 정책의 연속성이 향상된다는 주장이다. 특히 정·부통령제를 도입하면 대통령의 유고나 궐위 시에 국민이 직접 선출한 부통령이 대통령의 권한을 대행하게 됨으로써 국민주권원리에 보다 충실할 수 있다는 입장이다. 또한 정·부통령제를 도입하면 대통령과 출신 지역이나 지지 기반을 달리하는 "부통령 후보"를 지명하여 사회갈등을 해소하고 사회통합이 가능할 수 있다는 장점을 강조하고 있다.(함성득, 2009, 226~227쪽) 마지막으로 현행 한국정부형태의 구조를 급격하게 바꾸지 않는 범위 내에서 개혁방안을 찾아야 한다는 주장이 있다. 따라서 내각제의 요소와 대통령제의 요소를 모두 절충하고 있는 이원정부제로의 개편이 이에 해당된다고 설명할 수 있다.

정리하면 위와 같은 정부형태 개혁안은 모두 주장의 논거와 합리성의 측면에서 일정 부분타당성을 가지고 있다. 그럼에도 불구하고 정부형태를 바꾼다는 것은 국가의 권력구조 개편을 의미하기 때문에 보다 다층적인 차원에서 논의를 정리하여 개편의 기본방향을 설정할 필요성이 있다. 이를 정리하면, 첫째, 우리나라의 정치관행에 대한 충분한 고려를 하면서 이를 제도의 틀 안에서 융합할 수 있는 정부형태로의 개편방향에 무게중심을 두어야 한다. 둘째, 민주적 권력관계의 기본원칙이라 할 수 있는 '견제와 균형'의 메커니즘이 작동될 수 있도록 개편방향을 설정해야 한다. 이러한 맥락에서 우리는 '이원정부제'로의 개혁방안을 제시한다. 이와 같은 주장의 논거로 이원정부제로의 개편은 기존의 권력구조의 틀을 크게 바꾸지 않는 범위 내에서 대통령의 군주적인 권한을 제한할 수 있고 외교·안보·국방 등을 제외한 내치의 권한을 총리에게 부여함으로써 대통령 권한의 균형과 정부운영의 책임성을 확보할 수 있다고 생각하기 때문이다. 또한 이원정부제로의 전환은 새로운 정부형태에 대한 적응을 보다 비교적 쉽게 할 수 있는 장점이 있으므로 시간·경제비용을 최대한 절약할 수 있는 개편안이라 할 수 있다. 이러한 사실을 고려하면서 우리는 다음 장에서 분권형 대통령제[4]로 해석되어지고 있는 이원정부제의 특징을 구체적으로 검토하고, 한국의 정부형태 적용에 대한 유의미성에 대하여 보다 더 구체적으로 논의해보고자 한다.

---

[4] 분권형 대통령제는 이원정부제, 반대통령제 등의 용어로 다양하게 표현되고 있다. 견해에 따라서는 어떠한 용어의 사용이 더 정확한가 하는 점에 대해서 논의가 있을 수 있으나, 분권형 대통령제의 개념은 엄격한 의미에서 집행부가 대통령과 수상의 두 기구로 구성되고 대통령과 내각이 각각 집행에 관한 실질적 권한을 나누어 가지는 권력구조를 설명한다. 이러한 분권형 대통령는 대통령제 요소와 의원내각제의 요소가 혼합되어 있는 혼합형 내지 "절충형" 정부형태라고 볼 수 있다.(전학선, 2010, 268쪽)

2) 권력의 분산과 책임총리제로의 개편

이원정부제는 집행부가 대통령과 내각의 두 기구로 구성되고 대통령과 수상이 국가행정의 집행권한을 나누어 가지는 정부형태이다. 서구 선진국 중에서 가장 대표적으로 이원정부제를 운용하는 국가는 프랑스이다. 한국의 정부형태가 순수내통령제가 아니라 내각제의 요소를 혼합하는 "절충형 대통령제"로 설명된다면 이원정부제를 운용하는 프랑스의 사례는 이와 관련하여 시사점이 있다.

이원정부제의 핵심적인 요소는 다섯 가지로 정리된다.(성낙인, 1999, 70쪽) 첫째, 이원정부제는 의원내각제 요소와 대통령제 요소가 상당 부분 혼재되어 있다. 나라마다 과거에 경험하였던 정부형태의 성격에 따라 이원정부제에 내각제 요소를 더 많이 가미하는 경우도 있고 대통령제의 요소를 더 많이 가미하는 경우도 있지만 프랑스의 경우는 3·4공화국의 내각제의 경험을 바탕으로 집행권을 강화하는 대통령제를 가미하였다. 둘째, 이원정부제의 집행권은 이원적 구조로 되어 있다. 즉 집행권이 대통령과 수상으로 나뉘어 있어 양 기관이 집행 권력을 나누어 행사한다는 점이 특징이다. 셋째, 대통령은 대통령제와 마찬가지로 국민의 직접선거를 통해 선출되며, 내각제와 달리 의회에 대하여 정치적 책임을 지지 않으며 독립되어 있다. 반면에 수상은 의회로부터 정치적 책임을 갖는다. 넷째, 대통령은 의회해산권을 가지며 비상시에 국가긴급권을 발동할 수 있다. 다섯째, 의회는 내각불신임권을 행사할 수 있어 정부를 견제할 수 있다.

이원정부제의 장점은 내각제의 장점을 평상시의 국정운영에 가미할 수 있다는데 있다.(전학선, 2008, 414~415쪽) 즉 의회와 정부의 대립에서 오는 마찰을 피할 수 있으며, 국가의 위기적 상황에서는 대통령이 국정관리를 직접 통치할 수 있으므로 신속하고 안정된 국가경영이 가능하다는 점이다. 단점으로는 대통령이 국가긴급권을 가지고 있으므로 의회와 내각이 이에 대한 견제방안이 약하기 때문에 군주적 대통령으로 회귀할 개연성이 있음을 부정할 수 없다. 또한 대통령이 정국의 위기적 상황을 빙자하여 비상대권을 행사하는 경우 의회의 권한이 축소·제한되어 민주적 정치질서가 실종되는 경우도 있을 수도 있다. 그러나 위의 경우 과거 권위주의체제에서 민주화운동의 성과를 거둔 한국의 정치현실에서 과거의 권위주의의 체제로 회귀한다는 것은 현실적으로 불가능한 사실이라 하겠다.

한편 이원정부제의 대표적인 성격이라 할 수 있는 대통령과 수상의 권한 관계는 이 정부형태를 보다 구체적으로 설명하는 요인이다. 따라서 우리나라 총리의 권한과 프랑스의 수상의 권한을 중심으로 이원정부제의 성격을 구체적으로 정리하면 다음과 같다.

프랑스의 수상은 정부의 구성 및 정부활동을 지휘함에 있어서 실질적인 권한을 가지고 있지만 우리나라의 총리는 일반 국무위원과 별 차이 없이 대통령을 보좌하는 역할만 있을 뿐이다. 따라서 총리의 행정각부에 대한 통솔권은 대통령이 총리에게 어느 정도의 권한을 주느냐에 따라서 달라질 수 있는 권한이다.[5] 프랑스와 우리나라 총리의 기본적인 권한은 이처럼 다르게 규정되어 있기 때문에 우리나라의 총리는 정부를 실질적으로 통할하는 권한이 없다. 즉 우리나라의 총리는 장관 임명제청권이나 부서권을 실질적으로 행사할 수 없으므로 대

---

[5] 프랑스 헌법 제21조 ① 수상은 정부활동을 지휘한다. 수상은 국방을 책임진다. 수상은 법률이 집행되도록 한다. 수상은 제13조에 규정된 유보조건 하에 행정입법권을 행사하고 군·관의 공직을 임명한다. ② 수상은 그 권한의 일부를 장관에게 위임할 수 있다. ③ 수상은 경우에 따라 대통령을 대리하여 제15조의 규정에 의한 위원회를 주재한다. ④ 수상은 예외적으로 대통령을 대리하여 국무회의의 특정 의사일정을 주재하거나, 명시적인 위임이있을 경우에는 회의전체를 주재할 수 있다. 한국헌법 제86조 ② 국무총리는 대통령을 보좌하며, 행정에 관하여 대통령의 명을 받아 행정각부를 통할한다. 제87조 ② 국무위원은 국정에 관하여 대통령을 보좌하며, 국무회의의 구성원으로 국정을 심의한다.(정영조, 2009, 12쪽)

통령의 보좌기관으로서의 한계를 벗어날 수 없다. 이점에서 총리의 권한을 강화하는 책임총리제를 채택한다면 대통령의 보좌기관으로서의 총리 역할의 한계를 극복하고 총리가 보다 적극적으로 정부를 통할할 수 있을 것이다. 예컨대 프랑스의 정부형태를 "분권형 대통령제"로 지칭하는 이유는 대통령과 수상의 권한이 명확히 분리되어 있고 수상은 독자적인 집행권한이 있기 때문에 이러한 설명이 타당하다.[6] 보다 구체적으로 만일 책임총리제를 도입하게 되면 우리나라의 경우 분권형 국정운영의 주요 방향을 다음과 같이 정리할 수 있을 것이다. (윤기석, 2008, 57쪽) 첫째, 집중과 선택의 원칙에 의해 대통령은 국가전략과제에 집중하면서 국정의 효율성과 안정성을 제고한다. 즉 대통령은 외교·국방 및 국정주요전략과제(대통령의 주요 대선공약)에 집중하면서 주요 국정과제를 관리한다. 둘째, 총리를 중심으로 일상적인 국정운영을 강화하면서 국정과제의 구체적인 추진을 점검한다. 이를 위해 부처의 자율성을 확대하고 총리의 정책조정, 결정, 집행 및 사회갈등 조정 기능과 권한을 강화한다. 또한 부처 간 조정과 연계 기능을 강화하기 위해 분야별 책임장관제를 정착시키고 총리 중심의 국정운영을 지원하고 총리를 중심으로 하는 부처와 당정협의체의 기능을 강화한다. 셋째, 당정분리와 당정협의를 통하여 정당의 책임정치를 강화한다. 즉, 대통령은 일상 당무(조직, 공천, 인사)와 당의 의사결정(정치, 원내전략)에 관여하지 않으며 정치와 정책에 있어 당의 의견수렴을 통해 국정관리에 대한 소통의 기능을 향상시키고 국정관리의 책임성을 강화한다.

---

[6] 프랑스의 정부형태는 기본적으로 이원정부제로 통칭되어지지만 정부운영과 관련하여 대통령과 수상의 권한이 명확히 구분되어 있다는 측면에서 분권형 대통령제로 설명되기도 한다.

3) 이원정부제에서의 분점정부 극복 방안

그러나 이원정부제하에서 대통령과 수상은 실질적으로 통치권한을 행사하기 때문에 대통령과 수상의 권한이 서로 충돌하는 경우가 있을 수 있다. 이와 같은 상황을 두고서 혹자는 이를 이원정부제 운용의 가장 큰 문제점으로 지적하고 있다.(전학선, 2008, 416~417쪽) 이러한 상황, 즉 여소야대의 상황을 "동거정부(Cohabitation)"라 지칭한다. 동거정부의 발생원인은 대통령의 선거주기와 의회선거의 주기가 불일치한 상황에서 발생한다고 설명하였다. 즉 이원정부제에서 의회의 다수파에 속한 대통령 후보가 당선이 되는 경우는 대통령과 수상은 같은 정파에 속하고 있으므로 "분권형 대통령제", "책임총리제"로의 정부운영을 할 수 있지만 대통령선거 후 치러지는 의회선거에서 대통령이 속한 정당이 의회의 다수파가 되지 못한 경우는, '여소야대' 즉 '동거정부(Cohabitation)'의 상황이 촉발된다.

동거정부가 발생하면 대통령은 의회 다수파의 지지를 얻고 있는 정당의 대표자를 수상으로 임명을 하게 된다. 이 경우에 대통령과 수상의 관계에서 다음과 같은 상황이 발생할 수 있다.(전학선, 2008, 427~428쪽) 첫째, 내정에 관한 업무는 수상이 통할하기 때문에 대통령은 국방과 외교에 치중하여 국가이익을 위한 업무를 하게 될 것이다. 둘째, 대통령은 수상이 지휘하는 정부 정책에 대하여 자유로이 비판을 할 수 있고 견제를 할 수 있게 된다. 즉 수상에 대한 견제세력으로의 역할을 할 수 있다. 셋째, 대통령은 의회해산권을 가지고 있기 때문에 의회의 역학구도를 바꿀 수 있는 권한은 있지만 이러한 의회해산권의 행사는 의회의 선거주기 조정과 이로 말미암아 대통령이 떠안게 될 정치적 부담이 크기 때문에 쉽게 행사할 수만은 없는 상황이다. 넷째, 동거정부 기간에는 '내각제'의 국정운영이 가능하다. 수상은 의회의 다수파에 의해 지지를 받고 있으므로 의회와 정부는 상호·협력적인 관계에서 정부정책을 조율하고 결정할 수 있다. 다섯째, 대통령과 수상의 관계에서 수상은 대통령을 항상 고려해야만 하는 상황에 직면하게 된다. 수상이 비록 내각을 이끌고 있지만 대통령은 국민들의 직접선거로 선출된 정당성을 가지고 있고, 수상은 대통령이 되려고 하는 야심이 있을 수 있으므로 수상에게 있어서 대통령은 '不可近 不可原'의 관계에 놓여져 있다고 할 것이다.

위와 같은 상황을 고려했을 때 프랑스의 경우 동거정부의 상황에서 국정운영의 어려움이 있을 것으로 예측할 수 있으나 그동안 3차례(1986, 1993, 1997)의 동거정부의 경험 결과 이에 대한 평가는 부정적인 것이 아니라 긍정적인 것으로 조사되고 있다. 그러나 우리나라의 경우 그동안의 분점정부의 경험으로 미루어 볼 때 타협의 정치보다는 의회와 정부와의 마찰과 갈등이 더 크게 나타난 사실이 많았으므로 이를 방지하기 위하여 가령 이원정부제를 채택한다고 한다면 대통령의 선거 주기와 총선의 선거주기를 일치시키는 개혁이 필수적으로 선행되어야 한다고 생각한다. 결국 이원정부제는 대통령-수상 간 권한 관계의 규정, 대통령-의회 선거주기의 조정여부에 따라 의회-정부 두 권력기관 상호 간의 견제와 균형을 동시에 이룰 수 있고 집행권의 안정과 효율성을 확보할 수 있는 정부형태라 생각한다.

6. 소결

우리나라는 1948년 제헌헌법 제정 이후 그동안 모두 9회의 헌법개정을 통해 대통령제-내각제-대통령제의 경험을 치렀다. 이러한 배경에는 독재와 재집권의 논리를 반영하는 개헌이 지속적으로 왜곡·

변질되었기 때문에 가능하였다. 그러나 1987년 6월민주항쟁의 성과로 얻은 1987년 10월 26일 개정 헌법은 '대통령 직선제'와 '5년 단임의 대통령제'를 채택하여 국민의 민주화 요구에 대한 뜨거운 열망에 화답하였다. 그럼에도 불구하고 그 후 환경의 변화에 따라 시민의식과 국민의 정치적 욕구가 변화되어지는 상황에서 이를 수용해야 할 권력구조의 패러다임이 바뀌어야 했으나 1987년 6공화국의 정부형태는 국민의 정치적 · 사회적 요구를 충분히 수용하지 못하는 한계를 보여주었다. 특히 대통령 1인에게 권한이 편중된 권력구조는 정치적 순기능보다는 역기능을 더 많이 보여주어 국민적 의사를 통합하는 과정에서 적지 않은 문제를 불러 일으켰다. 또한 '5년 단임 대통령제'의 정치상황은 빈번한 분점정부의 상황을 초래하여 대통령과 국회의 잦은 대립을 초래하였고 국정운영을 어렵게 하는 등 "정치적 교착 또는 마비상태"를 촉발시키기도 하였다.(함성득, 2009, 204쪽) 이처럼 우리나라 권력구조의 근본적인 문제점은 '군주적 대통령'으로 통칭되어질 만큼 막강한 권한을 갖고 있는 대통령의 권한과 단임으로 정해져 있는 대통령의 임기에 의한 '책임정치'의 실종이 원인일 수 있다. 그러나 한국사회의 시민의식이 시시각각 역동적으로 변화되어 가고 있는 상황에서 이를 수용하여 할 권력구조는 과거의 패러다임 속에 여전히 닫혀 있으므로 정부형태 개혁은 현 시점에서 매우 중요한 과제이다.

따라서 이 글을 정리하는 차원에서 제언을 한다면 그 내용은 다음과 같다. 첫째, 과거 한국 헌법개정의 역사가 권력 연장의 선상과 구체제와의 단절에서 비롯되어진 것이라면 향후 단행될 정부형태의 개혁은 한국민주주의 체제의 수준을 향상시키는 차원에서 깊이 있게 논의되어야 하며, 보다 장기적인 국가운영의 철학적 고민의 결과로 이루어져야 한다고 생각한다. 즉 한반도 통일 이후의 정치상황도 고려하는 긴 호흡으로 논의가 진행되어야 한다고 생각한다. 둘째, 선진국에서 보여준 내각제, 대통령제, 이원정부제 등의 정부형태는 기본적으로 민주주의 이념과 가치를 구현하는 틀 안에서 설계되었고 제도설계는 각국의 정치·역사적 맥락을 통하여 얻은 성과라는 사실에 주목해야 한다. 위와 같은 사실을 충분히 고려하지 않은 상태에서 우리나라에 선진국의 제도를 비판 없이 받아들인다면 이것은 우리의 신체 사이즈에 맞지 않는 옷을 항구적으로 수선·가공해야 하는 국가적 낭비가 초래될 것이기 때문이다. 특히 정부형태 개혁의 추진방식과 관련하여 학계를 비롯하여 시민사회의 의견을 최대한 수렴하여 전 국민적 차원에서 이에 대한 합의가 선행되어야 한다고 생각한다. 과거의 경우처럼 일부 정치권의 밀실 담합에서 합의한 권력구조의 개편은 우리나라 민주주의 수준을 다시 과거로 회귀시키는 퇴보적 결과를 줄 뿐이다. 이 점에서 국가 권력구조의 기본적인 사항은 국민의 기본 권리를 보장하는 것이며, 이와 같은 기본사항을 변경하는 몫은 주권자인 국민의 권리라는 사실을 우리 모두는 인식하여야 한다.

이러한 맥락에서 향후 헌법 개헌의 기본방향은 한국민주주의 수준의 한 단계 높은 정착과 심화를 위하여 대통령 1인에게 권한이 과다하게 편중되어 있는 현재의 권력구조를 지양하고 권력의 분산과 균형을 동시에 도모할 수 있는 "분권형 대통령제"로의 모색이 필요하다고 생각한다.

마지막으로 국가의 대통령을 선출하는 방식도 차제에 개편되어야 한다고 주장한다. 국민의 절대과반수의 지지를 얻지 못하고 선출된 대통령은 국정운영과 관련하여 정치적 정당성을 얻기란 쉽지 않기 때문이다. 민주국가에서 대통령의 권위와 정통성의 뿌리는 국민의 절대과반 수 이상의 지지로부터 기인한다. 결선투표제는 이러한 점에서 대통령의 국민 대표성 및 민주적 정통성을 확보할 수 있는 선거방식이다. 우리나라의 경우는 불행히도 1987년 이후 치러진 선거에서 대통령 후보 중 어느 후보도 국민의 과반 수 이상의 지지를 얻지 못하고 당선되었다.

〈표 1〉 1987년 이후 대통령선거 결과[7]

구분	투표율(%)	당선인	득표율(%)
13대	89.2	노태우	35.9
14대	81.9	김영삼	42.0
15대	80.7	김대중	40.3
16대	70.8	노무현	48.9
17대	63.0	이명박	48.7

〈표 1〉에서 볼 수 있듯이 1987년 선거에서 노태우 후보는 35.9%의 득표율을 얻었고, 1992년의 선거의 경우 김영삼 후보는 42%를 1997년 선거에서는 김대중 후보가 40.3%, 그리고 2002년 노무현 후보 역시 과반수에 못 미치는 48.9%의 득표율로 당선되었고, 최근 2007년 선거에서는 이명박 후보가 48.7%를 얻었다. 이처럼 전체 국민의 절대과반수의 지지를 얻지 못하고 당선된 대통령은 궁극적으로 국민의 정당성 확보라는 측면에서 정통성의 시비를 얻을 수 있다. 또한 이와 같은 결과는 궁극적으로 대통령 권력의 정통성 확보 및 국정수행과 관련된 리더십의 결여를 보여줄 수 있다. 오늘날 민주주의체제를 운영하는 국가 중에서 우리나라처럼 대통령 후보가 국민의 절대과반수 이상의 지지를 얻지 못하고 당선된 사례는 드물다. 강원택의 연구에서도 강조하듯이 민주화 과정이 우리의 경우와 비슷한 남미의 국가들조차도 대통령선거를 결선투표제로 운용하고 있다는 사실은 이와 관련하여 시사점이 있다.(강원택, 1997) 또한 개발도상국인 아프리카의 국가들

---

7) 출처 : 중앙선거관리위원회 역대선거정보시스템 (http://www.nec.go.kr/sinfo/index.html. 검색일 2010년 11월9일), 중앙선거관리위원회보도자료(http://www.nec.go.kr/nec_new2009/nec_html/notice/notice03.jsp?bcSeq=384. 검색일 2010년 11월9일)

조차도 결선투표에 의해 대통령을 선출하고 있는 현실은 우리가 다시 생각해야 할 중요한 과제라 생각한다.[8] 특히 결선투표제는 투표의 참여율을 높이는 효과가 있다는 사실이 이미 여러 연구의 분석결과로 확인되었기 때문에 대통령의 민주적 정당성을 확보할 수 있게 하고 전체 국민의 투표율을 높일 수 있는 대통령선거의 결선투표제의 도입은 우리나라의 민주주의 공고화를 위하여 정부형태 개편과 더불어 마땅히 이루어져야 할 과제라 생각한다.

▣ 참고문헌

강원택, 2004 「한국 대통령제의 문제점과 제도적 대안에 대한 검토 : 통치력 회복과 정치적 책임성 제고를 위한 방안」『한국권력구조의 이해』(진영재 편), 나남출판.

______, 2006 『대통령제, 내각제와 이원정부제』, 인간사랑.

______, 1997 「대통령선거 방식의 제도적 문제점에 대한 연구 : 단순다수대표제와 결선투표제 방식의 비교를 중심으로」『정치학회보』 제31집 제3호.

______, 2006 「대통령선거에서 결선투표제 도입의 정치적 효과」 2006년 한국정치학회 하계학술회의.

김용복, 2003 「권력구조개혁과 국무총리제도 : 문제와 개선방안」『국제정치연구』 제6집 제1호.

김 혁, 2006 「한국사회의 변화와 헌법개정의 필요성」, 한국정치학회 국회용역보고서.

______, 2006 「한국 대통령제의 문제점과 개선방안에 관한 연구」, 한국정치학회 하계학술회의 발표논문집.

김철수, 2007 『헌법학개론』, 박영사.

---

[8] 최근 치러진 아프리카의 코티디브와르 공화국(2010. 11. 27)과 기니공화국(2010. 11. 13)의 대통령선거는 결선투표제로 치러졌다. Le Mond. le 15 et 27 November 2010.

김형성, 2006 「헌법개정의 과제와 전망」, 한국헌법학회 제40회 학술대회, 2006. 3. 24.

권영성, 2008 『헌법학원론』, 법문사.

성낙인, 1999 「프랑스 이원정부제(반대통령제)의 현실과 전망」『헌법학연구』제4집 제2호.

______, 1999 「한국헌법과 이원정부제(반대통령제)」『헌법학연구』제5집 제1호.

______, 2008 『헌법학』, 법문사.

송기춘, 2005 「정부형태와 국가경쟁력－최근의 개헌논의와 관련하여－」『세계헌법연구』제11권 제1호, 2005. 6.

신우철, 2002 「정부형태, 과연 바꾸어야 하는가?－최근 개헌론에 대한 헌법공학적 비판과 대안－」『헌법학연구』제8월 제4호, 2002. 12.

양 건, 2003 「이른바 '제왕적 대통령' 논의에 대한 소고」『세계헌법연구』제8호.

오일환, 2010 「프랑스 이원정부제 권력구조 분석」『국회미래한국헌법위원회』제2권, 2010년 9월.

이윤환, 2003 「한국 정부형태의 권력분산적 개편 가능성에 관한 고찰」『한국동북아 논총』제27집.

윤기석, 2007 「우리나라 권력구조 개편의 함의와 방향」, 충남대학교 사회과학연구소, 가을.

전학선, 2006 「개헌논의와 관련된 정부형태 개정논의」『헌법학연구』제12권 제4호, 2006. 11.

______, 2005 「우리나라 정부형태 개정에 관한 일고찰」,『광운비교법학』제6호.

______, 2007 「프랑스의 국민투표법률을 통한 헌법개정－1962년 11월 6일 국민투표에 의한 법률(loi référendaire)에 관한 결정을 중심으로」『헌법학연구』제13권 제1호, 2007. 3.

______, 2006 「프랑스의 정부형태」『세계헌법연구』제12권 제1호, 2006. 6.

______, 2010 「분권형 대통령 도입을 위한 제언」『국회미래한국헌법위원회』제2권, 2010년 9월.

정영조, 2009 「프랑스 이원정부제 고찰 : 실정법적 구조를 중심으로」『법제통권』제618호.

정종섭, 2002 「한국 대통령제의 성공을 실현하기 위한 운영 모델」『서울대학교법학』43(3).

정재황, 1999 「프랑스 혼합정부제의 원리와 실제에 대한 고찰」『공법연구』제27집

제3호, 1999. 6.

______, 1998 「프랑스에서의 동거정부에 대한 헌법적 일고찰」『공법연구』제27집 제1호, 1998.12.

조정관, 2006 「한국 권력구조의 역사적 평가와 변화의 모색」, 2006년 한국정치학회 하계학술회의.

진영제·최선, 2009 「한국적 권력구조의 기원적 형태 : 대한민국임시정부(1919~1945년)의 헌법개정과 권력구조 변천사 분석」『정치학회보』제43집 제2호.

최대준, 1997 「헌법개정론-정부형태를 중심으로 : 헌법개정의 과제와 전망」, 한국공법학회, 제69회 학술발표회, 1997. 6.

황태연, 2005 「유럽분권형 대통령제에 관한 고찰」『한국정치학회보』제39집 2호.

함성득, 2009 「한국 대통령제의 발전과 권력구조 개편 : 4년 중임 정·부통령제 도입에 관한 소고」『서울대학교 법학』제50권 제3호, 2009. 9.

허 영, 2008 『한국헌법론』, 박영사.

Avril, Pierre, 1994 La Vème République, 2ème éd, Paris : PUF.

Chevallier, Jean Jacque, Carcassonne, Guy et Duhamel, Olivier, 2001 *La Vème République*, 1958-2001, Paris : A. Colin.

Cohendet Maris-Anne, 2002 Droit Constitutionnel, Paris : Montchrestien.

__________________, 2002 "Quel Régime pour la VIème République?", RDP n° spéc. La VIème République?

Colliard, Jean-Claude, 1978 Les Régimes Parlementaires Contemporains, Paris : FNSP.

Duhamel, Olivier, 1988 "Les Logiques Cachées de La Constitution de la Cinquième République" *in La Constitution de La Cinquième, République*, Presses de la FNSP, Paris.

Duhamel, Olivier et Parodi, Jean-Luc, 1988 "A L'épreuve de La Cohabitation" *in La Constitution de la Cinquième République*, Presses de la FNSP, Paris.

Duverger, Maurice, 1980 "A New Political System Model : Semi-Presidential Government", Lijphart.

______________, 1986 *Les Régimes Semi-Présidentiels*, Paris : PUF.

Grunberg, Gérard, 1993 "La deuxième cohabitation", Revue Francaise de Sciences Politiques.

Lijphart, Arend, 1992 *Parliamentary Versus Presidential Government*, Oxford : Oxford University Press.

Linz, Juan, 1994 "Presidential or Parliamentary Demcracy : Does it Make a Difference",
in J.J. Linz and A. Valenzuela(eds), *The Failure of Presidential Democracy*,
Baltimore : The Johns Hopkins University Press.

제2장 정당정치의 민주화와 정당개혁

이정진

1. 서론

한국에서 정당정치가 갖는 함의는 무엇인가? 정당정치의 중요성은 1987년 민주화 이후 점차 강화되고 있다. 정당은 공직선거 후보자 선출을 통해 정치 엘리트를 충원하는 역할을 하고 있으며, 정당 정책을 통해 유권자의 정치적 이해관계를 대변한다. 또한 의정활동의 주요 행위자로서 국회는 정당간 협의를 통해 의사일정을 조정하고 입법 활동을 주도한다. 즉 정당은 유권자와 국회 및 정부를 연결해주는 매개로서 민주화 이후 한국정치의 영역에서 가장 중요한 행위자 중의 하나가 되었다.

그러나 이러한 중요성에도 불구하고 정당정치에 대한 일반 국민들의 여론은 여전히 부정적이다. 국회에서는 정당간 대립과 갈등의 심화로 의정활동이 파행되고 국회가 공전하는 사태가 빈발하고 있으며, 선거 기간에는 정당의 공천 과정을 둘러싼 비리와 금품수수 의혹, 공천의혹 등이 지속적으로 불거지고 있다. 이는 한국정치의 민주화 과정에서 정당의 중요성이 강화되었음에도 불구하고 정당정치의 제도화에는 실패하였으며, 정책 결정이나 공천 등과 관련된 정당내부의 민주화도 아직 진행 중이기 때문이다.[1]

한편 선거 시기마다 되풀이되는 지역주의 투표와 특정 지역에서 유권자들의 절대적인 지지를 받는 지역주의 정당의 문제는 '지역정당체계'로 규정되면서 한국 정당정치의 후진성을 보여주는 사례로 지적되고 있다. 지역정당체계의 가장 큰 문제는 정당과 지지자들의 연계가 정당의 정책적 차별성에 기반하여 형성되지 않고 지역감정이나 지역주의 등의 비합리적 원인에 따라 형성되며, 이러한 정당 지지가 지속된다는 것이다.[2]

이하에서는 지역정당체계가 지속되는 이유를 대중정당화에 실패한 한국 정당정치의 문제로부터 도출하고, 민주화 이후 지속되어온 정당 개혁 노력과 더불어 한국 정당 민주화의 지향점을 모색하고자 한다. 구체적으로는 2002년 제16대 대선을 기점으로 지역주의 선거행태가 약화되고 있다는 논의들을 통해 지역정당체계의 변화 가능성을 살펴볼 것이다. 또한 '정치자금법' 및 정당법 개혁을 통한 정당정치의 개혁 노력과 공천 개혁 움직임을 통해 정당 민주화의 전망 또한 살펴보고자 한다.

---

[1] 민주노동당이나 진보신당과 같이 진성당원의 비율이 높고 당원이 정책 결정이나 후보자 선출 과정에 직접 참여하는 경우도 있다. 그러나 이는 예외적인 사례로 볼 수 있으며, 의회 다수의석을 차지하고 있는 한나라당이나 민주당과 같은 거대 정당의 경우 여전히 당내 민주주의의 부재라는 문제에서 자유롭지 않다.

[2] 지역정당체계의 형성 원인을 설명하는 입장은 크게 다음과 같은 3가지이다.(이정진, 2006, 23~28쪽) 첫째, 정당간 차별성이 없는 한국 정당체계의 특성(서복경, 2002 ; 유창선, 2001), 둘째, 정당에 의한 지역균열의 동원(문용직, 1994 ; 손호철, 1996 ; 이갑윤, 1997 ; 최영진, 2001), 셋째, 유권자의 합리적 선택의 결과(박상훈, 2000 ; 조기숙, 2000), 이 가운데 지역정당체계의 수립 원인을 유권자의 합리적 선택의 결과로 보는 세 번째 입장에서는 지역정당체계가 지역주의 투표행태가 비합리적이라는 주장에 반대한다. 자세한 내용은 2장 참조.

2. 민주화 이후 정당과 정당체계

1) 1987년 민주화와 정당정치의 활성화

한국의 정당정치를 논함에 있어 정당정치가 활성화된 가장 중요한 계기는 1987년 민주화라고 할 수 있다. 민주화 이전 시기 한국의 정치적 상황을 살펴보면 군부 권위주의정권이 지속되면서 절차적 민주주의가 보장되지 않았고 그 결과 정당정치 또한 활성화되지 못했다. 정당정치의 활성화를 위해서는 자유롭고 경쟁적인 선거 제도가 안정적으로 유지되어야 하지만 당시 한국의 정치상황은 그와 같은 형식적이고 절차적 수준에서의 민주화 단계에도 이르지 못했다. 1960년의 4·19혁명, 1980년의 '서울의 봄'과 같이 1987년 민주화 이전에도 민주주의로의 전환을 도모했던 기간이 있었지만 이러한 민주화 시도는 두 차례 모두 군부의 개입에 의해 좌절되었다.[3]

그런 의미에서 1987년 민주화는 한국에서 민주주의 제도가 비록 절차적 수준에서나마 안정적으로 유지될 수 있는 시발점이 되었다. 대통령 직선제 도입으로 1971년 대선 이후 16년 만에 국민이 직접 대통령을 선출할 수 있었으며, 선거 또한 비교적 공정하게 실시되었다. 1987년 12월에 실시된 제13대 대통령선거에서는 민정당, 민주당, 평민당, 공화당의 4개 정당이 참여하여 각각 36.6%, 28.0%, 27.1%, 8.1%를 득표하였다.[4] 대선 과정에서 각 정당은 후보자 선출과 선거운동 등

---

[3] 4·19혁명 이후 수립되었던 장면 정부는 1961년 5·16군부쿠데타로 인해 의원내각제 8개월여 만에 붕괴되었다. 박정희 대통령의 사망으로 민주주의로의 이행이 가능하리라고 기대되었으나 짧은 자유에 대한 기대 또한 전두환 장군과 군부의 개입으로 인해 무산되었다.

[4] 군소후보로서 한국당의 신정일 후보가 마지막까지 선거에 임하였으나 46,650표를 획득하는데 그쳤기 때문에 여기서는 고려 대상에서 제외하였다.

선거 과정에서 정당에게 요구되는 일련의 활동들을 큰 제약 없이 행할 수 있었다.

그러나 민주화 이후 실시된 첫 번째 대통령선거에서 국민들의 열망이었던 후보 단일화를 이루지 못하고 김대중의 탈당과 신당 창당, 대통령선거 출마로 이어진 일련의 상황들은 절차적 민주화에도 불구하고 민주화 주도 세력이 정권을 장악하지 못하는 결과를 초래했다. 당시 후보 단일화 실패의 책임은 양 김씨, 특히 김대중 후보에게 많은 부담으로 작용했으며, 김대중 후보의 경우 선거 실패의 책임을 지고 정치에서 은퇴하기도 하였으나 결국 정계 복귀와 1997년 대선으로 이어지는 정치행보를 보여주었다. 이후 한국의 정당정치는 소위 '3김'이라 불리는 김영삼, 김대중, 김종필을 중심으로 특정 지역의 주민과 정당이 연계되는 지역정당체계가 지속되는 모습을 보인다.

민주화 이후 정당정치의 활성화 과정에서 3김은 가장 중요한 요인이었다고 할 수 있다. 김영삼과 김대중은 한국의 민주화를 대변하는 야당의 거물들로서 민주화 이후에도 대국민 영향력이 가장 큰 정치인들이었다. 이들의 결별은 지역주의 정당구도를 형성하는 계기가 되었으며, 김종필 또한 자신의 지역적 기반을 통해 정치적으로 재기할 수 있었다. 일반적으로 한 사회의 정당체계는 그 사회의 균열구조를 반영하며, 그런 측면에서 민주화 이후 형성된 지역정당체계 또한 당시 한국사회의 갈등구조를 반영하는 측면이 있다. 그러나 지역갈등은 민주화 이후 표출된 다양한 사회적 갈등들, 예를 들면 노사 갈등이나 이념 갈등 등과 비교해서 이후 한국의 정치적 갈등구조를 대표할 만큼 강했던 것은 아니다. 지역정당체계의 형성 과정에는 3김의 정치적 영향력과 그들에 의한 유권자 동원이라는 또 다른 메커니즘이 작용했다.

사회적 균열구조가 정치적으로 반영되는 과정에는 갈등의 존재 외에도 정당에 의한 취사선택의 과정이 포함된다. 샤츠슈나이더(Schattschneider,

1975)가 '편향성(bias)의 동원'이라고 지적했듯이 다양한 갈등 가운데 특정한 갈등만이 정치적으로 반영된다.[5] 우리사회에서 종교 갈등이나 도농 갈등, 남녀간의 성적 갈등 등이 존재함에도 불구하고 정치 영역에서 이러한 갈등을 대변하는 정당이 생성 또는 지속되지 않는다는 것을 보더라도 사회적 갈등의 일부만이 정치적으로 표출됨을 알 수 있다.

한국의 경우 사회적으로는 노사갈등이나 이념 갈등이 존재했음에도 불구하고 민주화 이전 시기에는 이러한 사회적 갈등들이 정치적으로 표출되지 못했다. 이는 당시 군부 권위주의 정권이 사회적 갈등이 정치적으로 표출되는 것을 억압하고 있었기 때문이다. 따라서 민주화 이전 시기에는 반민주세력에 대한 저항과 민주화가 가장 중요한 정치적 과제였으며, 정치적 갈등 또한 민주 대 반민주의 대결로 압축되었다.

1987년 민주화는 기존의 민주 대 반민주 대립이 해소되는 계기가 되었다. 따라서 다양한 사회적 갈등들이 정치 영역에서 자유롭게 표출될 수 있을 것으로 전망되었으나 실제 정치의 장에서는 지역갈등이 가장 중요하고 유일한 갈등축으로 등장했다. 이 과정에서 정당은 갈등의 대변자로, 또 특정 갈등을 통해 유권자를 동원하는 조직으로서 중요한 역할을 담당했다. 이는 지역갈등이 당시 한국사회에 존재하지 않았다는 것이 아니다. 여러 가지 갈등들 가운데 하나였던 지역갈등이 정치적으로 가장 중요하게 등장하게 된 것은 정당과 정치인들의 정치적 선택의 결과라고 볼 수 있다.

---

5) 사르토리(1976, 176쪽)는 모든 사회 균열들이 정치적 세력, 즉 정당의 형성으로 전환되지 않는다는 점을 지적했다. 립셋과 로칸(Lipset and Rokkan, 1967, 112~117쪽) 또한 균열구조가 정당체계로 전환되는 과정에서 결합, 동맹, 연합에 따른 비용과 이득의 문제 등이 중요함을 지적하고 있다.

2) 지역정당체계의 생성

1987년 민주화 이후 한국의 정치구도에서 지역갈등은 가장 중요한 균열축이었으며, 87년 12월 대통령선거 이후 지역균열은 모든 선거에서 유권자들의 투표행태를 규정짓는 가장 중요한 요인으로 자리잡게 되었다.[6] 민주화 이진에는 민주주의 세력 대 반민주주의 세력간의 갈등구조가 지배적이었으나 87년 민주화 이행과정에서 민주대 반민주 균열이 해소되면서 지역균열이 이를 대체하게 된 것이다.

지역정당체계의 형성 과정에는 민주대 반민주 균열구조의 해소와 더불어 정당에 의한 지역 균열의 정치적 동원과정과 선거제도의 변화가 중요한 역할을 수행했다. 당시 여론조사결과를 보면 지역갈등은 한국사회의 다양한 사회적 갈등 가운데 하나였으며, 지역갈등보다 노사갈등이나 도농갈등이 더 심각한 것으로 인식되고 있었다. 그럼에도 정치적 갈등구조가 지역갈등을 중심으로 형성된 것은 김영삼과 김대중을 비롯한 대선 후보들의 정치적 선택의 결과라고 볼 수 있다. 김영삼과 김대중의 경우 권위주의 정권에 대한 투쟁과 저항 과정에서 유사한 정치 역량과 경험을 소유하고 있었기에 두 후보의 차별성을 진보성이나 민주성에서 찾기가 어려웠다. 반면 지역성은 두 후보의 차별성이 분명하게 드러나는 영역으로 김영삼은 부산을 중심으로 한 영남지역, 김대중은 광주를 중심으로 하는 호남 지역을 중요한 정치적 지역 기반으로 가지고 있었다. 따라서 대통령 직선제 수용 이후 12월 대선까지의 그리 길지 않은 기간 동안 지지자들을 동원하고 선거유세를 효과적으로 하기 위해 두 후보는 자신을 지지하는 지역 주민들을

---

[6] 지역정당체계의 생성 시점을 87년이 아니라 71년 대선으로 보는 견해도 있으나 71년 이후 사실상 형식적이고 절차적인 측면에서 자유로운 선거가 실시되지 않았다는 점, 87년 이후 지역 균열에 기초한 정당체계가 형성·유지되었다는 점에서 일반적으로 87년 대선을 지역주의 선거의 시발로 간주하고 있다.

활용했다. 특히 김대중의 경우 광주 지역을 중심으로 하는 호남 유권자들의 높은 지지는 후보 단일화 압력에 굴복하지 않고 대통령선거에 출마할 수 있는 이유를 제공해주었다. 이 과정에서 후보들은 단기간에 지지 집단을 동원할 수 있었으며, 특정 지역에서의 선거 유세 활동을 통해 지역갈등을 정치적으로 동원했다.[7]

한편 1987년 이후 도입되었던 대통령 직선제와 국회의원선거에서의 소선거구제 또한 지역 갈등의 정치적 동원기제를 유지하는 요인 가운데 하나였다. 특히 소선거구제하에서 특정 지역을 지지기반으로 하는 정당의 경우 전국적인 지지를 얻지 못하더라도 특정 지역에서 몰표를 얻음으로써 정당의 유지와 의석 확보가 가능하기 때문에 지역 정당체계를 유지하는 제도적 기반이 되었다. 충청 지역을 기반으로 했던 신민주공화당이나 자유민주연합의 경우가 대표적인 사례라고 할 수 있다.

결국 민주화 이후 형성되었던 지역정당체계는 정치적 균열구조의 변화와 정치적 동원의 결과이며, 선거제도 또한 지역정당체계의 유지에 중요한 영향을 미쳤다고 볼 수 있다. 한편 지역정당체계의 형성 원인에 대해 기존의 연구들은 정치인에 의한 동원 외에 유권자들의 합리적 선택의 결과 혹은 보수독점적인 한국 정당정치의 특성 등에서도 그 원인을 찾고 있다. 기존 연구들의 내용을 정리해보면 크게 다음 세 가지 입장으로 정리할 수 있다.

첫째, 지역정당체계는 정당간 이념적 거리의 차이가 없는 한국 정당체계의 특성에서 비롯되었다는 입장이다.(서복경, 2002 ; 유창선, 2001) 해방 이후 정당체계가 최초로 수립될 당시 한국의 정치 환경은

---

[7] 실제로 13대 대선 당시 김영삼 후보는 부산 해운대에서 김대중 후보는 광주에서 대규모 인파를 동원한 선거유세를 통해 세를 과시했으며, 김종필 후보는 대전·충남 지역 등 자신의 정치적 기반이 되는 지역에서부터 선거유세를 시작했다.

다양한 이념적 스펙트럼을 가진 정치인과 정당이 혼재되어 있는 상태였다. 그러나 미군정 시기와 한국전쟁을 경험하면서 중도 좌파 혹은 좌파를 표방하는 정치 세력은 한국의 정치 지형에서 점차 사라지게 되었다. 1958년 진보당의 해산 이후 한국의 정당체계에서 좌파 세력은 찾아볼 수 없게 되었으며, 권위주의 시기 독재정권에 저항하던 정치인들조치도 이념적 지향은 보수적인 우파 정당에 기반하고 있었다. 따라서 민주−반민주 균열이 해소된 이후 정당들은 스스로를 구분할 수 있는 이념적, 정책적 차별성을 찾을 수 없었다. 지역정당체계는 이러한 한국의 정치적 현실을 반영한 것으로서 정당과 정치인들은 지역주의를 통해 짧은 기간에 차별성을 갖고 유권자들을 동원할 수 있었다고 주장한다.

둘째, 당시 한국사회에 이념이나 계급 균열 등 다양한 사회적 균열이 존재했음에도 불구하고 정당과 정치인들이 선택적으로 지역균열을 동원한 결과 지역정당체계가 수립되었다고 보는 입장이다.(문용직, 1994 ; 손호철, 1996 ; 이갑윤, 1997 ; 이정진, 2006) 필자가 앞에서 주장했던 것처럼 이러한 입장에서는 정도의 차이는 있어도 지역균열의 정치적 동원이 중요한 계기가 되었음을 지적한다. 이러한 입장을 취하는 연구들에서는 1987년 대선과 1988년 총선은 정당의 지역균열에 따른 동원체제가 형성되고 유지되는 계기가 되었다고 본다. 87년 대선에서 김영삼, 김대중, 김종필, 노태우 등 네 후보자들은 자신들의 지지기반이 되는 지역에서의 유세를 통해 지역 유권자들의 지지를 호소하며 지역 갈등을 정치적으로 동원하였다. 다음 해에 실시된 국회의원 선거에서는 민정당, 통일민주당, 평민당, 공화당이라는 4개의 지역정당이 각각 경상북도, 경상남도, 호남지역과 충청 지역에서 높은 득표율을 보였으며, 이 때를 기점으로 특정 지역의 유권자들이 특정 정당을 배타적으로 지지하는 지역정당체계가 완성되었다.

세 번째로 지역정당체계의 형성이 유권자들의 합리적 선택의 결과라고 보는 입장이다.(박상훈, 2002 ; 조기숙, 2000) 이 입장에서는 지역정당체계의 형성은 대안적인 선거 쟁점이 없는 상황에서 유권자들이 나름대로 합리적으로 선택한 투표의 결과라고 본다. 박상훈(2002, 3~6쪽)의 경우 지역주의의 등장을 정당에 의한 동원으로 설명하는 입장을 비판하면서 당시 유권자들에게 지역주의나 지역갈등은 중요한 쟁점이 아니었으며, 단지 주어진 대안들 가운데 최선의 것을 선택한 개인적 행위의 집합적 결과일 뿐이라고 분석한다.

이러한 세 입장은 강조점은 다르지만 한국 정당체계가 지역균열 중심의 정당체계로 발전할 수밖에 없었던 원인으로 다양한 균열구조들이 반영될 수 없는 정치적 환경을 지적하고 있다는 점에서 공통점을 보인다. 결국 지역정당체계의 형성은 이념정당이나 계급정당이 부재한 당시의 협소한 정치적 스펙트럼과 주요 정치인들의 지역균열의 동원, 그리고 지역정당에 유리한 선거제도의 혼합된 결과라고 볼 수 있다.

1987년 대선 이후 지역주의 혹은 지역갈등은 모든 선거 결과에 영향을 미치는 가장 중요한 요인이 되었다. 1987년에 실시되었던 제13대 대통령선거의 경우 민정당의 노태우 후보는 전국 평균 36.6%의 득표율로 대통령에 당선되었으나 대구에서는 70.7%, 경북에서는 66.4%를 득표하는 등 경북지역에서 평균보다 높은 득표율을 보였다. 민주당 김영삼 후보의 경우 부산과 경남에서 각각 56%와 51.3%로 전국 평균 득표율인 28%보다 두 배 이상 많은 득표를 했다. 평민당 김대중 후보의 경우 지역적 지지율 격차가 더욱 크게 벌여졌는데 전국적으로 27.1%를 득표했음에도 광주에서는 94.4%, 전남에서 90.3%, 전북에서 83.5%를 득표했다.

이듬해 실시된 국회의원 선거에서도 이러한 경향은 지속되었다. 평민당은 전국적으로 19.3%를 득표했지만 호남지역에서는 68.2%를 득표했으며, 신민주공화당의 경우 충청지역에서 41.6%를 득표했는데, 이는 15.6%의 전국 득표율의 3배 가까운 득표율이었다. 이 두 정당의 의석 점유율을 살펴보면 두 정당이 특정 지역에서의 지지에 얼마나 의존하는지를 알 수 있다. 평민당의 경우 호남 지역에서 97%의 의석 점유율을 보였으며, 신민주공화당은 충청지역에서 55.6%의 의석을 점유했다. 이는 소선거구제가 지역정당체계를 강화하는 경향이 있음을 보여준다.

3) 2002년 대선과 정당체계의 변화

1987년 대선을 통해 형성된 지역정당체계는 십여 년간 지속되었으며, 대통령선거나 국회의원 선거에서 지역주의는 선거 결과에 영향을 미치는 가장 중요한 변수였다. 또한 매번의 선거 과정에서 지역주의 정서를 부추기는 발언이나 사건이 언론에 회자되는 등 선거 과정에서도 지역주의는 유권자들에게 가장 중요한 변수로 인식되었다. 이처럼 한국의 선거 과정과 선거 결과에 중요한 영향을 미치던 지역주의 변수의 영향력이 약화될 수 있는 가능성은 2002년 실시된 제16대 대통령선거에서 처음 나타났다.

2002년에 실시된 제16대 대통령선거에서는 기존의 선거와 달리 지역주의와 관련된 쟁점이 선거 기간에 표면화되지 않았으며, 이념과 세대라는 새로운 정치적 갈등구조가 표출되었다. 민주당과 한나라당의 대결 구도 또한 지역구도보다는 보수와 안정을 추구하는 한나라당과 개혁을 강조하는 민주당의 경쟁구도로 진행되었다. 그럼에도 불구하고 선거 결과를 보면 호남지역에서 민주당 노무현 후보가 90%를 넘는 압도적인 지지를 받았으며, 한나라당의 이회창 후보 또한 대구 경북 지역에서 70%를 상회하는 득표율을 보였으며, 이는 지역정당체계

가 유지되고 있다는 주장의 근거로 인용된다.[8]

　하지만 민주당 노무현 후보와 한나라당 이회창 후보에 대한 지지는 기존의 김대중 후보나 김영삼 후보에 대한 지지와는 차별성을 보였다. 노무현 후보의 경우 호남을 지지기반으로 하는 민주당 후보임에도 불구하고 부산지역 출신이었으며, 이는 제16대 대선에서 상대적으로 부산 및 경남 지역에서 민주당 표가 늘어난 원인이 되었다. 이회창 후보 또한 영남을 지역기반으로 하는 한나라당 후보지만 충청도 출신이었으며, 그럼에도 불구하고 충청 지역으로의 수도 이전을 주장하는 노무현 후보가 이회창 후보에 비해 더 많은 표를 얻을 수 있었다. 이는 유권자들이 과거와 같이 무조건적인 지역주의 투표를 하지 않는다는 점을 반영한다. 또한 20~30대를 중심으로 한 노무현 후보에 대한 높은 지지율과 50~60대 유권자들 사이에서 이회창 후보 지지율이 높게 나온 점 등은 세대와 이념에 기초한 새로운 정치적 균열의 등장으로 해석될 수 있다.

　제16대 대선에서는 지역 갈등만이 선거에 영향을 미쳤던 기존의 선거와 달리 세대간 갈등이 중요한 갈등축의 하나로 등장했다. 선거가 실시되기 전부터 유권자들을 대상으로 실시되던 여론조사 결과에 따르면 20~30대에서는 노무현 후보 지지율이 60% 이상 높게 나온 반면, 50대 이상 유권자들 사이에서는 이회창 후보 지지율이 높게 나오는 등 세대별로 지지후보가 크게 갈리는 현상을 보여주었다. 특히 30대 유권자들의 경우 민주당 경선 당시부터 노무현 후보에 대한 강한 지지를 바탕으로 '노사모' 등 기존의 선거에서는 볼 수 없었던 온라인과 오프라인이 결합된 지원을 보냈다. 반면 50대 이상 유권자들의 경우

---

8) 민주당 노무현 후보는 광주에서 95.2%, 전남에서 93.4%, 전북에서 91.6%를 득표했다. 이는 제15대 대통령선거에서 김대중 후보가 각각의 지역에서 97.3%, 94.6%, 92.3%를 득표한 것과 비교해서 크게 차이나지 않는 결과이다. 한나라당 이회창 후보의 경우 대구에서 77.8%, 경북에서 73.5%를 득표했다.

보수적인 성향의 이회창 후보 지지율이 노무현 후보 지지율보다 두 배 이상 높게 나오면서 세대 갈등은 16대 대선의 중요한 키워드로 등장했다. 2002년 대선에서 등장한 세대간 갈등구조는 2004년 총선까지 이어지면서 지역균열을 보완하는 새로운 정치적 균열로서의 가능성을 보였다.

<표 1> 16대 대선 연령별 후보 지지도 추이(%)

		2002년								
		11/25	12/2	12/5	12/9	12/12	12/15	12/16	12/17	12/18
노무현	20대	63.4	65.1	58.8	63.2	61.0	58.4	63.3	63.6	62.0
	30대	55.8	55.5	60.8	58.8	58.5	58.3	58.4	56.1	60.2
	40대	45.0	45.2	41.0	41.2	43.9	45.3	39.8	42.7	43.4
	50대이상	35.6	30.0	31.2	35.1	34.2	31.6	34.7	33.2	33.4
이회창	20대	33.1	26.1	31.1	24.8	31.1	29.2	26.0	26.7	31.4
	30대	36.4	36.1	28.9	29.8	31.6	30.0	28.8	31.7	30.7
	40대	48.1	47.9	51.8	50.4	47.0	47.2	51.6	50.8	50.8
	50대이상	59.3	65.5	65.0	60.0	62.8	64.8	62.7	64.6	65.5

출처 : 한국 갤럽조사연구소, 2003, 『제16대 대통령선거 투표행태』, 86~90쪽 그림을 표로 재구성

한편 16대 대선에서 이념 갈등은 세대 갈등과 더불어 새로운 정치적 갈등축을 형성했다. 이전 선거의 경우 김대중 후보에 대한 사상성 검증 등이 제기되곤 했으나 공식적으로 이념대결구도로 이어지지는 않았다. 반면 16대 대선의 경우 민주당의 노무현 후보와 한나라당의 이회창 후보는 대북문제, 대미관계 등에서 대립적인 시각을 드러내며 진보－보수라는 이념 갈등축을 생성했다.

이념 갈등은 세대 갈등과 결합하여 젊은 진보적 유권자 집단과 나이든 보수적 유권자 집단이라는 유권자층의 분리로 이어졌다. 이는 선거 결과에서 진보적인 젊은 유권자층에서의 노무현 후보 지지율 강세와 이회창 후보에 대한 50대 이상 보수적 유권자층의 압도적인 지

지로 나타났다. 20~30대 젊은 층의 경우 이념적으로 진보 성향을 표방한 노무현 후보에 대한 지지율이 높았던 반면 50대 이상 유권자들의 경우 안정을 표방하는 이회창 후보의 지지율이 높았다.

이러한 경향은 17대 총선에서도 지속되었으며, 20~30대 젊은 층의 경우 이념적으로 진보적인 열린우리당과 민주노동당에 대한 지지율이 높았다. 아래 〈표 2〉는 제17대 총선 다음 날 『한겨레신문』과 미디어리서치가 공동으로 조사한 정당지지율을 보여준다. 전반적으로 열린우리당의 지지율이 높은 가운데 45세 이하 응답자의 경우 열린우리당의 지지율이 40% 이상, 민주노동당 지지율이 20% 이상을 차지하고 있는 반면, 한나라당 지지율은 10~20%에 불과한 것을 알 수 있다.

〈표 2〉 17대 총선 연령대별 정당지지율(%)

	한나라당	열린우리당	민주노동당
20~24세	23.2	44.4	21.4
25~29세	16.8	47.7	27.3
30~34세	12.7	48.1	28.0
35~39세	26.6	45.3	21.2
40~44세	21.5	41.6	18.6
45~49세	32.0	36.2	14.9
50~59세	36.9	40.9	8.2
60세 이상	37.5	37.8	5.2

* 여론조사기관 : 한겨레신문과 미디어리서치 공동조사
** 조사일시 : 2004년 4월 16일

이처럼 2002년 대통령선거와 2004년 국회의원 선거를 통해 비록 선거 결과에서는 지역주의가 여전히 지속되고 있지만 이념 갈등과 세대 갈등이 선거 결과에 영향을 미치는 새로운 갈등축으로 등장했음을 알 수 있다. 한편 선거 과정에서 나타났던 많은 변화 현상들에도 불구하고 선거 결과가 기존의 지역주의 투표행태를 여전히 반영하고 있다고 보는 입장에서는 지역주의 선거 구도와 지역정당체계의 지속을 주장한다. 이는 선거 과정에서 나타났던 새로운 쟁점과 보수-진보 대결 구도, 그리고 이념과 세대 균열의 등장을 강조하면서 제16대 대선을 지역정당체계의 변화를 알리는 중대선거로 규정하는 입장과 선거 결과에 대한 해석에서 차별성을 보이는 것이다. 하지만 어떤 입장을 택하더라도 2002년 대선 이후 지역균열이 약화되고 있다는 점은 부인할 수 없을 것이다. 제16대 대선 이후 지역정당체계의 해체, 혹은 재편성은 정당 및 선거 연구에서 지속적인 관심의 대상이었으며, 2007년에 실시된 제17대 대통령선거는 16대 대선에서 발현되었던 지역정당체계의 약화 움직임이 지속될 수 있는지와 관련되어 지역정당체계의 재편을 규정하는 중대선거로서 주목을 받았다.

4) 2007년 대선과 지역정당체계의 약화

2007년의 제17대 대통령선거에서는 한나라당 후보가 호남을 제외한 전국에서 고른 지지를 받아 대통령에 당선됨으로써 지역주의 현상의 약화가 지속되고 있음을 보여주었다. 호남지역에서 정동영 후보에 대한 지지율은 80% 내외로 여전히 높게 나왔으나 이는 제15대 대선에서 김대중 후보가 획득한 95% 내외의 득표율이나 노무현 후보가 16대 대선에서 획득한 90% 이상의 득표율에 비하면 비교적 완화된 수준이었다.[9]

한편 이명박 후보는 전국적으로 30% 이상의 고른 득표를 했으며 서울과 경기 지역에서도 50% 이상의 득표를 하는 등 수도권 지역에서 과반수 득표를 했다. 이러한 선거 결과는 지역적 지지기반에 따른 투표행태가 약화되고 있음을 보여주는 준거라고 볼 수 있다.

---

[9] 정동영 후보는 광주에서 79.6%, 전북에서 81.60%, 전남에서 78.65%로 높은 득표율을 보였으나 그 외의 지역에서는 20%대의 득표율을 넘지 못했다.

<표 3> 주요 정당 대선 후보의 지역별 득표율(%)

	17대 대선[10]			16대 대선			15대 대선		
	이명박 (한나라당)	정동영 (대통합 민주신당)	이회창 (무소속)	노무현 (민주당)	이회창 (한나라당)	권영길 (민노당)	김대중 (국민회의)	이회창 (한나라당)	이인제 (국민신당)
합계	48.7	26.1	15.1	48.9	46.6	3.9	40.3	38.7	19.2
서울	53.2	24.5	11.8	51.3	45.0	3.3	44.9	40.9	12.8
부산	57.9	13.5	19.7	29.9	66.7	3.1	15.3	53.3	29.8
대구	69.4	6.0	18.1	18.7	77.8	3.3	12.5	72.7	13.1
인천	49.2	23.8	15.2	49.8	44.6	5.0	38.5	36.4	23.0
광주	8.6	79.8	3.4	95.2	3.6	1.1	97.3	1.7	0.7
대전	36.3	23.6	28.9	55.1	39.8	4.4	45.0	29.2	24.1
울산	53.9	13.6	17.5	35.3	52.9	11.4	15.4	51.4	26.7
경기	51.9	23.6	13.4	50.7	44.2	4.4	39.3	35.5	23.6
강원	52.0	18.9	17.6	41.5	52.5	5.1	23.8	43.2	30.9
충북	41.6	23.8	23.4	50.4	42.9	5.8	37.4	30.8	29.4
충남	34.3	21.1	33.2	52.2	41.2	5.4	48.3	23.5	26.1
전북	9.0	81.6	3.6	91.6	6.2	1.4	92.3	4.5	2.1
전남	9.2	78.7	3.6	93.4	4.6	1.1	94.6	3.2	1.4
경북	72.6	6.8	13.7	21.7	73.5	4.3	13.7	61.9	21.8
경남	55.0	12.4	21.5	27.1	67.5	5.0	11.0	55.1	31.3
제주	38.7	32.7	15.0	56.1	39.9	3.3	40.5	36.6	20.5

　　지역갈등이 완화되고 있음은 한나라당 경선 과정에서도 확인할 수 있었다. 이명박 후보에 대한 박근혜 후보의 패배는 경북 지역주의의 패배이자 한나라당이 지역정당에서 탈피하여 보수적인 이념정당으로 탈바꿈했음을 보여주는 하나의 지표라고 볼 수 있다. 한나라당의 변화는 2002년 민주당 경선에서 노무현 후보가 당선된 것과 마찬가지의 맥락으로 당시 민주당은 지역정당의 탈피와 전국정당화를 선언하였으며, 광주 경선에서 노무현 후보가 승리하면서 노무현 후보가 대선 후보가 될 수 있었다. 노무현 후보나 이명박 후보 모두 당내의 지역적 역학구도보다 대선에서의 당선 가능성을 일차적으로 고려한 결과로

---

10) 17대 대선의 경우 세 후보의 득표율 합계가 89.9%에 불과한 것은 문국현(5.8%), 권영길(3.0%), 이인제(0.7%), 허경영(0.4%) 등 군소후보들이 10% 정도의 득표를 했기 때문이다. <표 3>에서는 주요 후보들을 중심으로 이전의 선거와 득표율을 비교했기 때문에 군소 후보들의 경우 생략했다.

서 지역적 연계보다는 정당의 승리가 후보 선택의 기준이 되고 있음을 보여준다.

선거 쟁점의 측면에서도 지역주의는 관심 밖의 영역이었으며 "경제"와 "신뢰성"이 대선 논쟁의 중심이었다. 경제 문제는 한나라당에서 선거 초반부터 제기했던 이슈로 국민의 정부와 참여 정부 10년을 "잃어버린 10년"으로 규정하며 경제 대통령, 혹은 CEO 대통령으로서의 이명박 후보의 이미지를 강조했다. 반면 대통합민주신당에서는 이명박 후보의 신뢰성을 문제 삼으면서 BBK 주가 조작문제, 위장전입 문제 등을 지속적으로 제기했으나 여론에서 큰 반향을 일으키지는 못했다.

이러한 선거 분위기는 16대 대선이 "개혁과 안정"이라는 대결구도로 진행되면서 지역주의가 중요한 갈등축으로 부상하지 못했던 것과 마찬가지로 17대 대선에서도 "경제와 신뢰"가 중요한 갈등축이 되었음을 보여주고 있다. 즉 민주화 이후 제15대 대통령선거까지는 지역갈등이 선거의 가장 중요한 갈등축이었으며, 지역주의를 통한 유권자 동원이 주효했으나 16대 대선을 계기로 더 이상 지역주의가 선거의 중요한 쟁점이 되지 않음을 보여준다.[11]

한편 17대 대선의 경우 16대 대선과 같은 이념 갈등이나 세대간 갈등 현상은 두드러지지 않았다. 전 연령대에서 이명박 후보 지지도가 정동영 후보 지지도보다 높게 나왔으며, 부동층 비율도 높았다.

---

[11] 13대 대선에서는 대선 후보들의 대규모 유세를 통한 지역적 세몰이, 14대 대선에서는 호남지역을 배제한 지역연합, 15대 대선에서는 DJP연합과 지역등권론이 중요한 이슈이자 동원 메커니즘이었다.

〈표 4〉 연령별 후보 지지율(%)

	정동영	이명박	권영길	문국현	이회창	모름/무응답
20대 이하	16.4	33.7	2.0	9.4	14.0	22.2
30대	14.8	28.4	4.6	13.4	13.7	24.3
40대	14.7	40.7	2.4	5.5	11.9	23.3
50대 이상	14.7	53.0	1.5	2.1	10.6	17.0

* 5% 이상의 지지율을 얻은 후보만을 대상으로 표 작성
출처 : 코리아리서치센터, 2007. 12. 12 조사

〈표 5〉 연령대별 정당 지지율(%)

	대통합 민주신당	한나라당	민주당	민주노동당	창조한국당	모름/무응답
20대 이하	18.0	45.4	5.9	10.2	5.7	14.4
30대	12.9	39.5	3.7	16.5	8.6	17.9
40대	10.0	50.1	3.4	11.0	4.7	19.8
50대	9.3	57.0	3.9	4.7	3.3	21.0

* 5% 이상의지지율을 얻은 정당만을 대상으로 함
출처 : 코리아리서치센터, 2007. 12. 12 조사

위의 표를 보면 모든 연령층에서 한나라당과 이명박 후보 지지율이 높은 것을 알 수 있다. 16대 대선과 달리 젊은 층, 특히 20대 이하 젊은 층에서의 한나라당 지지율과 이명박 후보의 지지율이 높게 나온 것은 청년실업의 확산 및 비정규직화와 연관된 젊은 층의 보수화 및 정치적 무관심 현상, 2002년 대선과 달리 젊은 층을 결집시킬 수 있는 여당의 선거전략 부재의 결과이다.[12]

연령대별 후보자 선택에서 중요한 점은 연령대가 높을수록 이명박 후보에 투표한 비율이 높다는 것이다. 반면 정동영 후보나 이회창 후보에 대한 유권자의 지지에서 연령의 일관된 효과를 발견하기는 어렵

---

[12] 청년실업의 증대와 비정규직 확산으로 인해 20대 젊은층의 일차적인 관심은 안정적인 직장이 되었다. 이는 2002년 대선 당시 젊은 층의 관심이 월드컵과 미군 철수 등 정치적, 문화적 이슈에 집중되었던 것과 대조적이다.

다. 그러나 연령뿐만 아니라 다른 요인들을 함께 고려한 통계분석 결과 유권자의 연령이 대통령 선택에 독립적인 영향을 미치지는 않은 것으로 나타났다. 따라서 제16대 대선과 달리 제17대 대선에서 세대효과는 많이 약화되었다고 볼 수 있다.

한편 제16대 대선에서 중요한 갈등축으로 부상했던 이념 갈등은 17대 대선에서는 크게 부각되지 않았다. 이는 노무현 정부에 대한 실망감으로 진보 세력에 대한 국민적 지지가 현격히 저하되었기 때문이다. 진보/개혁 세력을 표방하고 당선된 노무현 대통령에 대한 국민적인 실망은 진보세력 전반에 대한 낮은 지지로 이어지면서 16대 대선에서와 같은 진보-보수 대립은 나타나지 않았다. 반면 이회창 후보의 출마로 보수 세력 내부에서 이념 논쟁이 불거졌으며, 진보-보수 갈등축뿐 아니라 보수 세력 내부에서의 "진정한 보수" 문제로 부상하였다. 그 결과 보수진영 내부에서 '강경' 보수와 '온건한' 보수라는 새로운 갈등축이 등장하였다.[13]

아래 표는 유권자의 이념성향을 진보, 중도, 보수로 구분했을 때 이념성향별 후보자 선택의 비율을 나타내고 있다. 〈표 6〉에 따르면 진보적인 유권자의 경우 이명박 후보와 정동영 후보에 대한 지지율에 큰 차이가 없지만, 이념성향이 보수화될수록 이명박 후보에 대한 투표율이 높아짐을 알 수 있다. 즉 중도적인 유권자는 정동영 후보보다 이명박 후보를 2배 정도, 보수적인 유권자는 4배 이상 선택했다.

---

[13] 이회창 후보의 경우 한나라당과 범여권 후보간의 갈등축을 일차적으로 대북정책에서의 차이로 규정하고 있으며, 이명박 후보의 대북정책에 대한 불안감이 출마 동기가 되었음을 밝혔다. 그러나 현 정부의 대북 정책을 보면 실제로 대북정책에 대한 두 후보간 차이점은 크지 않은 것으로 판단된다.

〈표 6〉 유권자의 이념선택과 후보선택

구분	이명박	정동영	이회창
진보	31.2	33.9	4.4
중도	48.7	25.0	7.5
보수	57.6	12.9	15.5

출처 : 박찬욱·김경미·이승민, 2008 참조.

하지만 지역변수를 비롯하여 유권자의 투표결정에 영향을 미치는 다양한 변수들을 함께 고려한 통계분석 결과에서는 이념성향 역시 이전의 대선에 비해 그 영향력이 약화된 것으로 나타난다.

이상의 논의를 통해 1987년 민주화 이후 형성되었던 지역주의 선거구도는 2002년 대선 이후 약화되고 있다고 볼 수 있다. 선거 과정에서 지역갈등이 더 이상 중요한 쟁점으로 부상하지 않을 뿐 아니라 제17대 대선의 경우 선거 결과에서도 지역주의가 큰 변인이었다고 보기 어렵다. 그럼에도 불구하고 정당정치에서 지역주의는 여전히 중요한 영향력을 행사하고 있으며, 국회의원 선거나 지방선거에서 나타나는 호남 지역의 민주당 지지와 영남 지역의 한나라당 지지는 상당 부분 지속되고 있다. 선거 결과 뿐 아니라 일상적인 정당 활동에 있어서도 호남 지역에서의 한나라당, 영남 지역에서의 민주당의 정당 활동은 여전히 저조한 것을 볼 수 있다.

하지만 민주당이나 한나라당 모두 지역정당의 한계를 극복하고자 하는 노력을 지속하고 있으며, 민주노동당이나 진보신당, 창조한국당의 사례와 같이 지역적 지지기반에 근거하지 않은 정당들이 의회에 진출하고 있다는 점은 지역정당체계의 변화 가능성을 보여주고 있다. 2010년 6월에 실시된 지방선거에서 한나라당이 패배한 사례는 지역주의가 더 이상 유일한 변인이 될 수 없음을 보여주었다. 2012년의 대통령선거와 국회의원 선거 결과를 더 두고 봐야 알겠지만 한국의 정치구도에서 지역정당체계의 변화 움직임은 지속될 것으로 예상된다.

3. 정당정치와 정당개혁 논의

1) 대중정당론과 원내정당론

한국 정당정치가 나아가야 할 방향은 무엇인가? 민주회 이후 정낭정치의 중요성이 커지면서 정당들의 고질적인 문제점들에 대한 지적과 그 개선방안에 대한 논의들이 이어지고 있다. 주된 문제점으로 지적된 것은 고비용 정치구조, 중앙당과 소수의 정당 지도부가 좌우하는 공천제도, 정당 운영의 비민주성과 비효율성 등이었다. 그리고 이런 문제들에 앞서 "당원 없는 정당"에 대한 지적이 있었다. 민주노동당이나 진보신당과 같이 당원으로서의 의무와 권리를 행사하는 진성당원 비율이 60%를 넘어 당원이 정당 활동의 중심인 예외적인 사례도 있다. 그러나 그 밖의 정당들은 중앙당 조직이 정당 활동의 중심이며, 지역 정당조직의 경우 과거에는 지구당 위원장, 2004년 이후에는 당원협의회나 지역위원회 위원장을 중심으로 운영되고 있으며 실제로 정당 활동에 당원이 참여할 수 있는 여지는 많지 않다.

이러한 한국 정당의 실상에 대해 정치학자들과 정치인들은 현실을 인정하고 원내정당을 중심으로 한 정당정치를 활성화하자는 입장과 진성당원의 확대를 통한 대중정당의 활성화를 주장하는 입장으로 양분된다. 전자는 원내정당론, 후자는 대중정당론으로 정리되며, 두 입장은 한국 정당정치의 현실에 대한 진단은 일치하나 그 지향점에 대해서는 상반된 처방을 내리고 있다.[14]

대중정당론의 입장에서는 당원의 참여를 통한 정당 운영과 밑으로

---

[14] 대중정당론을 주장하는 대표적인 학자는 최장집(2007 ; 2008 ; 2010), 박찬표(2003), 박상훈(2008) 등으로 진성당원의 확보와 당원 역할의 확대를 주장한다. 반면 원내정당론을 주장하는 대표적인 학자는 정진민, 임성호 등으로 한국의 정당정치가 갖는 한계를 지적하면서 의원의 자율성 확보를 강조한다.

부터의 의견수렴을 강조한다. 대중정당론이 모델로 삼고 있는 것은 유럽식 대중정당이다. 유럽식 대중정당은 산업혁명과 민족국가 수립 과정을 거치면서 형성된 계급, 종교, 지역, 산업의 4가지 사회적 균열을 반영하며(Lipset and Rokkan, 1967), 정당은 당원들의 이익을 추구하는 정책을 마련하고 이를 시행하기 위해 노력한다. 반면 원내정당론은 진성당원이 없는 한국의 정당현실을 지적하면서 정당의 역할이 원외 정당조직이 아니라 원내 정당으로 옮겨져야 함을 주장한다. 원내정당론은 정당 활동이 의회를 중심으로 이루어지고 있는 미국 사례를 모델로 삼고 있다.

대중정당론과 원내정당론의 가장 큰 차이점은 정당 조직과 당원의 역할에 대한 지향점에서 나타난다. 대중정당론의 경우 진성당원을 기반으로 한 정당조직의 활성화를 통해 정치적 참여와 민주주의의 발전을 도모한다. 반면 원내정당론의 경우 현대인의 정치적 무관심과 이로 인한 정당의 쇠퇴를 감안하여 정당조직의 활성화보다는 의회 내에서의 정당 활동을 강조하며, 의회가 정당정치의 중심이 되어야 함을 주장한다.

최근 국회를 중심으로 원내정당화 논의가 활발하게 이루어지고 있다. 당론 등으로 인해 의정활동에서 의원의 자율성이 약화되고 있는 현실을 개선하기 위한 방안으로 의회 외부의 정당조직보다는 원내 정당 활동을 강조하는 원내정당화 논의가 중요하게 받아들여지고 있기 때문이다. 원내정당화의 핵심 내용은 정책 개발, 입법 등 정당의 주요한 업무들은 정당의 원내조직에서 주도적으로 다루도록 하고 정당의 원외조직에서는 후보선출 및 선거운동 지원과 같은 선거관리 업무와 당원관리, 정책홍보, 자금모금 등 주로 정당의 조직 관련 사항만 취급하도록 한다는 것이다.(정진민, 2007) 이 경우 중앙당과 같은 원외 정당조직이 아니라 국회가 정당 활동의 중심이 될 수 있다. 원내정당의 활성화를 위해서는 중앙당 및 원외 정당조직으로부터 의원들의 자율성을 확보하고, 원내에서 소속의원들의 자유로운 의사소통을 거쳐 공론을 형성하고 경쟁 정당들과 정책대결을 벌일 수 있는 환경이 조성되어야 한다.

원내정당론은 한국 정당정치의 문제점을 중앙당과 당대표의 결정에 의원들이 종속됨으로 인해 나타나는 의회활동의 경직성에서 찾는다. 따라서 유권자들의 의사를 탄력적으로 반영하고 원외 정당조직으로부터 자유로운 원내정당의 역할을 강화하고, 의원들의 자율성을 강화함으로써 정당정치의 활성화를 도모한다는 것이다. 원내정당의 역할이 확대되면 당론정치로부터의 탈피를 통해 의원의 독립성과 자율성의 확대를 도모할 수 있다는 장점이 있다.

하지만 원내정당론은 정당의 역할을 축소시키고 당원의 입지를 약화시킨다는 문제점이 있다. 정당의 역할이 선거에서 특정집단의 선호에 부응하는 이념적 정체성과 정책적 비전을 선명하게 제시하고 이를 실현시키기 위해 노력하는 것이라는 대중정당론의 입장(최장집 외, 2007)에서 볼 때 정당간 정책적 절충과 타협을 중시하는 원내정당화 논의는 정당 역할의 축소를 의미한다.

한편 원내정당화는 현역 의원들의 권한과 정치적 입지를 강화하는 반면, 새로운 정치 세력의 등장을 방해한다는 비판이 가능하다. 원내정당제도가 자리잡은 것으로 평가되는 미국의 경우 현역 하원의원의 재선 성공률이 95%에 이른다는 점은 이러한 논의를 반증한다. 또한 의회에서의 활동과 관련하여 원내 교섭단체를 결성한 정당, 혹은 원내에 진출한 정당에게 유리한 반면 원내 진출에 실패한 군소 정당이나 신생정당을 소외시키는 결과를 초래할 수 있다.(이현출, 2004)

따라서 의원의 자율성 강화, 원외 정당조직으로부터의 독립성과 자율성 확보 등 원내정당론의 입장을 수용하기에 앞서 진성당원의 확보

노력을 통한 대중정당의 활성화가 필요하다. 이미 민주노동당이나 진보신당과 같이 진성당원에 기초한 정당이 의회에 진출하였으며, 이들 정당의 경우 의원의 자율성보다 원외 정당조직의 의사 결정을 중요시함에도 불구하고 정책 대안의 제시나 유권자의 의사를 반영함에 있어 기존의 정당들보다 활발한 모습을 보이고 있다.

2) 정치자금 개혁과 지구당 폐지

고비용 정치구조는 한국 정당정치에 대한 비판에서 지속적으로 제기되었던 주제이다. 2004년에 폐지된 지구당은 정당의 기초 조직이면서 고비용 정치를 유발하는 핵심 고리로서 정당개혁을 논의할 때면 항상 거론되고는 했다. 2002년 이후 전개된 지구당 제도의 개선과 폐지 논란은 정치부패를 축소하고 고비용 정치구조를 개선한다는 맥락에서 진행되었으며, 더 넓게 보면 2003년 이후 정치개혁의 일환으로 이루어졌다. 지구당 제도의 개혁과 관련된 논의는 본래 부패고리이자 비민주적 정당 운영의 출발점이라고 할 수 있는 지구당위원장 제도를 개혁하는 방안을 모색하는 것에서 시작되었다. 그러나 위원장 제도를 폐지하고 복수의 위원회 중심으로 운영하자는 논의나 지구당의 운영에 당원의 참여를 활성화하는 방안을 모색하는 등 위원장 1인 체제의 개선을 중심으로 진행되던 지구당 개혁 논의는 2003년 이후 지구당 제도의 폐지 논란으로 바뀌었다. 이하에서는 지구당 폐지와 관련된 법 개정 과정과 그 결과에 따른 문제점을 살펴보고자 한다.

국회의원 선거구 단위로 조직된 지구당은 방만한 운영비와 비민주적인 운영방식으로 인해 고비용 정치구조의 표상으로 인식되어왔다. 지구당의 운영비는 주로 중앙당에서 지명한 지구당 위원장이 책임지고 있었으며, 그 과정에서 정경유착이 발생할 여지가 높았다. 지구당

조직의 운영을 위해서는 사무실 임대료, 직원 월급과 같은 경비 외에 지역에서의 경조사비, 각종 행사 참여 및 진행비용, 조직책 관리 비용 등 상당한 운영비가 요구되었다.(안영배, 2002, 39~40쪽) 필요한 운영비는 주로 지구당 위원장이 마련했는데, 이는 당비를 내는 진성당원의 수가 적어 당비로 지구당을 운영할 수 없었으며, 중앙당에서 국보 보조금의 일부를 시구당에 배정했지만 그 액수가 크지 않아 일부 운영비를 보조하는 정도에 그쳤기 때문이다.

지구당의 운영과 관련하여 당헌이나 당규에서는 지구당 대의원들이 위원장을 선출하도록 하였으나 실제로는 중앙당에서 지구당 위원장을 지명하는 경우가 많았으며, 이로 인해 지구당 위원장의 중앙당에 대한 종속성이 높았다. 현역의원이 있는 지구당의 경우 대체로 현역의원이 지구당 위원장을 맡고 지역구를 관리하였다. 지구당 조직은 운영비를 제공하는 위원장의 개인적인 연고를 중심으로 간부들이 구성되었으며, 비민주적인 운영행태로 인해 비판을 받았다. 평상시에는 당원교육, 민원해결, 여론수렴 등의 기능을 수행하였으며, 선거기간에는 선거운동 사무실로 사용되었다.

이처럼 1962년 정당법 제정 이후 지구당은 정당 구성의 기본 단위로서 중앙당과 함께 정당 조직으로서의 지위를 유지했으며, 정당의 창당과 해산, 입당과 탈당 등에서 중요한 위치를 차지했다. 그러나 지구당 위원장 개인에게 권한이 집중된다는 점과 지구당 운영을 위한 자금 마련 과정에서 정치부패가 발생할 여지가 높다는 점 등으로 인해 제도적 개선의 필요성이 지속적으로 주장되었다.

지구당 제도의 운영과 관련된 정당법 개정은 먼저 유급 사무직원을 제한하는 것으로부터 시작되었다. 2000년에는 지구당에 유급 사무직원을 둘 수 없도록 정당법을 개정하였으나 현실적으로 직원 없이 지구당을 운영하기가 어려워 편법으로 직원을 두어 운영하는 사례가 많아 2002년 2인 이내의 유급 사무직원을 둘 수 있도록 하였다. 지구당 제도와 관련된 두 번째 논의는 2003년 고비용 정치풍토의 개선을 위한 정치개혁 논의의 일환으로 진행되었다. 2003년 11월 국회 정개특위 자문기구로 학계, 법조계, 언론계, 시민사회 대표들로 구성된 "범국민정치개혁협의회"에서 지구당 제도의 폐지가 포합된 정당법 개정안을 제출했다. 이어 2004년 1월 정개특위에서 지구당 폐지에 합의하였으며, 2004년 정당법 개정을 통해 지구당을 폐지하고 정당을 중앙당과 시·도당만으로 구성하도록 하였다.

지구당 폐지를 둘러싼 담론과 폐지 과정을 살펴보면 정당의 기초조직으로서 지구당이 갖는 중요성보다는 정당 효율성 및 투명성 제고의 방향에서 진행되었음을 알 수 있다. 그간 '돈먹는 하마'로 불리면서 대표적인 고비용 저효율 정치의 표상으로 회자되던 지구당의 폐지는 정치자금의 투명성 확보라는 측면에서는 긍정적으로 평가되었다. 하지만 지구당의 폐지로 선거구 단위에서 정당의 정치활동은 축소되었으며, 유권자들의 입장에서도 정당정치에 참여할 수 있는 창구가 없어지는 결과를 초래했다.

2004년 정당법 개정으로 지구당이 폐지된 이후 정당의 구성단위는 중앙당과 시·도당으로 축소되었다. 따라서 그 이하의 지역 수준에서 일반 시민과 접촉할 수 있는 통로가 사라지게 되었다. 지역에 현역의원이 있는 정당의 경우 의원을 통해 지역주민과 소통할 수 있었지만 그 외 정당들은 공식적인 접촉 창구가 없었다.

이후 이러한 폐해를 보완하기 위해 2005년에는 정당법 개정을 통해 지구당 폐지로 인한 공백을 줄이고 지역 수준에서의 정당 활동 활성화를 위해 국회의원 선거 혹은 자치구·시·군, 읍·면·동별로 임의 조직인 당원협의회를 설치할 수 있도록 했다. 하지만 당원협의회는 당원들의 자발적인 정당 활동을 위한 임의조직으로 사무소를 설치할 수 없으며 유급 사무직원도 둘 수 없도록 규정하였다. 이는 과저 지구당 사무실의 운영과정에서 나타났던 고비용 구조가 부활하는 것을 막기 위한 방편이었다. 하지만 사무실과 사무직원 없이 당원협의회나 지역위원회를 운영하고 지역에서 정당 활동을 하는 것은 현실적으로는 어려운 일이다. 따라서 많은 경우 편법으로 사무실을 운영하거나 선거 기간에만 당원협의회가 활성화되는 등 정당활동의 축소라는 결과를 가져왔다.

결국 지구당의 폐지는 정치자금 축소와 효율적인 정당운용이라는 측면을 강조함으로써 민의 수렴과 지역주민과의 소통이라는 대의 민주주의적 측면을 무시한 결과라고 할 수 있다. 정당의 대의 기능을 일정 부분 포기하면서까지 지구당을 폐지하게 된 것은 최근 정당 개혁을 둘러싼 논의의 연장선상에서 이해할 수 있다. 원내정당화로 대표될 수 있는 최근 정당개혁을 둘러싼 일련의 흐름은 유권자들의 정치적 무관심 확대와 더불어 대중정당의 역할이 축소되고 정당 기능은 선거에서의 승리와 의회 활동이 중심이 되어야 한다는 인식과 연결된다. 즉 정당역할의 확대 혹은 활성화가 아닌 정당조직의 축소 및 권한을 통제하는 방향으로 개혁 논의가 이루어지고 있음을 볼 수 있다. 그 이유의 상당 부분은 유권자들의 정당이나 현실정치에 대한 불신에서 비롯되었다는 점에서 일차적으로 정당의 반성이 요구되는 것은 사실이다. 하지만 정당 역할의 축소는 결과적으로 정당을 통해 자신들의 이해관계나 이념을 발현시켜야 할 국민 권한의 축소로 이어지게 된다는 점 또한 지적되어야 할 것이다.

3) 상향식 공천제 논의와 공천개혁

공직선거 후보자 추천, 즉 공천은 정당의 핵심적 기능 가운데 하나이며, 정당의 권력관계와 밀접한 연관이 있다. 당내 민주화가 이루어질 경우 공천 과정 또한 민주적인 방식으로 이루어질 가능성이 큰 반면, 당내 민주화가 이루어지지 않을 경우 후보 공천 방식 또한 비민주적이고 비공개적인 방식으로 진행될 것이다.

우리나라에서 정당에 의한 후보자 공천이 제도적으로 도입된 것은 1954년 제3대 국회의원 선거였다. 당시 자유당에서 처음 도입한 정당 공천제는 이후 당 지도부에 대한 충성도나 후원금 기여 정도에 따라 후보자를 추천함으로써 공천권을 가진 실세들의 영향력을 유지하는 수단으로 사용되었다. 이후 군부정권 시기에는 말할 것도 없고 민주화 이후에도 중앙당에 의한 공천은 여전히 지속되었다.

기존 한국 정당의 공천 방식은 당 총재나 소수의 지도부 등 중앙당에 의한 지명 방식이 주류를 이루었으며, 형식적으로는 상향식 공천제를 천명하는 경우에도 사실상 당 지도부의 의사에 좌우되곤 했다. 정당 공천제가 처음 도입되었던 1954년 국회의원 선거의 경우 자유당은 지역구, 도당, 중앙당의 심사를 거쳐 후보를 추천하는 상향식 방식을 도모하였으나 당 총재의 재가를 받는 과정에서 후보 추천 당락이 바뀌는 등 사실상 당 총재가 공천을 좌우하였다.[15] 이처럼 당 지도부에서 공천을 좌우하는 관행은 제16대 총선에 이르기까지 지속되었다.

시민 사회와 학계는 공천의 비민주성과 불공정성 등에 대해 지속적으로 비판해왔으며, 2000년 이후 정치개혁 논의 과정에서 상향식 공천제 도입의 필요성이 주장되었다. 결국 2002년 대통령선거를 앞두고 민주당에서는 대통령 후보 공천 과정에서 일반 당원과 대의원, 유권자가 참여하는 국민경선제를 도입하였다. 민주당에서 실시한 국민경

---

[15] 당시 공천 방식은 지역구 대의원들이 40점, 도당부에서 20점, 중앙당에서 40점을 기준으로 후보를 심사하여 최고득점자가 후보로 선정되는 것이었으나 실제 공천 과정에서 당 총재인 이승만의 재가를 받지 못할 경우 최고 득점자임에도 공천을 받지 못하는 사례가 발생하였다.(김용호, 2003)

선제는 민주당의 경선 과정에서 노무현 후보의 급부상이라는 예상치 못한 이변을 겪으면서 민주당 후보에 대한 국민적 관심을 촉발시켰으며, 그 결과 한나라당도 국민경선제를 도입하기에 이르렀다. 이후 17대 대통령선거에서는 한나라당의 이명박 후보와 박근혜 후보가 경선과정에서 접전을 벌이는 등 적어도 대통령선거에 있어서는 경선 형식의 상향식 공천제도가 징착되었다고 볼 수 있다.

한편 국회의원 선거의 경우 17대 총선에서 각 정당은 공천을 심사하는 심사위원회의 설치와 국민(참여) 경선의 도입을 당규에 명문화하고 실제 경선을 통해 후보를 선출하는 등 공천 과정에서 당원과 유권자들의 견해를 반영하려는 노력이 이루어졌다. 특히 17대 총선에서 처음으로 국회에 입성한 민주노동당의 경우 당원 직선으로 후보를 선출함으로써 폐쇄적이었던 기존 공천방식과는 다른 차별성을 보여주었다. 한나라당이나 민주당, 열린우리당의 경우에도 여론조사, 국민경선, 당원경선 등 다양한 방식으로 당원과 일반 유권자들의 의사를 반영하려는 노력을 보였다.

하지만 주요 정당의 경우 상향식 공천제도의 도입으로 경선 과정에서의 민주성은 일정 정도 확보되었으나 여전히 제도적 측면에서의 한계를 가지고 있었다. 예컨대 독립된 심사위원회의 구성은 기존의 밀실 공천에 비해 민주화되었다고 볼 수 있으나 심사위원의 임명 과정과 절차에 대한 논란이 지속되고 있다. 경선 결과에 대해서도 운영위원회(한나라당) 및 재심위원회(열린우리당)의 거부권 행사를 가능하게 함으로써 제한을 두었다.

〈표 7〉 17대 총선당시 주요당의 공천제도

	한나라당	민주당	열린우리당	민주노동당
후보 심사	공직후보자 추천심사위원회 (당내인사 8인, 당외인사 7인) 여론조사기관의 조사결과, 득표기반조사, 당무감사 등을 반영한 자격심사를 통해 단수의 후보자 또는 3인 이내의 경선후보자 선정	공직후보자자격심사특별위원회 여론조사 결과 당원과 유권자의 의사가 객관적으로 반영될 수 있는 자료를 참고하여 후보 추천	공직후보자자격심사위원회(당내인사 11인, 당외인사 10인) 서류심사, 면접, 집단토론, 현지조사와 여론조사 등을 수행하여 후보 추천	
공천 과정	심사위원회 심사→공천방식 결정→운영위원회 의결 - 중앙당 운영위원회의 거부권 행사 가능	심사위원회 심사→공천방식 결정→상임중앙위원회 의결 - 상임중앙위원회의 거부권 행사 가능	심사위원회 심사→공천방식 결정→재심위원회 - 중앙당 재심위원회의 무효권 혹은 중앙위원회의 거부권 행사 가능	
후보 자격	피선거권, 당원자격	피선거권, 당원자격	피선거권, 당원자격	피선거권, 당원자격
공천 방식	1. 심사위원회의 후보 추천(비경선) 2. 국민참여 경선(당원 10%+일반유권자 90%)	지구당 상무위원회에서 후보자 선출방식을 결정함 1. 심사위원회의 후보 추천(비경선) 2. 여론조사(당원 혹은 일반유권자) 3. 당원경선 혹은 국민참여 경선(당원 50%, 일반유권자 50%)	후보자 선출 방식은 지구당 상무위원회에서 결정함 1. 심사위원회의 후보 추천(비경선) 2. 국민 경선(일반유권자)	당원 직선으로 선출
선거 인단	2,000명 이내 여성/만 45세 이하 유권자에 50% 할당 타정당 지지자 제외	- 당해 선거구 전체 유권자의 1%이상 - 국민참여경선의 경우 당원 선거인단에 여성 30% 이상, 40세 미만인 자 30%이상 포함	유권자 수의 0.5% 이상 성, 지역, 40세 전후 유권자를 인구비례로 할당 타정당 지지자 제외	
경선 방식	단순다수제	단순다수제	선호투표제 여성가산점(상위 2인에 포함시 득표의 20% 가산)	단순다수제

또한 실제 공천 과정에서도 소위 '전략 공천' 등 비경선 방식으로 후

보를 선출한 사례가 여전히 유지되었다. 가장 많은 후보를 경선 방식으로 선출한 열린우리당이 34%, 한나라당의 경우 10% 정도의 후보만이 경선 방식으로 선출되었으며, 지역구 국회의원후보 대다수는 비경선 방식으로 선출되었다. 따라서 경선 제도를 도입하였다는 점에서는 의의를 찾을 수 있지만 실제 공천 행태에서는 여전히 중앙당과 정당 지도부의 영향력이 유지되었다.

하지만 17대 총선에서 경선제 등 상향식 공천방식을 도입하였던 주요 정당들이 18대 총선에서는 중앙당에서 후보를 공천함으로써 민주주의적 공천 방식이 오히려 후퇴하는 모습을 보였다. 한나라당, 통합민주당, 자유선진당, 친박연대 등 대부분 정당의 경우 공천심사위원회에서 단수의 후보를 추천하여 최고위원회에서 결정하는 방식으로 공천이 이루어졌으며, 그 결과 공천 과정에서의 잡음이나 공천불복 사례들이 다수 발생하였다.

18대 총선 이후 상향식 공천제 부활 요구가 지속되고 있으며, 각 정당에서는 2012년 총선을 앞두고 공천개혁 특위를 구성하여 국민경선의 부활 등 공천제도의 전면적인 개혁을 준비하고 있다. 상향식 공천제는 당원들의 직접 선거, 선거인단에 의한 경선, 여론조사 등의 방식으로 실행할 수 있으며, 민주노동당이나 진보신당의 경우 당원들의 직접 선거로 공직선거 후보자를 선출하고 있다. 선거인단을 구성할 경우 당원과 일반 유권자 비율을 어떻게 정할 것인지에 대한 논의가 필요하며, 여론조사의 경우 여론조사 방식이나 조사 기관, 반영 비율 등에 대한 논의가 필요하다.

한편 경선제도와 같은 후보 공천과정의 개방화와 민주화는 정당 민주주의의 정착에는 도움이 되지만 정당의 정체성을 약화시키는 등 부정적인 결과를 초래할 수도 있다.(전용주, 2005) 첫째, 정당의 이념적 응집력(ideological cohesiveness)과 규율(party discipline)의 약화를 초래할 수 있다. 둘째, 지역당원 혹은 유권자의 참여는 공천 과정에서 중앙당보다 지역 당원이나 유권자의 중요성이 커지는 결과를 가져올 것이고 결과적으로 후보자 중심 정당으로의 이행을 통한 정당의 약화를 초래할 수 있다. 셋째, 정당의 정책통합 기능 약화를 초래할 수 있다. 넷째, 지역구 당원과 유권자들의 영향력이 커지면서 사회적 다수의 이익을 대변하는 정당의 정책 기능이 약화될 수 있다. 다섯째, 정치적 소수에게 불이익을 줄 수 있으며, 여성과 같은 정치적 소수의 경우 경선제도는 불리할 수 있다. 끝으로 후보자에게 많은 정치 자금이 요구된다는 단점이 있다. 경선에 필요한 정치 자금이 요구되며, 참여율이 낮은 경우 매표 등의 불법 행위 가능성도 간과할 수 없다.

공천제도 개혁의 일환으로 진행되는 것 가운데 하나는 여성할당제의 확대 시행이다. 여성할당제는 사회적 불평등 구조를 개선하기 위한 방안의 하나이며, 공천 과정에서 일정 비율을 여성 후보에게 할당함으로써 여성의 정치적 진출을 도모한다. 현재 10% 정도에 불과한 한국의 여성의원 비율을 감안한다면 여성의 정치적 대표성 확대를 위해 여성 할당제를 확대할 필요가 있다.

2008년 총선 결과 선출된 여성 국회의원은 전체 국회의원의 13.7%, 지역구의회의원 선거에서 여성할당제가 적용되기 이전인 2006년 지방선거 결과 선출된 여성 지방의회의원 비율은 광역의회의원이 12%, 기초의회의원이 15%에 불과하다. 현재의 여성의원 비율은 국민의 성비에 비례하여 낮은 수준이지만 그나마도 비례대표 여성 할당제로 인해 가능했다.[16]

---

[16] '공직선거법' 제47조 제3항에서 비례대표 국회의원선거 및 비례대표 지방의회의원선거시 후보자의 50% 이상을 여성에게 할당하도록 규정하고 있다. 구체적으로는 후보자명부 순위 홀수에 여성을 추천하도록 하여 여성후보를 우선 공천하도록 하고 있으며, 비례대표 지방의회의원선거의 경우에는 후보자 등록 신청시 여성후보 추천 비율과 순위를 위반할 경우 등록신청을 받지 않도록 하고 있다(제49

여성의원 비율을 높이기 위해 현행법에서는 국회의원 선거 및 지방 의회의원 선거에서 여성할당제를 명시하고 있지만 국회의원의 경우 비례대표의 경우로 한정되어 있어 한계가 있다.[17] 다만 지방선거의 경우 지역구 의회의원선거에서 여성할당제를 실시함으로써 2010년 지방선거에서 여성의원 비율이 일부 증가되었다.

여성의원 비율의 실질직인 확대를 위해서는 지역구 선거에서 여성 후보자의 공천 비율을 높일 필요가 있다. 현행법에서 국회의원 지역 구에 30%를 여성후보에게 할당하라고 권고하고 있으나 실효성은 떨어지며, 18대 국회의 경우 지역구 여성후보 공천 비율은 여당이었던 통합민주당에서 7.6%, 제1야당인 한나라당에서 7.3%에 불과했다. 권고 사항인 30% 지역구 공천 비율을 지킨 정당은 민주노동당뿐이었다.

여성후보자의 공천 비율을 높이기 위해서는 여성 정치 신인의 발굴과 여성 할당제의 확대, 당 우세 지역에 대한 여성 후보 공천 등의 노력이 필요하며, 지역구 국회의원 후보의 30% 여성 할당제를 권고사항이 아니라 의무 조항으로 두는 방안이 거론되고 있다.

4. 결론

대의제 민주주의 국가에서 정당은 국민을 대표하여 국가의 정책을 결정하고 법을 만드는 과정에 참여하는 중요한 행위자이다. 경제성장

조 제8항), 비례대표 국회의원의 경우에는 이러한 강제 조항이 없음에도 불구하고 정당보조금 배분시 가산점을 받을 수 있으며, 후보자의 경쟁력을 필요로 하는 지역구의 부담이 없어 여성 의원 할당 비율을 대체로 지키고 있다.

[17] '공직선거법' 제47조 제4항에서 지역구 국회의원선거에서 여성후보를 30% 이상 할당하도록 권고하고 있지만, 이는 강제성이 없는 권고조항으로 "여성을 추천하도록 노력해야 한다"는 내용이다.

에 따른 계급 정당의 몰락과 정치적 무관심 증대로 인한 당원 감소, 정당간 정책 차별성 축소 등은 현대 정당정치의 위기라는 지적을 받고 있다. 또한 인터넷이나 모바일 등을 이용한 온라인 정치의 활성화는 직접 민주주의의 부활로 이어질 것이며, 이러한 움직임으로 인해 정당의 역할이 축소될 것이라는 전망도 있다. 하지만 이러한 시대적 변화에 정당은 비교적 잘 적응하며 생존해왔다.

한국의 경우 정당정치의 역사가 길지 않을 뿐 아니라 실제 정당정치의 활성화는 민주화 이후에야 가능했기 때문에 자본주의의 발전 과정에서 정당이 변화, 발전해왔던 서구에 비해 많은 과제를 가지고 있다. 당내 민주화를 통한 정책 및 의사 결정과정의 민주성과 개방성 확대, 공정하고 민주적인 공천 제도의 확립 등이 그것이다. 또한 민주화 이후 선거 때마다 지적되어왔던 지역주의 정치로부터 벗어나 정책정당으로 거듭나는 것도 주요 정당들의 과제이다.

과거 우리 정당들은 계파간 갈등의 지속, 당원 및 유권자와의 소통 부족, 밀실공천과 그 결과로 나타나는 공천 헌금 문제 등 정당 민주화와는 거리가 먼 행태를 보여주었다. 진성당원의 부족과 지구당 폐지로 인한 지역에서의 정당 활동 위축은 정당정치의 활성화나 풀뿌리 정당정치를 어렵게 만들고 있다.

하지만 2002년 대통령선거 이후 선거 과정에서 지역주의의 영향력이 축소되고 있으며, 공천제도의 개혁을 위한 노력 또한 지속되는 등 한국 정당정치의 미래는 어둡지만은 않다. 법·제도의 측면에서도 2004년 '정치자금법', '공직선거법', '정당법'의 개정을 통해 기존의 돈 선거 및 정치부패가 상당 부분 개선된 것으로 평가받고 있다. 정당에게 요구되는 것은 이러한 개선 노력을 지속하는 것이다. 17대 총선에서 도입되었던 상향식 공천제도가 18대 총선에서 중앙당에 의한 공천으로 회귀했던 사례에서처럼 지속적인 개혁 의지와 개선 노력이 없다면 정당 민주화는 진척되지 않을 것이다.

◼ 참고문헌

강원택, 2003 『한국의 선서성치』.

김세균 편, 2003 『16대 대선의 선거 과정과 의의』, 서울대학교 출판부.

김영태, 2004 「17대 국회의원선거의 공천제도와 공천과정 : 지역구 후보공천을 중심으로」 『한국정당학회보』 3권 2호.

김용호, 2005 「최근 한국정당의 개혁조치에 대한 평가」 『한국정당학회보』 제7권 1호.

______, 2003 「한국정당의 국회의원 공천제도 : 지속과 변화」 『의정연구』 제9권 제1호.

김정기, 2004 「정당공천제도와 정당약화」 『한국정당학회보』 3권 1호.

박찬욱 · 김경미 · 이승민, 2008 「제17대 대통령선거에서 유권자의 사회경제적 특성과 이념정향이 후보선택에 미친 영향」, 한국대학교 정치학과 BK21사업단 주최 한국정치포럼 발표논문.

박명호, 2004 「개정 정당법의 검토 : 지구당과 당내경선제의 보완을 중심으로」 『헌법학연구』 제10권 제2호.

박상훈, 2009 『만들어진 현실 : 한국의 지역주의, 무엇이 문제이고, 무엇이 문제가 아닌가』, 후마니타스.

______, 2008 「한국은 진보정당 있는 민주주의로 갈 수 있을까」 『노동사회』 통권 제132호.

______, 2002 「한국 지역정당체제의 등장에 관한 탈지역주의적 설명모델의 모색」, 한국세계지역학회 춘계 정기학술회의 논문집.

______, 2000 「한국지역정당체제의 미시적 기초에 관한 연구」, 2000년도 한국정치학회 연례학술회의.

박찬표, 2003 「한국 정당민주화론의 반성적 성찰 : 정당민주화인가 탈정당인가」 『사회과학연구』 11집, 서강대학교.

오승용, 2005 「정치관계법 개혁의 성격과 내용」 『21세기 정치학회보』, 제15집 1호.

이상헌, 2007 「공천유형에 따른 후보자의 본선경쟁력과 의정활동에 관한 연구 :

제17대 총선을 대상으로」, 서강대학교 석사학위논문.

이정진, 2006 「한국 지역정당체계의 재편」, 성균관대학교 박사학위논문.

이현출, 2005 「정당개혁과 지구당 폐지」『한국정당학회보』제4권 1호.

전용주, 2005 「후보공천과정의 민주화와 그 정치적 결과에 관한 연구 : 제17대 국회의원 선거를 중심으로」『한국정치학회보』39집 2호.

정상호, 2007 「노무현 정부 평가 : '잃어버린 10년' 담론의 정치학적 해석」, 2007. 11. 23. 한국선거학회 연례학술회의 '제17대 대통령선거와 정치지형의 변화' 자료집.

정진민, 2009 「원내정당론을 둘러싼 오해들에 대한 정리」『한국정치연구』제18집 제1호.

______, 2007 「민주화 이후의 정치제도 : 원내정당화를 중심으로」『국가전략』제13권 제2호.

______, 2004 「17대 국회의원선거에서의 상향식 공천제도와 예비후보 등록제」『한국정당학회보』3권 2호.

조재현, 2006 「정당공천의 민주화와 투명성 제고방안에 대한 재조명」『한국부패학회보』11집 2호.

최장집, 2010 『민주화 이후의 민주주의』, 후마니타스.

______, 2008 『한국민주주의 무엇이 문제인가』, 생각의 나무.

______, 2007 『어떤 민주주의인가』, 후마니타스.

중앙선거관리위원회 홈페이지 (www.nec.go.kr)

통계청, 2007 『경제활동인구 부가조사』.

한국갤럽조사연구소, 2003 『제16대 대통령선거투표행태』.

코리아리서치/『동아일보』선거여론조사.

Lipset, Saymour M. and Stein Rokkan, 1967 *Party Systems and Voter Alignment : Cross-National Perspective*, Free Press.

Mair, Peter, 1997 *Party System Change : Approaches and Interpretations*, New York : Oxford University Press.

Schattschneider, E.E., 1975 *The Semisovereign People*, Thomson Learning Inc.

제3장 선거제도 개혁과 정당정치의 공고화

고선규

1. 시작하면서

한국정치에서 선거제도 개혁에 관한 논의가 지속적으로 제기되고 있다. 대통령을 비롯한 정치권의 문제제기는 선거제도 개혁의 필요성에 대한 공감대를 확산시키고 있다. 김대중 정부 이후 지역정당구조 타파를 위한 선거제도 개선 요구는 기회가 있을 때마다 제기되어 왔다. 노무현 정부에서도 지역주의 극복을 위한 선거제도 개혁이 주요한 정치의제로 제기되었다. 현정부에 들어와서도 이명박 대통령이 2009년 8·15경축사를 통해 지역주의에 기반을 둔 정당정치의 타파를 위해 선거제도를 개선할 필요성을 지적하였다. 대통령의 지속적인 문제제기는 물론 한나라당이 선거제도 개혁에 적극적으로 나서고 있다는 점은 긍정적인 변화라고 볼 수 있다. 더구나 선거제도 개혁에 공감하는 여론이 고조되어 있다는 측면에서 선거제도 개혁을 위한 정치적 분위기는 조성되어 있다고 볼 수 있을 것이다.

과거 한국정치에서 선거제도는 여당의 정치적 의도에 따라 자의적 변화를 거듭하여왔다. 대통령선거제도 뿐만 아니라 국회의원선거제도도 여러 차례 변화하여 왔다. 국회의원선거제도는 1948년에 실시된 최초선거에서는 소선거구제가 도입되었다. 그러나 1973년부터 중선거구제로 변경되었다. 1987년 민주화운동 이후 1988년부터는 다시 소선거구제로 다시 환원되어 현재에 이르고 있다. 선거구제 뿐만 아니라 의석수는 거의 매번 변화했다. 이러한 변화 속에서 선거제도 개정은 정치적 대립과 갈등의 원천이 되기도 하였다.

더구나 1980년대 중반이후 한국정치가 지역주의를 대립 축으로 전개되면서 소선구제는 정치 갈등과 사회적 분열을 증폭시키게 되었다. 이러한 결과는 선거가 정치통합과 사회적 갈등을 해결하는 기능을 제대로 수행하지 못하게 만들었다. 더구나 사회가 다원화되어가고 유권자의 이해관계가 중층적으로 표출되고 있음에도 불구하고 현재의 선거제도의 이러한 변화를 담아내지 못하고 있다. 정치사회적 변화와 선거제도와의 괴리는 선거제도 개혁에 대한 다양한 압력으로 작용하고 있다. 앞으로 어떠한 방향으로 선거제도 개혁을 진행할 것인가는 한국정치의 중요한 과제 중의 하나이다.

그러므로 본고에서는 선거제도 개혁의 목표설정을 지역정당구조 타파를 위한 선거제도 개선방안에 분석 초점을 두게 될 것이다. 특히, 선거제도와 정당체계간의 상호관계에 주목하여 어떠한 선거제도가 경쟁적 정당구도, 정당정치의 기반 강화 그리고 민주주의 발전에 도움이 될 것인가를 논의하게 될 것이다. 기존의 선거제도 개혁에 대한 다양한 논의와의 중복을 피하고 제도개선의 대안을 확장한다는 측면에서 비례대표제의 확대와 소선거구와 비례대표구 중복입후보제도를 중심으로 논의를 전개하고자 한다.

2. 국회의원 선거제도의 변화와 문제점

우리나라는 해방 이후 군정이 실시된 이래 60여 년간 국회의원 선거제도에 있어서 많은 변화를 경험하였다. 우리나라 최초의 국회의원 관련 선거법은 1947년 8월 12일 남조선과도입법의원에서 통과되고 미군정장관에 의해 9월 3일 공포된 '입법의원선거법'으로 한 선거구에서 1인을 선출하는 소선구제의 골격을 마련하였다. 이는 1948년 3월 17일 군정법령 제175호로 공포된 '국회의원선거법'에도 그대로 포함되었다. 이후 국회의원 선거제도는 정권 창출과 장기집권을 위한 정치적 방편으로 이용되면서 다양한 변화를 경험하게 되었다. 선거제도 변천에서 주요한 변화를 살펴보기로 하자.

〈표 1〉 한국 국회의원 선거제도의 변화

년도	유형	의원 정수	비고
1948	소선거구	200	단원제, 1구 1인(단순다수대표제), 1958년에는 233석으로 증가
1960	소선거구	233	양원제(민의원-233명, 소선구제, 단순다수대표제 ; 참의원-58명, 대선거구제, 제한연기투표제)
1963	소선거구	175	지역구 131석, 비례대표제 44석, 무소속 출마 금지
1973	중선거구	219	1구 2인제의 직접선거 146명, 전체 의석의 3분의 1은 대통령 추천 후 간접선거로 통일주체국민회의에서 선출
1981	중선거구	276	전체 의석의 3분의 2는 1구 2인의 지역구 184석, 3분의 1인 92석은 비례대표제 전국구에서 선출(의석비율배분)
1988	소선거구	299	지역구 224석, 비례대표제 75석(의석비율배분) 제1당의 의석수가 과반수에 미치지 못하는 경우, 제1당에 2분의1을 우선 배분
1992	소선거구	299	지역구 237석, 비례대표제 62석(의석비율배분) 유효득표의 3%이상을 얻는 정당에 1석 우선 배분
1996	소선거구	299	지역구 253석, 비례대표제 46석(득표비율배분) 지역구 5석, 유효투표 5%이상 정당에 유효득표율에 따라 배분
2000	소선거구	273	지역구 227석, 비례대표제 46석(득표비율배분)
2004	소선거구	299	지역구 243석, 비례대표제 56석(득표비율배분) 1인 2표제, 정당투표 비율에 따라 의석배분
2008	소선거구	299	지역구 245석, 비례대표제 54석(득표비율배분)

출처 : 중앙선거관리위원회, 2008.

우선, 1960년 4·19혁명 이후에는 양원제가 도입되어 민의원은 소선거구제, 참의원은 대선거구제가 도입되었다. 다시 1963년에는 단원제로 복귀하면서 소선거구제로 변화하였다. 그리고 이때부터 비례대표형태의 전국구제가 도입되었다. 10년 뒤인 1973년에는 한 선거구에서 2인을 선출하는 중선거구제가 채택되었다. 비례대표인 전국구는 대통령이 임명하는 방식으로 변화하였다. 1980년에는 2인 선출의 중선거구제가 유지되면서 비례대표제는 전국구제가 유지되었다. 1963년부터 도입된 전국구비례대표제도는 제1당인 여당에게 의석이 과잉 배분되는 효과를 가져왔다. 1987년 민주화 이후 국회의원선거제도는 다시 소선거구제로 환원되어 현재까지 유지되고 있다.

이러한 선거제도 자체의 변화 이외에도 한국 국회의원 선거제도는 국회의원선거 때마다 조금씩 변화하여 왔다. 〈표 1〉은 1948년 이후 국회의원 선거제도의 변화 내용을 나타내 주고 있다. 한국의 국회의원 선거제도는 선거가 실시될 때 마다 거의 매번 변화했음을 알 수 있다. 의원정수는 물론 비례대표 선출방법 등도 선거 때마다 변화하였다. 선거에 따라 무소속 후보자의 출마가 제한되기도 하였다. 1963년부터 1971년까지 국회의원 선거에서는 무소속후보자의 입후보는 금지되었다. 하지만 1973년 국회의원 선거부터 다시 허용되었다.

비례대표선거구의 의석배분방법에서도 다양한 변화가 있었다. 1963년 국회의원 선거에서 처음으로 전국구 형태로 비례대표의석이 신설되었다. 전체의석 175석 중에서 소선거구에서 131명, 전국구에서 44명을 선출하였다. 소선거구와 비례대표구 의석비율은 75% 대 25%로 구성되었다. 비례대표구 의석은 제1당의 득표비율이 100분의 50 이상일 때에는 각 정당의 득표율에 따라 배분하였다. 다만 제1당에 배분되는 의석수는 전국구 의원 정수의 3분의 2를 초과하지 못하게 하였다. 제1당의 득표비율이 100분의 50미만일 경우에는 제1당에 2분의 1을 배분하고 나머지는 제2당 이하의 득표율에 따라 배분하도록 하였다. 결국 이러한 비례대표구 의석배분방식은 제1당에게 2분의 1 이상 3분의 2 미만을 보장하였다.

그리고 제2당에게는 제1당 배분 후 나머지의 3분의 2 이상을 보장하였다. 이러한 비례대표구 의석배분방식은 여당에게 유리한 방법으로 배분되었다. 그리고 제1야당에게도 어느 정도의 기득권은 인정되는 형태로 도입되었다고 볼 수 있다. 비례대표구 의석 배분의 기준은 득표율이 아니라 의석비율로 결정되어 제1당에게 더욱 더 유리하게 작용하였다.

1973년에는 한 선거구에서 2인의 후보자를 선출하는 중선거구제가 도입되었다. 1970년에 접어들어 제1야당의 득표율이 여당의 득표율을 위협하게 되면서 비례대표구 의석 배분은 대통령이 추천한 후 통일주체국민회의에서 선출하게 되었다. 이는 실질적으로 대통령이 국회의원의 3분의 1을 임명하는 형태가 되었다. 1981년에는 제1당에게 비례대표 의석인 전국구의석의 3분의 2를 우선 배정하고 나머지 의석은 의석율에 따라 배분하게 되었다. 의석율에 따른 비례대표의석 배분은 1992년까지 지속되었고 1996년부터 유효득표율에 따라 배분하기 시작하였다. 2004년 국회의원 선거에서는 1인 2표제가 실시되어 비례대표 선거에서는 정당명을 기재하게 되었고 정당득표비율에 따라 의석이 배분되었다.

소선거구제는 과도입법의원에 의해 처음 도입되어 1973년 1구 2인제가 도입될 때까지 그 골격이 사용되었는데, 그 기간 동안에 인구변화에 따른 선거구의 조정과 의원정수에서 변화가 있었다. 1948년 이후 '국회의원선거법'에 따르면 인구 10만을 기본단위로 하였고, 4·19 이후에는 15만으로 하였으며, 다시 5·16 이후에는 20만을 기본단위로 하였으며 행정구역, 지역, 교통, 기타의 조건을 고려하여 선거구의 인구가 대등하게 되도록 하는 것으로 개정되었다. 그러나 1973년의 유신헌법에 근거를 둔 제4공화국과 1981년의 제5공화국 시절에는 1구 2인을 선출하는 중선거구제를 채택하면서 선거구의 정의에서 인구수 자체가 빠지게 되었다.(심지연·김지연, 2001)

그러나 다시 1988년 이후 소선거구제가 도입되면서 도시-농촌간 인구격차는 심각한 문제로 대두되었다. 1995년 선거구획정 당시에는 국회의원 선거구 인구편차가 8.8대 1까지 확대된 점을 보더라도 한국 선거에서 인구격차 즉 표의 등가성 문제는 선거 민주주의 기본원리를 훼손하는 요인으로 작용하였다.

한국의 국회의원 선거제도에서 국회의원 수는 법에 의해 제한되고 있으므로 299명이라는 틀 속에서 소선거구와 비례대표구의 정원이 조정되는 형태로 선거 때마다 변화가 나타났다. 도시화의 진전에 따라 도시지역으로 인구집중이 심화되면서 소선거구 수가 증가하게 되었다. 소선거구의 증가는 결국 비례대표구의 정원 축소로 귀결되고 말았다. 선거구 정원 조정은 정치적인 이유로 비례대표구의 정원 축소라는 비교적 손쉬운 선택으로 결론이 지어지고 말았다.

한국의 국회의원 선거제도는 소선거구제의 시기가 대부분이라고 말해도 과언이 아니다. 1948년 이후 2008년까지 18회의 국회의원선거가 실시되었다. 이 중 1973년에서 1985년까지 4번의 선거가 중선거구제로 실시되었으며 나머지는 소선거구제 형태로 치러졌다. 이렇게 소선거구제도가 오랫동안 지속된 이유는 여당 뿐만 아니라 제1야당에게도 이 제도가 유리하기 때문이라고 분석되고 있다.(문용직, 1995) 즉 한국의 국회의원 선거가 양당제 형태로 치루어지면서 여당과 야당 모두에게 유리하게 작용하기 때문이다. 〈표 2〉와 〈표 3〉을 살펴보면, 여당은 득표율보다 많은 의석수를 확보하고 있음을 알 수 있다. 제1 야당의 경우는 득표율보다 크게 손해를 보고 있지는 않다.

〈표 2〉 한국 국회의원 선거의 정당별 득표율(%)

	1948	1950	1954	1958	1960	1963	1967	1971	1973	1978	1981	1985	1988	1992	1996
여당	26.1	9.7	36.8	42.1	41.7	33.5	50.6	47.8	38.	31.7	35.6	35.3	33.4	28.	34.5
제1야당	13.5	9.8	7.9	34.0	2.7	20.1	32.7	44.4	32.5	32.8	21.6	29.3	23.8	29.2	25.3
제2야당	9.6	6.8	2.6	0.6	6.0	13.6	3.6	4.0	10.2	7.4	13.3	19.7	19.3	17.4	16.2
기타정당	10.5	10.8	4.8	1.6	2.8	32.8	12.1	3.8			18.8	12.5	18.7	3.4	12.2
무소속	40.3	62.9	47.9	21.7	46.8				18.6	28.1	10.7	3.2	4.8	11.5	11.8

〈표 3〉 한국 국회의원 선거의 정당별 의석율(%)

	1948	1950	1954	1958	1960	1963	1967	1971	1973	1978	1981	1985	1988	1992	1996
여당	27.5	11.4	56.2	54.1	75.1	62.9	73.7	55.4	50.0	44.2	54.7	53.6	41.8	49.8	46.5
제1야당	14.5	11.4	7.4	33.9	1.7	23.4	25.7	43.6	35.6	39.6	29.3	24.3	23.8	32.4	26.4
제2야당	9.0	6.7	1.5	0.4	0.9	7.4	0.6	0.5	1.4	1.9	9.1	12.9	19.7	10.4	16.7
기타정당	6.5	10.5	1.4		1.3	6.3		0.5			3.0	7.8	14.8	0.2	5.0
무소속	42.5	60.0	33.5	11.6	21.0				13.0	14.3	4.0	1.4	0.3	7.2	5.4

반대로 오랫동안 지속된 소선거구제는 양당제를 초래하는 듀베르제 법칙에 따라 국회의원 선거제도가 한국의 정당체계를 양당제로 몰고 간 측면도 부정하기 어려울 것이다. 동시에 정치적 대립축이 민주 대 반민주라는 이념적인 측면도 한국의 양당제에는 크게 작용하였을 것이다.

이상에서 살펴 본 국회의원 선거제도의 변화를 보면, 잦은 선거제도 개정은 여당에게 유리한 선거제도의 채택과 밀접한 관련이 있음을 알 수 있다. 특히, 비례대표의석의 배분방식과 중선거구제 등이 직접적으로 활용되었다. 1987년 민주화 이후 국회의원 선거제도 개정의 일차적인 목적은 여당에게 절대적으로 유리한 의석배분 방식의 변경과 동반당선을 통해 다수당 지위를 유지하려고 하는 중선거구제도의 폐지에 있었다.

3. 선거제도 개정과 민주화의 진전

1) 소선구제의 도입과 자유로운 정부선택권의 보장

1948년 정부수립 이후 한국의 국회의원 선거제도 개혁에서 가장 핵심적인 이슈는 공정한 선거제도의 도입이었을 것이다. 이는 국민의 자유로운 정부선택권을 보장하고 유권자의 의사가 정확하게 의석으로 전환되는 제도의 실현으로 요약 될 수 있을 것이다. 앞에서 한국의 선거제도 변천과정에서 살펴 본 바와 같이 중선거구제와 전국구비례대표 배분방식은 여당에게 일방적으로 유리한 의석배분효과를 가져왔다. 〈그림 1〉에서 보는 바와 같이 권위주의 시대 여당은 언제나 득표율보다 높은 의석비율을 확보하게 되었다. 이러한 결과는 소선거구제 시기에 제도적 효과가 작용한 측면도 존재하지만 전국구비례대표제를 통한 의석의 초과확보가 직접적인 계기가 되었다는 점은 부정하기 어렵다. 특히, 여당의 득표율이나 의석비율이 과반수 이하로 떨어진 시기에는 전국구비례대표제 의석배분 방식의 변화를 통하여 여당의 과반수 확보를 도모하였다. 유신정권시기와 제5공화국 시기가 대표적인 사례이다.

권위주의 정권을 지속가능하게 만드는 선거제도 개정에 대한 열기는 1987년 대통령 직선제를 쟁취를 계기로 분출되었다. 이 당시 선거제도 개정 방향은 소선거구제 쟁취와 득표율에 따른 전국구비례대표제의 도입으로 압축되었다. 그럼 민주화 시기이후 소선거구제 도입과 제도 개혁과정을 살펴보고 이러한 선거제도 개혁이 가지는 의미에 대해서 살펴보기로 한다.

<그림 1> 여당의 득표율과 의석율 비교

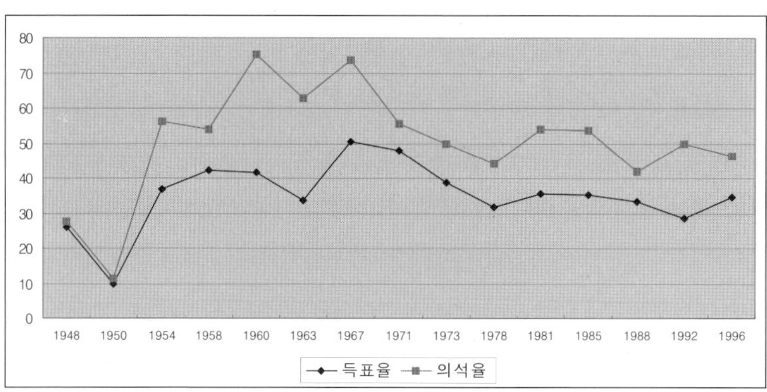

1985년 2월 12일 국회의원 선거에서 나타난 대통령 직선제에 대한 개헌요구는 이후 한국정치를 개헌정국으로 몰고 갔다. 여야당 간에 헌법개정특별위원회 설치에 대한 합의가 이루어지면서 국민의 자유로운 정부선택권을 보장하기 위한 다양한 방안들이 제시되었다. 1987년 대통령 직선제로의 개헌과 새로운 헌법에 입각한 대통령선거의 실시는 민주화 이행을 위한 계기가 되었다.

1987년 대통령선거에서 지역주의적 기반을 가진 정당의 출현은 국회의원 선거제도 협상과정에서 각기 다른 정당의 이해관계를 표출시키게 되었다. 여당인 민주정의당은 1선거구에서 1~4인을 선출하는 혼합선거구제를 주장하였다. 1988년에 접어들어 국회의원 선거제도 개정을 위한 여야당간 협상이 본격화되었다.

제1야당인 통일민주당은 처음에는 소선거구제를 주장하다가 1988년 1월에 접어들어 이를 철회하고 1선거구에 2~4인을 선출하는 중선거구제로 당론을 변경하였다. 평화민주당은 "민주정의당의 중선거구제는 군부독재의 안정적 집권을 노리는 여야 동반당선 음모"라고 비난하고 소선거구제 쟁취와 득표율에 따른 전국구 비례대표제 실시 등을 주장하였다.(중앙선거관리위원회, 2010) 신민주공화당은 1선거구 2~4인을 선출하는 중선거구제를 주장하였다.

1988년 선거법 개정 당시 각 정당이 소선구제보다 중선거구제를 주장한 이유는 각 정당의 전략적 이해관계가 우선되었기 때문이다. 여당은 동반당선과 다수의석 확보가 목적이었지만 통일민주당과 신민주공화당은 동반당선에 유리하다고 보았기 때문이다. 더구나 야당진영에서는 야당이 분열된 상황에서 소선거구제를 도입하게 되면 참패는 필연적이라는 이유에서 반대하였다. 그리고 소선거구제로 인한 과당경쟁과 특정지역에서 특정정당이 몰표를 얻게 되어 지역정당이 출현할 수 있다는 우려를 명분으로 반대하였다. 결국 야권통합의 진전은 야당진영으로 하여금 권위주의 지배체제를 가능하게 만든 중선거구제 폐지에 선거제도 개정 방향을 맞추게 만들었다. 1988년 선거법 개정은 민주정의당이 당론을 소선거구제로 변경하면서 3월 8일 단독으로 강행처리하게 되었다.

1988년에 선거법 개정에서 군부독재 저지를 명분으로 다시 부활된 소선거구제도는 당시의 우려대로 지역주의 정당체제를 초래하고 말았다. 권위주의 정권시대의 중선거구제도는 국민의 자유로운 정부선택권을 원천적으로 봉쇄하고 있다는 점에서 비민주적이었다. 그러나 중선거구제하에서 여야당의 동반당선을 통한 과반수 확보와 같은 민의의 왜곡을 막을 수 있는 소선거구제 도입은 민의의 반영이나 여당의 정당성 확보에도 유리하게 작용하였다. 그리고 1988년 선거법 개정에서 채택된 소선구제는 여당이나 야당 중 어느 정당에게 정권 또는 정부 구성을 맡길 것인가를 선택할 수 있는 제도라는 점에서 국민의 자유로운 정부선택권을 보장하는 측면이 존재한다. 이러한 점에서 소선거구제도 도입은 민주화에 기여한 측면이 적지 않다고 볼 수도 있을 것이다.

선거제도 개정과 관련하여 또 하나의 커다란 과제는 득표율에 따른 비례대표의석 배분방식의 도입이었다. 여당의 초과의석 확보를 제도적으로 보장해 주는 제도가 의석수를 기준으로 제1당에게 전국구비례대표의석의 2분의 1이상 3분의 2를 보장해주는 제도였다. 1973년 이후 유신정권에서는 비례대표의원을 대통령이 추천한 후 통일주체국민회의에서 선출하는 방식으로 진행되었다. 이러한 방식의 의석배분은 여당의 득표율보다 훨씬 높은 의석비율을 보장해 주게 되었다.

1963년에 득표율을 기준으로 도입된 전국구비례대표제도는 1981년부터 의석수로 기준이 변경되었고 1994년에야 비로소 법 개정이 이루어져 득표비율에 따라 배분되는 방식으로 전환되었다.

1988년 중선거구제에서 소선거구제로 변화는 국민의 자유로운 정부선택권 보장에 기여하였다는 점에서는 선거제도 개혁이 민주화에도 적지 않은 기여를 하였다고 볼 수 있다. 그러나 전국구비례대표 의석배분방식은 여전히 의석수를 기준으로 여당에게 유리하게 배분되었다. 전국구비례대표 의석배분이 각 정당의 득표율에 따라 배부되기 시작하는 시기는 1996년 국회의원선거로 미루어지게 되었다. 더구나 지역구 의석수나 득표율로 전국구비례대표 의석이 배분되는 제도는 2000년 국회의원선거까지 지속되었다. 2004년에야 비로서 비례대표구에 정당명부제도가 도입되어 정당 투표를 토대로 의석이 배분되는 1인 2표제가 도입되었다.

2) 표의 등가성 실현과 민주주의

선거제도의 개혁을 통한 민주주의 발전을 고려할 때, 또 한 가지 중요한 과제는 선거구간 인구편차 문제이다. 민주적인 선거제도가 마련되기 위해서는 헌법이 보장한 참정권의 평등원칙이 확립되어야 한다.

참정권의 평등원칙을 보장하기 위해서는 모든 유권자가 재산이나, 학력에 관계없이 한 표를 행사하는 1인 1표 원칙이 마련되어야 한다. 동시에 모든 유권자가 행사하는 한 표의 가치가 동등하게 취급되는 1표 1가치(one vote, one value) 원리가 실현되어야 한다.

실제로 한국의 선거정치에서 과거 권위주의 정권에서 진행되어 온 선거구별 인구편차 문제는 표의 등가성 원칙을 크게 훼손시켜 왔다. 특히, 도시와 농촌 간의 선거구수와 인구격차는 여당이 다수당을 확보하기 위한 수단으로 악용되는 측면이 존재하였다. 1988년 소선거구제 도입 이후에도 좀처럼 인구편차문제는 해결될 기미를 보이지 않았다. 1995년 국회의원 선거구획정 당시 최소선거구와 최대선거구의 인구편차는 8배를 넘어서기도 하였다.

1988년 이후 소선거구제가 도입되면서 도시-농촌간 인구격차는 심각한 문제로 대두되었다. 1995년 선거구획정 당시에는 인구수 상한선을 최대 30만 명, 최소 7만 명으로 하고 30만 명 이상 선거구는 2개 선거구로 나누고, 7만 명 이하 선거구는 통폐합하는 안을 골자로 하는 선거구획정안(4.3 : 1)을 확정하였다. 그러나 이 선거구획정안은 1995년 12월 27일 '불합리' 이유로 위헌결정이 내려지게 되었다.(95헌마224 · 239 · 373 병합) 또 선거구간 인구격차의 허용한계는 4 : 1로 명시되었다.

2000년 국회의원선거를 맞이하여 또 다시 선거구획정안이 마련되었다. 상한 35만, 하한 9만 명을 기준으로 선거구획정안(3.88 : 1)을 확정하였다. 그러나 2000년 국회의원선거의 선거구간 인구격차 문제에 대해서 2001년 10월 25일 헌법재판소는 인구편차가 3 : 1을 초과하는 것은 위헌이라 판시하였다. 인구편차가 3 : 1을 초과하는 국회의 선거구 획정은 국회가 가지는 재량권의 한계를 일탈하는 것으로 위헌을 판시하였다.(중앙선거관리위원회, 2010)

2001년의 헌법재판소의 기준에 따라 2004년 국회의원선거에서 선거구간 인구편차는 2.8 : 1로 줄어들었다. 전국에서 가장 인구가 많은 선거구는 부산 해운대구·기장군갑구로 29만 5,746명이고 가장 적은 선거구는 전남 함평군·영광군 선거구로 10만 5,657명이었다. 이러한 기준은 2008년 국회의원선거에서도 유지되어 최대선거구는 강남구 갑 선거구로 24만 3,349명이고 가장 적은 선거구는 영천시 선거구로 8만 5,779명으로 2.83 : 1을 유지하고 있다. 선거구 획정과정에서 인구 규모에 따른 1표의 등가성은 현재까지도 이러한 상한선은 유지되고 있다.

민주화 이후 선거구간 인구편차 문제는 위헌결정이 내려지게 되면서 개선의 계기가 마련되었다. 선거구간 인구편차의 기준은 2001년에 마련된 3 : 1이 현재까지 유지되고 있다. 그렇지만 인구기준을 2대 1로 규정하고 있는 국가들의 기준에 비교하면 아직 개선의 여지가 남아있다. 이상에서 살펴 본 바와 같이 민주주의적인 선거제도를 담보하기 위한 표의 등가성 원칙 확보에도 민주화 이후 상당한 진전이 이루어졌음을 알 수 있다.

3) 비례대표 의석배분 방식의 개혁

한국의 선거제도가 지난 50년간 1960년, 1962년, 1973년 1980년 그리고 1988년 5차례 이상 변화한 것은 권위주의 정치세력이 국회의원 선거제도를 정권창출과 장기집권을 위한 방편으로 이용해 왔기 때문이다.(김용호, 1993) 선거제도가 장기집권에 이용되어 온 대표적인 사례가 전국구 제도의 도입과 집권여당에 일방적으로 유리한 의석 배분방식일 것이다.

1963년 전체 의석의 4분의 1에 해당하는 전국구제도가 처음으로 도입되었다. 유신체제에 접어들어 1973년부터는 대통령이 추천한 후 통일주체국민회의에서 선출하는 형식으로 변경되었다. 전두환 정권에 들어와서도 전국구 국회의원제도는 유지되었다. 1981년과 1985년 국회의원선거에서도 제1당에게 3분의 2를 우선 배정하고 나머지 3분의 1은 의석수 비율로 배분되는 형태로 집권여당에게 유리하게 배분되었다.

1988년 국회의원 선거제도 개혁 이후에도 지역구 의석수에 따른 전국구 의석배분은 변하지 않고 유지되었다. 지역구 의석비율에 따른 전국구 의석배분은 여당에게 매우 유리하게 작용하였다. 이러한 지역구 의석수에 따른 전국구 의석배분은 1994년에 법 개정이 이루어져 1996년 선거에서 유효 득표율을 기준으로 배분하는 방식으로 변화했다.

2000년대에 접어들어 비례대표의석배분 방식에 일대 전환이 이루어졌다. 기존의 지역구의석수 또는 지역구득표율로 비례대표 의석을 배분하는 방식에 대해 2001년 7월 19일 위헌결정(2000헌마 91 · 112 · 134 병합)이 내려졌다. 위헌결정을 계기로 비례대표 의석 배분은 정당명을 기재하여 비례대표 선거가 신설되면서 비례대표 득표율에 따라 의석배분이 이루어지는 방식으로 변경되었다.

기존의 1인 1표제는 유권자에게 별도의 정당투표를 인정하고 있지 않고 지역구에서 표출된 유권자의 의사를 그대로 정당에 대한 지지의사로 간주하여 비례의석을 배분토록 하는 것은 국민의 의사를 제대로 반영하고 국민의 자유로운 선택권을 보장할 것을 요구하는 민주주의 원리에 부합하지 않는다는 이유로 위헌판결이 내려졌다. 즉 1인 1표제도는 정당명부에 대한 투표가 따로 없고 유권자의 투표행위가 비례대표의원 선출에 직접, 결정적으로 좌우할 수 없으므로 직접선거의 원칙에 위배된다고 보았다. 더구나 무소속후보자에게 투표하는 경우에는 유권자의 의사가 반영되지 않으므로 투표가치의 불평등을 강요하게 된다는 측면에서 평등선거에도 위반된다고 보았다. 이로 인해 2004년 국회의원선거부터 1인 2표제가 신설되어 현재에 이르고 있다. 1인 2표제의 도입은 선거 민주주의 발전에 크게 기여하였다고 평가할 수 있을 것이다.

그리고 비례대표의석배분에 있어서 소수정당에게 배정하는 기준도 완화되어 원내정당화를 위한 진입장벽이 낮아지게 되었다. 1963년 최초 도입 시에는 득표율 5%나 지역구 의석 3석 이상을 획득한 정당에게만 의석이 분배되었다. 1971년 선거에는 득표율 5%나 지역구 의석 5석 이상으로 높아지게 되었다. 1973년과 1978년 선거에서는 통일주체국민회의에서 선출하게 되면서 비례대표의석배분은 무의미하게 되었다. 전두환 정권 시기의 1981년과 1985년 선거에서는 5석 이상의 지역구 의석을 얻은 정당에게 비례대표 의석이 배분되었다. 득표율 기준은 없어지고 말았다. 민주화이후 선거제도 개정이 진행된 1988년 선거에서도 5석 이상의 지역구 의석을 얻은 정당에게 비례대표 의석이 배분되는 방식은 계속 유지되었다.

1992년 선거에서는 5석 이상의 지역구 의석 기준은 그대로 유지되었으나 지역구 당선자가 없는 정당일지라도 전국 유효투표의 3% 이상을 획득한 정당에게는 우선적으로 1석이 배정되는 방식으로 득표율 기준이 다시 만들어졌다. 그러나 1996년 선거에서는 5석 이상의 지역구 의석과 5% 이상 득표율을 차지한 정당의 경우, 유효득표 비율에 따라 비례대표 의석이 배분되는 방식으로 변화하였다. 동시에 지역구 당선자가 없는 정당일지라도 전국 유효투표의 3% 이상이고 5% 미만인 정당에게도 우선적으로 1석이 배정되었다. 2000년 국회의원선거에서도 비례대표 의석배분 방식은 그대로 유지되었다.

2004년 선거에서는 1인 2표제가 도입되면서 비례대표국회의원선거에서 유효투표의 3% 이상을 득표하였거나 지역구 국회의원총선거에서 5석 이상을 차지한 정당을 대상으로 득표 비율에 따라 의석이 배분되었다. 이렇듯 비례대표국회의원선거의 의석배분 기준도 지역구 의석수 기준에서 비례대표국회의원선거의 득표율로 변화하게 되었다. 더구나 기존의 거대정당이나 집권여당에게 일방적으로 유리하게 작용하던 배분 기준도 점점 낮아지게 되면서 소수정당의 원내 진입장벽도 낮아지게 되었다. 이상에서 살펴보았듯이 민주주의적인 선거제도를 담보하기 위한 다양한 시도들이 1987년 민주화 이후 진행되어 왔다. 상당정도 민주적인 제도들이 확보되고 정착되면서 한국의 선거민주주의는 진전되어 왔다. 그러나 한국의 선거민주주의 진전에도 불구하고 여전히 지역주의 문제는 현재 한국의 선거정치에서 가장 커다란 과제 중의 하나로 남게 되었다.

4. 선거제도 개혁의 방향과 과제

1) 비례대표 의석수의 확대와 지역주의 완화

현재 한국사회에서 진행되고 있는 선거제도 개혁 논의는 지역주의 정당구도 타파에 초점이 맞춰져있다. 선거제도 개혁은 경쟁적 정당구도, 정당정치의 기반 강화뿐만 아니라 민의의 충실한 반영, 비례성의 강화 등 다양한 목적을 가지고 있다. 더구나 한국과 같은 상황에서는 새로운 정치세력의 진입을 보다 더 용이하게 하여 사회적 다양한 의사를 국정에 반영할 수 있는 시스템이 갖춰져야 할 것이다.

선거제도 개혁의 가장 중요한 목표 중의 하나는 지역주의 완화이다. 지역주의 완화를 위해 한국에서 현재 이슈화되고 있는 선거구제는 소선거구제와 중대선거구제를 조합하는 복합선거구 방식이다. 즉 농촌지역은 소선거구제, 도시지역은 중대선거구제를 도입하자는 방안이다. 이러한 방식은 아주 예외적인 방식이다. 통상적으로 선거제도는 1위 대표제, 비례대표제에 따라 소선거구제를 채택한 국가와 비례대표제를 채택한 국가로 나누어진다. 소선거구제와 중·대선거구제를 조합하는 방식은 1위 대표제, 즉 상대다수대표제와 소수대표제를 조합하는 방식은 세계적으로도 그 예를 찾아보기가 어렵다.(김영태, 2009) 보통, 이러한 방식은 정략적 필요성에 따라 왜곡된 형태로 나타나기 때문이다. 복합선거구제 도입은 현행 방식과 별반 다르지 않은 선거 결과를 낳을 가능성이 크다. 영남, 호남지역은 대도시지역을 제외하고 대체로 지금과 같이 소선거구제가 유지될 것이고 수도권은 중대선거구 지역이 될 것이기 때문이다.

그렇게 된다면, 영남, 호남은 지금과 별반 다르지 않은 선거 결과를 만들어 낼 것이기 때문이다. 충청권도 소선거구지역이 많아지게 되므로 현재의 결과와 크게 다르지 않을 수 있다. 수도권지역은 의석을 분점 하는 현상이 나타나게 될 것이다. 지난 2006년 지방선거에서 영남, 지역과 경기도 지역의 중선거구제 결과를 보면, 매우 시사적이다. 경기도 지역에서는 중선거구의 2~3인 의석구에서 의석의 분점현상이 나타나지만 영남지역에서는 분점효과가 미약하게 나타나고 있다.(고선규, 2006)

현재 한국사회에서 논의되는 선거제도 개혁의 방향은 현행 소선거구와 비례대표제 혼합제를 전제로 비례대표 의석수 확대로 집약될 수 있을 것이다.(강원택, 2009 ; 김욱, 2006 ; 김영태, 2001 ; 김용복, 2009) 구체적인 방안으로는 독일식(김욱, 2006 ; 김영태, 2001), 일본식(김영태, 2002 ; 김용복, 2009) 그리고 비례대표제 방안(강명세, 2010) 등이 논의되고 있다. 특히, 전면적인 비례대표제도의 도입과 관련해서는 한국적 현실을 고려한 정치적 안정성 확보가 초점이 되고 있다. 대통령중심제의 권력구조와 관련하여 선거제도가 가져오는 정치적 안정성이라는 변수도 중요한 요인으로 논의되고 있기도 하다.

정치적 안정성과 효율성 측면에서 독일식 비례대표제도의 우월성이 주장되기도 한다.(김영태, 2001) 반면 대통령제하에서 전면적인 비례대표제의 실시는 다당제적 경향을 강화시켜 분점정부나 연립정부의 출현을 강화시키게 될 가능성이 높다. 더구나 대화나 타협의 정치문화가 정착되지 못한 상황에서 전면적 비례대표제는 정치적 불안정을 초래할 가능성이 높다. 이러한 측면에서 현행 소선거구제를 보완하는 정도에서 확대를 주장하기도 한다.(김용복, 2009)

현행 소선거구와 비례대표제선거구를 병행하는 제도는 소선거구제 중심의 선거제도라고 볼 수 있다. 2008년 국회의원선거를 기준으로 볼 때, 전체 299명의 국회의원은 소선거구에서 245명, 비례대표구에서 54명이 선출된다. 소선거구제는 선거구에서 가장 득표수가 많은 후보자만이 당선되는 제도이므로 현행과 같은 지역주의적 정당구조 속에서는 의석의 지역집중 현상이 발생할 수밖에 없다. 그리고 소선거구제는 거대정당에게 유리한 의석배분이 이루어지므로 득표율과 의석율간의 격차를 나타내는 불비례성지수도 커지게 된다. 즉 거대정당은 득표율보다 많은 의석을 차지하지만 소수정당은 득표율에도 못 미치는 의석이나 아예 의석을 차지하기 어려운 경우가 발생한다.

현재 한국선거에서 발생하고 있는 지역주의 현상과 높은 불비례성지수는 소선거구의 비중이 높기 때문에 발생하는 측면이 있다. 그러므로 현실적인 개선방안은 소선거구 선출 의원 수를 줄이거나 비례대표선거구에서 선출되는 의원을 늘리는 방법이다. 지금까지 선거제도 개정에서 소선거구에서 선출되는 의원수를 늘리는 방안이 채택되어 온 상황을 고려해 본다면, 향후 소선거구의원 수를 줄이는 것은 현실적으로 간단하지 않다. 그렇다면 비례대표선거구에서 선출되는 의원 수를 늘리는 방안이 고려될 수 있을 것이다. 현재 진행되는 선거제도 개혁 논의에서 많은 주장들이 비례대표의원의 확대를 제시하고 있다.

강원택(2010)의 연구에 의하면, 비례대표선거구를 6개 권역으로 나누고 120명의 비례대표를 선출할 때 충청, 호남－제주권, 경북권에 배당된 지역별 의석수는 그리 많다고 보기는 어렵지만 한 정당이 의석을 독점하는 상황을 막을 수 있는 최소한의 규모는 된다고 보고 있다. 동시에 지역구 선거에서는 이전과 같이 심각한 지역별 편차를 나타내고 있지만 비례대표 의석확대가 지역별 편차를 상당히 보완해 주는 것으로 분석되었다. 결국 비례의석의 확대가 지역별 의석 독점 현상을 상당히 해소시켜 주고 있음을 제시해 주고 있다.

그러나 비례의석의 확대는 제한적인 효과를 가질 수밖에 없다. 그렇다면 정당의 지지기반 강화를 가능하게 하는 제도변경을 통해 지역주의 정당구도 개혁을 도모하는 방안이 더 현명할 것이다. 비례의석 확대를 통한 지역주의 정당구도 타파는 인위적인 방법에 의한 일시적인 상황개선에 머무를 수도 있다. 그러므로 보다 더 근본적으로 선거제도 개혁은 경쟁적 정당구도, 정당정치의 기반 강화에 기여할 수 있는 방안이 고려되어야 한다. 그러한 방안의 하나로 일본에서 채택하고 있는 중복입후보 제도를 제안한다.

2) 정당정치의 기반 강화와 중복입후보제의 도입

한국의 선거제도의 개혁방향은 지역주의적 현상의 완화와 정당정치의 기반 강화도 중요한 방향설정이 될 것이다. 정당정치의 기반 강화를 위한 방안으로는 지난 정권에서도 제기되었던 것과 같이 일본식 중복 입후보제도도 하나의 대안일 것이다. 일본의 선거제도는 소선거구비례대표병립제이다. 중의원선거는 소선거구에서 300명, 비례대표구에서 180명을 선출한다. 소선거구와 비례대표의 비율은 소선거구가 62.5%로 우월적이다. 후보자는 소선거구와 비례대표에 중복입후보가 가능하다. 비례대표구에서 정당명부는 구속식으로 제출된다. 각 정당은 명부 제출시 순위를 결정하게 되는데 통상적으로 비례에서 당선시킬 후보는 상위 순위에 단독으로 배정한다. 그리고 소선거구와 비례대표에 중복 입후보하는 경우에는 동일순위를 배정하여 석패율로 동일 순위 내에서 우열을 가리게 된다.

일본에서 비례대표선거구는 전국을 11개 지역블록으로 나누어 당선자가 결정된다. 비례대표의 선거구가 작아지면, 소정당에게 불리하다. 일본에서 이러한 방식은 1994년 선거제도 개혁 당시 양대 거대정당인 자민당과 사회당의 이해관계에 따라 지역블록으로 나누어지게 되었다. 그러므로 일본과 같은 지역블록 형태의 비례선거구의 도입은 한국의 진보정당이나 지역적 지지기반을 가지지 않은 정당들에게는 불리할 수 있다.

2009년 중의원선거에서 비례대표구의 당선결과를 블록별로 살펴보면, 민주당과 자민당의 의석비율은 대체로 1대 1/2 정도이다. 물론 이번 선거에서는 민주당의 소선거구에서 당선이 많아지면서 중복입후보자 당선자가 많아져 격차가 벌어지게 되었다. 오사카(大阪)를 포함하는 긴키지역에서는 비례대표에 입후보한 모든 후보자가 당선되는 결과가 만들어지기도 하였다.

일본에서 채택하고 있는 중복입후보제도는 정당정치의 기반이 약한 지역이나 후보들에게 정당활동과 선거운동을 촉진시킬 수 있는 유인과 동기를 제공할 수 있다. 석패율제도는 지역적 차원의 정당정치를 활성화하고 선거경쟁을 촉진하는데 도움이 될 수도 있다.(김용복, 2009)

한국에서도 각 블록에서 특정정당의 모든 후보자가 당선되는 상황은 충분히 발생할 수 있다. 영호남지역에서는 특정정당 후보자가 모든 소선거구에서 낙선하는 경우는 지금과 같을 수도 있으나 비례대표구에서 당선자를 낼 수 있는 확률은 충분히 높다. 비례대표에서 당선자 비율은 유권자가 얼마만큼 분리투표(split vote)를 하느냐에 달려있다. 즉 유권자는 소선거구와 비례대표구에 각 한 표씩을 행사하는데 이 두 표를 전략적으로 나누어 다른 정당에게 투표하느냐에 달려 있다. 그러나 한국은 본질적으로 비례대표의석 비율이 18% 정도에 그치게 되므로 비례대표를 통한 의석배분 효과가 한정적일 수밖에 없다. 각 블록에서 선출하는 의석수가 적어지기 때문에 비례대표 의석 비율과 배분방식에 대한 고려가 필요하다.

일본의 선거정치에서 중복입후보의 정치적 효과는 매우 크다. 1996년에 만들어진 민주당이 2009년에 정권획득을 하기까지 성장할 수 있었던 배경에는 중복입후보제도에 따른 부활당선이 크게 기여하였다. 민주당의 중복입후보 비율을 살펴보면, 2000년 98.8%, 2003년 98.9%, 2005년 98.6%, 2009년 98.9%를 보이고 있다. 자민당의 중복 입후보 비율이 1996년 90.3%, 2000년 95.9%, 2003년 92.1%, 2005년 96.6% 그리고 2009년 93.1%로 나타났다. 비율을 살펴보더라도 민주당이 더 적극적으로 중복입후보 제도를 활용하고 있음을 알 수 있다. 이러한 결과는 민주당의 거의 모든 후보자가 소선거구와 비례대표구에 중복 입후보를 하고 있음을 시사해 주고 있다.

중복입후보는 선거구에서 후보자가 어느 정도 득표를 획득하느냐에 따라 비례대표구에서 자신의 당락이 결정되므로 후보자들은 필사적으로 선거운동을 전개한다. 이러한 후보자의 선거운동은 정당의 지지기반 확대로 나타나고 정당의 비례대표 득표수의 증대를 가져온다. 정당의 비례대표 득표수의 증대는 정당의 당선의석을 늘려 후보자의 당선과 직결되는 효과를 가져온다. 일본에서 최근까지 모든 정당들이 중복입후보를 허용한 것은 이러한 효과가 가져오는 긍정적인 효과 때문이다. 한국의 경우도, 영호남에서의 정당의 지지기반 확대와 의석 증대 효과는 충분히 고려해 볼 수 있다. 이러한 측면에서 중복입후보와 석패율제도의 도입은 긍정적인 효과를 초래할 수 있다.

일본에서 농촌지역에서 상대적으로 불리한 민주당이 의석비율을 확대할 수 있었던 기반은 소선거구와 비례대표구에 중복입후보가 가능한 제도적 효과와 관련성이 크다. 즉 농촌선거구에서 낙선한 민주당 후보자가 부활당선을 통해 의석을 확보하고 정당의 지지기반을 강화하였기 때문이다.

자민당은 전통적으로 농촌지역에서 압도적 지지를 바탕으로 과반수 의석을 확보해 왔다. 중선거구제에서 자민당의 의석획득구조는 지속적으로 농촌지역에서 높게 나타났다. 2005년 총선거에서는 도시지역에서 의석이 급증하였다. 우정민영화 쟁점이나 신자유주의적 개혁에 따라 자민당의 지지기반이 도시지역으로 이동하는 현상이 목격되었다. 그러나 2009년 선거 결과를 보면, 도시지역에서 당선된 의석비율이 전체 자민당 의석의 30% 정도에 불과하게 되었다. 전통적으로 강한 농촌지역에서 의석획득비율이 다시 높아졌다.

반대로 민주당의 의석획득구조는 도시지역의 비율이 감소하고 농촌지역의 비율이 확대되는 경향이 보였다. 일본에서 전통적으로 야당은 도시지역을 중심으로 의석을 획득하여 왔다. 2000년 총선거에서 민주당의 의석은 도시지역에서 70.9%, 농촌지역의 비율은 29.1로 도시지역의 비율이 더욱 증가하였다. 이러한 민주당의 도시중심정당이라는 성격은 이후 점차 감소하게 된다. 2003년에는 도시비율이 61.9%, 2005년에는 자민당의 도시지역에서의 압승에 따라 도시지역 비율이 38.5%로 급감하였다. 반대로 농촌지역의 의석비율은 2000년 29.1%, 2003년 38.1%로 증가하여 2005년 총선거에서는 61.5%로 급증하였다. 2003년부터 농촌지역의 비율증가는 오자와(小沢一郎)자유당과 합병에 의한 영향도 크게 작용하였다. 자민당에서 탈당한 자유당이 민주당에 합류하게 되면서 민주당의 농촌관련 정책은 직접적인 보조금 지급 정책으로 급변하게 되었다. 그러한 농촌우대정책의 영향으로 민주당의 농촌지역에서 득표율은 2007년 참의원선거에서 볼 수 있는 바와 같이 급증하게 되었다.

지난 2009년 총선거에서 중복입후보한 후보자는 민주당 268명, 자민당 269명, 공산당 60명, 그리고 사민당 31명으로 나타났다. 이 중에서 소선거구에서 낙선하고 비례대표에서 부활 당선된 후보자는 97명으로 나타났다. 자민당이 46명, 민주당 43명으로 나타났다. 97명이라는 결과는 전체 비례대표의석 180명의 과반수가 넘는 숫자이다. 소선거구에서 당선된 의원과 비례대표구에서 부활 당선된 의원이 동시에 존재하는 2인 의원선거구가 전체 300개 선거구 중에서 91개 존재한다. 부활당선의원이 2인 존재하여 한 선거구에 의원이 3인 존재하는 선거구도 3개이다. 이렇듯 한 선거구에 각기 다른 정당의 국회의원이 동시에 존재하는 현상은 한국에도 시사점이 크다고 생각된다. 더구나 부활당선의원은 다음 선거에서는 선거구에서 당선되기 위하여 지역구 활동을 전개하게 되고 이는 정당의 지지기반 확대로 연결되고 있다.

2005년 총선거에서는 민주당 59명, 자민당 48명으로 나타났다. 2003년에는 민주당 72명, 자민당 37명, 2000년 선거에서 부활당선자는 민주당 30명, 자유당 14명, 사민당 14명, 공산당 12명, 자민당 7명 등 총 77명으로 나타났다. 1996년 선거에서도 부활당선자는 84명이나 존재하였다. 이러한 결과를 볼 때, 지금까지 민주당의 부활당선자가 더 많은 것을 알 수 있다.

만약 일본의 선거제도가 한국과 같이 중복입후보를 허용하고 있지 않다면 2003년 72명, 2005년 59명의 의원은 낙선하고 말았을 것이다. 동시에 이들이 지역 유권자에게 의원으로서의 능력과 정당의 정책내용을 홍보하고 지역의 지지기반을 강화시켜 나가는 측면에서는 제한이 많았을 것이다.

중복입후보는 선거구에서 후보자가 어느 정도 득표를 획득하느냐에 따라 비례대표구에서 자신의 당락이 결정되므로 후보자들은 필사적으로 선거운동을 전개한다. 이러한 후보자의 선거운동은 정당의 지지기반 확대로 나타나고 정당의 비례대표 득표수의 증대를 가져온다. 정당의 비례대표 득표수의 증대는 정당의 당선의석을 늘려 후보자의 당선과 직결되는 효과를 가져 온다. 결국 정당과 후보자가 상호 원원할 수 있는 긍정적 측면이 존재한다고 볼 수 있다.

물론 일본에서 중복입후보 제도에 대한 비판이 없는 것은 아니다. 1996년 선거에서 일본의 선거제도가 소선거구임에도 불구하고 심지어 3명의 의원이 당선되는 선거구도 7개 존재하는 기현상이 발생하였다. 중복입후보자의 당선은 석패율과 비례대표구의 순위에 따라 결정된다. 소선거구 득표가 적은 하위 낙선자가 상위 낙선자를 제치고 당선하는 추월당선도 보여진다. 심지어 법정득표수에 미치지 못해 공탁금마저 몰수당한 후보자가 당선되는 경우도 발생하였다.[1]

2000년 총선거에서도 역시 27개 선거구에서는 하위 낙선자가 자신보다 득표수가 많은 상위 낙선자를 제치고 당선하는 결과가 발생하였다. 그러나 1996년 선거에서 발생한 법정득표수 미달자가 당선되는 폐해를 막기 위해 제도 개정이 이루어졌다. 소선거구에서 법정유효득표수의 10%미만 득표자는 부활당선을 금지시켰다. 이러한 제도 개정으로 교토(京都) 4구에서 출마한 도요타(豊田潤多郎)후보는 당선이 금지되었다. 중복입후보자 당선은 선거구간 한 표의 격차를 심화시키고 있다. 인구밀집지역과 과소지역의 편차와 더불어 의원이 한 명인 선거구와 2 내지 3명인 선거구가 존재하게 되어 유권자가 갖는 한 표의

---

1) 東京22구에서 사민당후보로 출마한 保坂展人는 13904(5.9%)표를 획득하여 6명 중 5위로 낙선하여 공탁금을 몰수당했다. 그러나 東京블록 비례명부 1위로 부활당선되었다. 東京22구에서는 소선거구 당선자 1명(신진당), 2위인 민주당 후보는 비례대표구에서 부활당선, 그리고 5위인 保坂展人가 부활 당선되어 3인의 의원이 탄생하였다.

격차는 심화되었다. 이러한 부정적 문제에 대한 대응방안은 한국에
도입하는 과정에서 해결해야 할 과제이다.

5. 결론

　과거 한국정치에서 선거제도는 여당의 정치적 의도에 따라 제도 변
경을 되풀이하여 왔다. 국회의원선거제도는 1948년에 실시된 최초선
거에서 소선거구제가 도입된 이후 2008년 국회의원선거까지 수시로
변화하여 왔다. 1963년 이후에는 여당의 안정적인 집권을 위하여 비
례대표선거 형태로 전국구제도가 도입되고 무소속 후보자의 출마가
금지되는 등 파행을 보이기도 하였다. 1973년에 무소속후보자의 출마
는 허용되었으나 선거제도는 중선거구제로 변경되어 권위주의체제의
유지에 이용되기도 하였다. 국회의원선거제도는 1987년 민주화운동 이
후 1988년부터 다시 소선거구제로 다시 환원되어 현재에 이르고 있다.
선거구제 뿐만 아니라 의석수는 거의 매번 변화했다. 이러한 변화 속
에서 선거제도 개정은 정치적 대립과 갈등의 원천으로 작용하였다.
　1987년 민주화운동 이후 한국의 선거제도는 여러 가지 측면에서 민
주주의 공고화와 궤를 같이 하면서 변화해 왔다. 국민의 자유로운 정
부 선택권의 보장을 위해 중선거구에서 소선거구제로 변화되었으며
여당에게 일방적으로 유리하게 작용하는 전국구제도는 폐지되었다.
비례대표의석의 배분기준이 지역구 의석율에서 득표율로 변화되었다.
2004년부터는 정당명부제도에 의거한 비례대표선거가 신설되어 1인 2표
제가 도입되었다. 의석배분에 있어서 소수정당에게도 의석이 배분될
수 있도록 진입장벽이 낮아졌다. 그리고 유권자의 1표가 가지는 등가
성을 보장하기 위한 선거구간 인구편차 시정도 지속적으로 이루어져

왔다. 결국 이러한 일련의 선거제도 개혁과정은 한국의 선거 민주주의 발전에 기여해 왔다.

그러나 지속적인 선거제도 개혁을 통해 선거 민주주의 발전에도 불구하고 지역주의 선거문화는 고질적인 문제점으로 남게 되었다. 지역주의 완화를 위한 선거제도 개혁은 정권이 바뀔 때마다 중요한 이슈로 제기되었다. 현정부에 들어와서도 여전히 대통령이나 여당에 의해 제기되고 있다.

현재 한국사회가 당면한 선거제도 개혁의 가장 중요한 목표는 지역주의 완화이지만 그러나 이것이 선거제도 개혁의 유일한 목표는 아니라는 사실이다. 민주주의 공고화와 사회통합이라는 관점에서 보면, 비례성의 강화, 정당정치 활성화, 권력 분산, 국민통합 등도 매우 중요한 목표가 되어야 한다. 이러한 목표가 구체화되기 위해서는 비례대표의석 확대를 통해 지역주의적 현상의 완화와 전국적 의석 분포를 가진 정당의 출현을 도모해야 할 것이다. 동시에 비례대표의석 확대는 사회의 다양한 의견을 수렴하고 이를 국정에 반영할 수 있는 시스템 구축이라는 측면에서 필요하다고 본다. 더 나아가 비례대표의석 확대는 소선거구제가 가지고 있는 불비례성의 완화에도 기여하게 될 것이다.

그리고 향후 선거제도 개혁의 또 하나의 방향은 정당정치 활성화 및 정당의 지지기반 강화에도 초점이 맞춰져야 할 것이다. 비례대표의석 확대가 가져오는 제도적 한계를 극복하고 전국적 지지기반을 가지는 정당이 출현하기 위해서는 정당정치의 활성화가 필수불가결하다. 그러므로 본고에서는 이러한 대안의 하나로 중복입후보를 제안하였다. 소선거구와 비례대표구에 동시에 입후보를 허락하는 중복입후보제도는 상대적으로 취약한 지역에 출마한 정당의 후보자가 소선거구에서 낙선하여도 비례대표구에서 당선될 수 있는 제도이다. 중복입후보제도하에서 후보자의 선거운동은 정당의 지지기반 확대로 나타나고 정당의 비례대표 득표수의 증대를 가져온다. 정당의 비례대표 득표수의 증가는 정당의 당선의석을 늘려 후보자의 당선과 직결되는 효과를 가져온다. 결국 지지기반이 열악한 지역에서 후보자의 부활당선은 정당의 지지기반을 구축할 수 있는 토대를 마련할 수 있게 될 것이다. 이러한 제도적 효과는 영, 호남지역에서 상대정당이 지지기반을 마련하고 이를 토대로 상호 경쟁할 수 있는 환경조성에 기여하게 될 것이다.

▣ 참고문헌

강명세, 2010 「왜 의회제와 비례대표제가 진보적인가?」, 한국정치연구회 발표논문.

강원택, 2010 「선거제도 선진화 방안에 대한 검토」, 선진화포럼 발표논문.

고선규, 2006 「2006년 지방선거에서 중선거구제 도입과 정치적 효과」『한국정치연구』15집 2호. 서울대학교 한국정치연구소.

김영태, 2001 「독일연방의회 선거체계의 제도적 효과」『국제정치학회보』41집 3호.

______, 2002 1인 2표제의 제도적 효과와 정치적 영향 : 독일·뉴질랜드·일본의 경험과 시사점」『한국의 선거제도』1(진영재 편), 한국사회과학데이터센터.

______, 2010 「지역정당구조와 중대선거구제에 대한 평가」, 한국정치연구회 발표논문.

김 욱, 2002 「분권화시대의 선거제도 개혁방안」『한국의 선거제도』1, 한국사회과학데이터센터.

______, 2006 「독일연방의회 선거제도가 한국의 선거제도 개혁에 주는 시사점」『세계지역연구논총』제24권 3호.

______, 2008 「대통령제와 정당정치」『서석사회과학논총』1집 2권.

김용복, 2009 「정당정치 발전을 위한 선거제도 개혁」『기억과 전망』20호, 민주화운동기념사업회.

김용호, 1993 「국회의원 선거제도의 변화와 정치적 효과 분석」『한국의 선거』(이남영 편), 나남.

______, 2001 「정당 없는 나라의 정당정치 : 한국의 사당정치 해결방안」『정치현

상과 분석』(배성동 교수 정년기념 논문집), 법문사.

문용직, 1995「한국의 선거제도와 정당제」『한국정치학회보』 29집 1권.

박찬욱, 2004「제17대 총선에서 2표 병립제와 유권자의 분할 투표」『제17대 국회
　　　의원 총선거 분석』(박찬욱 편), 푸른길.

신명순·김재호·정상화, 1999「시뮬레이션을 통한 한국의 선거제도 개선 방안」
　　　『한국정치학회보』 33집 4호.

안순철, 1998『선거체제 비교 : 제도적 효과와 정치적 영향』, 법문사.

양기호, 2000「일본(의 선거제도)」『비례대표 선거제도』(박찬욱 편), 박영사.

정준표, 1998「국회의원 선거제도의 개선방향」한국정치발전연구원 월례세미나
　　　발표논문.

중앙선거관리위원회, 2008『제18대 국회의원선거총람』.

──────────, 2010『대한민국선거사』.

──────────, 2010『선거관련 헌법재판소 판례집』.

찾아보기

필 자 소 개
원고게재순

▶ **정해구** · 성공회대학교 사회과학부 교수

『6월항쟁과 한국민주주의』(공저, 2004)등 한국 현대사 및 민주
주의 관련 다수 논문이 있음.

▶ **강명세** · 세종연구소 연구위원

『세계화와 탈산업화 시대 노동과 복지의 정치』(2006),『한국의
노동시장과 정치시장』(2006),「일본의 아시아중시정책의 과거,
현재, 그리고 미래」(2010)

▶ **김은경** · 인하대학교 사회과학부 강사

『인천근현대문화예술사연구』(공저, 2009),『한국사회과학사연
구』(공저, 2006),「박정희체제의 지배양식에 대한 비판적 연구
－음악정책을 중심으로」(박사학위논문, 2010)

▶ **김형철** · 한국외국어대학교 강사

「민주주의 수준에 대한 사회경제적·정치제도 요인의 효과 : 8개
신생민주주의 체제에 대한 경험적 비교연구」(2007),「경제적 세
계화, 국내정치 요인과 사회경제적 수행력 : 20개 민주주의 국
가에 대한 경험적 비교분석」(2008),「서울지역에서 진보정당(후
보)의 선거경쟁력 요인분석 : 사회인구학적 특성을 중심으로」
(공저, 2010)

▶ **이영제** · 민주화운동기념사업회 한국민주주의연구소 연구원

「시민운동의 정치참여와 정당의 변화에 관한 연구」(2006),「한
국 사회·시민운동의 정치관여 방식에 관한 연구」(2006),「6월
항쟁과 다수 : 최대 민주주의 연합의 성과와 한계」(2010)

▶**강병익** · 성공회대학교 민주자료관 연구원

「정당체계와 복지 정치」, 「한국민주주의 심화를 위한 과제 : 복지정치를 중심으로」, 『사회국가, 한국사회 재설계도』

▶**손영우** · 프랑스 파리8대학교 정치학 박사

『공존의 기술 : 방리유, 프랑스 공화주의의 이면』(공저, 2007), 『공공부문 민영화의 쟁점과 노사관계』(공저, 2009), 『복수노조 및 전임자 실태와 정책과제』(공저, 2010) 등.

▶**서보혁** · 이화여자대학교 평화학연구소 연구교수

『북한인권 : 이론 · 실제 · 정책』(2007), 『김정일의 북한, 어디로 가는가?』(공저, 2009), 『코리아 인권』(근간)

▶**윤기석** · 대전발전연구원 연구위원

「프랑스 근대국가 형성과정의 지방행정구역 개혁에 나타난 정치적 함의 : 프로뱅스(Province) 폐지와 데파르트망(Department) 설치」(2003), 「프랑스 독자외교안보 정책의 전략과 함의」(2009), 「프랑스 지방선거 결선비례대표제 개편에 따른 정치적 효과 분석」(2010)

▶**이정진** · 국회입법조사처 입법조사관

「한국의 선거와 세대 갈등 : 제16대 대통령선거 과정 분석」(2007), 「시민사회운동과 정당정치」(2007), 「지구당 폐지를 둘러싼 담론구조와 법 개정 논의」(2010)

▶**고선규** · 선거연구원 교수

『매니페스토와 정책선거』(2008), 「제17대 총선 후보자의 홈페이지를 통한 인터넷선거운동」(2006), 「일본의 투표자 인센티브제도와 투표참여」(2010)